媽祖信仰研究

妃生人福人，未嘗以死與禍恐之，故人人事妃，愛敬如母，中心鄉之，然後於廟饗之。

蔡相煇 著

前言

　　媽祖姓林名默，是五代末北宋初福建興化莆田湄洲人，生即聰慧，長而生人福人，死後鄉民建祠祀之，救災捍患，屢著靈蹟，歷朝政府誥封為夫人、妃、天妃、天后，民間通稱為媽祖或天上聖母。閩南語「媽」指祖母，「祖」指曾祖母，皆為女性尊親屬，反映閩南、台灣居民視林默若家中祖母、曾祖母般慈愛的神，其信仰人口也最多。

　　民國 92 年內政部編印《全國寺廟名冊》，統計臺灣地區有寺廟、教堂 16,000 餘所，屬於佛、道教的寺、廟達 12,000 所以上（不含未向政府登記之寺廟及神壇）。以廟宇主神區分，奉祀在二個縣、市以上廟宇的神明達 200 餘種，其中奉祀媽祖之廟宇達 802 所，與王爺、關聖帝君，同為擁有最多信徒的神。每年春天至農曆三月媽祖誕辰，南北各地的媽祖進香活動常帶動數以萬計的進香潮，影響臺灣社會文化、經濟甚深。

　　筆者自幼隨長輩信奉媽祖，就讀大學後，即對媽祖信仰特別有興趣，除廣泛閱讀各種媽祖研究論文外，並追隨林衡道教授從事寺廟田野調查。進入研究所後，分別以《台灣寺廟與地方發展關係之研究》（民國 65 年 6 月）、《明清政權更迭與台灣民間信仰關係之研究—清初台灣政治與王爺媽祖信仰之關係》（民國 73 年 2 月）撰寫碩、博士論文。1989 年，台北市

台原出版社印行之《台灣的王爺與媽祖》、《台灣的祠祀與宗教》二書,均為此階段的研究心得。

以《天妃顯聖錄》記載之媽祖事蹟而論,宋朝以後類似之女神被祠祀者不少,但無一能深入基層,愈傳愈廣而屹立不搖,媽祖信仰背後應有一特定支持力量。然因時、空各種因素,從事媽祖信仰研究者,都無法解開此迷團。1987年以後,海峽兩岸關係日趨緩和,兩岸學術、文化及宗教交流日增,中國共產黨開放媽祖信仰研究,動員文史工作者參與媽祖史蹟文物調查研究,重修媽祖廟,並舉辦多次媽祖學術研討會,各種研究成果琳瑯滿目。筆者也曾應邀參與,並親赴湄洲、莆田、泉州等媽祖重點史蹟考查,收集臺灣未見之史料或族譜,對媽祖信仰起源有不少新體會,或可對前此研究之不足處加以補充。

本書內容分為十四章,除回顧近代媽祖研究概況外,內容環繞在《天妃顯聖錄》、媽祖信仰起源及臺灣的媽祖祠祀等三個核心,最後為總結語,各章主旨簡介如下:

第一章　媽祖信仰研究概況。內容為近百年來日本、臺灣及中國大陸學者從事媽祖信仰研究概況之回顧,包括發表於期刊之論文、重要學位論文、媽祖學術研討會論文、媽祖廟志等,截止年限為民國94年,本文曾以〈近百年來媽祖研究概況〉為題發表於《臺北文獻》民國94年6月號。

第二章　《天妃顯聖錄》版本及編輯緣由考。《天妃顯聖錄》是一本記載媽祖史事的專書,但其編成卻歷林堯俞、林蘭友二人,費時數十年未成,卻在康熙16年至19年三藩抗清鄭經回師福建時,倉促由丘人龍編次後印行。成書三年,鄭克塽

降清，《天妃顯聖錄》亦易版再梓。本文探討《天妃顯聖錄》的編輯緣由及三種版本內容取捨背景。本文曾於民國 93 年 10 月福建省莆田市舉行之中華媽祖文化學術研討會宣讀，經節刊於《莆田學院學報》2005 年第 1 期，及《中華媽祖》月刊創刊號。

第三章　《天妃顯聖錄》媽祖事蹟考釋。事蹟指的是媽祖從出生至死亡的生命歷程。媽祖生前狀況如何？史料寥寥無幾，根本無從拼成完整面貌。《天妃顯聖錄》所載媽祖事蹟雖被後世奉為範本，但其內容多似實而虛，敘事多未有明確年代及對象。從宗教角度看，《天妃顯聖錄》並無問題，但從歷史學角度研究卻有商榷空間，故十餘年來大陸學者即對媽祖家世、出生地、祖廟等提出各種不同說法。欲在千年後還原媽祖事蹟實不可能，本文則對《天妃顯聖錄》所載媽祖事蹟逐一分析，比對其故事來源或形成背景。

第四章　以《天妃顯聖錄》為核心的媽祖歷朝褒封。媽祖信仰由一隅發展成全球性信仰，歷朝褒封及納入祀典為其關鍵因素之一。《天妃顯聖錄》記錄了歷朝褒封誥命二十四則，實即宋、元、明三朝以迄清初媽祖信仰成立、發展之詳細歷程。然《天妃顯聖錄》成於明末，宋元誥封非全然無誤，本文據官私文獻逐條加以考證，除補充誥封背景外，其年代、封號誤植者則更正之。至於清康熙朝以後誥封則以光緒《大清會典則例》及 2003 年中國第一歷史檔案館出版的《清代媽祖檔案史料彙編》加以補充，媽祖歷朝誥封庶幾有完整面貌。

第五章　媽祖元始金身考。1997 年 1 月，福建湄洲媽祖來臺灣進行百日宗教交流活動，除湄洲媽祖外，還迎來一尊「元朝石雕媽祖元始金身」，石像素袍結跏趺坐，不符元朝誥封媽祖為妃之儀飾，因而引起各界議論。筆者因此赴莆田湄洲等地從事田野調查，發現媽祖石像確為湄洲天后宮重建出土，其造型與泗洲文佛相似。泗洲文佛即唐高宗朝來華傳教的僧伽，僧伽被視為觀音化身及白衣大士之開山。臺灣有僧侶住持之媽祖廟均祀觀音，媽祖祭典僧侶均先拜請觀音佛祖再請觀音，媽祖元始金身似為泗洲文佛轉為白衣大士，再轉至媽祖信仰的過渡。本文曾以：福建湄洲出土「元朝石雕媽祖元始金身」考為題，於民國 88 年 6 月國立空中大學《人文學報》，第 8 期發表。

第六章　以李邕〈泗州臨淮縣普光王寺碑〉為核心的僧伽信仰考。僧伽於唐高宗朝由中亞何國來華傳教，晚年被唐中宗奉為國師，卒後李邕撰〈泗州臨淮縣普光王寺碑〉，為僧伽最早之傳記。本文以李邕〈泗州臨淮縣普光王寺碑〉為核心，以《宋高僧傳》之〈唐泗州普光王寺僧伽傳〉及蔣之奇（潁叔）《泗洲大聖明覺普照國師傳》互相參證，建構僧伽來華傳教的過程及其信仰發展狀況，藉此發現媽祖信仰背後的宗教源頭。明末李元嗣重刊《泗洲大聖明覺國師傳不分卷》，以僧伽為（白衣之開山），顯見其非印傳佛教，應與唐初傳入之摩尼教有關連。本文於民國 94 年 6 月發表於國立空中大學《人文學報》第14 期。

第七章　媽祖信仰探源。此篇原以〈媽祖信仰起源新考〉為題，於民國 74 年 6 月，《高雄文獻》22、3 期合刊發表，探

討媽祖是否真有其人、媽祖的宗教屬性及媽祖信仰之確立與發展,其中提及媽祖可能是宋代盛行於福建的摩尼教女性神職人員及宰相陳俊卿與媽祖的關係。1989 年,莆田地區二度發現摩尼教殘碑,筆者因前往殘碑發現地及賢良港考察,發現摩尼教信徒與信仰區與媽祖信仰重疊,莆田人雖崇奉媽祖,然於摩尼教信仰合法時期,也信仰摩尼教。原文經增補後改題為〈媽祖信仰探源〉。

第八章　白塘李氏與聖墩祖廟。1987 年以後大陸學者從事媽祖資料調查時,於莆田白塘《李氏宗譜》發現有多篇與媽祖信仰有關的記載,並於 1989 年,由蔣維錟的〈一篇最早的媽祖文獻資料的發現及其意義〉予以揭露。1997 年、2004 年,筆者在蔣維錟先生協助下取得完整《李氏宗譜》影印件,從宗譜中發現李氏族人除於 1086 年建立首座祠祀媽祖的「聖墩祖廟」,1122 年請得「順濟」廟額,讓媽祖信仰由私祠轉為合法信仰,1150 年復將媽祖由聖墩廟群之陪祀神升為主神,讓媽祖信仰得獨自發展,開啟媽祖信仰的一片天外,尚有明初李氏遭宦官掠奪家中珍藏文物等資料,除了還原李氏家族對媽祖信仰的貢獻外,也提出聖墩祖廟突然消失的可能原因。

第九章　明清時期臺灣地區的媽祖祠祀。媽祖信仰為臺灣地區的主流信仰,明朝萬曆年間澎湖即有天妃宮,然荷蘭人入據後被毀。明鄭時代,鄭氏家族沿襲明朝政府傳統,兼以安平鎮地形似天關,七鯤身為地軸,酷似龜、蛇,故廣建玄天上帝廟,媽祖信仰頗受冷落。後清軍攻臺,運用宗教信仰歧差異,廣佈媽祖庇佑神蹟以鼓舞軍心士氣,卒將臺灣收入版圖。臺灣

底定後，清廷詔封媽祖，並在臺灣廣建媽祖廟，其後 1681 年朱一貴、1787 林爽文二次大規模抗清，清軍來臺定亂均大肆宣揚媽祖庇佑，清朝前期媽祖信仰與政府利益相結合。嘉慶 19 年（1814）以後透過彰化南瑤宮的進香及道光元年（1821）府城迎北港媽祖二大活動，媽祖信仰逐漸形成以北港朝天宮為核心的在地化現象，也讓媽祖信仰取得臺灣各城市主要信仰的地位，將明、清二代媽祖信仰實況呈現。

　　第十章　北港朝天宮與臺南大天后宮的分合。北港朝天宮為媽祖信仰重鎮，臺南大天后宮則為臺灣府祀典廟宇，各有其代表性。清朝道光年間形成府城迎北港媽祖巡歷的活動，為臺灣府最主要民間信仰活動，至民國 5 年雙方因誤會而終止此一宗教行事。本文曾於民國 89 年 9 月國立中正大學歷史研究所舉辦的南臺灣鄉土文化學術研討會發表，民國 93 年大天后宮鎮殿媽重塑，發現道光元年新雕玉牌，本文亦予增補。

　　第十一章　日據時期的北港朝天宮。日據時期的北港朝天宮歷經廟宇重建、臺灣總督賜匾、與臺南大天后宮斷絕交往、廢止僧侶住持建立現代化管理制度，至皇民化運動時寺廟神也被整理、廢燬，財產轉為公有，反映出日據時期臺灣廟宇在總督府強力介入下轉變的過程。本文曾於民國 84 年 5 月，淡江大學歷史系主辦〈臺灣史國際學術研討會〉宣讀。

　　第十二章　當代臺灣媽祖信仰的發展與祖廟認同的轉變。北港朝天宮自清朝道光年間即成為本土媽祖信仰的指標，至民國 50 年代開始遭到「笨港毀滅論」挑戰其正統性，大甲鎮瀾宮因而產生認同迷惑，而中共為促進兩岸統一，以媽祖為「海峽

兩岸和平女神」，重建湄洲天后宮，取名「湄洲祖廟」，廣招
臺灣各媽祖廟前往認祖。民國 76 年鎮瀾宮前往湄洲迎回新媽
祖，並於次年停止往北港謁祖進香，改迎湄洲媽祖遶境進香，
從媽祖信仰角度檢視，中共的「海峽兩岸和平女神」政策已將
臺灣媽祖信仰的認同逐漸轉往湄洲。

　　第十三章　台灣地區流傳的媽祖經書。佛教傳入中國，除
翻譯梵文經書外，高僧也不乏自述理念印為經書者。媽祖經書
明成祖永樂年間新修《道藏》，始有《太上老君說天妃救苦靈
驗經》的編撰，清朝時期繼有《天后經懺》、《弘仁普濟天后
聖母經懺》被造出。臺灣地區則至清末始有《湄洲慈濟經》，
日據時期有三字一句的《天上聖母經》，光復後復有僧傳妙編
造五字一句的《天上聖母經》。台灣地區印行的天上聖母經內
容與大陸的同類經書已有明顯差異，反映台灣媽祖信仰逐漸脫
離湄洲的影響，自成一格。本文先於民國 85 年 5 月，國立空中
大學人文學系《人文學報》第 5 期發表，後因再得《弘仁普濟
天后聖母經懺》、《湄洲嶼志略》二份資料，經增補而成本文。

　　第十四章　總結語。本書各章雖已分從各種角度探討媽祖
信仰起源及流變，但各章結語自有其偏限性，非全書閱畢不易
得其要旨。本章貫串各章要旨，提出筆者從事媽祖信仰研究的
一些心得，敬請讀者指教。

媽
祖 信仰研究

目次

媽
祖信仰研究

第一章　媽祖信仰研究概況

一、媽祖崇祀的基本背景

　　媽祖為五代末期福建莆田林氏女，名默或稱默娘，相傳誕生於宋太祖建隆元年（960），五代末福建為陳洪進割據，民不聊生，林默生時藉宗教力量，在莆田地區生人福人，不以死與禍恐人，故人人愛敬事之如母。死後，湄洲故家有祠。自此，媽祖信仰開始在民間私下流傳，但仍屬淫祠性質。宋徽宗宣和 5 年（1123）朝廷賜順濟廟額，媽祖始成為合法祠祀。

　　南宋偏安杭州，起用大量江南人才，莆田人在政軍兩界擔任高職者漸多，紹興末年，莆人陳俊卿以兵部侍郎之尊，在莆田白湖捐地建廟，公開宣揚媽祖信仰，媽祖聲勢，乃隨著高張。紹興 26 年至景定 3 年（1156～1262）間，媽祖被朝廷誥封 15 次，封號由靈惠夫人晉至靈惠顯濟嘉應善慶妃。

　　元朝以後，朝廷復以媽祖庇護漕運，屢予誥封。至元 15 年至至正 14 年（1278～1354）間，媽祖被誥封 7 次，封號由護國明著靈惠協正善慶顯濟天妃晉至輔國護聖庇民廣濟福惠明著天妃。

　　明朝以後，朝廷以開國時受北極真武玄天上帝陰佑頗多，奉為守護神；故媽祖聲勢平平，僅在洪武、永樂兩朝受

過誥封。洪武5年（1372），太祖詔封媽祖為昭孝純正孚濟感應聖妃；永樂7年（1409），成祖以媽祖庇護鄭和出使西洋，加封為護國庇民妙靈昭應弘仁普濟天妃。

　　清朝入主中原以後，鄭成功、鄭經父子在台灣沿襲明朝做法，崇信北極真武玄天上帝，媽祖並未特別受到崇信。但明鄭水師將帥士兵莆田籍者頗多，清朝乃大力提倡媽祖信仰，並利用群眾依附宗教之心理，首先促成莆田籍明鄭水師副總督朱天貴率舟三百艘、將士二萬餘人降清，再命施琅率這支武力逼降台灣。媽祖既為清朝立了大功，清廷也予盛大回報，康熙19年（1680），清廷首予媽祖誥封為護國庇民妙靈昭應弘仁普濟天妃，康熙23年（1684），即施琅平定台灣次年，更予提升媽祖之神格，由妃晉升為后，詔封媽祖為天后[1]。康熙59年（1720）正式將媽祖列為朝廷祀典，春秋遣官致祭。雍正11年（1733）令沿海沿江各省建祠致祭，其祭儀與關聖帝君同。

　　總計清朝朝廷對媽祖的誥封，達20次之多，其封號由康熙19年的「護國庇民妙靈昭應弘仁普濟天妃」，累晉至咸豐7年（1857）的「護國庇民、妙靈昭應、弘仁普濟、福佑群生、誠感咸孚、顯神贊順、垂慈篤祜、安瀾利運、澤覃海宇、恬波宣惠、導流衍慶、靖洋錫祉、恩周德溥、衛漕保泰、振武綏疆天后之神」。此後，以媽祖封號字數太多，清廷遂以40字為限，永不加增。

　　因為媽祖受到歷代帝王的揄揚，近千年來所累積的文獻很多，見於筆記小說記載者，有李俊甫《莆陽比事》、洪邁《夷堅志》、趙翼《陔餘叢考》；《三教搜神大全》、《西

洋記》等；後人收集媽祖各種靈異傳說，歷朝褒封誥文，將
之整理成書者不少，如《天妃顯聖錄》、《昭應錄》、《勅
封天后志》、《天上聖母源流因果》、《城北天后宮志》、
《湄洲嶼志略》等皆是。其中，除劉伯溫、趙翼等少數人曾
對媽祖的屬性提出質疑，謂水神為妃，未必有其人外，大多
為傳述神異事蹟而已。

二、台灣地區的媽祖研究

（一）日據時期

　　日本國內因華裔人民甚多，媽祖信仰也在明朝就被引
入。但日本學者對媽祖產生興趣，並開始研究，卻從統治台
灣以後開始。明治 28 年（光緒 21 年，1895），日本佔有台
灣，為了制訂統治政策之需要，在台灣展開各項社會習俗調
查，寺廟及其相關活動為調查項目之一。大正 4 年（民國 4
年，1915）余清芳等人以宗教號召抗日的西來庵事件發生
後，台灣總督府民政局成立社寺課，透過政府行政體系對台
灣各州、廳管轄寺廟、宗祠、神明會進行田野調查。調查項
目包含奉祀主神及其來由、創建年代、信徒人數、廟宇建築
及基地面積、寺廟財產及管理者等。大正 8 年（民國 8 年，
1919），台灣總督府編印完成《台灣宗教調查報告書第一
卷》，除了詳細統計寺廟、宗祠、神明會的數目，信仰神明
的種類、數目及分佈，擁有財產等之外，書前由主持人社寺
課長丸井圭治郎親撰《台灣宗教》，詳細介紹臺灣傳統宗教、

祠廟、神明會沿革及祭祀儀式、神職人員等，並認為寺廟是中國儒家思想的產物，對社會教化有其貢獻。

此一調查為首次以社會學方法全面對台灣寺廟進行普查，編印資料較清代各府、州、縣所編方志記載詳實，為爾後台灣從事民間信仰及宗教研究奠立良好基礎。類似工作在二次世界大戰期間的昭和16年（民國30年，1941）也曾舉辦一次，當時日本統治者在台灣推行皇民化運動，擬以日式神道（神社）及日本式佛教寺院取代台灣各地寺廟，原有廟宇被廢，廟產充公，導致在台漢人不服，致總督府再度進行調查。然因四年後日本戰敗，其調查報告由原負責調查者宮本延人返日後繼續進行彙整，至1988年始由日本天理教道友社印行，書名為《日本統治時代台灣有關寺廟整理問題》，全書分為前、後篇及資料篇三部分，前篇包含：台灣寺廟整理問題的發端、民族與宗教、漢民族的宗教、台灣寺廟整理運動與台灣人的反應等四節；後篇含：寺廟整理運動之發生、寺廟整理之進行、寺廟整理之影響、寺廟現況、歷年整理策略檢討等五章；資料篇則佔三分之二篇幅，包含舊慣信仰有關法規等15種資料。《日本統治時代台灣有關寺廟整理問題》的出版似可代表日據時期台總督府對台灣寺廟整理政策的總結。

對於日據時期台灣總督府調查資料的運用，首次用為媽祖學術研究者為當時在台灣參與其事的漢學家伊能嘉矩。大正7年（民國7年，1918），伊能嘉矩在東京帝國大學《人類學雜誌》第33卷，第6、8號，發表〈台灣漢人信仰的海神〉，將他在台灣從事民間信仰中有關的海神媽祖、王爺等

研究的成果作系統介紹，其中討論媽祖的部分，約佔全部篇幅之半，論點側重在媽祖保佑漢人渡海及清廷歷次攻打台灣，媽祖顯靈事蹟之闡述，凸顯出媽祖信仰與台灣歷史的密切關係。另伊能嘉矩在其《台灣文化志》中卷第 7 篇〈特殊之祀典及信仰〉，第 3 章〈天妃及其他海神信仰〉也對媽祖信仰來源，台人崇敬原因，靈蹟等詳加介紹，並特別提及澎湖天后宮、台灣府天后宮、北港街朝天宮、關渡靈山廟。

　　昭和 18 年（民國 32 年，1943），日本京都帝國大學史學科畢業生愛宕松男及早稻田大學哲學科畢業生李獻璋分別以《天妃考》及《媽祖的研究》為畢業論文。愛宕松男之論文於同年發表於《滿蒙史論叢》第 4 輯，其內容重於媽祖信仰的社會功能探討，認為媽祖除為水神外，並具有鄉土神的性格，媽祖廟也具有同鄉會館功能。李獻璋則以宋元文獻為基礎從文學角度分析比較媽祖起源的傳說。

　　除了學術研究外，也有居台日人以《媽祖》為名發行雜誌。昭和 9 年（民國 23 年，1934），居台日人西川滿在台北發行《媽祖》雜誌，每期封底，都以簡短篇幅刊出媽祖事蹟，以為推廣。昭和 10 年（民國 24 年，1935），《媽祖》第 6 號，刊出西川滿的〈媽祖昇天〉，及增天福太郎的〈天上聖母傳〉，介紹媽祖靈蹟。按日本以神道立國，並有女神信仰，其開國神天照大神即為女神，加以當時日人來台仍須渡海，故信仰海神媽祖者不少，如第 5 任台灣總督佐久間左馬太及第 13 任總督石塚英藏皆曾獻匾給北港朝天宮，而西川滿則將其個人對媽祖信仰化為具體行動加以推廣。

（二）國民政府遷台以後

1、學術研究

　　二次大戰日本戰敗，台灣回歸中國管轄，民國 36 年的 228 事件及 38 年 12 月中華人民共和國建立，國民政府遷至台灣，一連串的政治及社會動蕩，學術研究也無進展。民國 40 年代因台灣省政府文獻委員會及各縣、市文獻委員會的成立，同步推動《台灣省通志》及各縣、市志的纂修，省政府發行《台灣文獻》季刊，部分縣、市也自行發行季刊，學術界才再回復到台灣史及媽祖學術之研究。民國 46 年 6 月，《台灣文獻》第 8 卷第 2 期，莊德發表〈媽祖史事與台灣的信奉〉。民國 51 年 7 月、10 月，夏琦分別在《幼獅學誌》第 1 卷第 3 期、第 4 期發表〈媽祖傳說的歷史發展〉、〈媽祖信仰的地理分佈〉，民國 63 年 9 月，林衡道在《台灣文獻》第 25 卷第 3 期發表〈大天后宮〉，詳細記錄大天后宮之匾額文物。

　　旅日華僑李獻璋在戰後仍繼續從事媽祖信仰研究，也曾回台灣蒐集民間傳說，並於昭和 31 年（民國 45 年，1956）6 月，在日本《東洋學報》第 39 卷第 1 號發表〈三教搜神大全天妃娘媽傳中媽祖傳說之考察〉；11 月在《東方宗教》第 11 號發表〈媽祖傳說的開展〉；昭和 33 年（民國 47 年，1958）在《東方宗教》第 13、4 號合刊及第 15 號發表〈從天妃顯聖錄看清代媽祖傳說〉，次年，又在《宗教研究》第 32 卷第 4 輯發表〈宋廷的封賜與媽祖信仰的發展〉；昭和 36 年（民國 50 年，1961）10 月，在《中國學會報》第 13

輯發表〈媽祖信仰的起源與傳播〉，37 年（民國 51 年，1962）
6、7 月，在《華僑生活》第 1、2 號發表〈台灣諸島的拓殖
與媽祖的崇祀〉；7 月，在《佛教史學》第 10 卷第 2 號發
表〈元代之封祭與媽祖的航海神化〉；12 月，在《華僑生
活》第 4 號發表〈清廷對媽祖的封賜與對台灣的征討〉。

　　除了日文撰述外，李獻璋也以中文在台灣刊物發表論
文，民國 49 年（1960）12 月，在《台灣風物》第 10 卷第
10 期發表〈媽祖傳說的原始形態〉；50 年（1961）1 月第
11 卷第 1 期發表〈元明地方志中媽祖傳說的演變〉；民國
52 年（1963）6 月、10 月第 13 卷第 3、4 期，又發表〈元
明媽祖資料摘抄〉。民國 54 年（1965）5 月，《大陸雜誌》
第 30 卷第 9 期刊出〈安平、台南的媽祖祭典〉；民國 56 年
（1967）10、11 月，第 35 卷第 7、8、9 期刊出〈笨港聚落
的成立及其媽祖祠祀的發展與信仰實態〉。民國 68 年（昭
和五十四年，1979），李獻璋將前此有關研究論文彙集，題
為《媽祖信仰之研究》，交東京泰山社印行，全書含附錄資
料，共達 700 餘頁，是近代研究媽祖信仰最久、成就最高的
一位研究者。

　　民國 45 年春，台南市顯宮里北線尾鹿耳門媽祖宮開基
天后宮與土城正統鹿耳門聖母廟，為了誰才是鄭成功來台首
創的媽祖廟問題在報紙大打擂台，台灣媽祖信仰問題大受重
視。當時台大教授楊雲萍、台南市文獻會的編纂組長黃典權
分別支持顯宮里開基天后宮與土城正統鹿耳門聖母廟；爭執
多年，後楊雲萍以日據時期鹿耳門聖母廟登記資料為王爺廟
永安宮，原非媽祖廟，較居上風。民國 69 年 12 月，台南市

政府在疏濬鹿耳門溪河道時，挖出一塊「重興天后宮碑記」，議論再起，72 年 12 月，盧嘉興在《台南文化》新 16 期發表〈明鄭有無奉祀媽祖考〉，認為明鄭時代台灣並未建有媽祖廟，鹿耳門天妃宮建於康熙 58 年，但兩廟皆不認同。

　　民國 70 年代是媽祖信仰研究的高峰，此時期的研究主題環繞在台中縣大甲鎮鎮瀾宮往北港朝天宮的進香活動研究上，研究成果也最豐碩。民國 72 年施合鄭基金會發行的《民俗曲藝》第 25 期「進香專號」即以上述活動為主要內容，發表了：黃美英〈訪李亦園教授從比較宗教學觀點談朝聖進香〉、黃美英〈大甲媽祖進香記〉；王嵩山〈從進香活動看民間信仰與儀式〉、〈戲曲與宗教活動—大甲進香之例〉等論文。接著民國 73 年（1984）9 月，蔡相煇於《台北文獻》第 69 期，刊出〈明鄭時代台灣之媽祖崇祀〉，認為明鄭時代官方崇信的水神以北極真武玄天上帝為主，媽祖只為民間祠祀。民國 74 年 6 月，蔡相煇在《高雄文獻》第 22、3 期合刊發表：〈媽祖信仰起源考〉、民國 77 年 6 月，在《台灣省文獻會成立四十週年專刊》發表〈台灣之媽祖崇祀〉，文中對明鄭時代未崇祀媽祖的原因、清軍運用媽祖信仰瓦解明鄭軍心、施琅家族與台灣媽祖信仰、台灣官僚系統崇祀之媽祖、台灣媽祖信仰的中心線等問題提出解析；民國 78 年 1 月蔡相煇的《台灣的王爺與媽祖》由台北臺原出版社印行。石萬壽於民國 78 年 6 月、9 月，79 年 3 月刊行的《台灣文獻》第 40 卷第 2、3 期及 41 卷第 1 期發表：〈明清以前媽祖信的演變〉、〈康熙以前台澎媽祖廟的建置〉、〈清代媽祖的封諡〉等論文；民國 79 年 12 月，在《中國政

教關係學術討論會》發表：〈宋元明媽祖的封諡〉等文，並於民國 89 年將其著作彙為一編，取名《台灣的媽祖信仰》交由台原出版社發行。

民國 69 年（1980），林明峪撰寫一部《媽祖傳說》由台北東門出版社出版，書中包含三大部分，壹、緒論，媽祖傳說的考察；貳、本論，文獻中的媽祖傳說；參、續論，台灣的媽祖信奉與傳說。舉凡有關媽的名稱、家世、誕辰、生前、昇化、開顯、神蹟、封號、立廟；媽祖與台灣的漢人移民、台灣著名媽祖廟的傳說、全省媽祖廟一覽表，均包含在內，為通俗性讀本。

從民國 70 年代，國內各大學研究所研究生開始從事媽祖信仰相關研究，並撰寫論文取得博、碩士學位者有：蔡相輝：《明清政權更迭與台灣民間信仰的關係──清初台灣政治與王爺媽祖信仰之關係》，林淑鈴：《寺廟政策與寺廟活動之研究──以兩座媽祖廟為例》、黃美英：《權力與情感的交融：媽祖香火儀式分析》、張榮富：《民間信仰與媽祖神格的建構》、吳艷珍：《媽祖顯聖研究》、李祈夏：《北港朝天宮宗教藝術之探討》、游蕙芬：《社會的延續、情感交融與認同──白沙屯媽祖進香儀式象徵意義體系之分析》、曾月吟：《日據時期朝天宮與北港地區之發展》、林經國：《台南市媽祖廟建築變遷之研究──廟宇的傳統與現代》、許谷鳴：《神性、溝通、與詮釋──媽祖信仰叢結的社會交往》、姚文琦：《台灣媽祖信仰的進香態度及其變遷──從信眾的觀點進行觀察 》、李鳳華：《由祭祀圈看區域的整合與發展──以松山十三街庄為例》、程美蓉：《從

麥寮拱範宮遶境活動看信仰文化中人群的結合》、黃昭璘：《地方文化的神聖象徵秩序與場域之塑造：以「笨港」為例》、王永裕：《台灣媽祖造像群之圖像藝術研究》、范明煥：《新竹地區客家人媽祖信仰之研究》等，分從歷史學、社會學、地理學、文學、建築學等角度探討媽祖信仰及其週邊相關問題。

2、學術研討會

由於海峽兩岸政府互釋善意，閩台媽祖信仰開始交流，兼以媽祖信仰待釐清的問題尚多，民國 76 年賴健祥等台中地區民俗愛好者在台灣省政府支持下成立了民俗研究會，以研究民俗改善社會風氣、宗教信仰等問題為宗旨，並發行《媽祖信仰之研究》雜誌，除蒐集媽祖相關資料外，也不定期邀請台灣各地主要媽祖廟負責人座談。民國 78 年 11 月，民俗研究會於台中縣豐原市慈濟宮首度召開以媽祖信仰為研討主題的學術座談會，邀請數位媽祖研究學者及各媽祖廟負責人參與座談方式舉行，會議中提出報告者有：林美容〈媽祖信仰和社會組織〉、石萬壽〈媽祖初期故事的演變〉、李豐楙〈道藏中的媽祖信仰〉等三篇與媽祖有關專題報告，相關內容由民俗研究會《媽祖信仰之研究》第三輯以《全國首屆媽祖學術討論會》為題，於民國 79 年 3 月出版。

民國 84 年 12 月，中華兩岸交流協會於佛光山台北道場舉辦媽祖民俗學術研討會，邀請福建省泉州閩台關係史博物館副館長兼泉州天后宮董事會董事長陳健鷹等八位業餘研究者與台灣地區學者參加，論文報告人及論題如下：鄭志明

〈民間媽祖祭典的信仰本質〉、蔡相煇〈媽祖信仰探微〉、
張珣〈從媽祖神話與儀式看媽祖信仰的俗民性質〉、王明蓀
〈宋代廣州的海神與媽祖信仰〉、林景淵〈媽祖信仰的時代
意義〉、呂應鐘〈媽祖〉、洪銅燈〈澎湖的媽祖信仰與文化
風貌〉、楊寒宇〈天上聖母媽祖聖略誌〉、謝正一〈從台灣
媽祖廟反思媽祖文化〉、吳榮洲〈泉州天后宮信仰形成和傳
播〉、黃澤民〈鯉魚躍龍門—泉州天后宮浮雕藝術賞析〉、
張章騄〈溫陵媽祖的二十四司及其他〉。

　　純粹以學者為核心召開的學術研討會是民國 85 年 8 月
台灣省文獻委員會與財團法人北港朝天宮董事會於北港舉
辦的「媽祖信仰國際學術研討會」，邀請海內外學者專家二
百餘名參與研討，發表：江樹生〈荷據時期台灣的漢人人口
變遷〉、徐恭生〈明清冊封琉球使臣與媽祖信仰的傳播〉、
周立方〈媽祖信仰與海洋文化〉、楊彥杰〈山區的媽祖——
一個宗族與村落的保護神〉、吳永猛〈台灣媽祖宮廟燈錢發
展的探討〉、林美容〈媽祖信仰與地方社區——高雄縣媽祖
廟的分析〉、顏芳姿〈從竹塹城內媽外媽的管理權談族群、
水郊與政治的角力〉、陳清香〈北港朝天宮內供像造型初
探〉、張珣〈星洲與台灣媽祖信仰初步比較〉、徐曉望〈福
建人與澳門媽祖文化淵源〉、林淑鈴〈媽祖信仰展現的社會
面貌——彰化縣二林鎮的研究發現〉、曾月吟〈日據時期朝
天宮的發展——以台灣日日新報所見為主〉、鄭志明〈從靈
感思維談台灣媽祖的宗教祭典〉、陳元煦〈媽祖信仰圈形成
原因淺析——兼談當代媽祖熱問題〉、謝重光〈福建省漳浦、
東山二縣的媽祖信仰〉、李乾朗〈台灣媽祖廟與閩南媽祖廟

建築之比較〉、李礽夏〈北港朝天宮建築裝飾藝術之探討〉、
朱天順〈媽祖信仰與道德〉、江燦騰〈媽祖信仰與法律裁判
——以增田福太郎的研究為中心〉、蔡相煇〈從歷史文獻看
北港朝天宮與笨港天妃宮〉等論文 20 篇，相關論文經定稿後
由台灣省文獻委員會彙集，取名《媽祖信仰國際學術研討會
論文集》於 86 年 9 月印行。

　　民國 90 年 5 月，財團法人北港朝天宮董事會於北港舉
辦媽祖信仰與現代社會國際學術研討會，委請臺灣宗教學會
承辦，中央研究院民族學研究所協辦，邀請美國、日本、香
港、大陸等海內外學者專家 200 餘名參與研討，發表 22 篇
論文，最後經審查委員會審查通過 15 篇論文，修訂後取名
《媽祖信仰的發展與變遷》於民國 92 年 3 月由臺灣宗教學
會與北港朝天宮共同發行。15 篇論文之作者及論題如下：
祖運輝（新加坡）〈十一到十九世紀中葉中國航海宗教初
探〉、蔡相煇〈白塘李氏與媽祖信仰的奠立〉、Allen Chen
〈The Changing Times of a Village Temple Alliance System in
the New Territories of Hong Kong：An Analysis of a Tainhou
Cult〉、廖迪生（香港）〈由聯鄉廟宇到地方文化象徵：香
港新界天后誕的地方政治意義〉、Joseph Bosco（林舟，香
港）〈天后宮之重建與活力：台灣與香港比較研究〉、林美
容、許谷鳴〈關渡媽祖的信仰圈〉、張珣〈從媽祖的救難敘
述看媽祖的信仰變遷〉、三尾裕子（日）〈從兩岸媽祖廟的
交流來談台灣的民族主義〉、楊美惠（美，陳美華譯）〈橫
跨台灣海峽的女神媽祖：國界、進香和衛星電視〉、徐曉望
〈從福建霞浦縣松山天后宮掛圖看閩東媽祖信仰的文化心

態〉、陳元煦〈莆田人普遍信仰媽祖的原因——兼談娘媽名稱的由來及其演變〉、楊彥杰〈長汀城關媽祖信仰的變遷〉、房學嘉〈粵東梅州的天后信仰〉、陳耀庭〈遠東地區媽祖廟初探〉、謝重光〈略論媽祖信仰的主要社會功能〉、李清澤（美）〈從台灣民間信仰透視媽祖崇拜的文化心理機制——兼論改善社會風氣之可能性〉。

　　另外環繞媽祖廟主題之相關研究有 82 年財團法人北港朝天宮董事會印行，李乾朗撰的《北港朝天宮建築與裝藝術》、87 年南華管理學院印行鄭志明、孔健中撰的《北港朝天宮的神明會》、86 年台灣省文獻委員會印行林美容撰的《彰化媽祖信仰圈內的曲館》、92 年中央研究院民族學研究所出版張珣《文化媽祖—台灣媽祖信仰研究論文集》、95 年 3 月林美容《媽祖信仰與台灣社會》等。

3、廟志之編修及相關研究

　　為讓參拜者瞭解廟宇之歷史，日據時期北港朝天宮即有摺頁小冊《北港朝天宮由來》，簡單介紹朝天宮歷史，民國 40 年代逐漸發展成 25 開本數十頁的《北港朝天宮簡介》，內容增加神明及各項文物、重要活動。民國 48 年台灣省文獻委員會進行台灣全省寺廟及宗教調查，50 年代台灣省文獻委員會開始分派編纂至各主要城市作田野調查，廖漢臣奉派至北港調查，54 年（1966）9 月，廖漢臣在《台灣文獻》第 16 卷第 3 期刊出〈北港朝天宮與其祀典〉，旋經擴充為《朝天宮志》，於民國 56 年由朝天宮出版。全書分為：溯源、建廟、祭神、祭器、文物、祭典、謁祖與南巡、信徒、

人事、附屬事業、古今文苑、照片等，共 12 篇 144 頁（另附照片 16 頁），首開台灣地區廟宇編修廟志之風。民國 78 年（1989）1 月，蔡相輝以廖漢臣《朝天宮志》文物記錄為底本重加整修，取名《北港朝天宮志》，全書分為：溯源、建廟、祀典、文物、人事、雜記等 6 編、24 節，16 開本 277 頁，另附照片 70 頁，由財團法人北港朝天宮董事會印行；此書復於民國 84 年增訂再版，全書增為 321 頁，附圖片 132 頁，為所有媽祖廟志最詳備者。

民國 70 年代後期，因古蹟維護觀念萌芽，對台閩地區古蹟進行分級，促使各廟宇重視自身歷史之探討；加上台灣經濟繁榮，政府推動古蹟規劃整建工作甚力，各重要古蹟、廟宇改建前均需政府核可，並依據規劃書進行整建，因此有許多規劃報告書及宮廟志印行，有關媽祖廟者，有民國 75 年蚊港太聖宮管理委員會印行李岳勳撰的《魍港媽祖》、民國 77 年澎湖天后宮管理委員會印行的《開台澎湖天后宮》簡介、81 年趙南池自印的《第一級古蹟大天后宮（寧靖王府邸）之研究》、82 年財團法人新港奉天宮董事會印行的《新港奉天宮志》、84 年永興宮管理委員會印行的《永興宮志》、同年財團法人大甲鎮瀾宮董事會印行《大甲鎮瀾宮》，並於 94 年擴展為《大甲鎮瀾宮志》，86 年彰化市政府印行彰化師大地理系編的《彰化南瑤宮志》、台南市政府出版徐明福、徐福全主編的《台南市媽祖廟之變遷》、89 年安平開台天后宮出版何世忠、謝進炎《媽祖信仰與神蹟》、90 年基隆市慶安宮印行《基隆市慶安宮誌》、91 年台南市文化資產保護協會出版戴文鋒《府城媽祖行腳》等。

三、中國大陸的媽祖研究

（一）國民政府時期

　　民國成立以後，國民政府的宗教政策是一律平等對待所有宗教，傳統民間信仰則因未具宗教組織與形態，被視為迷信。民國 8 年（1919）北京大學胡適之等人發起新文化運動，學術界更充斥疑古風氣，如顧頡剛即認為古史傳說的大禹非有其人。其後顧頡剛轉至廣東中山大學任教，創辦《民俗週刊》從事民俗研究，開啟中國大陸對媽祖研究的風氣。民國 18 年（1929）1 月，中山大學《民俗週刊》第 41、2 期合刊（神的專號）刊出顧頡剛、容肇祖所撰的〈天后〉各一篇。顧氏以程端學〈天妃廟記〉及《三教搜神大全》〈天妃娘娘〉二篇文章為依據，編了一個媽祖靈異事蹟年表，全文不出 2000 字；容肇祖則以丁午《城北天后宮志》、《天后聖母聖蹟圖志》為依據為媽祖事蹟編了一個年表，正式將媽祖研究引進學術殿堂。

　　民國 18 年 5 月，中山大學《民俗週刊》第 61、2 期合刊，刊出周振鶴所撰〈天后〉一文，以古今圖書集成有關海神記載為基礎，申論天后的生日、死期、身世、誕生、生前、昇化、死後、崇拜天后的原因、天后廟的發展等，並列有年表，討論範圍包含 14 個子目，全篇文字約 5000 餘字，更廣泛整理出媽祖全貌，但並未深入探討文獻真偽。同年 12 月，《民俗週刊》第 86 至 89 期合刊，刊出容肇祖的〈跋天后〉一文，可視為中山大學對民間宗教研究之總結，謂：「充滿靈異傳說的神祇，往往不易為知識分子所接受，所以丘濬、

媽
祖 信仰研究

趙翼等人會認為只要將天后視為水神即可，不必認為必有
其人。」大致反映出當時學術界反封建、反迷信的風氣。
此後因中、日局勢日趨緊張，學術界未再繼續對媽祖信仰
從事研究。

民國 30 年代，因日軍佔領華南地區，東南亞華僑經援
祖國抗戰，引起學術界對南洋華僑的重視與研究。民國 30
年（1941）6 月，南洋學會發行之《南洋學報》第 2 卷第 2
輯，刊出韓槐準所撰的〈天后聖母與華僑南進〉，文中重點
置於媽祖信仰與航海、華僑移民南洋，及僑社信仰媽祖等情
形之描述，引述資料已較容肇祖等人廣，但仍沿襲容肇祖之
觀點，在結語云：「我國新文化之進展已日新月異，不久此
神（媽祖）將為跳舞廳中之爵士樂浪所激盪而消聲滅蹟矣，
作者趁此神殘喘尚存之遺蹟，於百忙中寫此古代華僑社會迷
信生活之考證，望讀者諸君，勿誤認為提倡迷信也。」

民國 39 年（1950）6 月，《南洋學報》第 6 卷第 1 輯，
刊出朱傑勤的〈福建水神天妃考〉，朱文大體以丁伯桂〈順
濟聖妃廟記〉、徐兢《宣和奉使高麗圖經》、陳侃《使琉球
錄》等文獻為論述基礎，其結論也認為媽祖信仰為迷信所造
成，「惟有經濟落後，文化閉塞，仍用木船為主要交通工具
之地方，始立廟以祀之，通都大邑，中華民國以來未聞有新
建之天妃廟宇，吾人於此，可以觀時代之進化了。」41 年
（1952）12 月，《南洋學報》第 8 卷第 2 輯刊出陳育崧的
〈天妃考信錄〉，陳育崧也不信天妃真有其人，認為天妃只
是中國人之海神信仰所衍化出來的神而已。

16

綜而言之，國民政府統治時期的中國學術界對媽祖的研究已經開始引用宋元史料探討媽祖信仰，但受時代風氣影響，以媽祖信仰為迷信當總結，致此一研究後來乏人繼續從事。

（二）中華人民共和國時期

1949 年 10 月 1 日，中華人民共和國建立，依據其憲法，中華人民共和國是由中國共產黨一黨專政。中國共產黨主張無神論，反對所有宗教，視民間信仰為迷信。至 1960 年代文化大革命時期更對各種宗教及信仰加以破壞，廟宇若非被徵收為公共建築使用則被破壞，著名的媽祖廟宇如湄洲天后宮除聖父母殿被改置捕漁工具的倉庫外，主建築體被夷平，泉州天后宮被當工廠使用，學者被批鬥，宗教研究一無進展。

1、政策定調媽祖為兩岸和平女神，湄洲天后宮為祖廟。

1976 年 9 月毛澤東去世，1977 年 7 月中共 10 屆 3 中全會宣布恢復鄧小平總理等職務，9 月中共黨主席華國鋒宣告文革結束，1978 年中（台灣）、美斷交，1984 年鄧小平提出「一國兩制」，對台灣的態度，由武力解放調整為和平統一，一方面主動打開門戶，讓民國 38 年以前被俘之國軍將領至香港申請來台，開放隨國民政府來台的軍公教人員返鄉探親；另則運用各種管道，拉攏台灣基層百姓的距離，其具體做法，為開放沿海漁場，讓台灣漁民前往捕魚，且在閩、粵沿海設立多處漁民服務站，免費為台灣漁民提供飲水、加油、修補漁船等服務，甚至引導參觀、採購農、漁及中藥等

產品。台灣漁民普遍信奉媽祖，漁船有至福州、莆田平海附近者，常會要求至湄洲參拜媽祖廟，並捐獻金錢雕塑神像、購置祭器如香爐等。

　　湄洲天后宮建於宋代，元、明之間，曾因政府海禁政策而廢毀。民國 18 年（1929）國民政府為啟迪民智，誘導百姓勿陷於迷信，一度查禁淫祠。莆田人惟恐天后宮受波及，遂改宮名為林孝女祠加以保留。中共政權建立後，湄洲嶼被列為軍事管制區，人民至林孝女祠參拜即屢受限制，至文化大革命時，僅聖父母殿靠近海濱改為網寮，其餘建築都被拆除。1979 年湄洲島人林聰治等婦女開始私祀媽祖，並糾合信徒建廟，至 1983 年完成一棟 30 餘平方公尺大小之單殿式建築，廟雖小，但卻也滿足了台灣人的媽祖信仰情節與宗教需求。也因此，中共領導人將媽祖定位為「海峽兩岸和平女神」，而媽祖誕生地的湄洲媽祖是海內外信徒共同認同的象徵，湄洲天后宮因而被定調為祖廟，為執行兩岸媽祖信仰交流的樞紐，同時起用前莆田一中校長林文豪為莆田市政協委員會主席兼湄洲祖廟董事長，負責推動兩岸媽祖交流相關事宜。

2、媽祖學術研討會及編印史料

　　為了落實媽祖成為「海峽兩岸和平女神」，除了推動媽祖信仰交流活動，1985 年，湄洲祖廟以紀念媽祖誕生 1025 周年名義，邀請台、港、澳著名媽祖廟及信徒，前往共襄盛舉。此外，為增進對媽祖信仰的瞭解，是年莆田市城廂區也首度舉辦媽祖學術討論會，因主辦單位為基層行政單位，尚

屬區內討論性質，也無具體論文撰寫發表。當時福建各地「反對宗教迷信」、「拜拜是迷信」的標語仍到處可見，但在近10天的慶祝活動中，卻吸引了12萬人參與，其盛況可以想見。中共中央文化部有鑒於此，同時在文物考古專家王振鐸倡導下支持鼓勵泉州海外交通史博物館的蕭一平透過福建省博物館行政系統進行各地天妃宮及媽祖史料文物普查，並由廈門大學學者對相關資料進行整理研究，正式開啟大陸媽祖研究的大門。

　　1986年，為紀念媽祖誕辰1026周年，湄洲祖廟除了繼續辦理慶祝活動外，莆田縣也舉辦了正式的媽祖學術研討會，邀請了以福建廈門大學學者、莆田地區文史工作者及博物館界人員參與討論，相關論文經蕭一平、林雲森、楊德金三人整理後於1987年8月以《媽祖研究資料匯編》為題由福建省福建人民出版社出版。書中共收錄朱傑勤〈海神天妃的研究〉、金秋鵬〈天妃與古代航海〉、李獻璋（李啟宇譯）〈媽祖信仰的發生、傳播及其影響〉、朱天順〈清代以後媽祖信仰傳播的主要歷史〉、辛文漢〈海神天后問題的探討〉、蕭一平〈媽祖的歷代褒封〉、林洪國〈媽祖世系及莆田天后宮史蹟〉、黃文美〈莆田的宋代天后宮〉、柯鳳梅〈淺述重修鏡仔天后宮記碑〉、宋玉娥〈烟台天后宮與我國南北近海貿易〉、蔣維錟〈湯顯祖與天妃宮〉、譚談〈南京的天妃宮與御制天妃宮碑〉、陳容明〈福建省永定縣西陂村的塔式天后宮〉、李玉昆〈媽祖—海峽兩岸人民共同信仰的海神〉、黃紅兜〈台灣的開台媽〉、詹滄〈在台灣的媽祖廟〉、沈桂生〈從海神廟看泉台關係〉、蔡穎川的〈憶海神盼統一〉、

蕭一平〈海神天后的東渡日本〉、朱啟宇摘譯〈《三國名勝
圖會》摘譯〉、國分直一（朱啟宇譯）〈關於薩南片浦的林
家媽祖〉、李玉昆〈天妃與鄭和下西洋〉、蕭一平〈海神天
后與華僑南進〉、蕭一平〈海神天后的東渡日本〉、蕭一平
〈有關媽祖問題的五十個為什麼？〉、蕭一平、林祖韓〈清
版《湄洲志》一書的資料價值〉、林祖韓〈海神天后（媽祖）
對聯淺談〉、陳容明〈媽祖祖籍文物〉、蕭一平、林祖韓〈宋
代木雕天妃神像〉、俞玉麟〈淺談媽祖的出生〉、林泓〈天
妃的神話傳說與海上交通〉、林元柏〈媽祖廟與三妃廟〉、
李玉昆〈雜談天妃〉等 33 篇文章，並附錄是年 10 月至湄洲
島考察的日本鹿兒島大學教授下野敏見在湄洲的講話。其中
部分為學術論文，部分為地區性媽祖廟調查及史料介紹，也
有教莆田人民如何回答外客問題的〈有關媽祖問題的五十個
為什麼？〉，也有表現出希望兩岸統一訊息的作品，如：蕭
一平〈媽祖的歷代褒封〉中說：「台灣海峽兩岸同胞共同信
仰天后，到了今天，天后已成為統一祖國，溝通台灣海峽兩
岸同胞的友誼，促進海峽兩岸互相往來的和平女神。」；李
玉昆在〈媽祖──海峽兩岸人民共同信仰的海神〉中說：「希
望海峽兩岸的學者共同調查研究天妃的史蹟，交流研究成
果，共同商討，把天妃的研究向更縱深的方向發展。」；蔡
穎川的〈憶海神盼統一〉，更把中共國家政策目標當論題。
綜而言之，在無神論的國家政策之下，大陸學界已踏出最難
的第一步。

　　1987 年 10 月，適逢媽祖逝世千年，湄洲祖廟除了擴大
舉辦紀念活動，正式函邀台灣各地媽祖廟前往參與祭典外，

莆田市社會科學聯合會也盛大舉辦紀念媽祖逝世一千周年學術研討會。因為莆田為媽祖家鄉，具有研媽祖信仰的歷史背景與地緣關係，廈門大學教授朱天順即提出「莆田是媽祖的故鄉，莆田理應成為媽祖研究活動的中心」的建議 [2]；其見解深獲認同，正式成立媽祖研究會，並推莆田市政協主席兼湄洲祖廟董事長林文豪為會長，莆田市中共黨史部蔣維錟任副會長，結合莆田地區文化工作者推動媽祖研究。

　　1988 年 10 月，莆田市復召開媽祖學術討論會，應徵論文 60 篇，論文作者來自北京及沿海各省市，但作者背景不一，有學者，有官員，有記者，有觀光從業人員，論文五花八門。1989 年 10 月，相關論文由廈門大學朱天順篩選出林文金〈應該重視媽祖文化研究〉、朱天順〈關於媽祖生卒時間之管見〉、蕭一平〈略論媽祖傳記的演變〉、蔣維錟〈一篇最早的媽祖文獻資料的發現及其意義〉、張大任〈宋代媽祖信仰起源探究〉、朱金明〈談媽祖信仰的初期傳播〉、金秋鵬〈媽祖與我國古代航海〉、童家彬〈媽祖信仰與社會心理〉、莊為璣〈論明刻天妃碑為鄭和自傳〉、張桂林〈鄭和下西洋與媽祖〉、劉志誠〈天妃與泉州〉、方文圖、郭萬昌〈明清職官的信奉媽祖〉、江山、沈思〈試論媽祖神話在港澳地區的影響〉、林祖韓《天后志》、《顯聖錄》二書匯考〉、陳國強、林加煌〈台灣的媽祖崇拜〉、徐恭生〈海神天后信仰與中琉友好往來〉、周世躍〈媽祖信仰在東南亞華僑中的傳播與影響〉、翁文章〈媽祖信仰在南洋初探〉、李天錫〈媽祖信仰在華僑中傳播的原因及其啟示〉、宋元模〈天后宮在馬來西亞各地〉、郭美娟〈海神天后與旅游〉、楊葭葵〈媽

祖信仰瑣談〉、李鄉瀏〈試論媽祖的傳說〉、林元伯〈台灣
的媽祖分靈〉、楊祖煌〈媽祖總管晏公考〉、許更生〈媽祖
傳說審美價值淺探〉、陳寵章、蕭一平、宋元材〈台灣遙拜
湄洲媽祖原因淺析〉、鄭明忠、陳建成〈媽祖神話傳說對社
會習俗的影響〉、鄭世雄〈媽祖與湄洲灣〉、金文亨〈媽祖
信仰的傳播與對外開放〉、楊兆添〈聖母普慈衷海邦一體—
媽祖，溝通海峽兩岸的橋梁〉等 31 篇論文編成《媽祖研究
論文集》，由福建廈門鷺江出版社出版，論文內容除媽祖信
仰源流外，尚涉及民俗學、宗教學、華僑史、海外交通史、
閩台關係史等問題，雖然論文中仍有〈台胞遙拜湄洲媽祖原
因淺析〉、〈媽祖信仰傳播和對外開放〉、〈聖母普慈衷海
邦一體—媽祖，溝通海峽兩岸的橋梁〉等宣示政策概念的文
章，但整體而言研究的質與量都有相當程度的提升，尤其蔣
維鈖〈一篇最早的媽祖文獻資料的發現及其意義〉更將蕭一
平在調查媽祖史料時於白塘《李氏族譜》發現紹興二十年廖
鵬飛所撰〈聖墩祖廟重建順濟廟記〉用以考證媽祖籍貫、家
世、信仰何時傳至內陸、聖墩祖廟在何處及媽祖信仰的興起
與航海的關係等，都有新的看法。

　　1990 年 5 月，媽祖研究會、福建省社會科學聯合會、
莆田市社會科學聯合會、湄洲媽祖廟董事會、北港朝天宮董
事會聯合在莆田舉辦「媽祖研究國際學術討論會」，與會學
者來自海峽兩岸及美、日、加拿大等國，共提出論文八十八
篇，中華人民共和國是以黨領政的國家，召開各種會議若無
黨政部門領導參加即不易辦成，參加者有許多位不是從事相
關研究的學者，故論文素質並不整齊，最後經林文豪、朱天

順等人篩選出 43 篇論文，以《海內外學人論媽祖》之名，交中國社會科學出版社於 1992 年 7 月出版，相關作者及篇名如下：林文豪〈關於媽祖、媽祖廟與媽祖文化〉、朱天順〈媽祖信仰應與當前社會相協調〉、郭慶文〈試論媽祖研究之方法與當前課題〉、周立方〈媽祖研究的學術意義〉、李玉昆〈略談媽祖文物的價值及其保護〉、林其錟〈五緣文化的承傳與變異〉、林文金〈從廟宇類型、語言民俗談媽祖文化〉、陳文彬〈論媽祖信仰〉、周世躍〈台灣媽祖現象的文化考察〉、丁毓玲〈媽祖民俗文化的社區分析〉、謝重光〈媽祖與我國古代河神、海神的比較研究〉、林祖韓〈媽祖成為海神的條件評析〉、葛美倫（美）〈為什麼選擇一個女人當保護神〉、賴健祥〈天上聖母封號之探究〉、蔣維錟〈媽祖名稱之由來〉、楊振輝〈明代媽祖信仰及其趨勢〉、周金琰〈論媽祖傳說的研究價值〉、陳森鎮〈媽祖傳說演變〉、歐孟秋、許更生〈試從歷代名人詩詞看媽祖信仰〉、陳寵章、楊兆添〈試論媽祖信仰的宗教屬性〉、蔡相輝〈媽祖信仰起源考〉、朱金明〈媽祖神蹟體現了儒家思想〉、金文亨、黃謙〈閩台崇祀媽祖比較研究〉、吳祥〈台灣社會的轉型與宗教信仰活動的轉變〉、張榮富〈台灣媽祖廟間層級關係之續斷現象〉、施文炳〈媽祖信仰在台灣〉、張文綺〈從區聯碑記看台灣官民的媽祖信仰〉、李祖基〈清代台灣邊疆移墾社會之特點與媽祖信仰〉、金光億（南韓）〈象徵性的社會建設：台灣海角漁村的媽祖廟〉、陳在正〈台灣埔里平埔族的媽祖信仰〉、下野敏見（日）〈穿插著中國文化和神話的海角漁村之民俗〉、野中正敏（日）〈明治之神佛廢止令與日

23

本天妃信仰〉、徐恭生、翁國珍〈海上貿易與媽祖信仰的傳播〉、童家洲〈日本華僑的媽祖信仰及其與新馬的比較〉、周益群〈媽祖與南洋華僑〉、李天錫〈華僑的媽祖信仰與中國傳統文化〉、張仲〈天津天后宮與天津城市的發展〉、樊萬春〈天后在鎮遠〉、方文圖、郭萬昌〈訪問赤水、西陂的天后宮〉、石奕龍〈惠安縣大岞村的媽祖信仰〉、莊景輝、林祖良〈聖墩順濟祖廟考〉、蔣維錟〈關於聖墩遺址問題的再商榷〉、唯談、學圃〈媽祖研究不同觀點綜述〉。

此次媽祖學術研討會，集合中、日、台、韓、美等國學者或廟宇主事人員參加，真是一個國際研討會，而提會論文五花八門，各自爭鳴，讓媽祖的研究從其出生地、父母、家世、祖廟、宗教屬性延伸到明鄭時代台灣是否有媽祖廟等問題一一浮現，媽祖信仰的本質反而進入見山不是山，需再深入研究的第二個層次。

1996 年 10 月，適值泉州天后宮建廟八百周年，泉州市社會科學聯合會、泉州市文化局等單位主辦，泉州閩台關係史博物館等單位協辦的「泉州與媽祖信仰的傳播」學術研討會同時舉行，邀請海峽兩岸及日本、香港等地學者參與研討，會後經選出論文 30 篇，以《媽祖研究》為題交由廈門大學出版社於 1999 年 1 月印行，所收 30 論文作者及論題如下：金秋鵬〈泉州天后宮在媽祖信仰傳播中的作用〉、李少園〈論宋元時期媽祖信仰的傳播〉、李天錫〈泉州三胞與媽祖信仰〉、吳捷秋〈泉州南戲與泉州媽祖〉、陳佳榮〈泉州海神靈聖千古〉、孫光圻〈媽祖信仰源於航海流於航海〉、沈繼生〈泉州的媽祖信仰—海洋文化的標本〉、徐曉望〈澳

門媽祖閣碑記與清代泉州澳門之間的貿易〉、謝必震〈古代福建的海神信仰〉、吳幼雄〈福建海神與泉州神女獨秀〉、王寒楓〈媽祖研究三題〉、李金明〈媽祖信仰在西沙南沙群島〉、石奕龍〈廈門島媽祖信仰的特色〉、宋玉娥王茂盛〈煙臺天后行宮的興建與福建的關係〉、劉曉斌〈華僑華人社會媽祖信仰的作用與影響〉、賴宗賢〈媽祖文化、文化媽祖〉、謝正一〈從台灣媽祖廟反思媽祖文化〉、林黃河〈祖姑婆信仰〉、溍德忠〈日本茨城縣天妃信仰〉、曾麗民〈媽祖信仰在日本〉、李玉昆〈媽祖信仰與古代戰爭〉、鄭煥章〈海神媽祖與將軍施琅〉、陳桂炳〈俞大猷與媽祖信仰〉、朱天順〈有關媽祖褒封幾個問題〉、朱勝利〈試論媽祖信仰的宗教屬性〉、蔡永哲〈泉州崇武黑臉媽祖與台灣關係〉、陳麗華〈媽祖與希臘海神波賽冬比較〉、黃昆成〈從《天妃娘媽傳》看泉州媽祖信仰文化傳播〉、曾經民〈明刻本《天妃娘媽傳》考略〉、張木良〈構建媽祖文化工程大力拓展朝聖旅遊〉。

　　1980 年代後期至 90 年代前期是台灣人熱烈捐款協建大陸廟宇的高峰期，台中市的林瑤棋在其祖籍漳浦縣舊鎮烏石創建烏石天后宮，並捐貲委託廈門大學於 1997 年 6 月主辦閩台媽祖文化學術研討會，與會者近百人，提交論文 80 餘篇，經廈門大學陳國強教授等選出 47 篇，以《兩岸學者論媽祖》為題，於 1998 年 2 月由台中市台灣省各姓淵源研究學會發行。各篇論文作者及篇題如下：曾震中〈閩北媽祖信仰文化淺釋〉、涂祥生〈媽祖信與海洋文化〉、藍興發〈畬民也拜媽祖〉、陳元熙〈娘媽、媽祖名稱新解〉、楊亞其〈媽祖文化對明代湄洲灣造船業及海上貿易的影響〉、李天錫〈石

獅華僑與新加坡天福宮〉、張亞群〈媽祖信仰的海洋文化特
質〉、林勝利〈泉州媽祖信仰淺談〉、粘良圖〈閩台二媽祖
現象解析〉、林合茂〈漳浦群眾對媽祖的無限崇敬和信仰〉、
林祥瑞〈漳浦烏石天后宮沿革〉、陳國強、葉文程〈福建早
期的四座天后宮〉、林瑞霞〈莆田清風嶺天后宮及宮中媽祖
神像〉、蔡鐵民〈媽祖的善與中華傳統文化〉、葉文程〈福
建早期的四座天后宮〉、石亦龍〈廈門島媽祖信仰的特色〉、
郭志超〈媽祖與漁民社會以及蛋民群體的關係〉、朱天順〈有
關媽祖信仰研究的幾點思考〉、林瑤棋〈鼎建烏石天后宮始
末〉、周建昌〈試論媽祖信仰對古代婦女社會地位的重構〉、
呂清義〈媽祖信仰文化影響的擴大與研究〉、林士章、李文
章〈烏石媽祖的由來〉、高聿占〈媽祖文化與千年聖像在漳
浦〉、王文徑〈漳浦縣東山村薛氏家族和媽祖祭祀圈〉、王
文平〈漳浦的媽祖信仰及其現實意義〉、鄭夢星〈閩南海商
和澳門媽祖〉、周立方〈媽祖傳說研究的意義〉、林華章、
蘇孝敏、陳品全〈松山建天后聖母行宮的緣由初探〉、陳炎
正〈民間傳說與信仰思維—從大道公媽祖婆鬥法談起〉、林
春福〈蘭地媽祖殿宇之藝匠〉、林文龍〈台灣平埔族媽祖信
仰述略〉、孔兆雲〈六尊開基媽祖初考〉、楊祖煌〈媽祖與
大道公合祀探析〉、陳錦添、許元勛〈談烏石與媽祖信仰的
關係〉、方文圖〈關於神昭海表御賜匾〉、吳玉亭、柳濱〈福
建移民渡台與媽祖文化的傳播〉、顏立水〈銀同媽祖祖廟〉、
陳國強、林瑞霞〈台灣壽天宮調查〉、姚衍生〈台灣媽祖信
仰調查〉、林黃河〈大陸湄洲媽祖來台與兩岸交流〉、林其
泉、吳天發〈媽祖信仰與台灣開發〉、陶誠〈媽祖的由來及

26

其流傳〉、張宏民〈國家祀典中的媽祖〉、方百壽〈唐代的海神信仰〉、藍達居〈論海洋人文的發展與媽祖信仰的傳播〉、陳育倫、李菁〈媽祖信仰在宗教發展中的作用〉、蔡德隆〈發現台灣─魟港媽祖神像評鑑〉。書末附錄研討會日程表及陳國強〈後記〉等五篇資料。

　　除了莆田、泉州、漳州外，遠在中國北方的天津市因為有一座歷史久遠的天后宮，2001 年 10 月在天津媽祖文化旅遊節組委會主導，天津天后宮管理委員會、天津市民俗博物館承辦下召開了〈媽祖文化對城市形成和發展的影響〉學術討論會，此次討論會另一目的在整合當地學者成立〈媽祖文化研究會〉，故邀請學者以大陸學者為主，台灣學者僅蔡相輝應邀參加。2002 年 5 月討論論文由香港凌天出版社印行，共收錄節略後之論文 29 篇，作者及論題如下：周汝昌〈關注津門天后文化的意義〉、烏丙安〈民俗文化資源的現代化效應〉、韓嘉谷〈元代漕運和東西天妃宮〉、羅雄岩〈海外風濤靜寰中麟鳳翔─媽祖信仰與出巡舞蹈的文化探析〉、胡光明〈天后文化與天津國際化大都市建設─兼論天津衛派文化的特質與地位〉、吳祥〈台灣社會的轉型與宗教信仰活動的演變〉、刑莉、宋穎〈媽祖與觀音〉、蔣維錟〈關於媽祖衛漕之說〉、郭鳳岐〈天后宮─天津文化的原點〉、李世瑜〈天后崇拜雜綴〉、羅樹偉〈綉帨遙連赤崁城〉、張仲〈媽祖信仰與天津民俗〉、董貽安〈寧波與媽祖信仰淵源關係辯析〉、陳克〈媽祖崇拜與天津文化〉、姜維群〈從平民到神演變的活化石──媽祖祭享現象與海運關係初探〉、林開明〈天津媽祖文化試說〉、周金琰〈媽祖文化活動應是精神文

化活動〉、蔡長奎〈天津天后宮與元直沽港〉、馮育楠〈天后宮與天津民間藝術〉、楊乃琛〈青島天后宮與民俗博物館〉、董季群〈津門天后崇拜及其歷史流變〉、詹高越〈試議津台兩地的媽祖文化〉、陳健〈媽祖文化與天津及其傳播〉、尚潔〈媽祖從神話到文化的思考〉、王利文〈媽祖文化與天津〉、劉金山〈試談媽祖文化的天津民間信仰特點〉、王琳〈讓文化撐起天津的藍天—挖掘文化資源促進城市可持續發展〉、王長興〈試析天后宮對明代天津城址選擇的影響〉、馬俊紅〈從匾額看天后宮對天津城市的影響〉。

2004 年 9 月，天津舉辦了第 2 屆媽祖文化旅遊節，同時召開了〈紀念天津設衛 600 周年媽祖文化與現代文明〉學術討論會，此次討論會邀請學者仍以大陸學者為主，台灣學者在會前數天始緊急透過北港朝天宮邀請蔡相煇參加並提論文。此次研討會，共提出論文 32 篇，依論題內容分成：媽祖文化探微、媽祖文化的民俗學體現、媽祖文化的社會傳播。媽祖文化探微主題計提出論文 13 篇，作者及論題如下：蔡相煇〈《天妃顯聖錄》考訂〉、李世瑜〈天后宮何來泰山娘娘〉、蔣維錟〈明永樂的太監外交與天妃崇拜〉、葉濤〈山東沿海漁民的海神信仰與祭祀儀式〉、吳裕成〈媽祖傳說與中國井文化〉、章用秀〈天后宮戲樓及匾額考〉、甄光俊〈歷史上的天津皇會〉、龍輝〈鄭和下西洋與赤灣天后宮〉、汪放〈瀏河天妃宮考〉、林開明〈媽祖文化與天后宮詩詞〉、李正中〈媽祖文化研究的幾個問題〉、羅春榮〈媽祖文化深刻內涵及其強大生命力〉、姜維群〈媽祖封號初探〉。媽祖文化的民俗學體現主題計提出論文五篇，作者及論題如下：

陶立璠〈媽祖信仰的民俗學思考〉、周金琰〈淺談閩台媽祖信仰文化活動〉、刑莉、白慶俠〈東方海神與西方海神的比較研究─媽祖與波塞冬的比較〉、劉金山〈媽祖文化與中國道教諸神的泛道教化〉、胡福生〈從《中國民俗大系》的編輯出版看民俗文化的採集與保存〉。媽祖文化的傳播主題計提出論文十五篇，作者及論題如下：劉魁立〈中華媽祖文化─寶貴的非物質文化遺產〉、羅澍偉〈傳承媽祖文化彰顯城市魅力〉、張仲〈媽祖信仰的社會契合性〉、周驥良〈媽祖文化在天津的繁榮與發展〉、黃殿祺〈戲劇與媽祖文化〉、董季群〈試論天津天后宮對天津城市形成和發展的影響〉、鄭啟浦〈擴大媽祖文化交流促進社會發展〉、尚潔〈媽祖文化與天津六百年〉、方慶齡〈從津台兩地媽祖文化傳播的比較研究認識天津天后宮的歷史地位〉、陳健〈天津天后宮是中國北方媽祖文化的中心〉、德永華〈媽祖文化急議─賀中國天津媽祖文化旅遊節〉、張士閃〈傳統媽祖信仰中的民間記憶與官方記憶〉、齊靜〈由媽祖事引發的思考─媽祖信仰作為一種大眾宗教的社會功能〉、許平〈媽祖文化旅遊資源開發之拙見─兼論上海松江媽祖文化旅遊產品的開發〉、李鴻臣〈媽祖文化的普及與民族傳統精神的傳播─略談天津民俗文化藝術專修學校對媽祖講座課的開設〉。

　　2004 年 10 月 31 日，中華媽祖文化交流協會在福建省莆田市湄洲嶼成立，次日隨即舉辦「中華媽祖文化學術討論會」，與會學者來自海峽兩岸、澳門及馬來西亞等國，共提出論文 39 篇，經粗分為五大類，論文稿所見論題及作者如下。1、媽祖文化起源與媽祖文化綜論，計有論文 9 篇：何

泉達〈論媽祖信仰起源及其意義〉、石奕龍〈媽祖不是出身於蜑民〉、黃明珍〈略論媽祖信仰與閩越族原始宗教信仰的淵源〉、李露露〈中國的海神信仰〉、李玉昆〈略論媽祖文化〉、王連弟〈論媽祖信仰與中國傳統文化的淵源〉、黃國華〈媽祖由人入神的原因及其社會環境〉、蔡慶發〈媽祖神化昇華為媽祖文化的動態發展過程及其豐厚的內涵〉、林文功〈媽祖何以深得崇敬〉。2、台灣媽祖信仰特色，計有論文6篇：張珣〈台灣媽祖信仰的特色〉、鄭志明〈台灣媽祖信仰的宗教形態—以北港朝天宮為例〉、陳炎正〈閩台媽祖信仰文化涵構〉、王見川〈戰後台灣媽祖信仰（1946-1987）初探—北港朝天宮的轉型和媽祖電影、戲劇、小說為考察中心〉、黃敦厚〈大甲鎮瀾宮往湄洲祖廟進香的影響〉、翁衛平〈台灣媽祖信仰的民俗發展及其功能〉。3、史料考訂與史實考證，計有論文8篇：劉福鑄〈從宋代詩詞看早期媽祖信仰〉、徐恭生〈鄭和對媽祖信仰傳播的貢獻〉、鄭麗航〈天妃附會碧霞元君封號考〉、李祖基〈從季麒光募修天妃宮疏看清代台灣官員在媽祖信仰傳播中的角色〉、蔡相輝《天妃顯聖錄》編輯緣由考、蔣維錟〈清代御賜天后宮匾額及其歷史背景〉、徐心希〈從清代閩台自然災害的頻發解讀媽祖信仰屬性的嬗變進程〉、徐玉福〈媽祖對聯文化淺談〉。4、各地媽祖信仰源流研討，計有論文八篇：譚世寶〈明清澳門官建天妃（后）宮的原因與意義〉、劉月蓮、黃曉峰〈澳門媽祖閣遺聞辨識〉、鬥化川〈媽祖信仰在山東地區的傳播研究〉、董季群〈試論天津天后宮對天津城市形成和發展的影響〉、尚潔〈媽祖文化與天津六百年〉、藍達居〈閩北媽祖

寺廟的初步考察〉、童家洲〈略論日本、東南亞華人的媽祖信仰〉、李文〈莆田幾個媽祖宮廟起落的歷史人類學淺析〉。5、弘揚媽祖文化探討，計有論文八篇：陳宜安〈媽祖文化保護〉、吳田華〈淺談千年祭後媽祖文化對湄洲島發展的作用〉、周金琰〈媽祖文化是閩台交流的和平使者〉、柯鳳梅〈淺談媽祖文物的保護與運用〉、許平〈媽祖文化旅遊資源開發之拙見—兼論上海松江媽祖文化旅遊產品的開發〉、林祖泉〈媽祖文化的大眾性與旅遊資源開發〉、李家衛〈媽祖國際文化藝術節建議書〉、程德華、彭文宇〈當代大學生媽祖信仰的調查與分析〉。

　　此次媽祖學術研討會，出席人員以海峽兩岸的中、台、港、澳等地區學者為主，然提會論文未能延續前次論題深入發展，實美中不足。

3、專書及史料出版

　　由於中共中央文化部的支持，1986 年 4 月，莆田市文史界為「促進祖國的統一大業」，希望「加強對媽祖史料的研究，進一步探索閩台淵關係」[2]，而福建省泉州海外交通史博物館於 1986 年首先印行內部資料《泉州海外交通史蹟調查資料—天妃資料專輯》，1987 年 6 月泉州海外交通史博物館發行《海交史研究》，第 1 期即為《天妃史迹的初步調查》。同年，在羅永俊、蕭一平主筆下編撰《海神天后東渡台灣》一書，由福建人民出版社於 1987 年 8 月印行。該書分為：〈引言〉、〈台灣自宋以後與大陸的關係〉、〈林默的世系和傳略〉、〈海神天后東渡促進了台灣經濟和文化

的發展〉、〈大陸漢人東渡也就是海神天后東渡〉、〈明清莆田九牧林氏族裔東渡請去了他們的祖姑〉、〈海神天后東渡台灣與清廷為經營台灣統一祖國而對林默連續晉封有密切關係〉、〈台灣海峽兩岸同胞對海神天后史蹟的關懷〉、〈對海神天后史蹟的一些看法〉、〈結語──海峽兩岸的和平女神〉等 10 個小單元,最後並附〈台灣早期的媽祖廟與湄洲祖廟的關係〉,全書含序文及目錄共四十三頁。本書政治意味較濃,且述及台灣媽祖廟歷史係依據台灣各媽祖廟提供資料匯整,內容並不嚴謹。

1987 年蕭一平去世,有關媽祖書刊的編撰改由蔣維錟負責,同年,由湄洲祖廟董事會林文豪任召集人,蔣維錟負責編輯的《湄洲媽祖》一書,由福建省莆田縣政協出版,內含:家世生平、護航神話、閩台同祖、祖廟行宮、文物古蹟、詩詞選編、楹聯集萃、史料篇目等 8 目,全書含序文、圖片共 124 頁,由莆田縣印刷廠印行,仍屬簡介性質。

1989 年 4 月,福建教育出版社出版了莆田市博物館副館長媽祖研究會籌備委員林祖良主編的《媽祖》圖畫冊,分為:導言、通賢神女、天上聖母、和平女神及後記等 5 個單元,林祖良因長期從事文物調查研究工作,故全書以圖版及照片為主體,配以簡單說明文字,簡明易讀;同時該書也保存了許多珍貴史料照片可供參考。

1989 年 9 月,江西人民出版社出版了吳金棗《江海女神媽祖》一書,全書分:湄洲祖廟廟會、觀音示夢托生、何處是故鄉、誰家之女、生而神異、誓不出嫁等 42 目,其內容大概是將《天妃顯聖錄》所載媽祖事蹟、成神後靈驗傳說

以白話文改寫，內容照顧層面甚廣，為介紹媽祖生平事蹟的普及本，宣傳性大於學術性。

1989 年春，廈門大學陳國強教授等人在莆田地區調查媽祖宮廟及信仰民俗活動後，「感到需要編寫一本有關媽祖信仰及湄洲祖廟的書，來向國內外讀者和媽祖信徒介紹湄洲祖廟的歷史及現狀、媽祖信仰的活動及儀式、媽祖信仰在莆田及台灣的情況，以及媽祖研究的主要著作等，以滿足朝聖旅遊者的希望和要求。」[3] 因而向媽祖研究會會長林文豪提出建議並獲得支持。1990 年 4 月，由陳國強教授主編，周立方等十餘位專家共同執筆的《媽祖信仰與祖廟》由福建教育出版社出版，林文豪在序文所云：「近幾年台港澳同胞、海外僑胞以及外國友人上湄洲島朝聖、旅遊和洽談貿易的人數多達 10 萬以上人次，他們都有一個共同的心願，就是能更多的了解湄洲祖廟的歷史沿革及現狀、媽祖信仰的活動及儀式、媽祖信仰在莆田和台灣的情況以及媽祖研究的趨勢等等，這本書就是為盡量滿足朝聖和旅遊者的希望和要求而組織編寫的。」[4] 本書內容依序為：周立方〈媽祖生平事蹟的傳說〉、蔡爾鴻〈媽祖信仰的發展〉、陳寵章、楊兆添〈歷代對媽祖的封賜〉、金文亨、黃謙〈媽祖信仰在莆田〉、葉文程、陳國強〈湄洲祖廟的歷史沿革與現狀〉、林元伯、蔡爾鴻、陳國強〈媽祖信仰在台灣〉、陳國強、陳文彬〈媽祖信仰的活動與儀式〉、石奕龍〈有關媽祖研究的幾本書〉等八部分。易言之，本書是一本系統介紹媽祖信仰的簡明刊物，然而湄洲祖廟卻動員廈門大學教授群以較高水平的專業

來撰寫,故較具系統性,參考性也較高。

1990 年 12 月,泉州市閩台關係史博物館與泉州天后宮修繕基金董事會聯合出版了《泉州天后宮》,由黃炳元擔任主編,內含:〈天后傳略〉、〈泉州天后宮史略〉、〈天后宮規制與建築藝術〉、〈從祀諸神錄〉、〈古代天后宮祭祀典禮〉、〈歷代碑記祭文〉、〈文物區聯〉、〈故事與傳說〉、〈史志文獻輯錄〉、〈大事年表〉等十小節,全書含圖表共80 頁。

1990 年代,祖先來自福建漳浦縣的林瑞國、林瑤棋等人在祖籍地烏石捐貲重建天后宮,1996 年 5 月,由廈門大學教授陳國強與林瑤棋等人合編了《漳浦烏石天后宮》一書由漳浦縣舊鎮烏石旅遊區管理委員會出版,內含:〈媽祖生平〉、〈媽祖祖廟〉、〈烏石媽祖的由來〉、〈烏石天后宮〉、〈烏石媽祖的崇拜儀式〉、〈烏石地區的歷史人物〉、〈烏石境內的古蹟和景觀〉、〈漳浦的媽祖崇拜和天后宮〉等單元,全書共 160 頁。

1994 年 1 月,天津俗博物館的董季群撰寫了《天津天后宮》小冊,由鐵道部第三勘測設計院印行,內含:〈天后娘娘〉、〈天后宮沿革〉、〈天后宮的建築〉、〈先有天后宮後有天津城〉、〈天后宮與媽祖廟〉、〈天后宮的教派〉、〈從祀的諸神〉、〈戲樓〉、〈幡杆〉、〈寶印〉、〈鑾駕儀仗〉等十一單元,全書共 74 頁。2001 年 4 月,天津民俗博物館出版了董季群增編的《天津天后宮》內部參考資料一書,內含:〈天津的老娘娘與媽祖〉、〈先有天后宮後有天津城〉、〈天后宮的沿革〉、〈津門市區現存最老舊的古建

築群〉、〈鐘鼓樓之謎〉、〈戲樓與酬神演出〉、〈天后宮
為何座西朝東〉、〈天后寶印〉、〈幡杆與神燈的傳說〉、
〈奉納船及其來歷〉、〈從祀的諸神〉、〈從和尚到道士〉、
〈雜談皇會〉、〈天后宮與媽祖廟〉、〈海眼新說〉、〈拴
娃娃〉、〈天后宮的小金魚〉、〈有關天后宮的歇後語〉、
〈魯班的隱語〉、〈再來一次好運〉、〈匾額〉、〈楹聯〉、
〈碑記〉、〈題記〉、〈六十甲子神像〉等 25 單元，全書
共 82 頁。

　　經過多年的持續研究及大學研究者的參與，媽祖研究論
文逐漸提升至以史料判真偽的階段，編印媽祖原始文獻便顯
得有其必要性。1987 年 10 月，台北市莆仙同鄉會湄洲天后
宮影印乾隆 43 年（1778）林清標敬輯的《勅封天后志》在
台灣發行，1990 年賢良港天后祖祠也以自身保存的《勅封
天后志》影印線裝發行；兩書內容雖相同，但比對各頁卻可
見兩書使用底本不同。2000 年農曆 6 月，港里村首度接待
台灣進香團至賢良港媽祖祖祠進香謁祖，特邀請在廣東中山
大學任教的港里村人林慶昌返鄉協助接待並答覆媽祖出生
地是否為賢良港等問題。林慶昌因而提前返鄉查閱《勅封天
后志》原書，發現《勅封天后志》前此已被村幹部陪同上級
人員借走，送回後「整套《志》都被人重新裝訂了；紙頁也
不全是舊的質地。」[5] 林慶昌因而撰寫《媽祖真迹—兼注釋
辨析古籍《勅封天后志》》一書，除注釋《勅封天后志》全
文，強調賢良港為媽祖降生地之外，對疑似被抽換或修改的
內容提出考訂，於 2003 年 1 月由廣東中山大學出版社發行。

媽
祖 信仰研究

　　1990 年 4 月，湄洲祖廟資助，蔣維錟主編的《媽祖文
獻資料》，由福建省福建人民出版社出版。本書以人物為經，
將宋元以降至清代有關媽祖史料按宋代、元代、明代、清代
之朝代順序加以排列，最後並附錄葡萄牙、西班牙及琉球人
提及媽祖信仰的幾篇文獻，是大陸近年出版研究媽祖專書
中，史料價值較高的一本書，也廣受各界肯定。2001 年 4
月，江西人民出版社出版了徐玉福編注的《媽祖廟宇對聯》，
蒐羅中國大陸、台灣及世界各地媽祖廟宇簡介及對聯數百則
公諸於世。2001 年秋，湄洲媽祖祖廟董事會、洲媽祖文化
研究中心蔣維錟、周金琰以福建師大圖書館典藏乾隆版《天
后顯聖錄》掃瞄編印發行；2003 年 10 月，北京新華出版社
出版，中國第一檔案館等單位合編，蔣維錟主編的《清代媽
祖檔案史料匯編》出版，將清宮及內閣典藏檔案與媽祖有關
資料以原文影印方式刊行，為研究清代媽祖信仰者提供第一
手史料作出重大貢獻。2005 年 12 月中國北京文史出版社出
版劉福鑄、王連弟主編的《歷代媽祖詩詠輯注》輯注宋代至
當今詩人吟詠詩 662 首。

　　此外，近年大陸出版有關媽祖專書，尚有：1996 年 2
月學苑出版社出版李露露《媽祖信仰》；1997 年內部印行
「默兒」整理的《媽祖傳》；1998 年 4 月湄洲日報社印行，
湄洲媽祖廟董事會等單位合編，吳建華等 30 餘人合撰的《湄
洲媽祖巡遊台灣記》；1999 年廈門大學出版社印行，許在
全主編的《媽祖研究》；2000 年 12 月四川成都巴蜀書社出
版了唐世貴的《媽祖傳奇》；徐曉望《媽祖的子民—閩台海
洋文化研究》；2004 年香港凌天出版社出版了尚潔的《媽

祖情緣》，2006 年 6 月蔣維錟的《媽祖研究文集》由福建
福州海風出版社出版，收錄學術文章 42 篇，紀實 8 篇，解
說 4 篇。

五、結語

　　近百年來的媽祖研究，由日本統治時期的台灣總督府開
其端，其主要目的是為制訂管理台灣人民宗教信仰政策。日
本為信奉神道的國家，除了天皇世系之外各級神社類似中國
的祀典廟宇，民間也有關帝、媽祖等祠祀行為，所以早期並
未強烈排斥或詆譭台灣民間傳統信仰行為，尚能以客觀立場
探討問題。民國 26 年（1937）中日戰爭發生後，日人同化
台人態度轉趨積極，為圖以神道及佛教取代台人原有信仰，
開始批評台人的在來信仰為迷信行為，並加以廢毀整合，所
以此時期有關書籍，皆以迷信陋習看待民間信仰；然而台灣
總督府所進行的寺廟調查資料卻為日後學者研究媽祖信仰
提供了寶貴的一手資料。

　　台灣光復初期，國民政府承襲在大陸的政策，視祠祀為
迷信，加以 228 事件及 40 年代的高壓政策，學者觸及民間
信仰及媽祖研究者甚少。50 年代中期以後，因中共毛澤東
在大陸推動文化大革命，在台灣的國民政府反過來推動文化
復興運動，傳統文化研究始再登學術殿堂。伴隨此時期的經
濟發展及大學、學院增加，民國 60 年代已為學術研究孕育
了相當深厚的基礎，乃有 70 年代以後大量的學術論文發
表、學術研討會的舉辦及專書、廟志等研究成果展現。民國

60 年代對媽祖研究作出較大貢獻者以李獻璋為代表，特別是他從日本各圖書館找出許多宋、元、明、清相關史料，為後期研究者提供很多重要資訊。70 年代蔡相煇等學者從歷史學角度分析媽祖信仰與台灣的關係，蔡氏並以史料為依據編撰《北港朝天宮志》為爾後台灣各宮廟聘請學界編撰宮志開風氣；林美容從社會學角度開發了媽祖信仰圈及附帶相關社團的研究；80 年代張珣、黃美英等從人類學角度探討媽祖信仰的儀式與空間，李豐楙鄭志明等則在媽祖神學致力較多。

中國大陸方面，民國成立後因國家多年積弱招致列強侵擾，學術界希望從根本圖強，民國八年五四新文化運動暴發後西洋科學、民主思想及共產主義等各種學說大量引進，進而引起反傳統風潮，「打倒孔家店」、「線裝書扔到茅坑」的口號一時甚囂塵上；不論從西方宗教角度看，儒家傳統崇德報功的祭祀天地山川、聖賢的禮制觀念衍生的民間信仰因為不具典型的宗教型式，都被視為迷信；馬克思共產主義更主張無神論，因此，民國時期中國知識分子討論到媽祖信仰行為，都不免以迷信視之，認為將隨時代潮流淹逝，故也未深入研究而無代表性著作成果。

中共政權建立後，媽祖信仰更是一片空白，文革期間更是文化浩劫，1977 年中共總理鄧小平復出，1980 年代中共對台政策由武攻轉變為和平統一，除開放台灣居民返鄉探親外，在宗教上開放台灣廟宇尋根謁祖，始採一國兩制允許非共產黨員可以參與祭祀活動，並將媽祖定位為海峽兩岸和平女神，希望透過湄洲媽祖廟重建形塑媽祖信仰中心，以媽祖信仰及其相關活動吸引台灣媽祖信徒向心。

　　1986 年以後台灣媽祖廟間的競逐龍頭紛爭，延伸至福建，台灣許多媽祖廟因想攀附湄洲媽祖的光環，有分靈歷史記載者紛紛至湄洲媽祖廟查考歷史淵源；不知自家媽祖神緣者則前往迎請媽祖回台，建立與湄洲媽祖的一等親屬神緣關係。台灣媽祖廟企圖釐清媽祖史事的需求也促使大陸學者及文史工作者投入媽祖議題的研究，並陸續舉辦多次媽祖學術研討會並達到相當成果。中國大陸對媽祖信仰研究較具貢獻者有蕭一平開始引領媽祖調查；陳國強、朱天順將媽祖研究導入學術研究層級，蔣維錟致力媽祖原始史料編印，對提昇研究品質甚有貢獻。

　　綜觀當代有關媽祖信仰的研究，雖然研究者迭起，也有許多具體成果，然而媽祖信仰已傳衍千年，關於其起源問題及在世界各地的流傳狀況一時尚未全部釐清，但媽祖研究的風氣已經形成，如馬來西亞的雪隆海南會館（天后宮）即於 2003 年成立媽祖研究中心，除召開媽祖文化與 21 世紀東亞文明國際研討會外，並於 2004 年發行《媽祖研究學報》第一輯；福建莆田也於 2004 年 10 月成立中華媽祖文化交流協會，發行《中華媽祖》雙月刊，伴隨媽祖信仰活動融入各地社會經濟體系，媽祖信仰已經成為許多社會的活信仰，學界也會對媽祖研究持續下去永不止息。

註釋

[1] 據《勅封天后志》及《天后顯聖錄》〈襃封〉皆謂康熙 23 年勅封媽祖為天后，然據 2003 年 10 月，北京新華出版社出版，中國第一檔案館等單位合編，蔣維錟主編《清代媽祖檔案史料匯編》一、〈內內閣

關於康熙帝令遣官致祭天妃之神的記注〉，影錄康熙 23 年《起居注》甲子 8 月 22 日乙卯條云：「福建水師提督施琅請封天妃之神。禮部議：『不准行，但令致祭。』上曰：『此神顯有默佑之處，著遣官致祭，此本著還該部另議。』」意即禮部並無詔封媽祖為天后之意，但康熙帝退回重另議。而《大清會典》載康熙 23 年封媽祖為天后，應是禮部重議後的結果。

2   見《海神天后東渡台灣》，圓方〈序言〉。

3   見《媽祖信仰與祖廟》陳國強〈後記〉。

4   見《媽祖信仰與祖廟》林文豪〈序〉。

5   見林慶昌《媽祖真迹──兼注釋辨析古籍《勅封天后志》》第肆部，〈對古籍《勅封天后志》翻印本中增減章節的剖析。〉

第二章 《天妃顯聖錄》版本及編輯緣由

一、媽祖史書的編輯

媽祖林默是北宋前期的人,生前以巫祝為業,生人福人,不以死與禍恐人,故人人敬事如母,死後鄉人祀之。巫祝是基層社會的靈媒,或為神靈附身代為指點迷津,為小民治治病,與國家政經軍事扯不上關係,死後也不會被政府立傳,因此媽祖的真正家世、父母、生卒年月等均未被記錄下來。媽祖是個好巫祝,死後事蹟即在鄉里間流傳,接著被建祠奉祀。北宋宣和 4 年(1122)媽祖開始顯現靈蹟庇佑使節船,至宋政府南遷,媽祖靈蹟屢屢顯應,受朝廷多次誥封,媽祖廟宇在宋政府轄域不斷創建,每當廟宇落成時,媽祖靈應事蹟及朝廷誥封的資料就被鏤刻在石碑上,為媽祖信仰留下甚多珍貴史料。數百年累積的史料,至元朝時,就有人將之編整成冊,分別取名《明著錄》及《聖妃靈著錄》,這是 2 本最早收錄媽祖事蹟的錄書,但二書今已失傳,只能在其他傳世的資料中見到引述的痕跡。

據《天妃顯聖錄》,元世祖至元 18 年(1281)封媽祖為「護國明著天妃」[1],且終元朝之世雖 5 次誥封媽祖,但

始終維持「護國明著天妃」等字;《明著錄》既為媽祖實錄,其書名應由「護國明著天妃」擷取而來,故推斷其書為元人編撰。明朝《南渚林氏族譜》曾引錄其文「靈女」一則:「宋太平興國己卯三月二十三日辰時誕生,大中祥符元年戊申十月初十日騰空而去。宋封靈惠助順英烈夫人,元至元十八年封興化路明著天妃,大德三年加封護國安民庇物明著天妃。」[2] 觀本條記載媽祖誥封為跳躍式記錄,缺漏甚多,本書可能類似《搜神記》蒐羅各種神話異蹟,非專以媽祖為單一記載對象的專書;惜其書今已失傳,無法驗證。

　　第 2 本有關媽祖的錄書為《聖妃靈著錄》。書名見題於《白塘李氏宗譜》忠部,廖鵬飛所撰〈聖墩祖廟重建順濟廟記〉;廖文標題下注有「載《聖妃靈著錄》」等字。書既以「聖妃」為名,應是媽祖被封為「聖妃」之後所編輯。查《天妃顯聖錄》,「聖妃」之封是在明太祖洪武 5 年(1372)正月,勅封為「昭孝純正孚濟感應聖妃」[3],故本書應是明朝洪武 5 年以後所編,但蔣維錟《媽祖文獻資料》轉引明朝人李廷梧所編《天潢流派圖》,引錄有:「張翥《靈著錄》載制幹創祠捨地及保義郎振公使高麗事。」謂《靈著錄》為張翥編輯。[4] 張翥曾於至正 9 年(1349)以翰林直學士奉派至湄洲祭祀天妃,故有可能編《靈著錄》;然張翥於元末去世,或許張翥生前尚未將《靈著錄》付梓,至付梓時媽祖已得明太祖「聖妃」封誥,故以「聖妃」為書名。其次,刊載於《靈著錄》的〈聖墩祖廟重建順濟廟記〉是一篇廟記,與後世刊行媽祖錄書體例不符,且傳世所有媽祖錄書均未曾收錄或引用此篇廟記,似乎《靈著錄》非專載媽祖事蹟的錄書,也未

流傳後世。另如明萬曆 35 年道錄司張國祥奉旨刊行的《搜神記》也有〈天妃〉的條目云：

> 妃莆人，宋都巡檢林愿之女，生而神靈，能言人禍福，沒後鄉人立廟于湄洲之嶼；嶼於興化東南海中，與琉球國相望。宋宣和中路允迪浮海使高麗，中流風大作，諸船皆溺，獨允迪所乘舟神降於檣，遂獲安濟。歷代累封至天妃。本朝洪武永樂中凡兩加封號，今府城中有行祠，有司春秋祭焉。昔人詩：星斗斜連北，蓬瀛直指東，秋高洲嶼白，日出海波紅。[5]

真正專載媽祖靈異事蹟的書大約在明朝晚期才成型，而其關鍵則為明政府多次、大規模的海外活動。明成祖靖難之役惠帝失蹤，成祖派太監鄭和率艦隊下西洋訪查，無意中開啟明朝與南洋各國頻繁的海上交流，並持續百餘年之久。這些海上巡訪活動都由太監主政；太監多崇信媽祖，出航時常至啟航地附近港澳媽祖廟祭拜；返航後也屢屢傳出媽祖靈佑神蹟，並奏請朝廷勅封，遣官致祭、修建廟宇，華南地區許多媽祖廟都因此受惠並累積不少珍貴文物。因此，明朝中葉已累積甚多媽祖神蹟可供編印成書流傳。

明熹宗天啟年間，禮部尚書林堯俞返鄉，曾見到《顯聖錄》一書，以所錄不全而鼓勵湄洲僧照乘編輯之。二十餘年後清軍入莆田，明朝遺臣林蘭友遁居湄洲嶼，也曾看過《天妃世譜》等不完整資料，故登湄山，鼓勵僧照乘努力完成《天妃顯聖錄》的編印，僧照乘也不負所託在明祚尚未斷絕前將書印行。

媽
祖 信仰研究

二、《天妃顯聖錄》綱目及版本考訂

　　本文據以考訂之《天妃顯聖錄》（圖 6-1），為日據時期台灣總督府博物館採購，後移總督府圖書館典藏，今典藏於台北國立中央圖書館台灣分館。全書不分卷，未署編者，無出版年代，書中記述年代最晚者為清雍正 4 年 12 月，推斷為雍正年間刊本。民國 49 年台灣銀行經濟研究室據此本排版鉛印（以下簡稱台銀版），而略其圖，民國 85 年又經台灣省政府文獻委員會轉印，兩岸開放交流後，鉛印本也回流福建等地，為研究媽祖信仰的重要書籍。

圖 2-1 天妃顯聖錄序

　　目前坊間流傳台銀版，除未附湄洲圖外，因重排時編輯者曾就全書內容調整目次，增列有文無目者，又刪除冗贅，

44

故本書目次不全、字體不一、抽版補梓痕蹟等均無法看出。
經比對原本，豁見原書奉明朝正朔，入清後再經增刪補葺，
謹先依原書編次，依序介紹主要內容並考訂其後增補情形。

（一）書題：《天妃顯聖錄》。

按本書3篇序文，有2篇直書「天妃顯聖錄序」，目次
亦稱「敕封……天妃顯聖錄」可見《天妃顯聖錄》為原書題
無誤。然第1篇林堯俞序文之後，中空2行，後接1行大字
「天后歷朝顯聖錄」，此句於本書為衍文，似為清朝增梓時
擬用為書題而未用者，台銀版將此句刪除。

（二）圖版。

湄洲勝景圖。共3頁6面，台銀版未錄。

（三）序文。

共3篇。含：

1、「天妃顯聖錄序」，明體大字，每面4行。文末署：
賜進士第榮祿大夫太子太保禮部尚書兼翰林院學士裔姪孫
堯俞薰沐拜題。序文後跳空有1行字題「天后歷朝顯聖錄」。

2、「天妃顯聖錄序」，行書大字，每面4行。文末署：
前賜進士第通議大夫禮部左侍郎兼翰林院侍讀學士黃起有
薰沐題。

3、「序」。行書小字，每面8行。文末署：賜進士出身
戶部江南清吏司主事前內閣撰文中書舍人加一級辛酉順天同
考試官奉命冊封琉球賜蟒玉加正一品族孫麟焻盥沐拜識。

　　3篇序文，第1篇作者林堯俞為明朝禮部尚書，官銜署全銜，即其撰寫序文時尚為明朝，可知《天妃顯聖錄》初編於明代。第2篇序文撰者黃起有曾於崇禎朝任禮部左侍郎，但其官銜已加「前」字，可知撰序時明朝已亡，黃起有已自居為前朝官員，此序應撰於明清鼎革之際。第3篇序文作者林麟焻為清朝內閣中書舍人，於康熙22年以副使身分奉使琉球，且書中錄有其返國後奏請將天妃列入祀典摺，此序當作於康熙23年以後。

（四）敕封護國庇民昭孝純正孚濟妙靈昭應弘仁普濟天妃顯聖錄目次。

　　目次之下首行署「住持僧照乘發心刊布」，第2、3行合署「徒普日，徒孫通峻，薰沐重脩」，可見此書最初由湄洲天妃宮住持僧照乘刊布，普日、通峻則進行第2、3次的重脩。

　　目次列有子目46則，分別為：列朝誥敕、天妃誕降、窺井得符、機上救親、化草渡商、菜甲天成、掛蓆泛槎、鐵馬渡江、禱雨濟民、降伏二神、龍王來朝、收伏晏公、靈符回生、收高里鬼、奉旨鎖龍、斷橋觀風、收伏嘉應嘉祐、湄山飛昇、顯夢闢地、禱神起椗、枯槎顯聖、銅爐溯流、朱衣著靈、聖泉救疫、托夢建廟、溫合（台）勸寇、救旱進爵、甌閩救潦、平大奚寇、一家榮封、紫金山助戰、助擒周六四、錢塘助隄、拯興泉饑、火燒陳長五、怒濤濟溺、神助漕運、擁浪濟舟、藥救呂德、廣州救太監鄭和、舊港戮寇、夢示陳指揮全勝、助戰破蠻、東海護內使張源、琉球救太監柴山、庇楊洪出使八國。

　　子目後空 2 行，接著 2 行刻「天妃功德崇隆，威靈煊赫，累代褒封，榮典綸音洊錫，自古神明顯著未有如」等字，似為 2、3 版間抽換條文時殘餘。同頁左半面復接子目 4 則，為：師泉井記、燈光引護舟人、澎湖神助得捷、琉球陰護冊使。前 46 子目為清朝以前故事，後子目 4 條為為康熙 21 至 23 年間事，可見「目次」曾於康熙 23 年或稍後增補。

　　目錄（圖 2-2）可稽者如上，經再以目錄核對內文，又發現有：托夢除奸、粧樓謝過、清朝助順加封、起蓋鐘鼓樓及山門、大闢宮殿、托夢護舟、湧泉給師等 7 則故事未見諸目次，即有文無目者 7 條，此恰可為《天妃顯聖錄》第 3 次梓行的證據。7 則中〈托夢除奸〉為明嘉靖年事、〈粧樓謝過〉為明天啟年事、〈清朝助順加封〉為清康熙 19 年事、〈起蓋鐘鼓樓及山門〉為康熙 21 年事、〈大闢宮殿〉、〈托夢護舟〉為康熙 22 年事、俱為明末清初事，應非 2 版時漏補，似是《天妃顯聖錄》第 3 次梓行時編者為平衡施琅獨攬平台功績，刻意補入姚啟聖事蹟。

　　綜括本書目次與內文，可約略得知《天妃顯聖錄》第 1 次梓行時仍奉明朝正朔，年代止於明宣德 5 年〈庇太監楊洪使諸番八國〉。第 2 版梓行則增列康熙 20 年〈師泉井記〉等 4 條，末條〈琉球陰護冊使〉則為康熙 22 年事，可知第 2 版再梓行於鄭克塽降清後不久。第 3 次梓行時，書中增補有文無目者 7 篇，「歷朝褒封致祭詔誥」增補雍正 4 年 12 月福建水師提督藍廷珍〈題請匾聯奏摺〉，此文年代最晚，與有文無目 7 篇應為雍正年間第 3 次重梓時補列。

媽
祖 信仰研究

圖 2-2 天妃顯聖錄目次

（五）歷朝顯聖褒封共二十四命。

標題「歷朝顯聖褒封共二十四命」，前 4 字「歷朝顯聖」
與後 7 字「褒封共二十四命」字體不同，可見增補痕跡。其
內容含：

1、宋朝

（1）徽宗宣和 4 年（1122）賜順濟廟額。

（2）高宗紹興 25 年（1155）封崇福夫人、26 年（1155）
封靈惠夫人、27 年（1157）加封靈惠昭應夫人，共
3 命。

（3）孝宗淳熙 10 年（1183）封靈慈昭應崇善福利夫人。

（4）光宗紹熙元年（1190）進爵靈惠妃。

48

（5）寧宗慶元 4 年（1198）加封助順、6 年（1200）追
封一家，開禧元年（1205）加封顯衛、嘉定元年（1208）
加封護國助順嘉應英烈妃共 4 命。

（6）理宗寶祐元年（1253）加封靈惠助順嘉應英烈協正
妃、3 年（1255）加封靈惠助順嘉應慈濟妃、4 年
（1256）加封靈惠協正嘉應善慶妃，開慶元年（1259）
進封顯濟妃，共 4 命。

2、元朝部份，原書併於宋後，未單獨列目，計有 5 命：

（1）世祖至元 18 年（1281）封護國明著天妃、26 年（1289）
加封顯佑，共 2 命。

（2）成宗大德 3 年（1299）加封輔聖庇民。

（3）仁宗延祐元年（1314）加封廣濟。

（4）文宗天曆 2 年（1329）加封護國輔聖庇民顯佑廣濟
靈感助順福惠徽烈明著天妃。

3、皇明。共加封 2 命，差太監致祭記載 1 則。

（1）太祖洪武 5 年（1372）封昭孝純正孚濟感應聖妃。

（2）成祖永樂 7 年（1409）加封護國庇民妙靈昭應弘仁
普濟天妃。

（3）宣宗宣德 5 年（1430）、六年（1431）遣官赴湄致
祭記錄 1 則。

4、皇清。加封 1 命，另賜祭記載 1 則。

（1）康熙 19 年（1680）封昭孝純正孚濟感應聖妃。

（2）康熙 23 年（1684）差官到湄致祭。

「歷朝顯聖褒封」體例甚異，觀其書寫當朝有「皇明」、「皇清」2種用法，可見初版時奉明朝為正朔，再版時已居於清人立場；而「元朝」未被單為一目，似初版編者為明朝人，不承認蒙古統治者之正統性。

（六）歷朝褒封致祭詔誥。

此部分未再細分子目，依年代條列：

宋光宗紹熙元年（1190）加封靈惠妃詔。

元世祖至元 18 年（1281）封護國明著天妃詔，26 年（1289）加封顯佑詔。

元成宗大德 3 年（1299）加封輔聖庇民詔。

元仁宗延祐元年（1314）加封廣濟詔。

元文宗天曆 2 年（1329）加封徽烈詔。

另錄文宗祭直沽、淮安、平江、崑山、露漕、杭州、越、慶元、台州、永嘉、延平、閩宮、白湖、湄洲、泉州等廟文15篇。

皇明太祖高皇帝洪武 5 年（1372）敕封祀祭御製文一道。

成祖永樂 7 年（1409）遣鄭和、朱焯詣湄山致祭文一道，並記永樂 7 年、13 年（1415）、15 年（1417）、16 年（1418）差太監赴廟致祭記載 6 則。

宣宗宣德 5 年（1430）、6 年（1431）祭文各一道。

康熙 19 年封護國庇民妙靈昭應弘仁普濟天妃詔。

康熙 23 年琉球正使汪、林為乞春秋祀典題本。

康熙 23 年福建提督施乞請崇加敕封題本、批示及康熙遣官員到湄致祭祭文。

　　雍正4年福建水師提督藍廷珍題請匾聯摺、御書「神昭海表」額式頒發福建湄洲廈門台灣三處天妃神祠懸掛及各官執行情形。

　　〈褒封致祭詔誥〉記明朝條文首條開頭稱「皇明太祖高皇帝」，可見明代部分為初版條文。明朝〈宣德六年〉條文之後即直接〈康熙十九年〉條文，未書朝代及皇帝稱號，應為康熙年間2次梓行時倉促增補不及修飾所致。另本節以〈褒封致祭詔誥〉為題，但文中已摻雜朝廷遣官致祭及汪楫、林麟焻、施琅等人題本，與原體例不符，顯示此3則為2版時增補。又雍正4年藍廷珍〈題請匾聯摺〉及後續執行情形，為康熙年以後唯一記事，可見此則為雍正年間臨時增入。

（七）歷朝敕封護國輔聖庇民昭孝純正孚濟妙靈昭應顯祐弘仁徽烈助順福惠普濟明著天妃。

　　標題之後以子目〈天妃誕降本傳〉為首，內含媽祖降生及靈異事蹟16則：窺井得符、機上救親、化草渡商、菜甲天成、掛蓆泛槎、鐵馬渡江、禱雨濟民、降伏二神、龍王來朝、收伏晏公、靈符回生、伏高里鬼、奉旨鎖龍、斷橋觀風、收伏嘉應嘉祐、湄洲飛昇。其中〈伏高里鬼〉與目次〈收高里鬼〉有一字之差，應為重梓時更易。

　　湄洲飛昇之後續列媽祖靈應事蹟39則及總督（姚啟聖）祈禱疏文1篇，子目分別為：顯夢闢地、禱神起椗、枯槎顯聖、銅爐溯流、朱衣著靈、聖泉救疫、托夢建廟、溫台勦寇、救旱進爵、甌閩救潦、平大奚寇、一家榮封、紫金山助戰、助擒周六四、錢塘助隄、拯興泉饑、火燒陳長五、怒濤濟溺、

神助漕運、擁浪濟舟、藥救呂德、廣州救太監鄭和、舊港戮寇、夢示陳指揮全勝、助戰破蠻、東海護內使張源、琉球救太監柴山、庇太監楊洪使諸番八國、托夢除奸、粧樓謝過、清朝助順加封、起蓋鐘鼓樓及山門、大闢宮殿、總督祈禱疏文、托夢護舟、湧泉給師、師泉井記、燈光引護舟人、澎湖神助得捷、琉球陰護冊使。全書止於此。其中「溫台勦寇」目次原作「溫合勦寇」，應以內文子目為正確；「庇太監楊洪使諸番八國」，目次原作「庇楊洪出使八國」，似編者為讓與太監有關數則記載體例一致而更易。托夢除奸、粧樓謝過、清朝助順加封、起蓋鐘鼓樓及山門、大闢宮殿、總督祈禱疏文、托夢護舟等 7 篇則未見目次，應為第 3 次梓行時增補。

根據上述目次、內容互勘，《天妃顯聖錄》初版於明末，至清康熙 23 年以原版增補部分記事，並準備將書名改為《天后歷朝顯聖錄》而未果。雍正 5 年後，《天妃顯聖錄》三度梓行，此次梓行僅於書中增錄雍正朝賜匾文牘，並補錄明末、清初媽祖靈應記事 7 則，但書前目次並未補印，致成有文無目狀況。

三、《天妃顯聖錄》編輯過程

《天妃顯聖錄》因未署出版年月及作者，其編者及編輯過程僅能由各篇序文考訂。第 1 篇序作者林堯俞，字咨伯，莆田人，明萬曆己丑（17 年，1589）進士，改庶吉士，讀書中秘，曾八度擔任皇帝《起居注》官，任職史館，後以父、

母喪，丁憂，14 年不仕。熹宗即位（1621），啟用為禮部侍郎，旋拜禮部尚書，主管全國教育、考試、典禮大政；總纂《光宗實錄》成，加太子太保銜。崇禎朝魏忠賢當權，林堯俞不假辭色，卒遭構陷請辭返莆田，築南谿草堂與故人觴咏，著有《谿堂詩集》4 卷、《谿堂文集》2 卷，享年 69。[6]

林堯俞敘述與《天妃顯聖錄》的因緣謂：

> 余自京師歸，偶於案頭得《顯聖錄》一篇，捧而讀之，不覺悚然而起曰：『天妃之英靈昭著有如是乎！余忝列秩宗，三禮是司，異日肇舉祀典……麻佐我國家億萬年無疆之治，余將有厚望焉。惜乎顯聖一錄尚多闕略，姑盥手而為之序以俟後之采輯而梓傳。

林堯俞自謂偶在案頭得到《顯聖錄》一篇，讀畢深感天妃英靈昭著庇佑國家，但深感闕略尚多，故先為作序文以俟後人采輯梓傳。文末署「賜進士第榮祿大夫太子太保禮部尚書兼翰林院學士」，可知其時林堯俞已官拜禮部尚書且經完成《光宗起居注》加太子太保銜，也就是天啟 4 年（1624）遭魏忠賢構陷罷官返鄉後之晚年。

按林堯俞曾任史職多年，總纂《光宗起居注》，史學造詣精湛，罷官後鄉居數年才死，有詩、文集行世。《天妃顯聖錄》為小型書，林堯俞有能力采輯闕略並付梓刊行，根本不需俟後來者為之；需俟之後人，可能是別有顧忌。

《天妃顯聖錄》所錄明朝靈應事蹟共有：擁浪濟舟、藥救呂德、廣州救太監鄭和、舊港戮寇、夢示陳指揮全勝、助戰破蠻、東海護內使張源、琉球救太監柴山、庇太監楊洪使

諸番八國、托夢除奸、粧樓謝過等 11 則，其中庇佑太監出使海外者共 6 則，朝廷也多次遣太監赴湄洲致祭、整修廟宇，可見天妃廟的修建與供養仰賴太監者不少，太監是媽祖的大施主。通讀《天妃顯聖錄》，媽祖雖多保國衛民事蹟，但卻罕見的出現譏諷政治人物的「托夢除奸」故事，謂嘉靖中嚴嵩當權，殘害忠良，御史林潤夢天妃鼓舞，上本糾彈並獲世宗俞允；林潤並於莆田涵江東卓建廟答謝。林潤字若雨，嘉靖 35 年（1556）進士，除臨川知縣，後擢南京出東道御史。曾論嚴嵩子世蕃大逆狀，御史鄒應龍聲援之，世宗震怒，戍世蕃於雷州。世蕃到戍二日即陰行返家，里居多行不法，林潤上疏論之，終誅世蕃，籍其家，並究其黨羽。林潤隨即擢升南京通政司參議，歷太常寺少卿，隆慶元年（1567）以右僉都御史巡撫應天諸府，居官 3 年卒，年甫40。《明史》卷 210、《莆田縣志》卷 17 皆有傳。[7]

〈托夢除奸〉這則故事，與歷史記載相符；把這則故事編入《天妃顯聖錄》，一可表彰莆田先賢林潤的風骨，一可振奮士節為國除奸。林堯俞是曾與宦官魏忠賢鬥爭的名臣，是主張制裁宦官勢力的勇者，有能力、似是撰寫這篇文章的作者。林堯俞萬曆 17 年（1589）成進士，較林潤於嘉靖 35 年（1556）晚 30 餘年，但景賢之心必然有之，故居官也風骨凜然，《莆田縣志》謂林堯俞長期擔任中樞秘要，對太監專權頗不以為然，魏忠賢多方籠絡，但多不假辭色，「奉命會同選閹，忠賢援故事欲據中坐，堯俞豫戒胥吏席移兩柱間而虛其中置篆案。忠賢慍。」熹宗即位郊天，堯俞導駕，中官不得前；屢次挫抑太監，卒招排擠。而太監多迷信，「堯

俞向一、二中洧曉以古今順逆報應，中官遂安。」可見堯俞
不願見中官坐大，卻又無力制之，在辭官返鄉後擬藉神道鬼
神因果報應之說以勸戒中官勿為惡，〈托夢除奸〉故事可能
即為林俞堯撰以規戒中官者。

　　歷史記載嚴嵩及其子世蕃後來被抄家，但與其狼狽為奸
的太監仍然把持朝政，罵嚴嵩等同罵太監，這則故事如果在
太監掌控三法司、錦衣衛大權，甚至陰行廢立皇帝的時代刊
行，可能會株連許多人。林堯俞雖然有心，但自己就是無力
抵抗權閹的受害者；或許林堯俞有意梓行，但僧照乘也會另
有考慮，故《天妃顯聖錄》拖延至滿清入關後始出版，似與
此有關。然此文於 2 版時被刪，而雍正 3 年福建新刻之《天
后顯聖錄》則錄有此文，可見此篇為雍正 5 年《天妃顯聖錄》
3 版時始予補列。

　　《天妃顯聖錄》第 2 篇序的作者黃啟有為莆田人，字應
似，明崇禎戊辰（元年，1628）進士，選庶吉士，授編修，
直《起居注》，歷國子司業、禮部左侍郎兼侍讀學士等官。
崇禎 17 年李自成陷北京，以母老歸養，時年近 70，鄉居至
82 卒，著有《慵山詩集》若干卷。[8]觀其仕履，黃啟有應卒
於清康熙 13 年前後，也就是南明永曆年間，三藩抗清前期；
此序文之撰寫年代應於清兵入閩至其去世間。

　　黃啟有與《天妃顯聖錄》的關係，從序文觀察，似僅屬
於地方士紳為地方廟志撰序而已。黃文云：「湄洲天妃之神，
自宋迄今，垂八百載，歷著靈蹟，應輯錄有書。茲僧照乘刻
而傳之。」其後全篇環繞「書以傳信」、「福善禍淫，天固
不爽」2 個主旨。據此，大概前此未有天妃靈蹟專書行世，

僧照乘持《天妃顯聖錄》書稿請黃啟有撰序，黃閱後僅撰序
肯定媽祖神靈及僧照乘刻書之舉，文稿似無其鑿痕。

第 3 篇序作者林麟焻，字石來，莆田人，清康熙 9 年
（1670）進士，授中書舍人。康熙 13 年閩變將作，建甌、
仙霞道路不通，林麟焻方在籍，潛由邵武出杉關冒險入京就
職。康熙 20 年（1681）分校京闈，22 年（1683）奉命為冊
封琉球副使，返國後升戶部江南司主事、廣西司員外郎，26
年（1687）典試四川，遷禮部郎中，康熙 33 年（1694）遷貴
州提學僉事，督撫會薦其清明。時西北用兵，林麟焻返里修
葺先世北村別業，其後未再仕，康熙 43 年（1704）巡撫梅鋗
檄修縣志，請林麟焻任總裁。著有《玉巖詩集》、《星槎草》、
《中山竹枝詞》、《郊居集》等，《莆田縣志》有傳。[9]

此序作者官銜署：「賜進士出身戶部江南清吏司主事前
內閣撰文中書舍人加一級辛酉順天同考試官奉命冊封琉球
賜蟒玉加正一品」，所署本職為戶部江南清吏司主事，也就
是康熙 22 年奉使琉球返國後所陞職務，此職任期甚短，撰
文年代應不出康熙 24 年。

林麟焻序文有三主旨：一敘述與媽祖林默同為林披後
裔，及其曾瞻拜世祀祖祠；二敘康熙初年遷界後，梓里丘墟
廟宇圮壞，復界後彼遣工置木石整造祖祠之事；三敘其奉使
琉球天妃靈祐，返國後題請朝廷春秋祀典以答神庥事，未提
及與湄洲天妃宮僧侶有何互動。觀林麟焻仕履，其人似十分
重視名位，可能於整造祖祠時見及《天妃顯聖錄》，且書版
俱在，故增錄自身事蹟並撰寫序文後補版印行。

　　《天妃顯聖錄》僅錄序文 3 篇，林堯俞為發起、鼓勵僧照乘刊行《天妃顯聖錄》；黃啟有見證《天妃顯聖錄》之付梓；林麟焻則為《天妃顯聖錄》第 2 版的梓行者。然雍正 3 年（1725）福建三山會館刊行的《天后顯聖錄》，收錄序文除上述 3 篇外，在黃起有序前、後，還錄有明人林蘭友、林嵋序各 1 篇，林麟焻序文後有丘人龍序 1 篇，此 3 篇序應為《天妃顯聖錄》原刊本所錄，而於康熙再梓時被刪除。乾隆 43 年（1778）林清標編印《勅封天后志》時亦補錄林蘭友、林嵋 2 序，丘人龍序則未收錄。《天后顯聖錄》保留之 6 篇序文，可增進《天妃顯聖錄》編輯過程之瞭解。

　　被刪首篇序文作者林蘭友為仙遊縣人，《明史》卷 276、《僊遊縣志》、《楓亭志》均有傳。林蘭友字翰荃，號自芳，明天啟 7 年（1627）舉人，崇禎 4 年（1631）進士，授臨桂知縣，轉南京湖廣道監察御史，上疏劾大學士張至發、薛國觀、吏部尚書田惟嘉，論樞臣楊嗣昌忠孝兩虧，被貶為浙江按察司照磨，遷光祿署丞。李自成陷北京，林蘭友薙髮自匿，為賊所執，拷挾備至，終不屈。李自成敗，林蘭友脫逃歸唐王（隆武帝），任太僕寺少卿、遷僉都御史，隆武 2 年（順治 3 年，1646），擢升兵部尚書右副都御史總理撫討軍務糧餉督師漳、泉，命尚未發，清軍入福建，隆武帝亡。林蘭友不願臣清，卻與鄭芝龍一家不睦，雖有光復之志卻不願依附鄭氏，卒奉老母挈妻、子遯入海，羈窮漂泊凡 15 載，順治 18 年（1661）卒，年 66，桐棺布被寄櫬海澨。康熙 40 年（1701）縣令田湜令其胞姪煜聖率孫繼昌（祖）扶葬本里。[10]

林蘭友是《天妃顯聖錄》的第 2 個催生者，林蘭友序文云：

> 余寓湄島，披閱天妃世譜，考其所載如神授符籙，現
> 身救世諸事皆歷歷不誣，遂能感動天朝。……余一日
> 登湄山，揖僧而進之，曰：『天妃之異蹟彰彰如是，
> 曷不彙集成帙以傳於世？』僧唯唯：『昔大宗伯林公
> 手授一編，將博采見聞以補其未備，願與同志者成
> 之。』余於是先為之序以為勸世一助云爾。

林蘭友序文落款署：「賜進士第河南監察御史巡按江西等處
裔孫蘭友識」，則與林蘭友仕履不全相符。按林蘭友落款官
銜為明崇禎 4 年時官銜，崇禎末思宗特旨起為光祿寺丞轉南
京吏部考功司員外郎；至南明隆武帝時，林蘭友擔任兵部尚
書右副都御史總理撫討軍務，參與抗清軍事活動。順治 3 年
（1646）清軍入莆田，林蘭友不願臣清一度遁居湄洲嶼。林
蘭友序文用崇禎四年官銜落款，殊不合理，或為重修時諱其
參與抗清而更易之。林蘭友於明亡後雖漂泊海壇等島嶼，然
據序文應曾寓居湄洲，於湄嶼見《天妃世譜》記載媽祖事蹟，
激起他登湄山，訪僧照乘編書的動機。及僧照乘出示林堯俞
授予的《天妃顯聖錄》稿，林蘭友也先為作序以號召同志積
極贊助，其時距林堯俞撰序已 20 餘年。

被刪第 2 篇序文作者林嵋也是莆田人，《莆田縣志》有
傳。林嵋字小眉，明崇禎 16 年（1643）以 20 歲中進士，李
自成陷北京，林嵋不屈，微服毀形間道渡江，上書史可法言
賊中事甚悉，史可法奏留用之，任禮部精膳司員外郎、吏科
給事中。清軍入閩後，復與朱繼祚等人謀興復事；事敗，肆

力於詩，每念國亡主死，輒流涕哽咽，忌者竟藉是中傷之。被捕，憤益甚，草絕命詞三章，嘔血，數月而卒，年 38，時約順治 18 年（1661）。著有《蟛蜞集》12 卷。[11]林嶅序文篇幅不長，通篇皆宣揚林氏忠孝節義及天妃海上安瀾靈異事蹟而已。

2 篇被刪序文作者皆曾仕明，明亡後參與抗清活動，似莆、仙復明志士曾會聚湄洲，圖復興事，可惜志業未竟先後辭世。反之，林麟焻則是名利的追逐者，滿清新政權的支持者，觀其序文謂曾於遷界時往賢良港祭林氏祖祠，似彼曾參與調查反清勢力活動。鄭克塽降清後，不願降清之將領黃進則率所部駐琉球，清朝對琉球國王施壓，至康熙 24 年（1685），黃進遂率所部至廣南（今越南）[12]，康熙 22 年 6 月下旬鄭克塽已遞出降表，黃進所部應於其時進駐琉球，林麟焻與汪楫之冊封琉球國王實可強化琉球對清朝之向心，致黃進後來不得不離開琉球。同為莆田林氏子孫，有人堅守民族立場，林麟焻所為則與先賢南轅北轍，令人感慨。

《天妃顯聖錄》最後 1 篇被刪序文作者僅署朝陽丘人龍。丘人龍序文置於林麟焻之後，似其輩分晚於林麟焻，而其序文被刪，似其地位與前者不相侔。丘序云：

> 人龍生長海濱，嘗從里中父老瞻禮於廟廊之下，自播遷後寄寓郡城，遙望故園宮闕在煙雲縹緲中，為之嗟嘆者久矣。適有僧照乘從湄嶼來，踵門而請曰：《天妃顯聖錄》秘而未傳，願求編輯以垂不朽。……爰焚香淨几而為其編輯其大略云。

丘人龍，《莆田縣志》選舉志載為康熙年間貢生，然未載其出貢年份，亦無仕宦履歷，應非顯宦。然似為當地世家子，故得從父老瞻禮於廟廊之下，後因清廷遷界，始遷居郡城，僧照乘特於遷界期間持《天妃顯聖錄》請其編次。據《莆田縣志》卷 34 祥異，清朝於順治 18 年（1661）下遷界令，康熙 8 年（1669）稍放寬，詔界外附近各展五里，許民築室耕種；至康熙 13（1674）年三藩起事，莆田為鄭經所轄，康熙 19 年鄭經撤回台灣，康熙 21 年（1682）復界。20 餘年間屢經戰亂，僅康熙 8 年至 13 年之間較為承平，僧照乘因而至莆田請丘人龍為其編次；故本書是在明清政權更迭的戰亂中編成。

明天啟 6 年（1626）林堯俞訪湄山時，僧照乘即為湄洲天妃宮住持，假設當時照乘年 30，至康熙 13 年（1674）已歷 48 年，照乘已是 78 歲老人，不遣徒弟而親自持《天妃顯聖錄》稿渡海請丘人龍為其編次，丘人龍若非望重士林，至少應為文學名家。丘姓雖在東晉永嘉年間入居莆田，至宋皇祐年間分支入粵，僅部分族人留居莆田地區。[13] 然查《莆田縣志》卷 13 選舉志，明嘉靖至清康熙 22 年間（1522～1683）並無丘姓者中舉。或謂清世宗為尊孔子易丘姓為邱，丘邱同源，但明末邱姓中進士者僅嘉靖 26 年（1547）邱預達（官至貴州布政使）一人，舉人有：嘉靖元年（1522）邱愈（武定同知）、嘉靖 16 年（1537）邱預達、萬曆 13 年（1585）邱憲周、崇禎 6 年（1633）邱士陶（府學教諭）、崇禎 9 年（1636）邱孔元（府學教諭）、崇禎 12 年（1639）邱夢斗（平海衛學），雖不無簪纓，但均非顯宦。上述諸人中《莆

田縣志》僅謂邱憲周「文章行誼見重於時,而厥施未竟,人咸惜之。」[14]邱憲周雖見重於時卻早逝而未登進士第,且其年代距康熙 13 年已 90 年。而《仙遊縣志》卷 13 選舉志所錄明清間舉人、進士題名錄更無丘、邱姓者。

清光緒年間楊浚所輯《湄洲嶼志略》則謂邱(丘)人龍為潮陽人,[15]按潮陽即清代之潮州,屬廣東省,與丘人龍身份不盡相符,楊浚之謂丘人龍為潮陽人,可能是因丘人龍原序落款署「朝陽丘人龍」,將郡望朝陽誤為地名潮陽所致。

按丘人龍序文云:「人龍生長海濱,嘗從里中父老瞻禮於廟廊之下。自播遷後寄寓郡城,遙望故園宮闕在煙雲縹緲中,為之嗟嘆者久矣。」丘人龍似有故園在湄洲,丘人龍與天妃宮的因緣,僅係曾跟隨其父執於天妃宮瞻禮;易言之,丘人龍與天妃宮的關係是由上一代傳下的。順治 18 年(1661)清廷下遷界令,丘人龍很無奈的被迫遷回莆田,故常望湄嶼故園嗟嘆。具備:父執具有崇高聲望,曾住湄嶼瞻禮於天妃宮,身歷遷界之苦,又與《天妃顯聖錄》編輯有關,最可能的人是林蘭友的族裔或親人。然《明史》、《僊遊縣志》、《楓亭志》林蘭友傳雖提及其孫名,卻未提及其子名字,故丘人龍若非化名即為從母姓。按林蘭友任御史直聲震天下,被闖賊拷挾而不降,抗清失敗而遁海島。莆田官宦若林堯俞,官位雖高於林蘭友,《明史》卻無其傳,可見林蘭友志節為當世所重。以林蘭友的特殊身份,對《天妃顯聖錄》的編修如此寄予重望,僧照乘於其生前不能完成之;當書稿草成而林蘭友已去世,能見證僧照乘不負所托者僅林蘭友之

子而已。故僧照乘在付梓前必欲勉力赴莆田請其編次（過目）以了卻心願。

順治 18 年清朝下遷界令，林蘭友適於是年去世，家屬被迫遷回內地，林蘭友桐棺布被寄櫬海澨，丘人龍當然只能望故園、宮闕（天妃宮）嗟嘆了。康熙 21 年清廷下令展界，丘人龍尚存，清朝雖在若干年後給予貢生名義，但窮困無力將其父靈櫬移回故鄉，至康熙 40 年（1701）興化縣令田渴始令其胞姪率孫將靈櫬遷葬本里。

《天妃顯聖錄》的編印發行，牽扯到林堯俞、林蘭友、丘人龍、林麟焴、僧照乘等人，歷經明清政權更迭，前後 50 年始梓行，莆田、仙遊士族及僧照乘的節操於此充分展現。相反的，數年後，鄭經麾下莆田人朱天貴在萬正色策反下帶領水師戰艦 300 艘，兵 2 萬餘降清，清廷再遣施琅帶領這支水師逼降鄭克塽。在攻打台灣的過程中，各種媽祖助戰神蹟被傳出，其後大闢宮殿、朝廷誥封接踵而來，將媽祖聲望推至新的高峯；林麟焴於其時刪除明末諸賢序文，增補自撰序文、奏摺後重予刊行。迨康熙 60 年（1721）台灣朱一貴自立為王，清朝派軍平台，又有媽祖助戰神蹟被傳出，雍正 4 年並予賜匾賜祭，照乘徒孫通峻又增修《天妃顯聖錄》。在 2 次重梓版本裡，林蘭友、林帽、丘人龍諸序均被刪除，全書體例已亂，致有雍正《天后顯聖錄》、乾隆《勅封天后志》之續刊，《天妃顯聖錄》遂被取代。

四、結語

　　《天妃顯聖錄》是第 1 部有系統整理媽祖史料的書籍，全書以降誕本傳及歷朝顯聖褒封為核心，發展出一套完整的媽祖靈應事蹟，讓信徒閱讀後對媽祖生前事蹟及靈應有基本的認識，對媽祖信仰發展有相當貢獻。《天妃顯聖錄》由莆仙先賢林堯俞、林蘭有、丘人龍及湄洲天妃宮住持僧照乘等人經半甲子努力完成，刊於清康熙 13 年至 19 年（1674～1680）三藩起事期間。康熙 19 年（1680）鄭經撤回臺灣，復明大業頓失指望，次年照乘返回莆田九座山重建九座寺大殿，似在為自身謀退路。康熙 23 年（1684）鄭克塽降清，康熙 23 年（1684）間，增補林麟焻冊封琉球、施琅平台事蹟，刪除林蘭友、林嵋、丘人龍等序文後續刊。三刊本刊於雍正 5 年（1727）之後，增補 1 份題本 4 則神蹟，今僅此本保留於臺灣，為研究媽祖信仰的重要史料。

註釋

[1]　《天妃顯聖錄》歷朝顯聖褒封，元世祖至元 18 年。

[2]　蔣維錟編《媽祖文獻資料》第 68-69 頁，福建人民出版社 1990 年版。

[3]　同註 1，皇明，太祖洪武 5 年。

[4]　同註 2。

[5]　《搜神記》高六。明萬曆 35 年正一嗣道凝誠至道闡玄弘教大真人掌天下道教事張國祥奉旨校梓。民國 69 年台北聯經出版公司印行。

[6]　《莆田縣志》卷 17 人物志，名臣，林堯俞。

[7]　《明史》卷 210，林潤；《莆田縣志》卷 17 人物志，名臣，林潤。

[8]　同註 6，卷 22，人物志，文苑，黃啟有。

[9]　同註 6，卷 28，人物志，林麟焻。

10 《明史》卷 276,林蘭友、何楷;乾隆《僊遊縣志》卷 35 上,人物志 3·忠烈,林蘭友;卷 27 職官志 1;《楓亭志》卷 3 列傳,林蘭友。按《楓亭志》為手稿本,林蘭友胞姪似名煜聖,孫則書繼祖,與縣志異,待考。

11 同註 6,卷 22 人物志,林嵋。

12 參閱蔡相煇〈明末清初臺海政局之演變與臺灣社會之變遷〉,《臺灣文獻》第 36 卷第 3、4 期,民國 74 年 12 月 31 日臺灣省文獻委員會出版。

13 《臺灣省通誌》卷 2 人民志,氏族篇,邱姓。民國 58 年臺灣省文獻委員會印行。

14 同註 6,卷 19 人物志,風節傳,邱天祐。邱憲周為天祐曾孫。

15 楊浚《湄洲嶼志略》卷 4,藝文,邱人龍《天后顯聖錄》序,冠悔堂纂刊本。

第三章　《天妃顯聖錄》媽祖事蹟考釋

一、前言

　　媽祖是臺灣民間信仰最主要的神祇之一，其歷史已千年之久，宋元以降官方累封為夫人、妃、天妃、天后等，其全銜達64字；民間則尊稱為「天上聖母」。其家世及生卒年月有10餘種說法，歸納主要說法，略謂媽祖姓林名默（娘），福建莆田人，宋太祖建隆元年（西元960）生，卒於宋太宗雍熙4年（987）。仙世後更迭顯靈蹟，護航運、救災難，保國衛民、綏靖海疆。清朝更提升為政府祀典，並命沿海、沿江各省建祠崇祀，目前除台灣、中國，海外華人社區均見廟祀。

　　民國91年（2002）內政部民政司彙整各直轄市、縣市政府已辦理寺廟登記的名冊編印為《全國寺廟名冊》，統計全國共有媽祖廟802所，[1]幾乎每一鄉鎮都有廟；另美國、巴西、日本、菲律賓、馬來西亞、越南、澳大利亞、法國、南非等國華人社區均有媽祖廟，尤其每年農曆正月至 3 月底，台灣、福建各地媽祖信徒都有朝拜、進香等活動（圖3-1），蔚為民間信仰活動的最高潮，直接、間接參與其事者不可數計。這些宗教活動附帶衍生的投資、觀光旅遊、禮、特產品採購等經濟活動產值至少在新台幣百億元以上，媽祖信仰影響台灣之巨於此可見。

　　媽祖生前是什麼樣的人？為什麼影響如此之大？在元
朝以後即引起許多人好奇，甚至有人認為媽祖是虛構的人
物。媽祖是否有其人？有二種不同之說法。第一種以媽祖為
宋代興化軍莆田縣湄洲嶼林氏女，死後為人崇拜而成神。此
一說法，在宋代莆田籍士大夫文集、碑記中就已存在，至元
代，始有「神父林願，母王氏。」的說法產生。

　　第二種說法則認為媽祖未必真有其人，所謂天妃、天后
皆為水神之本號。持其說者有：元末台州路總管劉基，於〈台
州路重建天妃廟碑〉即說：

> 太極散為萬彙，惟天為最大，故其神謂之帝。地次於
> 天，其祗后也。其次最大者莫如海，而水又為陰類，
> 故海之神降于后，曰妃。而加以天，尊之也。[2]

柳貫，於〈敕賜天妃廟新祭器記〉云：

> 海神之貴祀曰天妃，天妃有事於海者之司命也。[3]

趙翼《陔餘叢考》亦云：

> 竊意神（媽祖）之功效如此，豈林氏一女子所能。蓋
> 水為陰類，其象維女，地媼配天則曰后，水陰次之則
> 曰妃，天妃之名即謂水神之本號可，林氏女之說不必
> 泥也。[4]

劉基等人有此看法，肇因於無史可據，且筆記小說記載之媽
祖傳說，多為海上救難等靈異事蹟，儒家不語怪力亂神，故
會懷疑天妃是否真有其人。

　　《天妃顯聖錄》是第一本有系統、全方位記載媽祖的
書，內容包含：〈歷朝顯聖襃封二十四命〉、〈歷朝襃封致
祭詔誥〉、〈天妃降誕本傳〉等三部分，為後世奉為祖本。
〈天妃降誕本傳〉計收錄媽祖降誕及神話故事 55 則，其中
媽祖降生至飛昇故事共 17 則，死後靈蹟有 38 則。近年海峽
兩岸學術界對媽祖信仰的社會現象頗為重視，多次召開學術
研討會，雖於媽祖信仰增進許多瞭解，但也不無歧見存在。
歧見以媽祖家世、出生地及生卒等為主。本文先就《天妃顯
聖錄》所述媽祖家世及生前事蹟加以考證，期對上述問題之
釐清稍有稗益。因《天妃顯聖錄》明末原刊本已未存世，本
文討論之《天妃顯聖錄》版本，為台北中央圖書館台灣分館
典藏雍正 5 年後增刪版。本文僅討論媽祖生前傳說 17 則，
死後靈蹟另文論證。

二、《天妃顯聖錄》媽祖事蹟考察

圖 3-1 湄洲天后宮全景

〈天妃降誕本傳〉所錄媽祖降誕及生前事蹟,《天妃顯聖錄》標題為:天妃降誕本傳、窺井得符、機上救親、化草渡商、菜甲天成、掛蓆泛槎、鐵馬渡江、禱雨濟民、降伏二神、龍王來朝、收伏晏公、靈符回生、收高里鬼、奉旨鎖龍、斷橋觀風、收伏嘉應嘉祐、湄山飛昇等,共 17 目。茲依標題次序、內容,分別考訂其神話來源或探討其虛實。

（一）〈天妃降誕本傳〉

《天妃顯聖錄》云：

> 天妃。莆林氏女也，始祖唐林披公，生子九，俱賢。
> 當憲宗時，九人各授州刺史，號九牧。林氏曾祖保吉
> 公乃邵州刺史蘊公六世孫州牧圉公子也。五代周顯德
> 中為統軍兵馬使。時劉崇自立為北漢，周世宗命都點
> 檢趙匡胤戰于高平山，保吉與有功焉。棄官而歸，隱
> 於莆之湄洲嶼。子孚，承襲世勳，為福建總管。孚子
> 惟慤，為都巡官，即妃父也。娶王氏，生男一，名洪
> 毅；女六，妃其第六乳也。

在《天妃顯聖錄》中，〈天妃降誕本傳〉，算是比較長的一
篇文章，內容概略描述了媽祖一生事蹟，包含祖先世系、家
世及學習、成道、死亡過程等，茲依文章內容次序，分段引
述考訂如下。

最早記載媽祖的文獻為宋高宗紹興 20 年（1150）莆田
籍狀元黃公度的〈題順濟廟〉，詩云：

> 枯木肇靈滄海東，參差宮殿崒晴空，平生不厭混巫媼，
> 已死猶能効國功。萬戶牲醪無水旱，四時歌舞走兒童，
> 傳聞利澤至今在，千里桅檣一信風。[5]

黃詩描述順濟廟狀況及鄉民崇敬之情形，透露出媽祖〈平生
不厭混巫媼〉的職業特性。約與黃公度同時撰文的廖鵬飛，
於同年撰〈聖墩祖廟重建順濟廟記〉也提及媽祖姓林，湄洲
嶼人，以巫祝為事，謂：

世傳通天神女也，姓林氏，湄洲嶼人，初以巫祝為事，
能預知人禍福。既沒（歿），眾為立廟於本嶼。[6]

至南宋理宗紹定 2 年（1229）臨安知府丁伯桂撰〈順濟聖妃
廟記〉，謂：

> 神莆陽湄洲林氏女，少能言人禍福，歿，廟祀之，號
> 通賢神女，或曰龍女也。莆寧海有堆。元祐丙寅，夜
> 現光氣，環堆之人，一夕同夢，曰：「我湄洲神女也，
> 宜館我。」于是有祠，曰：聖堆。[7]

黃公度等三人均為莆田出身士人，廖鵬飛更為創建聖墩祖廟
的李富門人，三篇文章足可證明媽祖真有其人，是湄洲林氏
女，以巫祝為業，其餘家世則未敘及。

首先提及媽祖家世者為元朝至順年間（1330-1332）程
端學撰《福惠明著天妃廟記》，謂：

> 神姓林氏，興化莆田都巡君之季女，生而神異，能力
> 拯人患難，室居未三十而卒。[8]

明朝萬曆年間王圻所修《續文獻通考》所錄至正 9 年（1349）
元朝加封媽祖父母，始提出「天妃父積慶侯林孚，母顯慶夫
人王氏。」[9]之說法。《天妃顯聖錄》編輯者，九牧林氏後
裔的禮部尚書林堯俞與王圻共事一朝，或曾見其史料，遂參
酌林氏家乘予以排序，媽祖遂為九牧林氏成員。

〈天妃降誕本傳〉謂媽祖曾祖父林保吉為後周的統軍兵
馬使，祖父林孚為福建總管，父親為都巡官，均屬福建軍政

高官。但這個說法從年代推算卻頗不合理。〈天妃降誕本傳〉謂媽祖「曾祖保吉……公五代周顯德中為統軍兵馬使，……隱於莆之湄洲嶼。子孚承襲世勳為福建總管。孚子惟愨諱愿，為都巡官。」顯德為周世宗年號，共 6 年（954～959），次年即宋太祖建隆元年（960），也就是媽祖降生之年。林氏一家從林保吉隱居湄洲，2、3 年間即傳衍至第 4 代，且媽祖誕生時其父已 40 餘歲，假設林孚幼時隨祖父入湄洲，至少亦需 30 年始至 40 餘歲。

另據《莆田縣志》〈沿革志〉的記載，五代十國的階段，閩王王審知（梁封為閩王）、王延政（建國號大閩）父子統治的階段從西元 909 年至 945 年，滅於南唐，其後陳洪進、留從效割據，南唐於宋太宗開寶 8 年（975）降宋；劉崇（旻）自立為北漢之年為西元 951 年，於宋太宗太平興國 4 年（979）降宋。媽祖曾祖林保吉既世為莆田人，跑至長江北岸的後周任統軍兵馬使，參與討伐別國戰事的可能性不大。

張爕《東西洋考》云：

> 天妃，世居莆之湄洲嶼。五代閩王時都巡檢林愿之第
> 六女也，母王氏。[10]

明指媽祖是五代閩王時林愿的第六女。明朝何喬遠《閩書》〈湄洲嶼〉也謂：

> 妃林姓，唐閩王時統軍兵馬使愿之女，上人也。[11]

所指唐閩王的唐，是五代徐知誥（李昪）所建的唐（南唐），因閩當時奉南唐年號，故稱唐閩王。又乾隆《莆田縣志》〈天后傳〉謂：

天后林姓，世居莆之湄洲嶼，五代閩王時都巡檢林愿
之第六女也，母王氏。[12]

綜上所述，持媽祖父親林愿（愿）為五代時閩王管下統軍兵
馬使或都巡檢者較多，《天妃顯聖錄》所謂媽祖「曾祖保
吉……公五代周顯德中為統軍兵馬使」的說法與前人說法
不同，應乙五代閩王管下統軍兵馬使較合理。

〈天妃降誕本傳〉接著敘述媽祖降誕的宗教因緣，謂：

二人陰行善、樂施濟，敬祀觀音大士。父年四旬餘，
每念一子單弱，朝夕焚香祝天，願得哲胤為宗支慶。
歲己未夏六月望日，齋戒慶讚大士，當空禱拜曰：「某
夫婦兢兢自持，修德好施，非敢有妄求，惟冀上天鑒
茲至誠，早錫佳兒以光宗祧。」是夜，王氏夢大士告
之曰：「爾家世敦善行，上帝式佑。」乃出丸藥示之
云：「服此，當得慈濟之貺。」既寤，歆歆然如有所
感，遂娠。二人私喜曰：「天必錫我賢嗣矣。」

〈天妃降誕本傳〉的作者，為媽祖找到一個好的宗教淵源──
觀音大士，將媽祖與觀音結合為一，謂媽祖是觀音化身，
既能順利開展媽祖信仰，後世媽祖廟於後殿奉祀觀音大士，
也鞏固了觀音信仰在民間的地位。

觀音信仰是湄洲嶼上林村林姓族的傳統信仰，在媽祖家
鄉，媽祖與觀音信仰的關係已存在不知多少年。《天妃顯聖
錄》〈湄洲勝境〉圖，在上林聚落上方繪有一座觀音堂，可
見媽祖與觀音的信仰長久為村人所信奉。此座觀音堂的創

建，據《天妃顯聖錄》的記載，係洪武 18 年（1385）由鎮守興化衛的呂德所創建，〈藥救呂德〉條云：

> 洪武十八年，興化衛官呂德出海守鎮，得病甚危篤，求禱於神。夢寐間，見一神女儼然降臨，命侍兒持丸藥，輝瑩若晶珀，示之曰：「服此，當去二竪。」正接而吞之，遂寤，香氣猶藹藹未散。口渴甚，取湯飲，嘔出二塊物，頓覺神氣爽豁，宿病皆除，遂平復如初。是夕，夢神云：「疇昔之夜，持藥而救爾者，乃慈悲觀音菩薩示現也，當敬奉大士。」呂德感神靈赫奕，遂捐金創建觀音堂於湄嶼。

可見至遲在明洪武年間湄洲嶼已有奉祀觀音的觀音堂，將媽祖與觀音的信仰結合在一起。

觀音，是《法華經》、《大方廣佛華嚴經》中的菩薩，唐朝泗州普光王寺大聖僧伽死後被指為觀音大士的化身。《宋高僧傳》卷第 18，〈唐泗州普光王寺僧伽傳〉謂：

> 帝（唐中宗）問萬迴（國師）『僧伽大師是何人？』對曰：『是觀音化身也。』」並引《法華經》〈普門品〉云：『應以比丘、比丘尼等身得渡者，即皆現之而為說法，此即是也。』[13]

宋人蔣之奇撰〈大悲成道傳〉，把觀音寫成是妙莊王的三女妙音，[14] 故宋代以後觀音遂有男女二種形象，近世更以女像為主。

僧伽信仰在唐末傳入莆田,《莆田縣志》云:

> 華嚴寺,本玉澗之北巖,唐大中六年(852)剌史薛
> 凝題為華嚴,以僧行標能講《華嚴大乘經》也。……
> 有泗洲像,舊經云:『僧行標於泗州請大聖真像,會
> 溪流暴漲,得樟木一根於水中,遂刻焉。[15]

北宋時,莆田興修木蘭陂水利工程,迭成迭壞,眾心狐疑,
卒在僧伽塔下卜筊釋惑眾志始定,可見僧伽為莆田重要信
仰。《閩書》卷24云:

> 鷄足峰……唐為玉澗寺,華嚴院師行標者居之。……
> 宋李長者宏,欲作木蘭陂,南陂成,累壞,是後眾心
> 狐疑。宏詣僧伽塔下百擲筊杯,上下如一,眾心不惑,
> 遂以成陂。[16]

　　僧伽被定位為觀音大士化身,宋朝以後的莆田也感受到
觀音大士的女姓訊息,婦女信仰者日增。明代《八閩通志》
所載奉祀僧伽的寺院,已有許多尼庵,稱為泗洲庵,或觀音
院、觀音尼院、觀音庵等專祀觀音的佛宇。湄洲嶼上的觀
音堂,雖創自洪武間,但媽祖與大士、僧伽的信仰是密不
可分的。

　　媽祖家世是後世逐漸增補完成,誕生年分也是附會。因
宋太祖建隆元年(960)時,福建尚為陳洪進割據,要至太
平興國4年(979)始置縣,也就是媽祖出生時福建尚非宋
朝領土。

好家世，好神緣之外，古今中外偉人出生均會有些異象出現，媽祖降誕時亦然。〈天妃降誕本傳〉謂：

> 越次年，太祖建隆元年庚申三月二十三日方夕，見一道紅光從西北射室中，晶輝奪目，異香氤氳不散。俄而王氏腹震，即誕妃於寢室，里鄰咸以為異。父母大失所望。然因其生奇，甚愛之。自始生至彌月不聞啼聲，因命名曰默。

既然已將媽祖出生年定為宋太祖建國之年，〈天妃降誕本傳〉作者進一步將宋太祖誕生異象加到媽祖身上。

《宋史》太祖本紀記載宋太祖誕生過程，謂：

> 太祖，宣祖仲子也。母杜氏，後唐天成二年生於洛陽夾馬營，赤光繞室，異香經宿不散，體有金色，三日不變。[17]

宋太祖生時赤光繞室，異香經宿不散的異象，幾乎全被複製，謂媽祖誕生時紅光射入室中與異香不散；至於宋太祖體有金色，三日不變，則被轉為媽祖的彌月不啼，並被取名為默的原因。

宋太祖建國是篡奪北周政權而來，從道德層面看，不無欺負孤兒寡婦的嫌疑，宋朝史官為合理化趙匡胤奪權的行為，故創作誕生異象，讓趙匡胤為開創宋朝的真命天子地位不受質疑。〈天妃降誕本傳〉原作者似讀過《宋史》太祖本紀，故將太祖降生異象移植至媽祖身上。不同於宋太祖者，媽祖並無奪人政權之事，故塑造媽祖為開創宗派的宗教人物。

媽祖信仰與白衣大士僧伽（泗洲文佛）扯上關係，與媽祖生存時期的宋太宗皇帝十分重視僧伽信仰有關。宋太宗重視僧伽迺因僧伽於北周出兵攻取淮南時，僧伽託夢泗州官民勿啟戰端，讓北周和平取得泗州。《宋高僧傳》之〈唐泗州普光王寺僧伽傳〉云：

> 洎周世宗有事江南，先攻泗上，伽寄夢於州民，言不宜輕敵。如是，達于州牧，皆未之信。自爾，家家夢，同告之。遂降。全一郡生民，賴伽之庇矣。天下凡造精廬必立伽真相，牓曰：「大聖」，有所乞願，多遂人心……今上（宋太宗）御宇也留心于此（僧伽事）。其年三月有尼遊五臺山，迺因見伽於塔頂作嬰孩相，遂登剎柱捨身命供養。太平興國七年敕高品白承睿重蓋其塔，務從高敞，加其累層。八年，遣使別送舍利寶貨同葬下基。……近宣索僧伽實錄，上覽已敕還。題其額曰：「普照王寺」矣。[18]

泗州大聖僧伽信仰在周世宗取淮南時間接促成泗州政權和平轉移，宋太宗即位後謀取福建，對僧伽信仰大加提倡。〈天妃降誕本傳〉將媽祖的誕生與宋太祖建國之年結合為一，不啻讓媽祖誕生取得一個最有歷史紀念性的年份，真是高明。

媽祖因其父母祈求觀音大士而懷孕降生，注定其一生需在宗教上綻放異彩。然而宗教也非可無師自通，需有一番學習的過程。〈天妃降誕本傳〉接著描述媽祖成長過程如下：

幼而聰穎，不類諸女。甫八歲，從塾師訓讀，悉解文
義。十餘歲，喜淨几焚香誦經禮佛，旦暮未嘗稍懈，
婉孌季女，儼然窈窕儀型。十三歲時，有老道士玄通
者往來其家，妃樂捨之。道士曰：『若具佛性，應得
渡人正果。』乃授妃玄微秘法，妃受之，悉悟諸要典。
十六歲窺井得符，遂靈通變化，驅邪救世，屢顯神異，
常駕雲飛渡大海，眾號曰通賢靈女。

這則故事，則以華嚴宗二祖智儼的事蹟為底本。《華嚴經傳
記》〈唐終南山至相寺釋智儼〉傳云：

釋智儼，姓趙氏，天水人也。高祖弘，高尚其志。父
景，申州錄事參軍。母初夢梵僧執錫而謂曰：「速宜
齊戒淨爾身心。」遂驚覺，又聞異香有娠焉。及儼生
數歲，卓異凡童，或累塊為塔，或緝華成蓋，或率同
輩為聽眾，而自作法師。生智宿殖皆此類也。年十二，
有神僧杜順，無何而輒入其舍，撫儼頂，謂景曰：「此
我兒，可還我來。」父母知其有道，欣然不悋。順即
以儼付上足達法師，令其順誨。曉夜誦持，曾無再問。
後屬二梵僧來遊至相，見儼精爽非常，遂授以梵文，
不日便熟。梵僧謂諸僧曰：「此童子當為弘法之匠
也。」年甫十四，即預緇衣。[19]

智儼是甘肅人，唐時當地胡漢雜居，其母夢梵僧（中亞僧）
而生，數歲即自扮法師角色，媽祖幼時亦不類諸女，喜淨几
焚香誦經禮佛。而二人學習過程亦異曲同工。智儼年 12，

神僧杜順無何而輒入其舍，徵得其父母同意，將智儼引入佛教境界，再由 2 位梵僧授以梵文經典；2 年後，梵僧即期許為弘法之匠。而《天妃顯聖錄》謂媽祖 13 歲時，有玄通的老道士往來其家，授玄微秘法，謂媽祖若具佛性得渡人正果，3 年後道成。兩位傳主少年的習法過程如出一轍，唯一差別者，授智儼梵文者為外國僧人，而媽祖因是名門後裔，官宦子女，故需先從塾師訓讀經書，以象徵媽祖信仰包含儒家道統在內。

經過一番學習後，智儼成為華嚴一代宗師，受帝王禮重；而媽祖初通儒學後轉往宗教領域學習，三年後學成，靈通變化，扮演驅邪救世的神女，顯然〈天妃降誕本傳〉的創意部分來自《華嚴經傳記》，原作者若非華嚴僧侶，即曾浸淫於華嚴經典世界中。

（二）〈窺井得符〉

《天妃顯聖錄》云：

> 妃少時，與群女閒遊，照粧于井中，忽見神人捧銅符一雙擁井而上，有神侍仙官一班仿彿迎護狀。諸女駭奔，妃受之不疑。少頃，乘虛而化。眾報父母及里鄰，視銅符果出神授，莫不驚異。自此符咒徑可辟邪，法力日漸玄通，常身在室中，神遊方外，談吉凶禍福靡不奇中。

從 8 歲到 13 歲，是媽祖接受中國經書訓讀教育的階段。13 歲時有修練玄通的老道士往來其家，見媽祖有渡化眾生的特

質，授予玄微秘法；媽祖對老道所授要典都能領悟。16 歲，也就是受老道指導 3 年之後，媽祖成學了。

〈窺井得符〉描述神侍仙官從鼓井中捧神符授予媽祖的故事。按符有 2 種，一種為政治上長官與部屬互執契勘的信物，由竹符轉衍成今日的官印。第二種為宗教上使用的符，是法師祈神、召神作法使用之符。這種符一種由法師以毛筆書寫於紙上使用，另一種則刻於金石木竹，再印於紙上使用。會用符，表示媽祖已具操作法術（靈通變化）、從事神職（驅邪救世）的能力。但因媽祖的神聖性來自上天，故仙官親送神符，暗示媽祖神力得自上天授予，非常人所及。

（三）〈機上救親〉

《天妃顯聖錄》云：

> 秋九月，父與兄渡海北上。時西風正急，江上狂濤震起。后方織，忽于機上閉睫，顏色頓變，手持梭、足踏機軸，狀若有所挾而惟恐失者。母怪，急呼之醒，而梭墜。泣曰：「阿父無恙，兄沒矣。」頃而報至，果然。彼時父於怒濤中，倉皇失措，幾溺者屢。隱似有住其舵，與其兄舟相近。無何，其兄之舵摧舟覆。后當閉睫時，足踏者父之舟，手持者兄舵也。

〈機上救親〉描述媽祖第一次顯神通救人事蹟，而所救的是與其血緣最近的父兄，顯示作者以儒家孝弟置於先；而救父兄一成一敗，一示孝重於弟，再示宗教救人，若大環境有任

何閃失，縱使至親亦無力挽回，即神力之外尚有天意在焉，
不可強求。

〈機上救親〉故事的來源似為何喬遠《閩書》媽祖救父
故事，《閩書》謂：

> 或謂妃父為賈胡，泛海舟溺，妃方織，現夢往救，據
> 機而寐者終日。其母問之，曰：「父方溺舟，子救父
> 也。」宋雍熙四年，昇化在室，三十年矣。[20]

《閩書》所述媽祖機上救父故事未提及其兄，但所述媽祖父
親或謂為賈胡，即為外國來華經商者。如此說法成立，則媽
祖非華人而是外國人，此與前人所說莆田林氏女差異太大，
而何喬遠文中也未提佐證，似非林堯俞所能接受，故改其故
事細節。但改後內容並不週延，如媽祖父兄為何需於西風正
急狂濤震起時出海北上？又父子二人何需分搭二船？在怒
海危急的狀況下，訊息怎得頃刻報至？雖此，但其情節卻符
中國倫理，不只讓信徒感受媽祖的孝弟心，也讓不語怪力亂
神的儒者能接受。

（四）〈化草救商〉

《天妃顯聖錄》云：

> 嶼之西，有鄉曰門夾，當港口出入之衝，礁礁錯雜。
> 有商舟渡此遭風，舟衝礁浸水，舟人號哀求救。妃謂
> 人曰：「礁頭商舟將溺，可急拯。」眾見風濤震盪不
> 敢向前。妃乃擲草數根化成大杉，排駕至前；舟因大

木相附，得不沉。少頃，風平浪息，舟中人相慶，皆
以為天助。及到岸整理舟楫，倏見大木飄流不知方所。
詢鄉人，方知化木附舟，悉神姑再造力。

門夾，又名文甲，為莆田往湄嶼渡口。《閩書》謂：

門夾山，近莆禧城。兩山相夾如門，亦名文甲也。[21]

因媽祖承襲觀音菩薩以保護海商起信，故將〈化草救商〉神
蹟列為靈蹟第二則，把媽祖的靈力從海上救親進一步提升至
拯救商船，以吸引海商信仰。

（五）〈菜甲天成〉

《天妃顯聖錄》云：

湄洲有小嶼，在旁流中。一日妃遊至其地，適母遣人
以菜子油遺之。妃傾之地上，遂抽芽解甲，燦然青黃
布滿山壠不煩播種，四時不絕，自生自熟於荒煙斷沁
之間。莖幹花葉可以薦神供佛，名曰菜子嶼。鄉人采
之，為仙葩神卉，至今猶野香郁郁，斥鹵之外，洵為
勝概。

菜嶼長青的神話，把媽祖林默的靈力從海上救親、護商，拉
回到湄洲嶼，在湄洲嶼親自留下一片菜園，讓鄉人能隨時采
擷食用，莖幹花葉也可以用來供奉神佛。這一則故事顯示媽
祖除了神通救人之外，也同時照顧鄉人實際生活，讓油菜生
生不息，小民也可以得其惠。但菜子油畢竟是菜子經火蒸、

石搾而來，已非種子，欲其發芽較不合情理，故林清標重編
《勅封天后志》時將菜子油改為菜子。

（六）〈掛蓆泛槎〉

《天妃顯聖錄》云：

> 妃時欲渡江，值舟篷槳不備，舟子以風濤洶湧，不敢
> 解纜。妃曰：無事，此即草蓆代之。令人懸於桅端。
> 帆起舟駛，恍若鳧鷗之浮沫，白雲一葦，入水不濡，
> 碧海孤帆，與波俱出，追狂飆而鼓棹，破巨浪而旋槎，
> 觀者驚為飛渡。

這則故事顯示媽祖的海上神通，其靈感似來自達摩的一葦渡
江故事；卓絕的海上行舟能力，無疑是海上救難的最佳保
障。但這故事林清標重編《勅封天后志》時加以刪除。

（七）〈鐵馬渡江〉

《天妃顯聖錄》云：

> 時漁民往北採捕，海岸乏舟，妃渡水無楫，取簷前所
> 懸鐵馬鞭而策之，跨江如奔電追風。人見青驄行水，
> 天馬騰空，且怪且愕。及登岸，又不見解鞍嘶秣，尤
> 為驚異。

這則故事與〈掛蓆泛槎〉相同，在顯示媽祖在海上快速行動
的能力，其靈感來自宋高宗泥馬渡江的故事。《金陵新志》
載泥馬渡江云：

> 宋高宗為康王時，靖康初，避金兵，走甚急。忽有白
> 馬莫知從來，康王乘馳千里，夜宿村市馬不復見，黎
> 明復來。越數日康王渡海，自明越海之杭，渡錢塘江，
> 甫登岸，馬復在前。王策之，至晚不見，徧尋之，乃
> 土地廟所塑白馬，尚復微暖流汗。康王即位，行下臨
> 安建白馬廟，歲差官祭之。[22]

宋高宗渡錢塘江故事也流傳於莆田，但主題不在泥馬渡江，
而是媽祖與朱默庇佑高宗安渡錢塘江。莆田《琳井朱氏族譜》
〈朱氏群仙書社記〉云：

> 東廳祀總管大夫使君（朱默），至建炎四年（1130），
> 高宗渡江，幸新安里，□經之船邊，風波拍天，天顏
> 憂悸，經瞻拜懇禱，遂見順濟娘娘及朱總管旗現，既
> 而風波果靜。高宗至臨安，首封順濟聖妃，又封大夫
> 使君為彰烈嘉祐侯。其年寶祐四年（1256）時丙辰歲
> 也。[23]

高宗渡江懼怕風浪之事，畢竟不能張揚，而且泥馬之所以會
渡江，是為保護真命天子宋高宗。《天妃顯聖錄》原作者將
泥馬渡江改為鐵馬渡江，但故事一無旨趣，也不精彩，後來
林清標重編《勅封天后志》即加以刪除。

（八）〈禱雨濟民〉

《天妃顯聖錄》云：

> 妃年二十一歲時，莆大旱，山焦川涸，農民告困。通郡父老咸曰：「非神姑莫解此厄。」縣尹詣妃求禱，妃往祈焉。擬壬子申刻當雨。及期，日已午，烈燄麗空，片雲不翳。尹曰：「姑殆不足稱神乎。」未幾，陰霾四起，甘澍飄灑，平地水深三尺，西成反獲有秋。眾社賽日，咸歡呼頂禮，稱神姑功德不可思議。

此則故事謂天妃 21 歲，即宋太宗太平興國 5 年（980）事，據《莆田縣志》職官志，宋太平興國 5 年（980）始設興化軍，莆田縣知縣事一員，主簿一員，尉一員。首任知縣為黃禹錫。禱雨濟民本為父母官所當為，但因《天妃顯聖錄》故事多為後代附會，致未將縣令名點出。

中國古代以農業社會為主，社會構成基礎是農民。農民耕作最需要的就是風調雨順，故歷史上官員請高僧祈雨之例甚多，例如華嚴三祖法藏即多次被請祈雨。媽祖雖非高僧，但既與高僧同樣受過明師教導，當然也具備祈雨能力，始能照顧農民，在農民最需要的時候降雨，免除乾旱之苦。這一則故事把媽祖照顧的範圍從漁民、海商擴及農民，讓媽祖信仰得以轉向內陸農業社區發展。

（九）降伏二神

圖 3-2 媽祖與千里眼順風耳

《天妃顯聖錄》云：

> 先是，西北方金水之精，一聰而善聽，號順風耳，一
> 明而善視，號千里眼，二人以金水生天，出沒西北為
> 祟。村民苦之，求治于妃。妃乃雜跡于女流採摘中，
> 十餘日，方與之遇。彼誤認為民間女子，將近前。妃
> 叱之，遽騰躍而去，一道火光如車輪飛越不可方物。
> 妃手中絲帕一拂，霾障蔽空，飛飆卷地，彼仍持鐵斧
> 疾視。妃曰：「敢擲若斧乎！」遂擲下，不可復起，

> 因咋舌伏法。越兩載,復出為厲,幻生變態,乘濤騎
> 沫滾盪於浮沉蕩漾之中,巫覡莫能治。妃曰:「江河
> 湖海,水德攸鍾,彼乘旺相之鄉,須木土方可克之。」
> 至次年五、六月間,絡繹問治于妃。乃演起神咒。林
> 木震號,沙石飛揚,二神躲閃無門,遂拜伏願皈正教。
> 時妃年二十三。

此則故事謂妃年 23 歲,即宋太宗太平興國 7 年(982)事。
前面幾則神話屬於比較單純的施法救人,這一則神話則轉至
收伏金水之精,將之轉為媽祖後日濟世的主要助手,讓媽祖
在海上救難時不必事必躬親,後世各媽祖廟均奉祀此二神,
媽祖出巡遶境在神輿前開道的也是此二神(圖 7-2)。

　　千里眼、順風耳的概念,似來自《大方廣佛華嚴經》中
菩薩的六種神通。《華嚴經》〈離世間品〉謂:

> 菩薩摩訶薩有十種道……六通是菩薩道。所謂天眼,
> 悉見一切世界所有眾色,知諸眾生死此生彼故;天耳,
> 悉聞諸佛說法,受持憶念,廣為眾生隨根演暢故。[24]

菩薩的六種神通是天眼、天耳、他心智、宿命念、神足通、
漏盡智等,是修至菩薩道者必具能力。《天妃顯聖錄》編者
將《華嚴經》菩薩道的神通移至媽祖身上,進一步將天眼、
天耳二種神通轉化為金、水之精,再予擬人化,讓媽祖加以
收伏,成為悉見一切世眾生生死相的千里眼,聞聲救苦的順
風耳,來強化媽祖救護眾生的形象。而千里眼、順風耳之轉
變為媽祖最主要的二個護衛則與道教關。永樂年間,鄭和下

西洋，屢奏媽祖海上顯佑之功，朝廷因而誥封為「護國庇民妙靈昭應弘仁普濟天妃」。當時道教正興，有意將媽祖納入道教神仙譜系，遂編撰《太上老君說天妃救苦靈驗經》，由太上老君命妙行玉女降生，以救護海上眾生為職志，謂：

> 老君聞天妃誓言，乃敕玄妙玉女（林默），錫以「無極輔斗助政普濟天妃」之號。賜珠冠雲履，玉珮寶珪，緋衣青綬，龍車鳳輦，佩劍持印。前後導從，部衛精嚴：黃蜂兵帥，白馬將軍，丁壬使者，檉香大聖，晏公大神。有千里眼之察奸，順風耳之報事；青衣童子、水部判官，佐助威靈，顯揚正化。[25]

為方便救護眾生，老君還配給黃蜂兵帥等護衛及千里眼以察奸、順風耳以報事。當今各媽祖廟通常將金、水二精與千里眼、順風耳混而為一。

（十）〈龍王來朝〉

《天妃顯聖錄》云：

> 東海多神怪，漁舟多溺。妃曰：「此必怪物為殃」乃命舟鼓枻至中流，風日晴霽，頃望見水族轃集，錦鱗彩甲，跳躍煦沫，遠遠濤頭，擁一尊官類王子儀容，鞠躬嵩呼於前，水潮洶湧，舟人戰慄不已。妃曰：「不須憂，傳示免迎。」突然水色澄清，海不揚波，始知龍王來朝。以後凡遇妃誕辰，水族會洲前慶賀。是日，漁者不敢施罛下釣。

在《華嚴經》中，龍是非常重要的族群，龍王會興雲作雨，
人間苦旱時需龍降雨；諸佛境界中各種嚴飾均由各種寶幢雲
為之，佛世界到處充滿各種光明雲；海底龍宮是眾寶保藏的
地方，摩尼珠、珍珠、瑪瑙、硨磲、均來自龍宮，甚至有《華
嚴經》出世前也在龍宮藏了 5、600 年始由龍樹菩薩取出的
說法，龍的重要性由此可知。媽祖既然是觀音轉世，當然也
要具有高於龍王的身分，始能指揮龍王興雲作雨，甚至保障
海上航行安全。《天妃顯聖錄》創出〈龍王來朝〉神蹟，有
其深意在。然而龍在中國，是皇帝的象徵，在帝王專制的朝
代難免觸犯忌諱，另丁伯桂〈順濟聖妃廟記〉也曾謂媽祖為
龍女。龍王朝龍女，實違倫理，故林清標重編《勅封天后志》
時加以刪除。

（十一）〈收伏晏公〉

《天妃顯聖錄》云：

> 時有負海怪物曰晏公，每於水中趁江豚以噓風，鼓水
> 妖以擊浪，翻溺舟楫，深為水途大患。妃遊至東溟，
> 見一碧萬頃，水天涵泓。半晷間，江心澎湃。舟子急
> 呼曰：「桅舵搖撼矣。」妃令拋椗。見一神掀髯突睛，
> 金冠繡袖，隨潮升降，觸纜拂檣，形如電掃雷震。妃
> 色不動，顯出靈變。忽旋風翻浪，逆湃倒澎，彼伏神
> 威，叩謝，盪舟而還。但一時為法力所制，終未心服。
> 繼假逞色相，變一神龍，挾霧翼雲，委蛇奔騰。妃曰：
> 「此妖不除，風波不息。」乃拋椗中流。龍左翻右滾，

機破技窮，乃還本象。唯見整然衣冠，儼一尊人，駐
椗不動。妃命投下緋繩。彼近前附攝，不覺隨攝隨粘，
牢固難解，飄蕩浮於水上，始懼而伏罪。妃囑之曰：
「東溟阻險，爾今統領水闕仙班，護民危厄。」由是
永依法力，為部下總管。

按晏公在明代即以總管江河湖海水神著稱，《繪圖三教源流
搜神大全》有傳，題〈晏公爺爺〉，云：

公姓晏，名戍仔，江西臨江府清江鎮人也。濃眉虬髯，
面如黑漆，平生疾惡如探湯，人少有不善，必曰：晏
公得無知乎！其為人敬憚如此。大元初，以人材應選
入官，為文錦局堂長，因病歸，登舟即奄然而逝，從
人欲具一如禮。未抵家，里人先見其揚騶導於曠野之
間，衣冠如故，咸重稱之。月餘，以死至，且駭且愕，
語見之日則即其死之日也。啟棺視之，一無所有，蓋
屍解云。父老知其為神，立廟祀之。有靈顯于江河湖
海，凡遇風波洶濤，商賈叩投，即見水途安妥，舟航
穩載，繩纜堅牢，風恬浪靜，所謀順遂也。皇明洪武
初，詔封顯應平浪侯。[26]

據《繪圖三教源流搜神大全》的記載，晏公是元朝人，死後
為神，在明洪武年間被誥封成為保護舟航的全方位水神。而
首先將晏公列為媽祖護衛仙班的是道教編撰之《太上老君說
天妃救苦靈驗經》，稱為晏公大神。《天妃顯聖錄》編者更
進一步創出媽祖〈收伏晏公〉故事，將晏公提升為協助管理

水闕仙班的總管，讓海上航船平安，不必勞煩媽祖事必躬
親，也讓媽祖神格再度提升。此則故事既取材自明朝洪武年
產生之典故，也足以證明《天妃顯聖錄》形成於明朝。

（十二）〈靈符回生〉

《天妃顯聖錄》記載云：

> 歲祲，疫氣盛行。黃縣尹闔家病篤，吏告以湄嶼神姑
> 法力廣大，能起死回生，救災恤難。尹齋戒親詣請救。
> 妃曰：「此係天數，何敢妄干。」尹哀懇曰：「千里
> 宦遊，全家客寓，生死懸於神姑，幸憫而救之。」妃
> 念其素稱仁慈，代為懺悔。取菖蒲九節，並書符咒，
> 令貼病者門首，煎蒲飲之。病者立瘥。尹喜再生之賜，
> 舉家造門拜謝。自此神姑名徹寰宇矣。

這一則神話談的是媽祖能迴轉天意救治好官員的事。天意本
來是不可違背的，但因為黃縣尹為官仁慈，媽祖乃代為懺悔
救之。查《莆田縣志》，北宋前期莆田知縣黃姓者為太平興
國年間首任知縣黃禹錫，《莆田縣志》將黃禹錫列為名宦，
云：

> 字仲元，惠安人。初為留從效別駕，後歸宋，以檢校
> 水部郎中攝縣事。會游洋人林居裔據險倡亂，函書諷
> 禹錫為援。禹錫叱之曰：「吾欲劃刃若腹，乃附若邪！」
> 潛使長子觀，乞兵于漕使楊克讓。居裔聞之，以計彝
> 禹錫與其次子，置帳下，詰以乞兵故。欲殺之。會觀

兵至，居裔惶急未敢輒刃。已而力詘，泥首請降。詔
嘉禹錫忠。尋請老，以疾終。[27]

黃禹錫傳全未提及媽祖事，〈靈符回生〉的故事也是附會，
旨在鼓勵擔任官職者，只要做好官，不幸遇到瘟疫疾病之
災，媽祖也會旋乾轉坤救助。黃禹錫傳適足以反映太平興國
年間，莆田因政權的轉變，社會人心尚浮動不安的狀況。但
黃禹錫是一個有原則的人，既已追隨故主留從效降宋，即不
再心懷二志圖謀反叛；一個為了社會安寧不顧身家姓命安危
的人，應該也不會是個貪官污吏。

（十三）〈伏高里鬼〉

《天妃顯聖錄》記載云：

> 高里鄉突有陰怪，含沙侵染百病。村人共詣神姑求治。
> 妃知為山僻小木精作祟，取符咒貼病者床頭，眾如命
> 而行。聞屋瓦響處，一物如鳥，拼飛而去。妃跡其所
> 之，掃穴除之。比至，遽幻作一小鳥，匿樹抄。只見
> 渺渺林端，炎起一團黑氣。妃曰：「不可留此為桑梓
> 憂。」追擒之，唯一鷦鷯唧唧。將符水一灑，鳥踏空
> 而墜，并無形體，僅存一撮枯髮。舉火焚之，突現本
> 相，兀兀一小鬼子。叩拜曰：「願飯臺下服役。」收
> 之。先是符咒未至之前一宵，於民間忽語人曰：「我
> 將別，當饗我。」主人具儀宴之。次晨符咒至，即從
> 屋上出去。蓋亦預知法力難逃也。

91

高里鄉在《莆田縣志》中並未有此行政區名，可能為小地名，
今莆田市濱海有「北高鎮」，湄洲嶼有「高朱」村，不知有
關否。前面幾則神話，媽祖已收伏金水之精，千里眼遍照人
生、順風耳聞聲救苦，又有晏公總管江河湖海水族協助救濟
水難，已經建構一個可靈活運作的宗教救難體制。本則故事
媽祖另闢蹊徑，收伏幻化為小鳥的木精為隸役，讓那些媽祖
救護綱未觀照耳聞的受難者，可以透過媽祖神像分身來做補
救。按古代神像雕塑，均有法式可循，神像材質有金、木、
泥之分，雕塑完成之後均需置七寶及靈物於其內，經過開光
點眼後始具靈力。以筆者所見清代雕造媽祖神像內所置靈物
多以鷦鷯為之，可證鷦鷯已為信徒遇急難請求時，飛向媽祖
報告的神媒。

（十四）〈奉旨鎖龍〉

《天妃顯聖錄》記載云：

> 妃年二十六歲春正月，霪雨至夏，淋漓弗止，閩浙盡
> 罹其災。省官奏聞。天子命所在祈禱。莆人詣請神姑。
> 妃曰：「上下多獲戾於帝，故龍為災，亦數使然。今
> 既奉天子命，當除厥禍，為我邑造福。」見白虯奔躍
> 衝突，又青黃二龍洊盈於滂蒼之表。妃焚靈符，忽有
> 神龍面王冠荷戴而前曰：「奉帝罰此一方，何可逆
> 命？」妃曰：「誠知玉旨降災，但生民遭困已極，下
> 界天子為民請命，當奏上帝赦之。」遂鎖住白虯。彼
> 一青一黃，尚波騰翻覆。妃乃焚香祭告。遽有金甲神

　　人逐潮似追逐狀，天大霽，秋且告稔。有司特奏神姑
　　鎖龍神功。奉旨，致幣報謝。浙省水災漸平。

這則故事謂為媽祖 26 歲事，即發生於宋太宗雍熙 2 年
（985）。經查《莆田縣志》卷 34 祥異志，並無北宋期間淫
雨成災之事，僅稍早之太平興國 8 年（983）8 月曾有颶風，
壞民舍千八十區，[28] 故本故事亦為附會。

　　故事雖為附會，但內容卻觸及天理與人情的衝突。人類
行為不善獲罪於上帝，故天降淫雨為懲罰。淫雨三月，百姓
已無法忍受。人間皇帝為恤民命，令所在祈禱。媽祖在莆人
請求下，演法鎖龍，再請上帝派金甲神押龍返回天庭。

　　一般宗教均會有行為與報應的因果關係論，強調善有善
報，惡有惡報。但在此故事中，媽祖卻違返福善禍淫的原則，
以法力阻撓虬龍執法，甚至加以鎖住。從宗教層面說，媽祖
出發點是為出百姓於苦難，所憑藉的是人間皇帝的間接授
權。從程序上說，媽祖應禱請上帝停止龍王降雨，但媽祖卻
反其道而行，先鎖龍，再禱請上帝善後。這個故事，可藉由
媽祖對百姓的慈愛心增進信徒的信仰，但從法律層次論，媽
祖所為已妨礙龍王執行公務，鎖龍更是擅自拘押執法人員，
均屬違法，故林清標《勅封天后志》，將演法鎖龍，上帝派
金甲神押龍返回天庭等情節刪除。

（十五）〈斷橋觀風〉

《天妃顯聖錄》記載云：

> 吉蓼城西，有石橋跨海，當周道往來之津。一日，忽
> 怪風掃地，霹靂如雷，橋柱盡折，人病涉水，相傳風
> 伯為災，妃往觀焉。遙望一道黑氣，噴薄迷天。知二
> 宇為祟，因演出靈變，俾其遠遁。戒鄉人晦冥風雨，
> 毋犯之。

吉蓼又稱吉了，在莆田縣城東南 80 里華胥山下，屬新安里
十一村之一，《閩書》〈華胥山〉云：

> 在吉了，亦名極了，謂莆地至此而極，復崛起為此山，
> 然宋又名擊蓼也。山與湄洲嶼隔海相望，蜃樓隱見，
> 時類仙鄉。下有東西二澳，闠市輻輳，吉了巡司南日
> 山水寨在焉。[29]

吉了城乃明洪武年間為防倭患，而建城寨。在明朝萬曆年間
闠市輻輳，居民甚多。

《莆田縣志》云：

> 吉了寨城，在縣東南新安里，今廢。……以上五城皆
> 周德興命呂謙同時并刱建，其制度大略相同。[30]

吉了寨城是洪武初年周德興奉明太祖令巡視沿海，為防倭而
建，是莆田地區較次要的小城寨，至明末清初始廢。因媽祖
生存的北宋初期吉了城寨尚未建，從〈斷橋觀風〉故事提及

吉了城，可知此故事成於明朝，又謂「橋柱盡折，人病涉水」，適反映明末清初吉了城寨已廢，居民稀少無力復建之窘境。《天妃顯聖錄》創造這則故事應是為了吉了居民的安全，以二字為祟「怪風掃地」，而媽祖未加收伏，以戒鄉人至其地時小心防範發生意外。

（十六）收伏嘉應、嘉祐

《天妃顯聖錄》云：

> 時有嘉應、嘉祐，或于荒丘中攝魄迷魂，或于巨浪中沉舟破艇。適客舟至中流，風翻將沉。妃見之，立化一貨舟拍浮而遊。嘉祐即捨客舟，乘潮而前。妃以咒壓之，擊刺落荒，遂懼而伏。妃又從山路獨行，嘉應不知以為民間美妹，將犯之。妃持麈一拂，彼遂幻變退避。歲餘復作祟。妃曰：「此物不歸正道，必擾害人間。」令人各焚香齋戒，奉符咒。自乘小艇，象漁者遨遊烟波之中。嘉應見之，即衝潮登舟，坐于梳前，不覺舟駛到岸，妃佇立船頭。遂悔罪請宥。並收之，列水闕仙班，共有一十八位。凡舟人值危厄時，披髮虔請求救，悉得其默佑。

收伏嘉應、嘉祐故事，是媽祖生前最後的一則神蹟，同時也是編得最勉強的一則故事，嘉應、嘉祐惡蹟包羅萬象，到底二者是妖魔？是鬼怪？是水族？是精靈？從故事中根本無法予以歸類。事實上嘉應、嘉祐原為莆田人，血食於天妃廟最早，卻被當作媽祖收伏的妖怪。

宋末,莆田籍太學博士李丑父撰〈鎮江靈惠妃廟記〉,
始透露出嘉應、嘉祐與媽祖的關係,云:

> 妃林氏,生于莆之海上湄洲,洲之土皆紫色。咸曰:
> 必出異人。……東廡魁星有祠,青衣師、朱衣吏左右
> 焉;西則奉龍王,而威靈嘉祐朱侯兄弟綴位焉。二朱
> 亦鄉人,生而能神,揚靈宣威,血食于妃宮最舊。[31]

廟記談到西廡陪祀神嘉祐朱侯兄弟是莆田人,生前為媽祖揚
靈宣威,死後被奉祀於媽祖廟內。《莆田縣志》載有詳細的
嘉祐侯朱氏事蹟,云:

> 神姓朱,名默,黃石人,唐古田令璣後,生有靈異,
> 年十七,喟然語同舍曰:丈夫當大立功名,終身講空
> 名何益;今兩陸用兵,朝廷開幕府,使吾得十人將之,
> 可以鞭笞遠彝。屢造穀城古廟,祈立功名。……年三
> 十二,不疾而卒……建炎四年,詔封默為威靈嘉祐
> 侯。……默弟默諗,女弟六十娘,亦皆生而神靈,並
> 祀祔食。[32]

《莆田縣志》並無唐古田令朱璣傳記,選舉志亦無其題名資
料,但朱氏一家確為書香門第。《莆田縣志》〈朱大夫墓〉
條云:

> 在黃石北辰堂右,宋觀察判官朱高葬其父漢,遇異人,
> 指示此處,後高亦祔焉。四世孫默生而神異,歿後封
> 侯,默與弟妹葬斯者十有八人,墓皆甃甓形製相似,
> 俗呼十八佳城。[33]

朱默這一代兄妹三人卻轉為宗教人物。朱默本人似學校生員，但以外患交逼，未沈迷功名而希望在軍事上捍衛國家，從「今兩陲用兵，朝廷開幕府」句推測朱默生存年代，約在北宋慶曆元年（1041）西夏入侵，朝廷派范仲淹、韓琦募兵往禦之時。

黃石顯濟廟在文革時被燬，朱氏族人尚居莆田黃石井舖，居民多朱姓，在當地一小學校亦見顯濟書社與顯濟廟。

顯濟書社工程初竣於 1994 年，單間式建築，中一磚塊水泥構建神案，中間供奉「尊主明王、后土夫人」，左側供奉「五路將軍、司馬聖王」，右側供奉「嘉祐聖侯、臨水夫人」，朱默像為文官像，四壁皆白堊，無丹樓雕琢。顯濟廟為五間起一條龍式的建築，規模較宏，內部尚在整修，祭壇、神龕都尚不完整，隔成三小間，中為朱默坐像，匾題「朱大夫公」、「威靈護庇」，另有對聯二幅，為「天相朱門荷棟樑之重任。地雄黃石恢世代之宏規」、「功著熙寧橋古往今來人共仰。名垂顯濟廟春祈秋報歲常豐」。當地朱氏族人保存《朱氏族譜》，中有朱默的記載。

族譜第 11 頁題為「朱氏群仙書社記」，撰於咸淳甲戌（南宋度宗 10 年，1274），描述朱氏五世祖創立該社延聘名師訓育子弟、人才輩出及後來改書社為顯濟廟之事，其與朱默有關者如下：

> 東廳祀總管大夫使君（朱默），至建炎四年（1130），高宗渡江，幸新安里，田經之船邊，風波拍天，天顏憂悸，經瞻拜懇禱，遂見順濟娘娘及朱總管旗現，既

而風波果靜。高宗至臨安，首封順濟聖妃，又封大夫
使君為彰烈嘉祐侯。其年寶祐四年（1256）時丙辰歲
也，于時族人見其恩寵襃光一時盛事，乃去群仙書社
之號，扁金額曰「敕賜顯濟廟」，其於祖廟亦如之。
其後子孫環居眾多，分為上下廟，仍祀五穀之神以禱
雨暘，又為春祈秋報，祠堂則仍其舊。[34]

族譜 13 頁題為〈敕賜侯封〉，全篇描述朱默事蹟，云：

公諱默，十二月初八日誕晨（辰），四月十三日諱晨
（辰）。生之日紅光遶室，舉家驚異，及長，丰姿俊
穎，魁偉奇梧，賦質由於天縱，倜儻自異常人，偶一
日之間出沒變化人莫測其機密，皆稱公為神，三十有
二不疾而亡。精靈在天，任護國庇民之責，隨處顯應，
操作福作威之權。時高宗南渡，波浪兼天，舟楫傾危，
籲天求救，公挺然神兵護駕，遂迴風息浪，保駕無虞。
高宗即製誥敕封公彰烈嘉祐侯，建廟塑像，坐于水南
龜嶼山，至今舊宇尚存，莆四方多祀之。
公之妹朱聖女，生亦神異，敕封臨水夫人，廟在太
湖，咫尺之間兩廟巍然鎮于一方，豈非偶哉。……
宋高宗差主事楊名督廟並賜聯「天相朱門荷棟樑之
重任。地雄黃石恢世代之弘規」。丞相陳俊卿贈句
「功著熙寧橋古往今來人共仰。名垂顯濟廟春祈秋
報歲常豐」。[35]

本文內容頗詳，尤其朱六十娘被封為臨水夫人更是一般文獻所未見。臨水夫人常見為媽祖陪祀神，但臺灣學者常指為唐季五代時福州陳昌的女兒陳靖姑，以救助婦女產難見長。但陳靖姑年代早於媽祖，從倫理上看不宜為陪祀神。《朱氏族譜》此記載應可供台灣學者參考。

朱默為琳井朱氏第 8 代，通譜載其兄弟 2 人，云：

> 默，強長子，字感通，年二十二無病沒，高宗南渡出神兵助順。建炎四年詔封靈威顯福彰烈侯。點，強公次子，字次曾，特奏名，補邵武軍建寧縣主簿。[36]

《朱氏族譜》還記載了朱默諸弟，云：

> 默公，強公次子，行卅五，神□副管總，無子。
> 點公，字次曾，行卅七，強公三子，補迪功郎，建寧縣主簿。[37]

原來朱默兄弟三人，朱默、朱默早卒，朱點特奏名出身，曾任建寧縣主簿，而《莆田縣志》將「點」誤植為「諗」。

嘉祐侯朱氏兄弟原本是媽祖的信徒與宣揚者，並為媽祖陪祀神，但為何被講成妖邪呢？此似因宋末理學發達，嚴男女之防所致。宋末莆人劉克莊即因質疑莆人將木蘭陂錢夫人與林世長等男性合祀一廟而改變當地祠祀習慣。劉克莊〈協應錢夫人廟記〉云：

> 今廟前祀夫人，白湖妃于殿後，列三士者于堂，若合位置矣，余猶以同門異室為疑。見□雙廟必如娥、

英，巡、遠而後可，夫人潔於姬姜，三士賢於魯男
子，使之並栖合食，雖築百堵，割萬羊，其不願歆
也決矣。[38]

劉克莊並進一步建議將錢夫人與李、林、黎三人分為二廟奉
祀，奏請各加封爵。〈協應錢夫人廟記〉云：

余獨哀夫人志義之高古，惠利之及遠，而聲跡乃未赫
然暴於天下後世；又有重不幸焉。古廟惟像夫人，西
陂之廟，乃與李、林、黎三士合祠。詩刺□禮，春秋
惡逆祀，其鄙野不經至此，與□生侑后土，小姑嫁彭
郎何異？或曰：然則如之何而可？余曰：析為東西二
廟可乎？奏請各加封爵可乎？或曰：以待君子。[39]

為男女之防，莆人乃分建二廟奉祀錢夫人與林世長，這種情
形也可能發生在媽祖與朱默信仰上。嘉祐兄弟從人生面看，
他們宣揚媽祖威靈有功因而血食於天妃廟；但從理學家觀點
說，嘉祐兄弟是男性，不宜為媽祖（女性）之陪祀神。因此
元朝以後再不見有嘉祐兄弟血食於天妃廟的記載；但是莆人
也知朱默兄弟於媽祖信仰之功，故創出朱侯兄弟為虐地方被
媽祖收伏為水闕仙班的神話，讓朱默兄弟可以繼續血食於天
妃廟。

（十七）〈湄山飛昇〉

《天妃顯聖錄》云：

圖 3-3 湄洲昇天古蹟

宋太宗雍熙四年丁亥，妃年二十九。秋九月八日，妃
語家人曰：「心好清淨，塵寰所不樂居，明辰乃重陽
日，適有登高之願，預告別期。」眾咸以為登臨遠眺，
不知其將仙也。次晨，焚香演經，偕諸姊以行，謂之
曰：「今日欲登山遠遊以暢素懷，道門且長，諸姊不
得同行，傷如之何。」諸人笑慰之曰：「遊則遊耳，
此何足多慮。」妃遂徑上湄峰最高處，但見濃雲橫岫，
白氣亙天。恍聞空中絲管聲韻叶宮徵，直徹鈞天之奏，

乘風翼靄，油油然翔翔於蒼旻皎日間。眾咸歔欷驚嘆，
祗見屋虹輝耀，從雲端透出重霄，遨遊而上，懸碧落
以徘徊，俯視人世，若隱若現。忽彩雲布合，不可復
見。嗣後屢呈靈異，鄉之人或見諸山岩水洞之旁，或
得之升降趺坐之際，常示夢顯聖，降福於民。里人畏
之敬之，相率立祠祀焉，號曰通賢靈女。

媽祖 16 歲成學後，在家鄉驅邪救世，獲得崇高聲望，同時
逐步收伏金水之精，千里眼、順風耳，木精鶬鶊、晏公及水
闕十八仙班為部眾，龍王也聽號令，將之建構成嚴整的救人
護航體系；12 年後媽祖凡間任務已告完成，終於回歸神的
世界。

　　《天妃顯聖錄》謂媽祖於雍熙 4 年去世，年 29。按媽
祖生於建隆元年，為西元 960 年，雍熙 4 年為 987 年，實際
僅 28 歲。媽祖既為觀音轉世，於人間復功德圓滿，自有異
於常人的去世方式。因為太年輕，又不能有人間的感傷，故
《天妃顯聖錄》為安排至湄嶼最高處升天（圖 3-3）；升天
時，空中有管弦樂奏，卒至不見。

　　媽祖去世前一日預期告別、升天，空中有管弦樂奏等
事，其創意似仍來自《華嚴經傳記》華嚴二祖智儼去世情節，
云：

總章元年（668）夢當寺般若台傾倒，門人慧曉又夢，
上高幢上侵雲漢，幢首寶珠明如曉日，漸漸移來，入
京便倒。儼自覺遷神之候，告門人曰：吾此幻軀從緣
無性，今當暫往淨方，後遊蓮花藏世界，汝等隨我，

> 亦同此志。俄至十月二十九日夜，神色如常，右脇而
> 臥，終於清淨寺焉。春秋六十七矣！時有業淨方者，
> 其夜聞空中香樂從西方而來，須臾還返，以為大福德
> 人也。[40]

《天妃顯聖錄》〈天妃降誕傳〉謂媽祖在 29 歲之年，功德
圓滿修成正果白日飛升。但考丁伯桂〈順濟聖妃廟記〉卻謂：

> 歿，廟祀之……莆寧海有堆（墳墓）。

何喬遠《閩書》也謂媽祖：

> 宋雍熙四年，昇化在室，三十年矣。[41]

二文皆謂媽祖與常人相同，有死亡的過程，而《閩書》將媽
祖在家去世改用比較高雅的詞彙「昇化」代替而已，非如《天
妃顯聖錄》所描述的白日飛昇而去。

三、結語

　　《天妃顯聖錄》〈天妃降誕本傳〉所載媽祖出生至飛昇，
共計有故事 17 則，原作者透過一則則故事，給媽祖最好的
家世及普受信仰的觀音當宗教淵源。媽祖成長的過程中，先
接受儒學教育，再學宗教法術，內外兼修；成學後逐步收伏
精怪妖魔為部眾，建構其宗教救護體系，在宗教信仰上具有
無限法力，就宗教信仰角度看，是一個很成功的作品。

〈天妃降誕本傳〉所述媽祖史事，有年代可考者，大都
無法從史書中得到印證，然所取材史料來源甚廣，且多為
元、明間的作品，如《宋史》、《三教搜神大全》、《閩書》、
《續文獻通考》等都是。而從媽祖之學習與去世過程看，似
師法《華嚴經傳記》的〈釋智儼〉傳。華嚴宗與泗洲文佛信
仰在唐朝傳入莆田，並普受敬信，〈天妃降誕本傳〉作者
於華嚴典籍也有相當涉獵。綜覈上述史料並對照《莆田縣
志》城池規制沿革，〈天妃降誕本傳〉應該是明朝中葉以
後的作品。

〈天妃降誕本傳〉文筆簡潔，堪稱佳構，但亦有內容錯
誤或情節不合理處，如〈機上救親〉、〈奉旨鎖龍〉、〈收
伏嘉祐嘉應〉等均是，尤其將生前為媽祖揚靈宣威的朱默兄
弟當作妖邪收為水闕仙班，於人情實有未妥。但宗教信奉的
神祇畢竟需有吸引信徒的神話，否則如何維繫信心？

四、餘論

《天妃顯聖錄》已將媽祖生前事蹟寫得相當詳細，但後
世仍衍生些許歧見。第一個歧見是媽祖的出生地究竟在湄洲
嶼或莆田本土的賢良港？前引各種文獻均謂湄洲，但乾隆年
間九牧林氏後裔的林清標重刊《勅封天后志》卻謂媽祖生於
賢良港而至湄洲嶼飛昇。《勅封天后志》謂：

> 曾祖保吉公乃邵州刺史蘊公孫，州牧圉公子也。五代
> 周顯德中為統軍兵馬使，時劉崇自立為北漢，周世宗

> 命都檢點趙匡胤督戰于高平山，保吉與有功焉。棄官
> 而歸隱于莆之賢良港。子孚，承襲世勳，為福建總管。
> 孚子惟愨，為都巡官，即妃父也。娶王氏。……十三
> 載，道成，別家人，到湄洲嶼白日飛昇。[42]

林清標並寫了〈天后本支世系考〉證之，謂：

> 保吉棄官隱於賢良港。保吉公生子孚，為福建總管。
> 孚公生惟愨，為都巡官。惟愨公生洪毅及六女，后其
> 第六女也。洪毅公生一子，傳數世而成巨族，皆居於
> 港。現分為六房，其祖祠所奉，乃本支之先代也。所
> 修家乘，昭穆亦復秩然。有以后尊榮，奄為己房所出，
> 將其先代而改易之。[43]

又同書〈賢良港祖祠考〉謂：

> 港之祖祠，前代已有建立，明永樂十九年，上以天后
> 屢著靈異，聞祖祠圮壞，特命內官赴港修整，及嘉靖
> 時倭寇擾攘，民居盡被燬，獨祠不壞，內供奉始祖唐
> 邵州刺史公既后之高曾祖父兄。[44]

林清標以天后祖祠在賢良港，且有永樂年間修建記載為證。
何喬遠《閩書》有一段記載，謂：

> 洪武初，內徙島虛，今居墾如故。[45]

直指明洪武初為防倭寇，將島民遷徙至內地的事實，至何喬
遠撰《閩書》的萬曆年間，湄洲嶼百姓已居墾如故。賢良港

與湄洲嶼隔海相望,《南渚林氏族譜》〈靈女〉條則與《閩
書》相呼應,直指居住賢良港的林氏族人是洪武年間被徙回
本土的湄洲嶼林氏後裔,謂:

> 妃父僑居湄洲嶼,為署都巡檢日也。妃生嶼上,土盡渥
> 丹。兄鎮,子孫衍嶼上。妃之舍基、祖廟猶存。明洪武
> 初,詔遷過岸,今新安里賢良港后林是其后也。[46]

據此,洪武年間因海禁,湄洲嶼林氏族人被遷回賢良港,賢
良港林氏亦來自湄洲,賢良港有林氏祖祠而湄洲嶼無,並不
影響媽祖為湄洲林氏女的事實。

第二個歧見為媽祖的生卒年究竟何時?第一種說法謂
生於宋太祖建隆元年(960),卒於雍熙4年(987)年。最
早提及生於建隆元年者為宋末元初的莆田文學家劉克莊,劉
氏所撰〈風亭新建妃廟〉,謂:

> 妃以一女子,與建隆真人同時奮興,去而為神,香火
> 布天下,與國家祚運相為無窮。

後世記載皆據之。如《天妃顯聖錄》、《敕封天后志》、徐
葆光《中山傳信錄》、周煌《琉球國志略》等書均採此說,
而《天妃顯聖錄》進一步寫出誕生日為3月23日,雍熙4
年(987)9月9日於湄洲嶼飛昇。此說已相沿成俗,清代
以降各地廟宇舉行媽祖祭典均於此2日為之。

第二種說法謂生於唐天寶元年(742)3月23日,卒年
不詳。明萬曆年間編印的《三教源流搜神大全》卷4〈天妃
娘娘〉條謂:

> 母陳氏，嘗夢南海觀音與以優鉢花吞之。已而孕，十
> 四月始克娩身得妃，以唐天寶元年三月二十三日
> 誕。……及筓誓不適人，即父母亦不敢強其醮，居無
> 何儼然端坐而逝。

李獻章氏在所撰〈以三教搜神大全與天妃娘媽傳為中心來考察媽祖傳說〉，曾考證《三教源流搜神大全》編者撰寫媽祖傳時係以生於唐大曆元年臨水夫人傳為基本資料，致將唐天寶元年當作媽祖出生年，故此說亦無根據。[47]

第三種說法謂生於宋哲宗元祐 8 年（1093）3 月 23 日，卒於雍熙 4 年（987）2 月 19 日。乾隆《莆田縣志》卷 32 人物志，仙釋，〈天后〉條即持此說，但在出生年又加註：「一云太平興國四年。」太平興國 4 年為西元 979 年。乾隆《仙游縣志》亦持此說。但此說明顯有誤，若生於元祐 8 年卒於雍熙 4 年，則生年晚於卒年，前後顛倒；若生於太平興國 4 年卒於雍熙 4 年則卒時年僅 9 歲，也不合理。

第四種說法謂生於宋太宗太平興國 4 年（979）3 月 23 日，卒於大中祥符元年（1008）10 月 10 日。《南渚林氏族譜》〈靈女〉即持此說，謂：

> 宋太平興國己卯三月二十三日辰時降生，大中祥符元
> 年戊申十月初十日騰空而去。宋封靈惠助順英烈夫
> 人，元至元十八年封興化路明著天妃，大德三年加封
> 護國安民庇物明著天妃。[48]

《南渚林氏族譜》修於明朝英宗正統年間，其後數度重修；
開房祖為九牧林藻六世孫林杭。《南渚林氏族譜》成書於明
朝中葉，早於《天妃顯聖錄》編輯年代，其可信度也不低，
僅因其流傳不廣，致學者罕引述之。

上述四種說法，第一種謂生於建隆元年，係據劉克莊〈風
亭新建妃廟〉而來，劉文本在歌頌媽祖生在宋朝，死後保國
佑民與國祚相依長存，本不足為媽祖生於建隆元年之據。又
建隆元年莆田尚為陳洪進割據，未歸宋朝統治，媽祖曾祖父
林保吉於周顯德年間隱居湄洲嶼，距離媽祖生年建隆元年只
數年，以中國人傳統 30 年為一世，傳衍 4 代約需百年，縱
使林家數代單傳，以 20 年為一世，也需 80 年，媽祖生時其
父已 40 歲，林保吉年已近百歲始歸隱，似不合邏輯。

第二種生於唐朝說雖出自《三教源流搜神大全》，但與
現存宋元史料記載無一相符，故後世無人認同其說。第三種
生於宋元祐 8 年之說，比對廖鵬飛、丁伯桂兩人所撰廟記均
有元祐丙寅（元年，1086）媽祖託夢聖墩建廟之事，可知其
年分太晚。

第四種太平興國 4 年生的說法，出自《南渚林氏族譜》。
福建有些傳衍千年的家族均建祠堂、修族譜，南渚林氏、琳
井朱氏、白塘李氏均為其例。這些族譜因未付梓流傳，故學
界不易見及引用。1990 年蔣維錟《媽祖文獻資料》引錄《南
渚林氏族譜》靈女條，海外始知其內容。南渚林氏開房祖為
九牧林藻六世孫林杭，據《天妃顯聖錄》林麟焻序的說法，
媽祖為邵州刺史（林蘊）九世孫，[49] 雖有房分不同之異，與
南渚林氏系出同源，史料可信度較高。且所說媽祖生於太平

興國 4 年，卒於大中祥符元年（979-1008），正好 30 歲，與《閩書》所說媽祖 30 年的說法一致。是敘述媽祖生卒年較合理的說法。

其次太平興國 4 年為宋朝將莆田正式納入版圖置興化縣之年，是莆田人民的新紀元，劉克莊〈風亭新建妃廟〉謂「妃以一女子與建隆真人同時奮興，去而為神」，以莆田政治觀點看，宋太祖為宋朝象徵，置縣之年即莆田奮興之年。其因有二，一者莆田地區五代時為閩王王審知家族統治，及審知子延政為南唐所滅，莆田為陳洪進、留從效所據。宋太祖建隆元年時，江南、閩尚未併入版圖，迨宋太宗即位後銳意南征，太平興國 3 年（978）陳洪進納土內屬，次年置縣，莆田人得免軍備苛捐雜稅之苦，不啻新生，故《天妃顯聖錄》以宋太祖開國之年當媽祖生年其說法較劉克莊的比喻式說法更明確，但卻讓媽祖生年上推 19 年。

註釋

1 此數目係依據內政部民政司民國 91 年 11 月編印《全國寺廟名冊》統計，一廟同時奉祀媽祖及其他主神（觀音除外）如王爺者，則不計入，但若同一地址有數座廟宇者仍計入。

2 劉基，〈台州路重建天妃廟碑〉，轉引自李獻璋《媽祖信仰研究》，民國 68 年，日本東京泰山文物社印行。

3 柳貫，《柳侍制集》卷 14，〈敕賜天妃廟新祭器記〉。轉引自蔣維鍰《媽祖文獻資料》。1990 年福建人民出版社發行。

4 趙翼《陔餘叢考》卷 35，天妃。清乾隆 8 年刊本，民國 64 年，台北，華世出版社印行。

5 黃公度，《知稼翁集》卷上，〈題順濟廟〉。《欽定四庫全書》，集部。

6 《白塘李氏宗譜》廖鵬飛〈聖墩祖廟重建順濟廟記〉，手抄本。另蔣
維錟《媽祖文獻資料》亦收錄此文。

7 潛日友《咸淳臨安志》卷73，丁伯桂〈順濟聖妃廟記〉。民國69年
台北大化書局印行。

8 王元恭，《四明續志》卷9，祠祀，神廟，程端學《靈慈廟記》。至
正二年刊本，民國69年台北大化書局印行。

9 王圻《續文獻通考》〈天妃林氏父母加封制〉。轉引自蔣維錟《媽祖
文獻資料》。

10 張燮《東西洋考》卷9，〈祭祀〉。四庫全書，史部，地理類，外紀。

11 何喬遠《閩書》，卷24，方域志，〈湄洲嶼〉。1994年福建人民出
版社發行。

12 宮兆麟《莆田縣志》卷32（仙釋），天后傳。乾隆43年刊，民國76
年台北市莆仙同鄉會影刊本。

13 贊寧《宋高僧傳》卷第18〈唐泗州普光王寺僧伽傳〉。大正新脩《大
藏經》。民國82年，台北，新文豐出版公司印行。

14 《兩浙金石志》卷7，〈宋重立大悲成道傳〉。《續修四庫全書》，
史部，金石類。

15 同註12卷4，建置，寺觀，〈華嚴寺〉。

16 同註11卷24，方域志，興化府，山。

17 見《宋史》本紀第一，〈太祖一〉。民國60年，台北，新文豐出版
公司印行。

18 同註13。

19 見法藏集《華嚴經傳記》卷3，〈唐終南山至相寺釋智儼〉。大正新
脩《大藏經》。民國83年，台北，新文豐出版公司印行修訂版。

20 同註11，〈湄洲嶼〉。

21 同註11，卷23，方域志，興化府，莆田縣一，〈門夾山〉。

22 見張鉉輯《金陵新志》卷14，摭遺，〈宋高宗〉。至正4年刊，民
國69年台北大化書局印行。

23 見《琳井朱氏族譜》，「朱氏群仙書社記」。莆田朱氏家藏手抄本。

24 見《大方廣佛華嚴經》卷57，〈離世間品〉第38之5。

25 見《太上老君說天妃救苦靈驗經》，《道藏》洞神部。明正統刊印本。

26 見《繪圖三教源流搜神大全》，〈晏公爺爺〉。宣統3年葉德輝序刊

本，民國 69 年，台北，聯經出版公司印行。

[27] 同註 12，卷 8，職官志，名宦，黃禹錫。

[28] 同註 12，卷 34，祥異志，宋。

[29] 同註 11，莆田縣一，〈華胥山〉。

[30] 同註 12，卷 3 建置志，城池。

[31] 見《至順鎮江志》卷 8，神廟，丹徒縣〈天妃廟〉。民國 69 年台北大化書局印行。

[32] 同註 12，卷 4 建置志，寺觀，〈顯濟廟〉。

[33] 同註 12，卷 4 建置，墓域，〈朱大夫墓〉。

[34] 同註 23。

[35] 同註 23，〈敕賜侯封〉。

[36] 同註 23，〈強公房〉。

[37] 同註 36。

[38] 見劉克莊《後村先生大全集》卷 91，〈風亭新建妃廟〉，四部叢刊集部。

[39] 同註 38。

[40] 同註 19，卷第 3，講解下，釋智儼。

[41] 同註 11。

[42] 見林清標輯《勅封天后志》卷上，〈傳〉。民國 76 年，台北市莆仙同鄉會湄洲天后宮印行。

[43] 同註 42，卷下，〈天后本支世系考〉。

[44] 同註 42，卷下，〈賢良港祖祠考〉。

[45] 同註 11。

[46] 轉引自蔣維錟《媽祖文獻資料》，《南渚林氏族譜》，無名氏〈靈女〉。

[47] 見李獻璋《媽祖信仰研究》，〈以三教搜神大全與天妃娘媽傳為中心來考察媽祖傳說〉。另民國 69 年台北聯經出版事業公司印行《繪圖三教源流搜神大全》亦收此文。

[48] 同註 46〈靈女〉。

[49] 林清標重刊《勅封天后志》將林麟焻序媽祖為為邵州刺史九世孫改為七世孫。

媽
祖 信仰研究

第四章　以《天妃顯聖錄》為核心的
媽祖歷朝褒封

一、前言

　　《天妃顯聖錄》為後世傳述媽祖事蹟者所宗，其書成於明清鼎革之際，至雍正年間三易其版，內容分為〈降誕本傳〉及〈歷朝祀典〉二部分，所述媽祖事蹟、神蹟及祀典內容流傳甚廣，臺灣地區各媽祖宮廟編修廟志，大多引用其記載。《天妃顯聖錄》編修者包含明朝禮部尚書林堯俞、進士林蘭友、丘人龍等，書甫成而鄭克塽降清，書亦易版，其編修過程，筆者曾撰〈《天妃顯聖錄》編輯緣由及內容考〉，於2004 年 10 月於福建莆田市舉辦之中華媽祖文化學術研討會發表。

　　關於媽祖褒封，石萬壽曾於民國 79 年 12 月《中國政教關係學術研討會》發表：〈宋元明媽祖的封諡〉，《臺灣文獻》41 卷第 1 期發表〈清代媽祖的封諡〉，惟近年來因大陸開放媽祖信仰研究，並動用官、學力量投入調查研究，新史料不斷被整理、刊行，甚多為前此研究學者所未見，可以訂正、補充《天妃顯聖錄》及近人論述之不足。本文先以《天妃顯聖錄》〈歷朝顯聖褒封共二十四命〉為對象，考釋其詰

封緣由，釐訂其訛誤；次以光緒朝《欽定大清會典事例》、第一歷史檔案館編《清代媽祖檔案史料匯編》資料增補雍正朝以後相關祀典，媽祖信仰由宋至清，由民間叢祠至國家祀典的重要過程於此可約略呈現。

二、從《禮記》祀典原則看媽祖祀典

中國古代各級政府的祀典規則，均以《禮記》為依歸，將禮視為治國的最高原則，而祭祀則為維繫人倫及社會秩序最重要的一環。《禮記》〈祭統〉謂：

> 凡治人之道，莫急於禮；禮有五經，莫重於祭。夫祭者，非物自外至者也，自中出，生於心也；心怵，而奉之以禮，是故，唯賢者能盡祭之義。……祭有十倫焉，見事鬼神之道焉；見君臣之義焉；見父子之倫焉；見貴賤之等焉；見親疏之殺焉；見爵賞之施焉；見夫婦之別焉；見政事之均焉；見長幼之序焉；見上下之際焉，此之謂十倫。[1]

祭祀是隆重的事，不能怠忽不辦，但也不能經常舉辦以免流於形式，宜配合農業生產時節，春秋各祭一次。《禮記》〈祭義〉，謂：

> 祭不欲數，數則煩，煩則不敬。祭不欲疏，疏則怠，怠則忘。是故君子合諸天道，春禘秋嘗。[2]

《禮記》〈祭法〉也將：禘、郊（祭天、地、時、寒、暑、
日、月）、廟制（社、祀）、祭法等，作原則性規範。祭法
所列祀典對象有二，一為於國家、社會、文明進化及改善百
姓生活有重要貢獻者；一為人類所以仰賴生存及觀察學習建
立文明的大自然。《禮記》云：

> 聖王之制祭祀也，法施於民則祀之；以死勤事則祀之；
> 以勞定國則祀之；能禦大菑則祀之；能捍大患則祀
> 之。……及夫日、月、星、辰，民所瞻仰也；山林、
> 川谷、丘陵，民所取財用也，非此族也，不在祀典。[3]

第一部分，所列為人成為祀典對象的條件，共有法施於民、
以死勤事、以勞定國、能禦大菑、能捍大患等五項。《禮記》
並舉例說明，謂：

> 厲山氏之有天下也，其子曰農，能殖百穀，夏之衰也，
> 周棄繼之，故祀以為稷。共工氏之霸九州也，其子曰
> 后土，能平九州，故祀以為社。帝嚳能序星辰以著眾；
> 堯能賞均刑法以義終。舜勤眾事而野死；鯀鄣鴻水而
> 殛死。禹能脩鯀之功。黃帝正名百物以明民共產，顓
> 頊能脩之；契為司徒而民成；冥勤其官而水死；湯以
> 寬治民而除其虐；文王以文治，武王以武功去民之菑；
> 此皆有功烈於民者也。

第一項法施於民，所舉之例較多，包含：教導百姓耕種知識
的神農；能掌握九州土質為適當利用的后土；紀星辰制訂節
候的嚳；任官用人能賞罰分明，達到社會正義的堯；為百物

正名，召告百姓共業的黃帝等均是。第二項以死勤事，則舉舜勤於處理民事而死於野；築堤防洪失敗被處死的鯀、擔任水官為治水而死的冥。第三項以勞定國則舉禹繼承父業治好洪患。第四、五項能禦大災、捍大患，則舉商湯為民除虐流放夏桀於南巢及周文王以文治治理百姓、武王伐紂出百姓於水火。意即從君王至個人，只要能善盡職責，貢獻智慧與能力於文明的提升、百姓生活的改善，並獲致成效，即得列入祀典享受官民崇祀。

《禮記》祀典對象的第二部分為大自然現象，中又分為二類，一為環遶地球四周的日、月、星、辰，是百姓所瞻仰的自然現象，也是攸關百姓生活的年、四季、十二月、二十四節氣訂定的依據。其次為山林、川谷、丘陵等，為提供百姓食、衣、住、用等物資，也就是百姓生命的泉源。除上述之外，均不在祀典，稱為淫祀，以示其浮濫。

以上述《禮記》祀典原則來檢視《天妃顯聖錄》〈天妃降誕本傳〉，媽祖生前事蹟與法施於民、以死勤事、以勞定國等三項原則無關；雖能為民祈雨、暘，符合捍災禦患，但卻無史證，故不得列為官方祀典。宋宣和五年（1123）朝廷賜順濟廟額後，媽祖信仰始得為地區性祠祀對象，為地方叢祠。南宋，中央政府遷至臨安（杭州），浙、閩兩省人才大量被起用，莆田人參與抗金軍事活動者亦多，媽祖信仰隨著莆田仕宦、義軍足蹟向外擴展至兩浙、廣東，朝廷也屢予誥封，由夫人至妃，不一而止。

元朝雖以遊牧民族入主華夏，然以媽祖信仰事涉泉州、廣州海外貿易，且北方仰賴漕船運送南方糧食入京，將媽祖

定位為海神，故亦崇祀之，媽祖為中國海神之地位至此已告奠立。

　　明朝承元制祀媽祖，復以屢次遣使下西洋，於媽祖亦加崇祀。然因明朝君王崇信道教，特重玄天上帝及關帝，故媽祖信仰並未見特別發展。入清以後，則以閩海戰爭媽祖顯佑及逼降台灣鄭氏特加崇祀，雍正十一年（1733）清廷令沿江沿海各省建祠，春、秋致祭，媽祖信仰始提升至全國性信仰，為國家主要祀典之一，媽祖信仰之興盛實與政府祀典相表裡。

　　《天妃顯聖錄》輯錄有歷朝顯聖褒封二十四誥命，年代自宋至清康熙年間，大致呈現媽祖信仰由私祀至政府祀典的過程，同書〈天妃降誕本傳〉大都有對應故事以闡明細節。二十四誥命代表歷朝政府對媽祖信仰的認同，也是媽祖信仰得以不斷發展的潛在原因，於媽祖信仰有指標性意義。

三、宋朝誥封與祀典

　　宋朝是媽祖出生、建祠、被政府列入祀典的朝代，是媽祖信仰成立及發展的重要階段，此期間《天妃顯聖錄》共錄有誥命十四則，茲分別考訂如下。

（一）徽宗宣和四年（1122）賜順濟廟額。

《天妃顯聖錄》云：

> 徽宗宣和四年，給事中允廸路公使高麗，感神功，奏上，賜順濟廟額。[4]

同書〈朱衣著靈〉，詳述其事云：

> 宋徽宗宣和四年壬寅，給事中允迪路公奉命使高麗，
> 道東海，值大風震動，八舟溺七，獨公舟危蕩未覆，
> 急祝天庇護。見一神女現桅竿朱衣端坐，公叩頭求庇。
> 倉皇間，風波驟息，舟藉以安。及自高麗歸，語於眾。
> 保義郎李振素及墩人，備述神妃顯應。路公曰：「世
> 間惟生我者恩罔極，我等飄泊大江，身瀕於死，雖父
> 母愛育至情，莫或助之，而神姑呼吸可通，則此日實
> 再生之賜也！」復命於朝，奏神顯應。奉旨：賜順濟
> 為廟額，蠲祭田稅，立廟祀於江口。

此則故事特別見重於後世，係因朝廷賜廟額為媽祖信仰得以
化暗為明之關鍵，故《天妃顯聖錄》大書其事，並置諸首。
按故事所提向路允迪祥述媽祖靈應之保義郎李振，為莆田白
塘李氏族人。白塘《李氏宗譜》〈宋徽辟敕授〉載：

> 振，允迪使奉使冊封高麗，授承信郎。[5]

同書附錄有〈朱衣著靈記〉一篇，下註：「載《天妃顯聖錄》」，
似其文引自《天妃顯聖錄》。覈其內文與現存台北中央圖書
館藏《天妃顯聖錄》大致相同，異者為：1，將宣和四年誤
為宋哲宗年號；2，第三行「倉皇」為「倉卒」。《李氏宗
譜》在康熙末年間曾經增補，引錄版本可能為康熙二十年代
台灣初定後增訂版，而台北中央圖書館藏本則為雍正年間增
訂版，致文字不無出入。

〈朱衣著靈〉故事在南宋時即已流傳，丁伯桂〈順濟聖妃廟記〉，云：

> 宣和壬寅（四年），給事路公允迪載書使高麗，中流震風，八舟沈溺，獨公所乘，神降於檣，獲安濟。明年，奏於朝，錫廟額曰順濟。[6]

丁伯桂為南宋時人，曾任首都臨安府知府，可見此故事南宋時即已普遍流傳，並非後世附會。李振雖是媽祖信仰列入政府祀典的關鍵人物，但彼於奉使高麗過程中扮演何種角色，《李氏宗譜》並未敘及。按宋室南渡後，重新調整官制，將登仕郎（正九品）、將仕郎（從九品）改為承信郎；[7] 承信郎為九品初授職銜，可見李振職銜係因參與宋朝派遣使節冊封高麗後敘功被贈予者，其本人原非政府官員。

李振與聖墩鄉人在使節團中所司何事？據宋例，使節船客舟均由閩、浙二省僱募而來，聖墩與白塘均位於莆田三江口附近，李氏為當地豪族，似為被僱客舟主人，帶領莆田籍水手、檣工，隨船前往高麗，並於颶風時保全使舟立下功勞，卒促成朝廷賜廟額之事。

路允迪奉使高麗時，宋徽宗派徐兢任國信所提轄人船禮物官，隨其同行，兼負沿途海道繪製任務。徐兢返國後奏上《宣和奉使高麗圖經》，書中除海圖外，也詳記海道及往返過程，為宣和四年路允迪出使高麗實錄。《天妃顯聖錄》所載「中流震風，八舟沈溺」之事，經查《宣和奉使高麗圖經》並無使舟沈溺之事，僅於黃水洋遇颶風，使舟第二舟梡斷柁折，但經更換梡、柁搶修後，皆安然無恙，丁伯桂〈順濟聖

妃廟記〉似誇大其詞以彰顯神蹟，後世撰媽祖史事者，皆引用丁伯桂廟記，故《天妃顯聖錄》亦沿其誤。

宣和四年媽祖顯靈事，《天妃顯聖錄》所述甚詳，但《宣和奉使高麗圖經》卻僅點到而止。按《宣和奉使高麗圖經》提及舟人信仰及神祇顯靈者共有四次，第一次為使節船出發前於定海縣宣祝之顯靈助順廣德王，所祀係東海之神（龍王）。其次為梅岑山（即補陀落伽山或普陀山）寶陀院靈感觀音，宋宣和年以前奉使高麗使者必禱於此[8]。第三次為使節船在黃水洋遭風，第二舟（徐兢即搭此舟）三桅併折時，應舟人禱祈而現之祥光。第四次為福州演嶼神[9]。

第一、第二兩次所提之神，皆有明確對象，非媽祖。第四次所提福州演嶼神亦未言為何神。經查宋淳熙年間梁克家撰《三山志》卷八，昭利廟條云：

> 昭利廟，東瀆越王山之麓。故唐觀察使陳巖之長子。乾符中，黃巢陷閩。公覩唐衰微，憤己力弱，莫能興復。慨然謂人曰：「吾生不鼎食以濟朝廷之急，死當廟食以慰生人之望。」既歿，果獲祀連江演嶼。本朝宣和三年始降于州，民遂置祠今所。五年，路允迪使三韓，涉海遇風，禱而獲濟。歸，以聞。詔賜廟額昭利。[10]

是演嶼神為唐末福建觀察使陳巖之長子，非指媽祖。《宣和奉使高麗圖經》所提第二舟三桅併折，應舟人禱祈而現祥光之事，應即為丁伯桂所記媽祖降於檣故事之來源。徐兢之以不同方式描述神靈，應是前二者在宋朝已是祀典對象，故得

稱其名號，或上香，而後二者當時尚未受朝廷賜廟額，屬淫
祠，官員不能公開祠祀，故一稱為演嶼神，一未稱神號而以
祥光代之。而路允迪之所以願意代為上奏，則與宋朝君臣耽
於神道信仰，不論何種神祇，只要祈禱有所感應，皆得封賜
所致。《宋史》，〈諸祠廟〉云：

> 自開皇寶祐以來，凡天下名在地志，功及生民，宮、
> 觀、陵、廟、名山、大川、能興雲雨者，並加崇祀，
> 州、縣嶽瀆、城隍、仙、佛、山神、龍神、水、泉、
> 江、河之神及諸小祠，由禱祈感應，封賜之多，不能
> 盡錄。……諸神祠無爵號者賜廟額，已賜廟額者加封
> 爵。初封侯、再封公、次封王。生有爵位者，從其本
> 爵，婦人之神封夫人，再封妃。[11]

機緣巧合，媽祖在宣和五年獲得朝廷賜廟額順濟，由小祠提
升為叢祠，信仰媽祖之莆田籍官員從此可以正式參與祭典，
李振為媽祖信仰開闢了坦途，立下首功。

（二）高宗紹興二十五年（1155）封崇福夫人。

　　《天妃顯聖錄》〈聖泉救疫〉一則，描述高宗紹興二十
五年媽祖受誥封崇福夫人情節。文云：

> 宋高宗紹興廿五年春，郡大疫，神降於白湖旁居民李
> 本家曰：「疫氣流行，我為郡請命於帝，去湖丈許有
> 甘泉，飲此，疾可瘳。」境內羅拜神賜。但此地斥鹵，
> 疑無清流，以神命，鑿之，及深，猶不見泉，咸云：

「此係神賜，勉加數鋤。」忽清泉沸出，人競取飲之，甘冷若醴，汲者絡繹於路，朝飲夕瘥，人皆騰躍拜謝曰：「清泉活人，何啻甘露！」乃甃為井，號曰聖泉。郡使者奏於朝，詔封崇福夫人。

按《莆田縣志》〈祥異志〉紹興二十五年並無瘟疫記載，輿地志〈靈惠井〉則謂：

> 在白湖之側，環井斥滷，而井居其間獨甘，舊記云：時疫，有夢神示一井，鑿而飲之無不愈。是歲，神始封靈惠，故井亦名靈惠泉。[12]

是其說雖有據，然未署創置年分，而丁伯桂〈順濟聖妃廟記〉最早記其事，應為〈聖泉救疫〉故事史源。丁文云：

> 紹興丙子，以郊典封靈惠夫人，逾年，江口又有祠。祠立二年，海寇憑陵，效靈空中，風捲而去，州上厥事，加封昭應。其年，白湖童邵一夕夢神指為祠處，丞相正獻陳公俊卿聞之，乃以地券奉神立祠，於是白湖又有祠。時疫，神降，且曰：「去潮丈許，脈有甘泉，我為郡民續命於天，飲斯泉者立瘥。」掘泥坎，甘泉湧出，請者絡繹，朝飲夕愈，甃為井，號聖泉。郡以聞，加封崇福。[13]

紹興丙子為二十六年（1156），宋高宗因郊祭大典，祭後推恩普封眾神，媽祖因已有廟額，依例得封為夫人。二年後，就是紹興二十八年（1158）江口又建一祠。祠立二年，即紹

興三十年（1160）加封昭應。至於白湖建廟年分，因丁文本身即語焉不詳，於此無法確認。聖泉救疫的故事則發生於白湖廟建成後，也就是加封「崇福」（紹興三十年）以後事。據《宋會要輯稿》〈禮〉二十之六一，〈莆田縣神女祠〉，謂孝宗乾道三年（1167）正月加封靈惠昭應崇福夫人。即崇福夫人受封於乾道三年，是媽祖第三次受封時加封封號。

綜上所述，本則誥封紀年錯誤，宜取消，另增乾道三年加封崇福夫人一條。

（三）紹興二十六年（1155）封靈惠夫人。

據丁伯桂〈順濟聖妃廟記〉，「紹興丙子，以郊典封靈惠夫人。」之原因及理由已如前述，靈惠夫人應為媽祖初次封號。此次誥封因係郊典推恩，《天妃顯聖錄》並無對應故事，僅於〈托夢建廟〉開頭一語帶過。

（四）紹興二十七年（1157）加封靈惠昭應夫人。

《天妃顯聖錄》〈托夢建廟〉條為對應故事，文云：

> 紹興廿七年秋，莆城東五里許有水市，諸舶所集，曰白湖，神來相宅於茲，章氏、邵氏二族人共夢神指立廟之地。少師陳公俊卿聞之，驗其地果吉，因以奉神。歲戊寅廟成。三十年，流寇劉巨興等嘯聚，直抵江口，居民虔禱於廟，忽狂風大震，煙浪滔天，晦冥不見，神靈現出空中，賊懼而退。既而復犯海口，神又示靈威，賊遂為官軍所獲。奏聞，天子詔加封靈惠昭應夫人。

〈托夢建廟〉故事內容包含二項，其一為白湖建廟事，廟成於戊寅，即紹興二十八年。紹興年間莆田已有聖墩、江口等廟，白湖廟於宋末元初凌駕聖墩成為香火最盛廟，除白湖為南北商舟會集地，陳俊卿捐地倡建，廟以人貴亦為主因。

陳俊卿（1113～1186）字應求，興化軍莆田縣人，《宋史》有傳。陳氏為紹興八年（1138）進士亞魁，授泉州觀察推官。秩滿，秦檜當國，察其不附己，以為南外睦宗院教授。檜死，召為景安郡王教授，累遷殿中侍御史，權兵部侍郎，受詔整浙西水軍，李寶因之，遂有膠西之捷。紹興末年陳俊卿影響力已大。孝宗時，授尚書右僕射同中書門下平章事，兼樞密使，後以少師魏國公致仕。淳熙十三年（1186）卒，年七十四。[14]

媽祖於宣和五年朝廷賜廟額，紹興二十六年（1156）始受誥封為靈惠夫人，其間已三十三年。此期間，媽祖信徒朱默卻先後於建炎四年（1130）、紹興元年（1131）受朝廷賜廟額顯濟、並誥封為威靈嘉祐侯[15]，媽祖信仰於當時有被其徒朱默取代之勢。至紹興末年，陳俊卿出而提倡，其勢始變，故《天妃顯聖錄》特別提及。

其次，《天妃顯聖錄》襃封詔誥謂紹興二十七年詔封昭應，年代有誤，據丁伯桂〈順濟聖妃廟記〉云「祠立二年，海寇憑陵，效靈空中，風捲而去，州上厥事，加封昭應。」白湖廟立後二年為紹興三十年，本條年代紹興二十七年，應改為三十年。

海寇劉巨興進攻江口、海口事，《莆田縣志》未載，但江口、海口均在莆田縣境，反映出紹興年間媽祖信仰尚屬莆田的區域信仰。

（五）孝宗淳熙十年（1183）以溫台剿寇有功，封靈慈昭應崇善福利夫人。

《天妃顯聖錄》〈溫台勦寇〉云：

> 宋孝宗淳熙十年，福建都巡檢姜特立奉命征剿溫州、台州二府草寇，官舟既集，賊船艤水面，眾甚懼。方相持之際，咸祝曰：「海谷神靈惟神女夫人咸靈顯赫，乞垂庇護！」隱隱見神立雲端，軿蓋輝煌，旗幡飛颭，儼然閃電流虹，賊大駭。俄而我師乘風騰流，賊舟在右，急撥棹衝擊之，獲賊酋，並擒其黨，餘艘四散奔潰，奏凱而歸，列神陰相之功，奉旨加封靈慈昭應崇善福利夫人。

此則故事仍取材於丁伯桂〈順濟聖妃廟記〉，文云：

> 加封崇福。越十有九載，福興都巡檢使姜特立捕寇舟，遙禱響應，上其事，加封善利。

丁伯桂廟記所述為福興都巡檢使姜特立捕寇舟，未敘其地點，但《天妃顯聖錄》則指在浙江溫、台二州。《莆田縣志》職官志並無福興都巡檢使之目，姜特立任職事無考。而乾隆《泉州府志》卷二十九名宦，兵馬都監，〈姜特立〉傳謂：

> 姜特立，字邦傑，麗水人。累遷兵馬都監，海賊姜大
> 獠寇泉南，特立以一舟先進擒之。帥臣趙汝愚推薦于
> 朝，除閣門舍人。[16]

姜特立傳未載年代，僅記其為帥臣趙汝愚薦于朝。據《宋史》孝宗本紀，淳熙十二年（1185）有「五月庚寅。地震，辛卯福州地震，詔帥臣趙汝愚察守令擇兵官防盜賊。」[17]等語，是年十二月趙汝愚遷四川制置使。故此事發生年代在淳熙十一、二年間，與《宋會要輯稿》禮二一之三一謂於淳熙十二年封「靈惠昭應崇福善利夫人」說法年代相符。丁伯桂謂為紹興三十年之後十九年，即淳熙六年（1179）有誤。此次朝廷加封媽祖善利二字，完整封號為靈惠昭應崇福善利夫人，非靈慈昭應崇善福利夫人。本則誥封應改為淳熙十二年封靈惠昭應崇福善利夫人。

（六）光宗紹熙元年（1190）以救旱大功褒封，進爵靈惠妃。

按此條與《天妃顯聖錄》〈救旱進爵〉故事對應，文云：

> 宋光宗紹熙元年庚戌夏大旱，萬姓號呼載道。神示夢
> 於郡邑長曰：「旱魃為虐，我為郡民請命於天，某日
> 甲子當雨。」及期，果銀竹紛飛，金飆噴澍，焦林起
> 潤，暵谷生春。郡邑交章條奏，天子詔：「神福民殊
> 勳應褒封進爵。」頒詔進封靈惠妃，以彰聖靈。

故事史源仍為丁伯桂〈順濟聖妃廟記〉，文云：

> 淳熙甲辰，民災，葛侯郛禱之；丁未旱，朱侯端學禱
> 之；庚戌夏旱，趙侯彥勵禱之，隨禱隨答，累其狀聞
> 於兩朝，易爵以妃，號靈惠。

媽祖爵位由夫人晉升為靈惠妃，是宋孝宗朝累積甲辰（十一
年）、丁未（十四年）、庚戌（光宗紹熙元年）三次祐民神
蹟，由三位知軍陳報朝廷後加封而來。本則記載略去前二則
故事及當事官員姓名，而此三位官員姓名在《莆田縣志》卷
七職官志中均可考，葛郛於淳熙十一年（甲辰，1184）以朝
散郎知興化軍；朱端學於淳熙十三年（丙午，1186）以朝散
郎知興化軍；趙彥勵於紹熙元年（庚戌，1190）以朝奉大夫
知興化軍。與丁伯桂所述任職年分符合，趙彥勵更為名宦，
《莆田縣志》趙彥勵傳載其事云：

> 趙彥勵，字懋訓，浚水人，紹熙元年以朝奉大夫知。
> 涖郡之再歲，會雨水傷稼。故事，三縣課夏稅錢幾二
> 萬緡，又額徵僧錢幾七千緡。彥勵請以贏錢代輸，而
> 於雜調則乞汰舊額，詔咸從之。[18]

據《莆田縣志》〈選舉志〉及〈人物志〉，丁伯桂為嘉泰二
年（1202）進士，與趙彥勵任職時代相接，故〈順濟聖妃廟
記〉所述雖為其當代事，但趙彥勵傳所述雨水傷稼則發生於
紹熙二年（1191），故誥封之事應在紹熙二年之後。而程端
學〈靈慈廟事蹟記〉將此事載於紹熙三年（1192）較為合理。
故本條及故事應該為：紹熙三年進爵靈惠妃。

（七）寧宗慶元四年（1198）加封助順。

《天妃顯聖錄》〈救甌閩潦〉條云：

> 宋寧宗慶元四年戊午，甌閩苦雨，滂沱不止，漂屋蕩
> 崖。春夏倉廩告匱，民不聊生，有司請躝、議賑。莆
> 人共禱於神，夜夢神示之曰：「人多不道，厥罰常陰，
> 故上天困此一方人。今爾眾虔恭，我為爾奏於帝，帝
> 矜之，越三日當大霽，且錫有秋。」至期，果見扶桑
> 破曉，暘谷春生，早禾得水而稔，西成大熟。省官奏
> 聞，奉旨加封助順，以報厥功。

〈救甌閩潦〉，丁伯桂〈順濟聖妃廟記〉云：

> 慶元戊午，甌閩列郡苦雨。莆三邑有請於神，獲開霽，
> 歲事以豐。

程端學〈靈慈廟事蹟記〉則云：

> 慶元四年，甌閩諸郡苦雨。唯莆三邑禱之，霽，且有
> 年，封靈惠助順妃。

慶元戊午即慶元四年，丁、程二文所言皆同，本則正確無誤。

（八）慶元六年（1200）朝廷以神妃護國庇民大功，追封
　　　一家。

《天妃顯聖錄》對應故事為〈平大奚寇〉及〈一家榮封〉，
〈平大奚寇〉云：

慶元六年，大奚寇作亂，舳艫相接銳不可當。調發閩
省舟師討之，眾請神香火以行。與賊遇於中流，彼居
上風。眾恐懼禱神。頃刻間，昏霧四塞，返風旋波，
神光顯現，遂衝突無前，渠魁就擒，餘兇或溺或潰，
掃蕩無遺。凱奏，具陳神庇，朝廷以神妃屢有功勳，
應追封先世，於是詔封后之父母及其兄與姐。

〈平大奚寇〉故事，丁伯桂〈順濟聖妃廟記〉云：

朝家調發閩禺舟師平大奚寇，神著厥靈，霧障四塞，
我明彼晦，一掃而滅。

程端學〈靈慈廟事蹟記〉亦云：

時方發閩禺舟師平大奚寇，神復效靈起大霧，我明彼
暗，盜悉掃滅。

可見平大奚寇確有其事。

〈一家榮封〉故事，《天妃顯聖錄》云：

慶元六年，朝廷以神妃護國庇民功參玄造，人本乎親，
慶自先貽。於是頒詔封妃父為楨慶侯，又改封威靈侯，
又以顯赫有庇民社，加封為靈感嘉祐侯。母王氏，封
顯慶夫人；兄封靈應仙官；神姐封為慈惠夫人，佐神。

按誥封媽祖父母事，劉克莊〈風亭新建妃廟〉曾載其事云：

妃……今為靈惠嘉應協正善慶妃，又封妃父曰某侯，母
曰某夫人。……為妃父母求封爵者謙父，亦善士。」[19]

劉文撰約於寶祐五年（1257），或因撰文時尚未確定媽祖父
母封號文字，權以初封爵銜某侯、某夫人稱之，故《天妃顯
聖錄》〈一家榮封〉故事應可無疑，而其年代則早了五十六
年。另誥封故事所見媽祖父親一年三易其封，與禮制不符，
似非同年間事。程端學〈靈慈廟事蹟記〉亦載其事，而年代
置於寶祐年間，謂：

> 寶祐二年旱，禱之雨，封助順嘉應英烈協正妃。三年，
> 封靈惠助順嘉應慈濟妃。四年，封靈惠協正嘉應慈濟
> 妃。是歲，又以浙江堤成築，封靈惠協正嘉應善慶
> 妃。……寶祐之封，神之父母、女兄以及神佐皆有錫
> 命。

程文載媽祖於二年之間四度受封，故媽祖父親於二年之內三
易封號之疑始得解釋。如是，本條年代應改為寶祐四年。〈靈
慈廟事蹟記〉謂封媽祖父母及女兄、諸佐神；女兄即指諸姐，
未提及男兄，似乎元代尚無媽祖有兄長的說法。《天妃顯聖
錄》〈一家榮封〉故事謂媽祖兄封靈應仙官的說法，似為後
世據林氏家譜增補。

（九）寧宗開禧元年（1205）以淮甸退敵奇功，加封顯衛。

《天妃顯聖錄》〈紫金山助戰〉故事云：

> 宋寧宗開禧改元乙丑冬，金人僕散揆從八疊灘潛渡
> 淮，聚哨淮甸。王師啟行北伐，人心洶湧，求庇於神。
> 至直隸安豐，戎馬戒嚴。神示夢於將領畢再遇等曰：

130

「金人犯順，北顧貽憂，若等銳志克敵，吾當助威以
佐天子。」初戰於花黶鎮，神現靈雲端，眾望空中若
有萬馬馳騁狀，知為神力呵護，賈勇向前，大炮碎其
酋長，賊遂卻。又會戰於紫金山，賊甚猖獗，臨陣時
復見旌旗閃空，將領嚴令督戰，兵士擁楯而進，敵乃
披靡，獲馬百餘匹，斬馘數百人。賊復大聚合肥，聞
雲端鏘鏘有劍戟聲，賊益懼，且戰且退，遂解合肥之
圍。全師返斾，人唱鐃歌。天子聞神兵陰助，有護國
大功，加封顯衛，以答神庥。

按開禧年間金兵大舉南侵，從淮西大散關至安徽泗州、楚州
均有戰事，雙方互有勝負，紫金山之役，於宋朝而言無異為
首都保衛戰，如金兵破紫金山，克鎮江，則臨安不保，南宋
有可能滅亡，故此役戰勝有其象徵意義。丁伯桂〈順濟聖妃
廟記〉載其事云：

開禧丙寅，金寇淮甸，郡遣戍兵，載神香火以行。一
戰花黶鎮，再戰紫金山，三戰解合肥之圍，神以身現
雲中，著旗幟，軍士勇張，凱奏以還。

程端學〈靈慈廟記〉亦云：

嘉定元年，金人寇淮甸，宋兵載神主，戰於花黶鎮，
仰見雲間皆神兵旗幟，大捷。及戰紫金山，復現神像，
又捷。三戰遂解合肥之圍，封靈惠助順顯衛妃。

丁伯桂所書開禧丙寅為開禧二年（1206），莆田軍士在三次
戰役克敵致勝；行軍過程中，莆田軍士載媽祖香火偕行，故
士氣高漲。凱旋後宋寧宗於嘉定元年（1208）加封顯衛，媽
祖聲威遂擴展至淮水流域。本條詔誥列於開禧元年（1205），
應改為嘉定元年。

（十）嘉定元年（1208）以救旱並擒賊神助，加封護國助
　　　順嘉應英烈妃。

　　《天妃顯聖錄》〈助擒周六四〉故事云：

　　嘉定改元戊辰秋，草寇周六四哨聚犯境，舟艦不可勝
　　計。時久旱後，人窮無賴者多，既困赤地，遂入綠林，
　　乘亂劫掠，廬舍寥落。闔邑哀禱於神，神示之夢曰：
　　「六四罪已貫盈，特釜中遊魚耳！當為爾殲之。」越
　　四日入境，喊聲動地，忽望空中有劍戟旗幟之形，各
　　相驚疑退下，舟遽衝礁閣淺，尉司駕艇追之，獲其首，
　　餘兇悉就俘。寇平，境內悉安。奏上天子，奉旨加封
　　護國助順嘉應英烈妃。

〈助擒周六四〉故事繫於嘉定元年，丁伯桂〈順濟聖妃廟記〉
僅有：「海寇入境，將掠鄉井，神為膠舟，悉就擒獲。」及
「嘉定元年（1208）加顯衛之號」記載。而〈靈慈廟記〉雖
有嘉定元年誥封，但來由為前述金山助戰三役，與本則故事
無關。又宋代神靈加封每次以二字為原則，本則記載謂朝廷
加封護國助順嘉應英烈妃，把原有靈惠、顯衛等封號完全摒
除，且與丁伯桂所述加封顯衛不同，應為誤記。

（十一）理宗寶祐元年（1253）以濟興泉饑，加封靈惠助
　　　順嘉應英烈協正妃。

（十二）寶祐三年（1255）以神祐加封靈惠助順嘉應慈濟
　　　妃。

（十三）寶祐四年（1256）以錢塘堤成有功，加封靈惠協
　　　正嘉應善慶妃。

　　《天妃顯聖錄》〈濟興泉饑〉故事，除載寶祐元年誥封
事外，亦附記寶祐三年、四年誥封事，云：

> 寶祐改元，莆與泉大旱，穀值騰湧，饑困弗支，老幼
> 朝夕向祠前拜禱。夢神夜告曰：「若無憂！米艘即至
> 矣。」初廣地賈客擬裝米上浙越，偶一夜，神示夢曰：
> 「興、泉苦饑，米貴，速往，可得利。」客寤而喜，
> 謂神示必獲利滋倍，遂載入興、入泉。南艘輻輳，民
> 藉以不饑，米價反平。郡人頗矜天幸；商人怏怏，言
> 神夢不驗。詢其得夢之由，才悟神為二郡拯饑。又思
> 前夕米艘即至之夢，果屬不虛。咸嘆再造神功，焚香
> 拜謝。天子聞之，詔褒封助順嘉應英烈協正妃。
> 三年，又以顯靈加封靈惠助順嘉應慈濟妃。
> 四年丙辰，以浙江隄岸告成，加封靈惠協正嘉應善
> 慶妃。

按丁伯桂〈順濟聖妃廟記〉撰於紹定二年（1229），《天妃
顯聖錄》後續諸誥封另有史源。程端學〈靈慈廟記〉所述媽

祖史事亦詳，但未見寶祐元年（1253）濟興泉饑之事。唯丁
伯桂〈順濟聖妃廟記〉有「商販者不問食貨之低昂，惟神之
聽。」之語，似丁伯桂亦曾聽過類似〈濟興泉饑〉故事，非
《天妃顯聖錄》杜撰。

　　程端學〈靈慈廟記〉另有寶祐二年至四年（1254～1256）
連續襃封的記載，云：

> 寶祐二年旱，禱之雨，封助順嘉應英烈協正妃。三年，
> 封靈惠助順嘉應慈濟妃。四年，封靈惠協正嘉應慈濟
> 妃。是歲，又以浙江堤成築，封靈惠協正嘉應善慶妃。

〈靈慈廟記〉較《天妃顯聖錄》所記稍詳，〈靈慈廟記〉增
列寶祐四年一則封號，其餘三次誥封均同，二書似有共同史
源。另劉克莊於寶祐五年（媽祖受封次年）撰〈風亭新建妃
廟〉時謂媽祖封號：「今為靈惠嘉應協正善慶妃」，與〈靈
慈廟記〉寶祐四年第二則封號文字次序有異。然以寶祐二年
誥封「協正」列於「嘉應」之後，且據《莆田縣志》劉克莊
傳，劉曾任中書舍人兼史職，所述當較嚴謹，故寶祐四年第
二則封號應以劉克莊所述為準。此時媽祖封號為靈惠嘉應協
正善慶妃。

　　至於〈錢塘助堤〉事，《天妃顯聖錄》有對應故事一則，
云：

> 宋理宗嘉熙元年，浙省錢塘潮翻，江堤橫潰，大為都
> 省患，波湧浩蕩，版築難施。都人號祝於神妃，忽望
> 水波洶湧，時濤頭上艮山祠，若有所限拒而水勢倒流

不前者，因之水不衝溢，堤障得成，永無泛圯之患。
眾咸稱神力捍禦。有司特奏於朝，奉旨：「神功赫濯，
大有裨於朝家，議加封號，以答靈感。」

宋理宗嘉熙元年（1237）距丁伯桂撰寫〈順濟聖妃廟記〉已
八年，故丁文無此則記錄。按此則故事出自咸淳《臨安志》，
但〈錢塘助堤〉故事中的艮山祠為丁伯桂所修建。丁伯桂於
理宗寶慶三年（1227）出知臨安府時，艮山順濟廟地褊且陋，
丁伯桂與侍中陳卓等捐貲倡募，移舊殿閣，前架正殿，又構
廊廡明樓，成一巨構，紹定二年（1229）廟成。八年後錢塘
大潮，順濟廟因得以保無恙，顯見丁伯桂當年規劃之宏遠。

嘉熙元年似為錢塘築堤工程動工之年，故《天妃顯聖錄》
〈錢塘助堤〉故事未載朝廷誥封封號，至寶祐四年江堤竣
工，朝廷乃予誥封，致有同年內二次誥封之情形。

（十四）開慶元年（1259）以火焚強寇有功，進封顯濟妃。

《天妃顯聖錄》〈火燒陳長五〉為此次誥封對應故事，
云：

開慶改元，歲在己未，陳長五兄弟縱橫海上，去來於
興、泉、漳之間，殺掠逞兇，家無安堵，三郡大困，
請命於神。郡守徐公夢神示之曰：「當殄此賊，以靖
地方。」徐公素敬信神妃，即率寨官石玉等勵兵備之。
朝廷督王憲使鎔尅期剿賊。越八月，賊三舟入湄島，
將屠掠蓼、禧。禱於神，弗允。解衣僵臥廊廡下，悖
慢不敬。俄有火焚其身，肉綻皮爛，痛楚哀呼。賊大

懼，退遁舟中。神起順風誘之出港，忽天日晦冥，大雨驟至。及開霽，賊三舟已在沙埔上膠淺不動。憲使王鎔曰：「此神授也，逆賊當殲滅矣！」揮兵急擊，賊奔潰，先擒長五。郭敬叔等帥兵追至莆禧，擒長六；長七乘潮退遁，復追至福清，並俘之，磔於市，脅從者罔治。徐公具陳神庇助之功，憲使奏上天子，敕議典禮，進封顯濟妃，兩司捐萬楮助修宮殿，以報神貺。

〈火燒陳長五〉故事，人、事、時、空皆有，非常具體，似非杜撰。人有海盜陳長五兄弟，知軍徐某，督憲王鎔、郭敬叔；時間則為理宗開慶元年；地點則在莆田的吉了、莆禧及湄洲嶼。經查《莆田縣志》〈祥異志〉並無此記載；而〈職官志〉，開慶元年知興化軍為陳夢龍，次年（景定元年，1260）為曹怡老，至景定四年（1263）始由徐直諒知興化軍，故所述郡守徐公若指徐直諒，則其年代有誤。另謂督憲王鎔，按督憲應指總督，但宋代並無總督之制，《宋史》列傳亦無王鎔、郭敬叔等人傳記，故〈火燒陳長五〉，似為莆田地方之傳說經過具體化的故事。但此故事基本上為真，因程端學〈靈慈廟記〉有「景定三年禱捕海寇，得反風，膠舟就擒，封靈惠顯濟嘉應善慶妃。」的記載，與本則故事似為同一件事，但所署年代較徐直諒知興化軍早一年；或許景定三年（1262）海寇來襲，至四年徐直諒知軍時就擒。故本則誥封年代應改為景定三年。

四、元朝誥封與祀典

　　《天妃顯聖錄》所載元朝誥封共五命，但未單獨予以列目，置於宋朝誥命後；明朝詔誥又特別以皇明標題，應非手民誤植，似乎編者有不願承認異族政權的意味。五次誥封如下：

（一）元世祖至元十八年（1281）以庇護漕運，封護國明著天妃。

（二）至元二十六年（1289）以海運藉佑，加封顯佑。

（三）成宗大德三年（1299）以庇護漕運，加封輔聖庇民。

（四）仁宗延祐元年（1314）以漕運遭風得助，加封廣濟。

（五）文宗天曆二年（1329）以怒濤拯溺，加封護國輔聖庇民顯佑廣濟靈感助順福惠徽烈明著天妃。

　　依《禮記》，祭不越望，各種祀典依其神格享有一定祭祀區，區域性祀典例由相當層級地方官署主政，元朝時媽祖祀典仍屬區域祀典，然朝廷以其攸關漕運安危特加重視，至元中即屢予加封賜祭，頗有國家祀典之趨勢。《元史》祭祀五，〈名山大川忠臣義士之祠〉云：

　　　凡名山大川、忠臣義士在祀典者，所在有司主之，惟南海女神靈惠夫人，至元中以護海運有奇應，加封天妃神號，積至十字，廟曰靈慈，直沽、平江、周涇、泉、福、興化等處皆有廟。皇慶以來，歲遣使香遍祭，金幡一合、銀一鋌，付平江漕司及本府官，用柔毛、酒醴，便服行事。祝文云：維年月日皇帝特遣某官等致祭於護國庇民廣濟福惠明著天妃。[20]

可見元朝政權壽命雖不滿百年，但對媽祖的誥封、賜祭卻不少。茲錄《元史》各朝本紀誥封狀況如下。

元世祖至元十五年（1278）八月，云：

> 制封泉州神女號護國明著靈惠協正善慶顯濟天妃。[21]

至元二十五年（1288）六月癸酉，云：

> 詔加封南海明著天妃為廣祐明著天妃。[22]

成宗大德三年（1299）二月壬申云：

> 加泉州海神曰護國庇民明著天妃。[23]

文宗天曆二年（1329）冬十月己亥云：

> 加封天妃為護國庇民廣濟福惠明著天妃，賜廟額曰靈慈。遣使致祭。[24]

順帝至正九年（1349）二月丙戌云：

> 詔加封天妃父種德積慶侯，母育聖顯慶夫人。[25]

《天妃顯聖錄》所述至元十八年誥封護國明著天妃，應即為《元史》至元十五年八月的誥封；至元二十六年（1289）加封顯祐，應為至元二十五年加封廣祐。至於至正九年（1349）詔加封天妃父、母之事，《天妃顯聖錄》則未錄，似未引用《元史》史料。

從上述《元史》對媽祖的稱呼，由「泉州神女」而「南海女神」再而「海神天妃」，可見媽祖在元朝的神格由區域性的神不斷提升至海神，實質上已具國家祀典性質。

　　《元史》以〈泉州神女〉立目，可見媽祖的誥封是由泉州為源起，與莆田或湄洲並無直接關係。泉州媽祖廟創於南宋慶元年間，《泉州府志》天后宮云：

> 在府治南門內，宋慶元間建，明永樂十三年奉旨修葺，嘉靖間郡人徐毓重修。[26]

下以小字引〈顧珀記〉云：

> 吾泉有靈惠天妃宮，創自宋慶元間，奠於郡城之南，浯江橫其前，三台擁其後，左法石右紫帽，亦郡中形勝地也。國朝永樂十三年少監張謙使渤泥，得乎州，發自浯江，實仗神庥，歸奏于朝，鼎新之。

又引《隆慶府志》云：

> 神居莆陽之湄洲嶼，都巡檢愿之季女也。……宋慶元二年泉州浯浦海潮庵僧覺全夢神命作宮，乃推里人徐世昌倡建。實當筍江巽水二流之匯，番舶客航聚集之地，……自是水旱盜賊有禱輒應，歷代遣官齋香詣廟致祭。明永樂五年以出使西洋，太監鄭和奏令福建守鎮官重新其廟，自是節遣內官及給事中行人等官出使琉球、暹羅、爪哇、滿刺加等國率以祭告祈禱為常。

慶元二年（1196）為宋寧宗年號，慶元年間媽祖曾三度受誥封，是媽祖盛行的年代，而建廟的幕後支持者為浯浦海潮庵僧覺全。元朝屢次加封泉州廟，但府志竟隻字不提，頗令人好奇。推其因，似誥封事與蒲壽庚、蒲師文父子有關。按宋

代泉州與廣州為中國南方最重要商港，為南宋政府稅收主要
來源，蒲壽庚兄弟為西域人，於南宋後期來泉州經商定居，
以善招來外商，卒被任為泉州市舶司，主管海外貿易事務。
《宋史》本紀〈瀛國公〉，有蒲壽庚記載云：

> 乙巳，昰入海，癸丑，大軍至福安州，知州王剛中以
> 城降，昰欲入泉州。招撫蒲壽庚有異志。初壽庚提舉
> 泉州舶司，擅蕃舶利者三十年，昰舟至泉，壽庚來謁，
> 請駐蹕。張世傑不可。或勸世傑留壽庚，則凡海舶不
> 令自隨。世傑不從，縱之歸。繼而舟不足，乃掠其舟，
> 并沒其貲。壽庚怒，乃殺諸宗室及士大夫與淮兵之在
> 泉者。昰移潮州。[27]

《宋史》所言昰，即宋端宗。而《元史》世祖本紀，至元十
四年（1277）則載：

> 乙未，福建漳泉二郡蒲壽庚、印德傳、李珏、李公度
> 皆以城降。……閩廣大都督兵馬招討使蒲壽庚並參知
> 政事。[28]

蒲壽庚原任宋朝泉州市舶司提舉達三十年之久，在泉州、廣
州甚具影響力。降元後，元世祖任命為閩廣大都督兵馬招討
使，協助征剿閩廣地區。
　　另《泉州府志》卷七十三，有二則有關蒲壽庚記載，其
一云：

咸淳末，海賊寇境，時西域人蒲壽峸、壽庚兄弟在泉，
擊賊，退之。[29]

其二，題為「德祐二年（1276）元伯顏遣不周青寇泉州」，
云：

景炎元年宋端宗即位于福州，尋入海航于泉州港，命
蒲壽庚將海舟以從。叛賊壽庚閉城拒命。時元伯顏遣
唆都寇泉州。壽庚遂以蠟丸表，由水門潛出，與田子
真叛，降元。二年，張世傑自海上復回討賊，壽庚遣
其賊黨孫勝夫詣杭求救於唆都，盡害宗室千餘人及士
大夫與淮兵之在泉者，備極慘毒，張世傑攻九十日不
下，乃去之。[30]

宋朝長期任用蒲壽庚為泉州市舶司提舉，但蒲壽庚以小隙降
元；降前還設計屠殺居泉宋朝宗室千餘人、士大夫及協防淮
軍；降元後任元朝高官，協助元兵鎮壓福建地區，故泉人提
及蒲壽庚，皆咬牙切齒，不承認其曾為宋朝官員身分。

蒲壽庚《元史》無傳，《新元史》雖有傳，但書中僅寥
寥數語，反不若《宋史》、《泉州府志》所述之詳。而元朝
誥封媽祖是由蒲壽庚之子，提舉泉州市舶司的蒲師文代朝廷
誥封，故《泉州府志》刻意不采輯其事略。《天妃顯聖錄》
載蒲師文代元朝誥誥封媽祖為護國明著天妃事，云：

惟昔有國，祀為大事。自有虞望秩而下，海嶽之祀，
日致崇極。朕恭承天庥奄有四海，粵若稽古，咸秩無
文。惟爾有神，保護海道，舟師漕運恃神為命，威靈

赫濯,應驗昭彰。自混一以來未遑封爵,有司奏請,
禮亦宜之。今遣正奉大夫宣慰使左副都元帥兼福建道
市舶提舉蒲師文冊爾為護國明著天妃。於戲!捍災禦
患,功載祀典,輔相之功甚大,追崇之禮宜優。爾其
服茲新命,以孚佑我黎民,陰相我國家,則神之享祀
有榮,永世無極矣!

觀此誥文語氣,似是元朝首度誥封媽祖,其誥封原因是比照
歷代封禪之禮,而代元政府冊封者為蒲師文。蒲壽庚因於元
朝取泉州建功甚偉,故元世祖予以酬庸,封其子為正奉大夫
宣慰使左副都元帥兼福建道市舶提舉,繼續掌控泉州海外貿
易。因當時泉州為福建行中書省所在地,故選擇誥封廟宇亦
以泉州廟為對象。

《天妃顯聖錄》所載元代第三則誥封為成宗大德三年
(1299)以「利涉洪波」加封輔聖庇民;核對《元史》大德
三年二月壬申封:「護國庇民明著天妃」,非輔聖庇民,亦
有誤。同書,仁宗延祐元年(1314)以「東南之漕運實左右
之憑依」加封廣濟;然查《元史》仁宗延祐元年並無加封記
載。同書接著載文宗天曆二年(1329)以「在國尤資轉運之
功」加封徽烈,全銜為:護國輔聖庇民顯祐廣濟靈感助順福
惠徽烈明著天妃。《元史》天曆二年冬十月己亥云:「加封
天妃為護國庇民廣濟福惠明著天妃。」據此,《天妃顯聖錄》
廣濟之封是在天曆二年,非延祐元年。

誥封之外,元朝也常遣官祭天妃,《元史》本紀記載朝
廷遣官致祭者有:

英宗至治元年（1321）五月辛卯：

> 海漕糧至直沽，遣使祀海神天妃，作行殿于緇山流杯池。[31]

至治三年（1323）二月辛卯：

> 海漕糧至直沽，遣使祀海神天妃。[32]

泰定帝泰定二年（1325）九月癸丑：

> 車駕至大都，遣使祀海神天妃。[33]

泰定三年（1326）：

> 七月甲辰車駕發上都，……遣使祀海神天妃。……八月辛丑，作天妃宮于海津鎮。[34]

泰定四年（1327）秋七月乙丑：

> 遣使祀海神天妃。[35]

致和元年（1328）春六月甲申：

> 遣使祀海神天妃。[36]

文宗天曆二年（1329）冬十一月戊午：

> 遣使代祀天妃。[37]

是年並遣使由北而南逐一祭祀直沽、淮安、平江、崑山、露漕、杭州、越、慶元、台州、永嘉、延平、閩宮、白湖、湄

洲、泉州等廟,並為例,媽祖為海神的地位已屹立不搖。

因天妃媽祖已為元朝海神的象徵,誥封已成例行公事,不必由地方官奏上靈應事蹟,故《天妃顯聖錄》所錄故事僅二則,其一為〈怒濤濟溺〉,云:

> 天曆元年(1328)夏,備海道萬戶府分司運糧至大海,遭颶風驟起,巨浪連天七日夜不息,人困力疲,運艘幾於翻覆,舟人哀號仰禱神妃求佑。會日暮,有形從空而下,掩映舟中,輝耀如晝,宛見神靈陟降,少頃,怒濤頓平,船上覺異香繽郁。自此水道無虞,經抵直沽都省。奏聞,奉旨:差翰林國史院學士普顏實理欽賚御香馳驛致祭。二年,漕運復藉神妃默庇無失,加封護國輔聖庇民顯祐廣慈靈感助順福惠徽烈明著天妃,遣官黃份等馳傳具禮,專詣湄洲特祭,並致祭淮、浙、閩海等處神廟,共祭一十八所。

第二則〈神助漕運〉,雖與則誥封無關,但文末謂奉旨賜額靈慈,云:

> 至順元年庚午(1330)春,糧船七百八十隻,自太平江路太倉劉家港開洋,遇大風突起,波撼星辰,桅檣飄蕩,數千人戰慄哀號。官吏懇禱於神妃,言未已,倏陰雲掩靄,恍見空中有朱衣神擁翠蓋,佇立舟前,旋有火照竿頭,晶光如虹。舟人且驚且喜,無何風平浪息。七百餘艘飄流四散,正集合整理篷槳,解纜而進。又聞空中有語云:可向東南孤島暫泊。眾郎撐舟

依孤島旁，方拋椗，江上狂飆迅發，暴雨倒峽，舟人相慰曰：非神靈指示，我等皆在鼉宮蛟窟矣！次日晴霽，遂達直沽交卸。中書奏神護相之功，奉旨賜額曰靈慈。

蒙古族入主中國，對莆田人而言，可說是一場惡夢，因為莆田傳統士習耿介不媚俗，南宋時莆田人出兵抗金保衛疆土；元兵入侵，陳瓚、陳文龍叔姪復為維護國家主權募兵與抗，兵敗後莆田竟遭屠城。《莆田縣志》〈祥異志〉載：

德祐二年（1276）元陷興化軍。知軍陳文龍死之。景炎二年（1277）十月，元屠興化軍。通判權知軍陳瓚死之。[38]

德祐二年（1276，元世祖至元十三年）為宋恭帝年號，僅二年。五月，元軍至南宋首都臨安北關，陳文龍則請身督殿旅合江下義丁決一死戰，然文武官員多主降。後張世傑擁益王趨閩，即位福州，號端宗，改元景炎。旋以漳州叛，任陳文龍為參知政事閩廣宣撫使討之。陳文龍殫家財，募壯士萬人，駐興化軍。十二月叛將林華、陳淵與通判曹澄孫以城降，陳文龍死之。景炎二年（1277，至元十四年）二月，陳文龍堂叔陳瓚攻林華等，誅之，復興化軍。端宗命陳瓚以通判權守興化，且令乘勝復福、泉二郡。九月，元軍圍興化，十月城破，陳瓚被執分屍，元兵屠城三時，血流有聲。[39]

　　元朝以異族入主華夏，官員進用自有體系，仁宗皇慶二年（1313）始設進士科，由行省鄉試，次年禮部會試。分蒙

古、色目人為左榜,漢人南人為右榜,進士恩賜視左榜減半。元統三年(1335)罷科舉,不會試;至元六年(1340)詔復行科舉,終元之世僅五十年開科取士,莆田人中進士者僅七人。莆田人在朝廷的影響力式微,但元朝仍二度誥封媽祖,遣官致祭次數更多,除元世祖即位郊天,依例誥封百神之外,均由漕運官員奏請,可見當時媽祖信仰已確立不拔,被官方視為航海之司命。

五、明朝誥封與祀典

明朝,對媽祖信仰而言,已經是成熟期,媽祖信仰在政府祀典中維持海神地位,同時在以海維生的槁工水手中繼續傳播。明朝在洪武年間曾為防範海寇短暫鎖國,但永樂年間為尋找失蹤的惠帝而派鄭和下西洋。在鄭和及相關下西洋的船隊也屢有媽祖護祐的神蹟傳出,但《天妃顯聖錄》載終明之世,朝廷誥封卻僅有三命,與頻繁的海洋活動似不成比例,頗值玩味。

(一)太祖洪武五年(1372)以神功顯靈,敕封昭孝純正孚濟感應聖妃。

《天妃顯聖錄》錄太祖御祭文云:

> 奉天承運皇帝制曰:國家崇報神功,郊、社、旅、望而外,非有護國庇民,豐功峻德者,弗登春秋之典。明著天妃林氏,毓秀陰精,鍾英水德,在歷紀既聞禦

146

災捍患之靈，於今時懋出險持危之績，有禪朝野，應
享明禋。朕臨御以來未及褒獎，茲特遣官貤詔，封為：
昭孝純正孚濟感應聖妃。其服斯命，宏佐麻光，俾清
宴式觀作覯之隆，康阜永著赫濯之賜。欽哉！

祭文云「朕臨御以來未及褒獎」，此次誥封似為明太祖建國
後依禮郊天，推恩誥封百神之例行公事。然查《明史》太祖
本紀是年並無誥封諸神，〈禮志〉亦無誥封記載，按明太祖
即位後，於祀典頗為嚴謹，一面查訪保護，一面禁官員祭淫
祠。《明史》謂：

> 洪武元年，命中書省下郡縣訪求應祀神祇、名山大川、
> 聖帝明王、忠臣烈士，有功於國家及惠愛在民者著於
> 祀典，令有司歲時致祭。二年，又詔天下神祇常有功
> 德於民，事蹟昭著者，雖不致祭，禁人毀撤祠宇。三
> 年，定諸神封號，凡後世溢美之稱皆革去。天下神祠
> 不在祀典者，即淫祠也，有司勿得致祭。[40]

洪武三年更革去諸神封號，《明史》謂：

> （洪武）三年，詔革諸神封號，惟孔子封爵仍舊。[41]

明朝建國之初，南京諸神廟僅十廟，所祀神為：北極真武、
道林真覺普濟禪師寶誌、都城隍、祠山廣惠王張渤、五顯靈
順、漢秣陵尉忠烈公蔣子文、晉咸陽忠貞公卞壼、宋濟陽武
惠王曹彬、南唐忠肅王劉仁瞻、元衛國忠肅公福壽。[42] 天妃
媽祖並未在其列，至永樂七年（1409）始增列入祀典，不知
《天妃顯聖錄》所據為何。

（二）成祖永樂七年以神屢有護助大功，加封護國庇民妙
　　靈昭應弘仁普濟天妃。

《天妃顯聖錄》所錄御祭文，云：

> 成祖永樂七年，欽差太監鄭和往西洋，水途適遇狂颺，
> 禱神求庇遂得全安歸。奏上，奉旨差官致祭，賞其族
> 孫寶鈔各五百貫。本年又差內官張悅、賀慶送勃泥國
> 王回，舟中危急，禱神無恙。歸奏。奉旨差官致祭。
> 本年又差內官尹璋往榜葛剌國公幹，水道多虞，祝禱
> 各有顯應，回朝具奏。聖上以神功浩大，重禪國家，
> 遣太監鄭和，太常寺卿朱焯馳傳詣湄山致祭，加封：
> 護國庇民妙靈昭應弘仁普濟天妃。
> 奉天承運皇帝制曰：惟昭孝純正聖妃林氏，粹和靈惠，
> 毓秀坤元，德配蒼穹，功參玄造，江海之大，惟神所
> 司，佑國庇民，夙彰顯應。自朕臨御以來，屢遣使諸
> 番及饋運糧餉，經涉水道，賴神之靈，保衛匡扶，飛
> 颺翼送，神光導迎，欻忽感通，捷於影響；所以往來
> 之際，悉得安康。神之功德，著在天壤，必有褒崇，
> 以答靈貺，茲特加封：護國庇民妙靈昭應弘仁普濟天
> 妃，仍建廟於都城外，賜額曰：弘仁普濟天妃之宮。
> 爰遣人以牲醴庶羞致祭，惟神其鑒之。

所述媽祖受封與鄭和下西洋屢次獲媽祖護祐有關，成祖誥封
之事，《明史》成祖本紀雖未記載，但禮志四〈南京神廟〉
卻有如下記載，謂：

南京神廟，初稱十廟，北極真武以三月三日、九月九
日。……後復增四，關公廟……。天妃，永樂七年封
為護國庇民妙靈昭應宏仁普濟天妃，以正月十五日、
三月二十三日，南京太常寺官祭。太倉神廟，以仲春、
秋望日，南京戶部官祭。司馬馬祖先牧神廟，以春秋
仲月中旬擇日南京太僕寺官祭。[43]

燕王（成祖）靖難之役，都城陷，宮中火起，惠帝不知所終。
中官雖曾出帝、后屍於火中，葬之。或謂惠帝由地道出亡。
成祖即位後遂分遣人員訪查，海路方面，永樂三年（1405）
六月，派中官鄭和帥舟師下西洋諸國，一以宣揚國威，同時
暗訪惠帝下落。《明史》鄭和傳云：

鄭和，雲南人，世所謂三保太監者也。初事燕王於藩
邸，從起兵，有功，累擢太監。成祖疑惠帝亡海外，
欲蹤跡，且欲耀兵異域，示中國富強，永樂三年六月
命和及其儕王景弘等通使西洋，將士卒二萬七千八百
餘人，多齎金幣，造大舶修四十四丈廣十八丈者六十
二，自蘇州劉家港泛海至福建，復自福建五虎門揚
帆，首達占城，以次遍歷諸番國，宣天子詔，因給賜
其君長；不服，則以武懾之。[44]

大規模且密集的海上遠航，天妃媽祖的護航功能即再顯現，
成祖因而誥封天妃，並於都城外建廟崇奉。明成祖〈御制弘
仁普濟天妃宮之碑〉云：

朕承鴻基。勉紹先志，罔敢或怠，撫輯內外，悉俾生
遂，夙夜兢惕，惟恐弗逮，恒遣使敷教化於海外諸番

> 國，導以禮義，變其夷習。其初，使者涉海洋，經浩渺，颶風黑雨，晦暝黯慘，雷電交作，洪濤巨浪，摧山倒岳，龍魚變怪，詭形異狀，紛雜出沒，驚心駭目，莫不錯愕。乃有神人飄飄雲際，隱顯揮霍，上下左右，乍有忽無，以孚以侑。旋有紅光如日，煜煜流動，飛來舟，凝輝騰耀，遍燭諸舟，熇熇有聲。已而煙消霾霽，風浪貼息，海波澄鏡，萬里一碧，龍魚遁藏，百怪潛匿。張帆蕩艫，悠然順適，倏忽千里，雲駛星疾。咸曰：此天妃神顯靈應，默加佑相。歸日以聞，朕嘉乃績，特加封號「護國庇民靈應弘仁普濟天妃」，建廟於都城之外，龍江之上，祀神報貺。[45]

據上述資料，可知明朝之崇祀媽祖天妃，係由成祖開其端，而庇佑鄭和下西洋則為媽祖受崇封之原因。《天妃顯聖錄》載有〈廣州救太監鄭和〉故事一則，云：

> 永樂元年，欽差太監鄭和等往暹邏國，至廣州大星洋遭風，舟將覆。舟工請禱於天妃。和祝曰：「和奉命出使外邦，忽遭風濤危險，身固不足惜，恐無以報天子；且數百人之命懸呼吸，望神妃救之！」俄聞喧然鼓吹聲，一陣香風颯颯飄來，宛見神妃立於桅端。自此風恬浪靜，往返無虞。歸朝復命，奏上。奉旨：遣官整理祖廟。和自備寶鈔五百貫，親到湄嶼致祭。

故事年代署永樂元年，與《明史》所載鄭和奉使年代早了二年。

（三）宣宗宣德五年（1430）、六年（1431）以出使諸番得庇，俱遣太監並京官及本府縣官員詣湄嶼致祭修整廟宇。

據鄭和等所立太倉〈通番事蹟之記〉及長樂〈天妃之神靈應記〉碑文，鄭和先後於永樂三年、五年、七年、十一（或十二）年、十五年、十九年、宣德五（或六）年七下西洋。[46]兩碑雖署鄭和等人所立，然所書鄭和出使年代卻與《明史》成祖本紀略有出入。

《明史》成祖本紀載鄭和出使年代分別為：永樂三年（1405）六月（五年九月返）、六年（1408）九月（九年六月返）、十年（1412）十一月（十三年七月返）、十四年（1416）十二月（十七年七月返）、十九年（1421）正月（返期不詳）、二十二年（1424）二月（返期不詳），共計六次，每次出使時間長達二年餘，動員人力物力相當可觀。永樂二十二年七月成祖崩，仁宗即位，以明年為洪熙元年。仁宗對浪費大量資源的出使西洋活動並不認同，即位後立罷西洋寶船。仁宗在位僅一年即崩逝，由宣宗嗣位。《明史》宣宗本紀亦未見有鄭和出使西洋記載，似宣宗朝也不再有大規模寶船下西洋活動。而鄭和等所立太倉〈通番事蹟之記〉及長樂〈天妃之神靈應記〉碑文，也僅有：「宣德五年仍往諸番國開詔，舟師泊於祠下。」、「宣德六年仍往統舟師往諸番國開讀賞賜，駐泊茲港。」等模糊字言。《天妃顯聖錄》所載宣德五年（1430）、六年（1431）以出使諸番得庇，俱遣鄭和並京官及本府、縣官員詣湄嶼致祭修整廟宇，應是鄭和等中貴人不

能忘卻永樂朝出使的煊嚇事蹟及媽祖庇護之恩而為之回饋，並非真有其事。

明代，道教勢力凌駕佛教，鄭和下西洋，奏陳媽祖天妃靈應神蹟，朝廷誥封媽祖天妃，道教頗為重視。永樂十四年（1416）道教新編《太上老君說天妃救苦靈驗經》，將天妃納入道教神仙譜系，是年十二月鄭和再度奉命出使西洋。《天妃顯聖錄》〈歷朝顯聖褒封致祭詔誥〉載：

> 永樂十五年，欽差內官王貴通、莫信、周福率領千戶彭祐、百戶韓翊並道士詣廟，修設開洋清醮。

此為《天妃顯聖錄》記載道士參與媽祖醮典儀式的首次。明代南京神廟的玄天真武神、關公等在道教護持下均不斷受誥封，關公更累封至協天上帝；然永樂以後二百餘年間，天妃媽祖卻不曾再受誥封。究其原因，似與佛道兩教對立有關。自南宋媽祖信仰即與佛教維持較密切的互動，而湄洲天妃宮洪武年間建觀音堂，有僧侶駐錫；道教雖重視媽祖信仰，但佛教多年累積的實力，畢竟無法於一朝一夕取代，道教因而退出媽祖信仰的經營。

至元十三年（1276）元朝佔領江南之初，武當山道士即降乩暗示蒙古族終將還政權於漢人。元人陶宗儀《輟耕錄》，卷二十六云：

> 至元十三年，江南初內附，民間盛傳武當山真武降筆，書長短句，曰西江月者，鏤刻於紙，黃紙模印貼壁間。其詞曰：「九九乾坤已定，清明節候開花。米田天下

亂如麻，直待龍蛇繼馬。依舊中華福地，古月一陣還
家，當初指望作生涯，死在西江月下。」[47]

〈西江月〉之五、六兩句，很明顯的可以看出有恢復中華，
北逐胡人之意在內。江南民間盛傳此詞，雖藉宗教之名，實
有團結漢人之意。

所提真武神即北極聖真君，《明史》，諸神祠云：

> 北極佑聖真君者，乃元武七宿。後人以為真君，作龜
> 蛇於其下。宋真宗避諱，改為真武；靖康初加號佑聖
> 助順靈應真君。圖志云真武為淨樂王太子，修煉武當
> 山，功成飛昇，奉上帝命鎮北方，被髮跣足，建皂纛元
> 旗，此道家附會之說。[48]

元武即玄武，本為天文上之斗、牛、女、虛、危、室、壁等
七星宿之總稱，《史記》卷二十七天官書所稱北宮玄武即是，
後被轉引成北方之神或水神，其形為龜蛇合體。《後漢書》，
王梁傳云：

> 赤伏符曰：王梁主衛作玄武。……玄武，水神之名。[49]

其下注云：

> 玄武，北方之神，龜蛇合體。

其後，道家奉為真武大帝，並有龜蛇二將。朱元璋少時雖曾
在皇覺寺出家，與佛教淵源甚深，但其開國過程中，卻提出
驅逐韃虜恢復中華的口號，因而獲得道教的支持。《明史》

卷五十，禮四，〈南京神廟〉，將真武之祀列為十廟之首，
同卷〈諸神祠〉更引《國朝御製碑文》，謂：

> 太祖平定天下，陰佑為多，嘗建廟南京崇祀。

至正二十三年（1363）朱元璋與陳友諒鄱陽湖之戰，為雙方
興亡成敗關鍵戰役，朱元璋《御製西征記》，即提及真武神
的龜、蛇默佑事，謂：

> 洪武癸卯（1363）秋，以巨舟千艘，載甲士十萬。是
> 日天風東發，揚帆沂流，西征荊楚禍祺之後。纜解舟
> 行，時兩岸諸山，墨雲霾靄，左雷右電，江湖洶湧，
> 群鳥萬數，挾舟翅焉。少頃，有蛇自西北浮江趨柁，
> 朕親視之。斯非神龍之化若是歟？果天不我捨。……
> 次日，舟師抵采石，泊牛渚磯。未幾，一龜、一蛇浮
> 擬柁後，略不畏人。[50]

據《明史》太祖本紀，是役，陳友諒軍號六十萬，以巨艦出
戰，朱元璋諸將舟小，仰攻，不利。朱元璋親自指揮，並斬
退縮者十餘人；最後，趁東北風大起，命敢死士操七舟，實
火藥、蘆葦，焚陳友諒舟，卒敗之。

真武神除與明太祖開國有關外，明成祖靖難之役，真武
神亦扮演了重要角色。《明史》諸神祠云：

> 成祖靖難，以神有顯相功，又於京城艮隅並武當山重
> 建廟宇。兩京歲時朔望各遣官致祭，而武當山又專官
> 督祀事。[51]

所謂顯相，即神之形相浮現空中，在宋、元時代，如僧伽顯聖也常有在空中顯相之情形。假如靖難之役，真武神果僅顯像陰佑，似其功不足以當成祖如此大禮，可解為靖難之役有崇祀真武之道士集團在幕後協助。成祖靖難之役，論功以姚廣孝（1335～1418）為第一。《明史》姚廣孝傳，謂：

> 帝（成祖）轉戰山東、河北，在軍三年，或旋或否，職守機事，皆決於道衍（姚廣孝）。[52]

是整個靖難之役，其幕後決策者為姚廣孝。姚廣孝表面上是僧人，但《明史》謂姚廣孝為醫家子，師事道士席應真，得其陰陽術數之學，故能為靖難之役作決策，當然席應真一系道士集團即為靖難之役之幕後支持者。另一參與靖難之役者為著名道士張三丰，《明史》謂：

> 惠帝之崩於火，或言遯去，諸舊臣多從者。帝（成祖）疑之。（永樂）五年，遣（胡）濙領御製諸書并訪仙人張邋遢（三丰），偏行天下州郡鄉邑，隱查建文帝安在。[53]

雖然《明史》未說明此行成果，但觀十年後胡濙返北京，成祖半夜接見，旋將其由七品官擢升為三品官的工部侍郎，命其調動湖北丁夫三十餘萬人，費百萬計，大營武當山宮觀。既成，賜名大和太岳，設官鑄印以守。胡濙、張三丰似已完成訪查惠帝使命，讓武當派道士及真武神贏得政府最高信任及祀典地位。[54]

相對於重用道教人士，明成祖卻因與惠帝間的政爭，對
支持惠帝的佛教僧侶加以壓迫，長期囚禁惠帝時之主錄僧溥
洽。《明史》姚廣孝傳謂：

> （永樂）十六年三月，入覲，年八十有四矣。病甚，
> 不能朝，仍居慶壽寺。車駕臨視者再，語甚歡，賜以
> 金唾壺。（成祖）問所欲言，廣孝曰：「僧溥洽繫久，
> 願赦之。」溥洽者，建文帝主錄僧也。初，帝入南京，
> 有言建文帝為僧遁去，溥洽知狀，或言匿溥洽所。帝
> 乃以他事禁溥洽，而命給事中胡濙等遍物色建文帝，
> 久之不可得。溥洽坐繫十餘年，至是，帝以廣孝言，
> 即命出之。廣孝頓首謝。

明成祖死後多年，民間仍有惠帝為僧之說，讓明朝統治者不
得不防範。《明史》恭閔帝本紀云：

> 燕兵犯金川門，左都督徐增壽謀內應，伏誅。谷王橞
> 及李景隆叛，納燕兵，都城陷。宮中火起，（惠）帝
> 不知所終。燕王遣中使出帝、后屍於火中。越八日壬
> 申，葬之。或云（惠）帝由地道出亡。正統五年，有
> 僧自雲南至廣西，詭稱建文皇帝。思恩知府岑瑛聞於
> 朝。按問，乃鈞州人楊行祥，年已九十餘，下獄，閱
> 四月死。同謀僧十二人皆戍遼東。自後，滇、黔、巴
> 蜀間，相傳有帝為僧時往來蹟。[55]

按鈞州乃武當山所在地，惠帝生於至正十五年（1350），若
正統五年（1440）惠帝尚存，適九十一歲，與楊行祥年齡相

當。英宗為成祖曾孫，為防帝位爭議，對傳說為建文帝的九十餘歲老僧加以囚禁，隨從諸僧則遠戍遼東。背負如此政治原罪，難怪成祖及繼承其政權的嫡系子孫親道教而防佛教。而媽祖天妃雖在永樂年間受封，但因其背後支持者為僧人集團，故不受明廷支持，終明之世，媽祖封號仍僅止於天妃，神格並未被提升。

六、清朝誥封與祀典

（一）《天妃顯聖錄》所載誥封與祀典

　　初版刊行於明清鼎革之際，原編者如林蘭友即心存民族大義，不會以異族誥封為榮，清朝誥封與祀典為康熙二十三年汪楫策封琉球返國後，林麟焻所為增補。其內容，計有加封一命，賜祭一則。

　　1、皇清康熙十九年（1680）將軍萬以征剿廈門得神陰助取捷，並使遠遁，具本奏上，敕封護國庇民妙靈昭應弘仁普濟天妃。

　　《天妃顯聖錄》〈歷朝襃封致祭詔誥〉云：

> 康熙十九年，神助萬將軍克敵廈門。奏上，欽差禮部員外郎辛保等賚香帛詔誥加封致祭。奉天承運皇帝制曰：國家懷柔百神，式隆祀典，海嶽之祭，罔有弗虔。若乃明祇效靈，示天心之助順，滄波協應，表地紀之安流，聿弘震疊之威，克贊聲靈之渥，豈繫人力，實惟神麻；不有襃稱曷彰偉伐！維神鍾奇海徼，綏奠閩

疆，有宋以來累昭靈異。頃者島氛不靖，天討用張，
粵自禍牙，以逮奏凱，歷波濤之重險，如枕席以過師，
潮汐無虞，師徒競奮，風飆忽轉，士氣倍增，殲鯨鯢
於崇朝，成貔貅之三捷。神威有赫，顯號宜加，特封
爾為護國庇民妙靈昭應弘仁普濟天妃，載諸祀典。神
其佑我兆民，永著安瀾之績，眷茲景命，益昭重潤之
庥！敬遣禮官，往修祀事，維神鑒之。

《天妃顯聖錄》另載有〈清朝助順加封〉故事一則，云：

國朝康熙庚申（十九）年二月十九日，舟師征剿，駐
崇武，與敵對壘。夜夢天妃告之曰：「吾佐一航北汛，
上風取捷，隨使其遠遁。」次日，果得北風驟起，敵
遂披靡，大敗而退。至二十六日，舍廈門，入臺灣。
內地海宇，自是清寧。萬將軍大感神助，立即具本奏
神保佑之力。聖上甚慰陰功，欽賜御香、御帛，差官
賫詔到湄廟，加封致祭。

康熙十九年（1680）的誥封是清朝首度誥封媽祖，《清朝通
典》載其事云：

康熙十九年六月，以平定臺海，封海神天妃為護國庇民
妙靈昭應弘仁普濟天妃，遣官詣福建莆田縣致祭。[56]

崇武之役，是清朝擊退鄭經在大陸軍隊的關鍵戰役，是役鄭
經水師副總督朱天貴率舟師降清，康熙二十二年（1683）施
琅復率朱天貴所部水師逼降鄭克塽。

按康熙十八年（1679）底，清廷挾平定吳三桂等三藩軍事之餘威，擬與荷蘭東印度公司聯軍，徹底摧毀鄭經在閩武力。然時值冬季，臺灣海峽東北季風盛行，荷人舟師無法由巴達維亞前來會師。康熙十九年，正月，清水師提督萬正色入海壇，清軍大船二艘被明鄭水師左都督朱天貴所部擊沈，清軍稍怯。二月，萬正色在福州催造船隻完畢，即遣人赴漳、泉州，知會清將喇哈達、賴塔、姚啟聖、楊捷、吳興祚等人，分從水、陸進攻鄭經軍駐守各據點。二月十九日明鄭水師總督林陞與萬正色戰於崇武，突海風大作，萬正色收泊泉州港，吳興祚則督陸師沿海放砲。林陞等船無所取水，欲退泊金門遼羅灣。朱天貴等將領恐因退師而動搖人心，勸其進泊海壇。林陞不聽，下令全部退泊遼羅灣。林陞退泊遼羅灣，鄭經於思明（廈門）接報，疑其師敗北，遂將劉國軒所部軍隊自觀音山調回防守思明。

劉國軒撤軍，鄭經所部隨之動搖。清將喇哈達、賴塔、姚啟聖、楊捷等乘機統漢、滿騎兵進攻，清軍接著於二月二十六、七兩日，分克陳州、玉州、觀音山等十九寨及海澄縣。鄭經不得已於二十七日撤離思明，退歸澎湖；朱天貴則以副總督殿後之機，率所部降清。[57]

上述戰役，明鄭由小勝轉敗之關鍵，在林陞與萬正色崇武之戰時突發之海風。萬正色將之歸功為媽祖顯靈庇佑，奏請清廷誥封、致祭。清廷亦於是年六月頒詔誥封，遣禮部員外郎辛保等賫香帛赴湄洲致祭，開啟清朝對媽祖誥封的契機。

2、康熙二十三年（1684）琉球冊使汪楫以水道危險荷

神護佑，復命，奏請春秋祀典；又將軍施琅以澎湖得捷，默叩神助，奏請加封。俱差官賚香帛詔誥到湄褒嘉致祭。

《天妃顯聖錄》〈歷朝褒封致祭詔誥〉載琉球正使汪楫、林麟焻等題：為聖德與神庥等事，云：

> 臣等一介小儒，遭逢聖主，特允會推，遣使海外。臨軒天語如典如謨，臣等凜遵訓誨，恭捧御覽詔敕及諭祭文三道，星馳赴閩，於二十二年六月二十日諭祭海神天妃於怡山院。是時東風正猛，群言夏汛已過，未易開洋；乃行禮甫畢，風聲忽轉，柁樓旌旗盡皆北向。臣等知屬天妃示異，決計放舟。二十三日辰刻，遂出五虎門。過東沙山，一望茫茫，更無山影，日則雙魚引道，夜則萬鳥迴翔，助順效靈不可殫述。以海道考之，廿四日當過小琉球、花瓶嶼、雞籠、淡水諸山；而是日辰刻已過彭佳山，酉刻已過釣魚嶼，不知諸山何時飛越。廿五日應見黃尾嶼，不知何以遂踰赤嶼。廿六日夜見姑米山，又不知何以遂至馬齒山。此時琉球接封之陪臣唯恐突如出境，彼國無所措手，再拜懇求暫泊澳中，容其馳報。乃落篷而篷不得下、拋椗而椗不可留，瞬息已入琉球之那霸港，直達迎恩亭前矣；時方辰刻，距開洋三晝夜耳！臣等未經蹈險，視等尋常，而彼國臣民莫不相看咋舌，群言：「自古迄今未有神速如此者」，共稱聖人在上，海不揚波，則聖人在上，海可飛渡。遠人駭嘆如此，臣不敢不據實奏聞。至於貧瘠小邦，常苦風旱，乃者典禮既竣，甘雨如傾，

颶風不作，群欣足食。凡此天澤之應，何非聖德之感！洵足流光史冊，焜燿千秋者也。臣等潔己勵眾，幸免愆尤，冬汛歸舟，還思利涉，而其時御筆詔敕盡留海邦，百神呵護不可復冀。風濤震撼，浪與天高，掀嶔無已，人皆顛覆。臣等當百死一生之際，惟有忠試自信必無他虞；煙灶盡委逝波，無由得窺彼岸。於是肅將簡命，共籲天妃，謂：神既受封聖朝，自應佑臣返節；如其獲濟，當為神乞春秋祀典，永載皇恩。虔禱方終，神應如響。於時，束柂之鐵箍已斷十三而柂不散，繫篷之頂繩一斷不可復續而篷不墮，柂前之金拴裂踰尺而船不壞。有此三異，可歎神功。伏乞敕下禮臣，議舉春秋二祭，著地方官敬肅奉行，則海疆盡沐神庥、履坦無非聖澤矣！伏乞睿鑒施行。

奏上後，康熙批由禮部議奏。施琅閱邸報，見汪楫等題本，時適逢清軍攻克澎湖，鄭克塽遞出降表，遂奏上〈為神靈顯助破逆請乞皇恩崇加勅封〉，云：

靖海將軍侯福建提督施，為神靈顯助破逆，請乞皇恩榮加勅封事：竊照救民伐暴，示天威之震揚，輔德效靈，見神明之呵護。閩之湄洲島，有歷代勅封天妃，往來舟楫每遇風濤險阻，呼之獲安。前提督萬曾經題請勅封。臣奉命征勦臺灣，康熙二十一年十一月·師次平海澳。澳離湄洲水道二十里許，有天妃廟，緣遷界圮毀，僅遺數椽可蔽神像，臣因稍為整掃以妥神。廟左有一井，距海數武，纔止丈餘，蕪穢不治。臣駐

師其間，時適天旱七月餘，該地方人民咸稱：往常雨
順，井水已不能供百口，今際此愆陽，又何能資大師
所需？臣遣人淘浚，泉忽大湧。自二十一年十一月至
次年之三月，晝夜用汲不竭，供四萬眾裕如也。此皆
皇上峻德格天，使神功利我行師也。臣乃立石井旁，
額之曰師泉，以誌萬古不朽，且率各鎮營弁捐俸重建
廟宇。及康熙二十二年六月十六、廿二等日，臣在澎
湖破敵，將士咸謂恍見天妃，如在其上，如在其左右。
而平海之人，俱見天妃神像是日衣袍盡濕，與其左右
二神將兩手起泡，觀者如市，知為天妃助戰致然也。
又先於六月十八夜，臣標署左營千總劉春夢天妃告之
曰：二十一日必得澎湖，七月可得臺灣。果於二十二
日澎湖克捷，七月初旬內臺灣遂傾島投誠，其應如響。
且澎湖、八罩、虎井，在大海之中，井泉甚少，供水
有限。自臣統師到彼，每於潮退就海次坡中扒開尺許，
俱有淡水可餐，從未嘗有。及臣進師臺灣，彼地之淡
水遂無矣，均由我皇上至仁上達昊蒼，故無往而不得
神庥，俾臣克底成功，非特賜顯號無以揚幽贊之美，
彰有赫之靈。臣擬於班師敍功之日，一起題請加封。
近接邸報，冊封琉球正使汪楫以聖德與神庥等事具題
請封，因先以其靈異詳陳。伏乞皇上睿鑒勅封，並議
加封。

奏上後，據內閣關於康熙帝令遣官致祭天妃之神的記注云：

> 康熙二十三年甲子八月二十二日卯早，福建水師提督
> 施琅請旨封天妃之神，禮部議：不准行，但令致祭。
> 上曰：此神顯有默佑之處，著遣官致祭。此本還該部
> 另議。[58]

建請加封一事，禮部建議不加封，僅遣官致祭。但康熙對禮
部「不准行」意見不盡贊同，將簽文退還禮部另議，而於康
熙二十三年（1684）八月廿四日，欽差禮部郎中雅虎等賷香
帛到湄廟致祭。《天妃顯聖錄》載祭文云：

> 國家茂膺景命，懷柔百神，祀典具陳，罔不祇肅。若
> 乃天麻滋至，地紀為之效靈，國威用張，海若於焉助
> 順，屬三軍之奏凱，當專譯之安瀾，神所憑依，禮宜
> 昭報。惟神鍾靈海表，綏奠閩疆，昔藉明威，克襄偉
> 績，業隆顯號，禋享有加。比者，慮窮島之未平，命
> 大師之致討，時方憂旱，光澤為枯，神實降祥，泉源
> 驟湧，因之軍聲雷動，直搗荒陬，艦陣風行，竟趨巨
> 險。靈旗下颱，助成破竹之功，陰甲排空，遂壯橫戈
> 之勢。至於中山殊域，冊使遙臨，伏波不興，片帆飛
> 渡，允茲冥佑，豈曰人謀。是用遣官敬修祀事，溪毛
> 可荐，黍稷惟馨。神其佑我家邦，永著朝崇之戴，眷
> 茲億兆，益弘利賴之功。惟神有靈，尚克鑒之。

康熙二十三年八月，清朝雖未加封媽祖，但是年稍後康熙於
湄洲敕建天妃神祠，隨後加封為天后。據雍正三年（1725）
九月九日巡臺御史禪濟布奏〈為海神効靈乞天嘉賞事〉摺云：

臣等聞前海將軍臣施琅征服臺灣之時，舟師戰於澎湖……經臣施琅恭疏具題。聖祖仁皇帝勅建天妃神祠於其原籍興化府莆田縣湄洲，勒有勅文以紀功德。隨又加封天后。[59]

摺中提及康熙二十三年加封天妃為天后事，《欽定大清會典事例》錄有：

（康熙）二十三年，加封天妃為天后。[60]

《欽定大清會典事例》雖未說明加封天后之日期及原因，但可佐證禪濟布所述應非杜撰。但可能因為清廷加封天妃為天后，非於林麟焻、施琅奏請後之第一時間，遂未廣為外界所知，故其後許多官文書如康熙年間臺灣府所修各府、縣志仍稱媽祖為天妃；雍正四年（1726）福建水師提督藍廷珍奏請雍正御書匾額仍稱媽祖為天妃，皆其例。

（二）《欽定大清會典事例》所載誥封與祀典

《天妃顯聖錄》成書於明清政權更迭之際，編者居於明朝立場編撰，因時代動盪，初版印行數量似不多。康熙十九年（1680）鄭經退出福建，二十二年（1683）鄭克塽降清，媽祖信仰皆發揮了支持清軍的功能，清廷也予以誥封致祭。林麟焻等遂予增補印行，〈歷朝顯聖褒封二十四命〉收錄資料即止於康熙二十三年。而〈歷朝褒封致祭詔誥〉則又增錄雍正四年（1726）正月福建水師提督藍廷珍以康熙六十年（1721）克復臺灣題請匾聯及十二月謝恩疏文。

　　雍正以後有關天后媽祖的誥封與祭典，大致皆見於光緒十三年（1887）清德宗敕撰《欽定大清會典事例》，卷四百四十五、四百四十六禮部，羣祀，諸神祠一、二兩卷中。茲錄所載康熙以迄光緒十三年間有關天妃、天后祀典、誥封資料如下：

1、康熙十九年（1680）
　　敕封護國庇民妙靈昭應宏仁普濟天妃，廟祀福建莆田縣。（註云：謹案神宋初林氏女，始封靈惠夫人，歷元明累封天妃。）

2、康熙二十三年（1684）
　　加封天妃為天后。

3、雍正十一年（1733）
　　題准：福建省城南臺天后廟，令該督撫春秋致祭。並各省省城舊有天后祠宇，皆一體致祭。如省城未曾建有祠宇者，查明所屬府州縣原建天后祠宇，擇規模宏敞之處，令地方官修葺，奉秋致祭。

4、乾隆二年（1737）
　　封天后為護國庇民妙靈昭應宏仁普濟福佑群生天后。

5、乾隆二十二年（1757）
　　封天后為護國庇民妙靈昭應宏仁普濟福佑群生誠感咸孚天后。

6、乾隆五十三年（1788）

諭：據福康安等奏，凱旋官兵分起渡洋，內福州駐防一起官兵在鹿仔港更換大船候風放洋，有領催蘇楞額等乘坐哨船，已至港口未上大船，陡起風暴，飄至大洋，正在危急，忽有異鳥飛至船頭，船戶等謂得神佑必無可虞。適於黑水洋遇見他船兵丁等救護過船，見原坐船下有數丈大魚浮出水面，原船登時沈沒等語。此次派往臺灣剿捕官兵及運送錢糧鉛藥等項渡洋多獲平穩。前次福康安自崇武澳放洋，前抵鹿仔港，千里洋面，一晝夜即已遄達，皆仰賴天后助順靈應垂庥，實深欽感。茲福康安等奏福州駐防官兵內渡船隻在港口被風，遇危獲安，疊徵靈異，允宜增益鴻稱，襃封崇號，著於天后舊有封號上加增顯神贊順四字，用答神庥而隆妥侑。

又諭：沿海處所敕建天后神廟屢著靈應，而福建湄洲係神原籍，現在臺灣大功告成，官兵凱旋一路遄行安穩，仰賴神庥，疊昭靈貺，允宜特著明禋，用彰崇報。著翰林院撰擬祭文發往，嗣後該督撫於天后本籍祠宇春秋二季，敬謹蠲潔讀文致祭，以隆祀事而答嘉庥。仍交該部載入祀典。

又諭：據李奉翰奏，清口惠濟祠天后神廟歲時報祭，未著祀典，請一體頒發祭文，於春秋二季致祭等語。前因派往臺灣官兵渡洋穩順，仰庇神庥，特於天后封號上加顯神贊順四字，並令在莆田湄洲本籍祠宇春秋致祭以彰靈感。今清口惠濟祠供奉天后神像，屢著靈應，本年河流順軌，運道深通，自應一體特著明禋以光祀典。著交翰林院撰擬祭文發往，於春秋二季，令地方官虔誠致祭，並著李奉翰將新加封號四字敬謹增入神牌，俾河工永慶安瀾，益昭靈貺。

7、嘉慶五年（1800）

　　諭：沿海地方崇奉天后，仰承靈佑昭垂，歷徵顯應，現在各洋面巡緝兵船及商船往來，均賴神力庇佑。著該衙門再擬加增四字，並著翰林院衙門撰擬祭文，即交此次冊封琉球國正使趙文楷齎往福建，敬謹致祭。

又加封天后為護國庇民妙靈昭應宏仁普濟福佑群生誠感咸孚顯神贊順垂慈篤祜天后之神。

8、嘉慶六年（1801）

　　議准崇祀天后父母。照雍正三年追封關帝先代之例，敕封天后之父為積慶公，母為積慶公夫人。由部行文福建巡撫、江南河道總督……於莆田湄洲及清口惠濟祠二處天后宮後殿製造牌位春秋致祭。

9、嘉慶二十四年（1819）

　　諭：朕於嘉慶十七年六月間，因大內及御園向來供奉水府諸神，特命兩江總督百齡於祀典內所載天后、惠濟龍神封號、神像，敬謹繕錄摹繪，並將清江浦殿宇規制繪圖貼說進呈，於御圖仿照建蓋，以妥神靈，隨時瞻禮，為民祈福。

10、道光六年（1826）

　　加封天后為護國庇民妙靈昭應宏仁普濟福佑群生誠感咸孚顯神贊順垂慈篤祜安瀾利運天后之神。

11、道光十九年（1839）

　　加封天后為護國庇民妙靈昭應宏仁普濟福佑群生誠感咸孚顯神贊順垂慈篤祜安瀾利運澤覃海宇天后之神。

12、道光二十一年（1841）

　　議加封天后父母封號。父為衍澤積慶公，母為衍澤積慶公夫人。

13、道光二十八年（1848）

　　加封天后為護國庇民妙靈昭應宏仁普濟福佑群生誠感咸孚顯神贊順垂慈篤祜安瀾利運澤覃海宇恬波宣惠天后之神。

14、咸豐二年（1852）

　　加封天后為護國庇民妙靈昭應宏仁普濟福佑群生誠感咸孚顯神贊順垂慈篤祜安瀾利運澤覃海宇恬波宣惠導流衍慶天后之神。

15、咸豐三年（1853）

　　加封天后為護國庇民妙靈昭應宏仁普濟福佑群生誠感咸孚顯神贊順垂慈篤祜安瀾利運澤覃海宇恬波宣惠導流衍慶靖洋錫祉天后之神。

16、咸豐五年（1855）

　　加封天后為護國庇民妙靈昭應宏仁普濟福佑群生誠感咸孚顯神贊順垂慈篤祜安瀾利運澤覃海宇恬波宣惠導流衍慶靖洋錫祉恩周德溥天后之神。

17、咸豐五年（1855）

　　加封天后為護國庇民妙靈昭應宏仁普濟福佑群生誠感咸孚顯神贊順垂慈篤祜安瀾利運澤覃海宇恬波宣惠導流衍慶靖洋錫祉恩周德溥衛漕保泰天后之神。

18、咸豐七年（1857）

　　加封天后為護國庇民妙靈昭應宏仁普濟福佑群生誠感咸孚顯神贊順垂慈篤祜安瀾利運澤覃海宇恬波宣惠導流衍慶靖洋錫祉恩周德溥衛漕保泰振武綏疆天后之神。

19、同治八年（1869）

　　以天后右二神將護運有功，勑封為金將軍、柳將軍。

20、同治十一年（1872）

　　奏准：天后封號字數過多，前已定為四十字以昭慎重。惟本屆海運迅速抵津，江蘇巡撫復請加封。此次勑封之後，即永為限制，於各處天后神牌一體增入，嗣後續有顯應事蹟，由各該督撫另行酌辦。奉旨：加封天后嘉佑二字。

21、光緒五年（1879）

　　奏准：貴州鎮遠府城地方建立天后祠宇，春秋致祭。

　　上述資料二十一則，可補《天妃顯聖錄》之〈歷朝顯聖褒封二十四命〉綱目之不足。2003 年 10 月北京第一歷史檔案館等單位據清朝宮中檔、起居注等檔案資料於印行之《清代媽祖檔案史料匯編》所錄史料一百四十六則，恰可與《欽定大清會典事例》互相參證。清代誥封媽祖原因，約略可歸納為如下數類。

　　1、與庇佑平定臺灣軍事有關。康熙十九年擊退鄭經、康熙二十二年擊敗鄭克塽、雍正四年平定朱一貴克復臺灣、乾隆五十三年平定林爽文、嘉慶十一年平定蔡牽，均為影響

一方安危的大規模海上軍事活動,而媽祖屢次顯靈護佑軍事活動,奠定清朝君臣二百餘年虔誠奉祀媽祖的基礎。

2、與冊封琉球使節有關者。康熙二十二年遣汪楫、林麟焻,乾隆二十二年全魁、周煌,嘉慶五年趙文楷、李鼎元,嘉慶十四年齊鯤等,道光十八年林源年、高人鑑,同治五年趙新、于光甲等六次冊封琉球國王,冊使出發前均赴天妃〈后〉祠宇致祭,返國後均依例請誥封致祭。

3、與河海工程有關者。雍正七年浙江建天妃閣奉祀媽祖,乾隆五十三年祭江口惠濟祠,乾隆五十八年祭江南清黃交匯處天后宮,嘉慶十七年祭清江浦天后、龍神,於御圖仿照建蓋殿宇以妥神靈,隨時瞻禮祈福,嘉慶二十二年起每歲春秋派員於御園惠濟祠致祭,同治十三年塘工告峻頒發匾額等。因為將天后視為海神或水神,故不論海潮沖擊或黃河暴漲與修海河防工程,清朝皆求助於天后媽祖並回報,尤其御園惠濟祠列入春秋祀典後,皇帝例需派員代為致祭,天后媽祖的地位實已非地方諸神祠格局。

4、與運送京師漕糧有關者。清初江南漕糧概由運河輸送,道光以後改由海運,航海風險增加,道光六年海運漕糧成功加天后封號,咸豐二年海運平穩加封,咸豐五年神佑海運加封、賜匾等,均與天后庇佑有關。

5、其他。包含辦理海上防務、祈求雨、暘等。其中,與臺灣有關者有二則,其一為光緒七年(1881)十月十五日頒匾額給臺屬天后廟,云:

內閣奉上諭：何璟、岑毓英奏神靈顯應，請頒扁額等
語。臺灣各屬天后廟素著靈應，本年六月暨閏七月間，
臺灣沿海地方叠遭颶風、狂雨，勢甚危急，經官紳等
詣廟虔禱，風雨頓止，居民田廬不致大有傷損，實深
寅感。著南書房翰林恭書扁額一方交何璟等祗領，敬
謹懸挂，以答神庥。[61]

其二為光緒十三年（1887）二月二十四日頒匾額給笨港天后
廟，云：

內閣奉上諭：劉銘傳奏神靈顯應，懇頒扁額一摺。福
建嘉義縣城隍廟、龍神廟及笨港天后宮均著靈應，上
年該縣地方自春徂夏，雨澤愆期，田禾枯槁，經該官
紳等詣廟虔禱，甘霖立沛，歲獲有秋，實深寅感。著
南書房翰林恭書扁額各一方交劉銘傳祗領，飭屬分詣
懸挂，以答神庥。[62]

清朝祀典中的天后媽祖雖仍未脫離海神、水神及救護神等性
格，然而清末媽祖信仰也隨著華人移民而生根於海外。光緒
五年晉、豫災荒，香港、安南、暹邏、新加坡、呂宋等南洋
華商捐款三萬餘兩賑災，福建巡撫丁日昌為請頒御書匾額予
潮州會館關帝及天后。[63]光緒二十五年山東水災，新嘉坡潮
商合捐銀六千兩，兩廣總督譚鍾麟為新嘉坡天后宮請得匾額
一方均為其例。[64]

七、結語

　　《天妃顯聖錄》〈歷朝顯聖褒封二十四命〉是媽祖信仰構成的核心，二十四命之後有致祭誥文；本傳則有對應故事補充說明情節，是媽祖信仰的核心價值所在。然因文獻記載不全，故〈歷朝顯聖褒封二十四命〉條文內容難免有錯漏不全之處，經考訂後應調整為：

宣和五年（1122）護佑使高麗舟，賜順濟廟額。

紹興二十六年（1155）郊典，封靈惠夫人。

紹興三十年（1160）助禦海寇，加封昭應。

乾道三年（1167）湧泉醫疫，加封崇福。

淳熙十二年（1185）溫台剿寇，封為靈惠昭應崇福善利夫人。

紹熙三年（1192）救旱大功，進爵靈惠妃。

慶元四年（1198）救甌閩潦，加封助順。

嘉定元年（1208）淮甸退敵，加封顯衛。

寶祐二年（1254）濟興泉饑，加封為助順嘉應英烈協正妃。

寶祐三年（1255）加封慈濟。

寶祐四年（1256）錢塘助堤，封靈惠嘉應協正善慶妃；並追封媽祖父母及女兄、諸佐神。

景定三年（1262）助捕海寇，進封顯濟妃。

至元十五年（1278）郊天，誥封護國明著靈惠協正善慶顯濟天妃。

至元二十五年（1288）加封為廣祐明著天妃。

大德三年（1299）加封為護國庇民明著天妃。

天曆二年（1329）加封為護國庇民廣濟福惠明著天妃，賜廟

額曰靈慈。

至正九年（1349）加封天妃父為種德積慶侯，母育聖顯慶夫人。

永樂七年（1409）封為護國庇民妙靈昭應弘仁普濟天妃。

清康熙十九年（1680）封護國庇民妙靈昭應弘仁普濟天妃。

康熙二十三年（1684）勅封天妃為天后。

雍正以後媽祖信仰盛，清廷不僅下令沿江沿海各省均建祠春秋致祭，嘉慶皇帝更在御園建天后廟，隨時上香為民祈福，禮遇遠超前朝，而賜匾額給天后宮更奠基海外僑社，對媽祖信仰散佈至海外有實質促進作用。

註釋

1. 鄭玄注，《禮記》卷第 49，〈祭統〉第 25。嘉慶 20 年，阮元校印本。民國 66 年，台北，大化書局印行。

2. 同註 1，卷第 47，〈祭義〉第 24。

3. 同註 1，卷第 46，〈祭法〉第 23。

4. 本文所據《天妃顯聖錄》為臺北中央圖書館臺灣分館藏本，本文有關《天妃顯聖錄》之引述皆據此。為節省篇幅，以下均不再一一註明出處。

5. 白塘《李氏宗譜》〈宋徵辟敕授〉民國鋼板刻印本。

6. 潛日友《咸淳臨安志》卷 73，外郡行祠，順濟聖妃廟，丁伯桂〈順濟聖妃廟記〉。民國 69 年，台北，大化書局印行。本文有關丁伯桂〈順濟聖妃廟記〉之引述皆據此，為節省篇幅，以下均不再一一註明出處。

7. 脫脫《宋史》卷 169，職官 9，〈換官〉。民國 60 年，台北，成文出版社印行。

8. 徐兢《宣和奉使高麗圖經》卷 34，梅岑。民國 55 年，台北，藝文印書館印行。

9　同註 8，卷 39，禮成港。

10　梁克家《三山志》卷 8，昭利廟。民國 66 年，台北，大化書局印行。

11　同註 7，卷 105，禮 8，諸祠廟。

12　《莆田縣志》卷一興地志，城外屬東廂，〈靈惠井〉。

13　同註 6，丁伯桂〈順濟聖妃廟記〉。

14　宮兆麟《莆田縣志》卷 17，人物志，名臣，陳俊卿。民國 52 年，台北，莆仙同鄉會印行。

15　同註 14，卷 4，建置志，寺觀，顯濟廟。

16　懷蔭布《泉州府志》卷 29 名宦，兵馬都監，姜特立傳。民國 53 年，台南，朱商羊印行。

17　同註 7，卷 35，本紀第 35，孝宗 3。

18　同註 14，卷 8，職官志，名宦。

19　劉克莊《後村先生大全集》卷 91，風亭新建妃廟記。上海，商務印書館縮印本。

20　宋濂等《元史》，志卷第 27，祭祀 5，名山大川忠臣義士之祠。民國 60 年台北，成文出版社印行。

21　同註 20，本紀卷第 10，世祖 7，至元 15 年 8 月。

22　同註 20，本紀卷第 15，世祖 12，至元 25 年 6 月。

23　同註 20，本紀卷第 20，成宗 3，大德 3 年 2 月。

24　同註 20，本紀卷第 33，文宗 2，天曆 2 年 10 月。

25　同註 20，本紀卷第 42，順帝 5，至正 9 年 2 月。

26　同註 16，卷 26，壇廟寺觀，天后宮。

27　同註 7，卷 47，本紀第 47，瀛國公，附二王。

28　同註 20，卷 9，本紀第 9，世祖 6。

29　同註 16，卷 73，紀兵。

30　同註 29。

31　同註 20，本紀卷第 27，英宗 1，至治 1 元年 5 月。

32　同註 20，本紀卷第 28，英宗 2，至治 3 年 2 月。

33　同註 20，本紀卷第 29，泰定帝 1，泰定 2 年 9 月。

34　同註 20，本紀卷第 30，泰定帝 2，泰定 3 年。

35　同註 20，本紀卷第 30，泰定帝 2，泰定 4 年。

36　同註 20，本紀卷第 30，泰定帝 2，致和 1 年 6 月。

[37] 同註 20，本紀卷第 33，文宗 2，天曆 2 年 11 月。

[38] 同註 14，卷 34，祥異志。

[39] 同註 14，卷 18，人物志，忠義傳，陳文龍、陳瓚。

[40] 張廷玉等修《明史》，卷 50，禮 4，吉禮 4，諸神祠。民國 60 年，台北，成文出版社印行。

[41] 同註 40，卷 50，禮 4，吉禮 4，聖師之祭。

[42] 同註 40，卷 50，禮 4，吉禮 4，諸神祠。

[43] 同註 42。

[44] 同註 40，卷 304，宦官，鄭和。

[45] 明成祖〈御制弘仁普濟天妃宮之碑〉。本文引自蔣維錟編校《媽祖文獻資料》，1990 年福建人民出版社發行；原碑立於永樂 14 年 4 月 6 日，現存南京建寧路，為江蘇省重點文物保護單位。

[46] 太倉〈通番事蹟之記〉已不存，碑文引自蔣維錟編校《媽祖文獻資料》。

[47] 陶宗儀《輟耕錄》卷 26，民國 55 年，台北藝文印書館印行。

[48] 同註 42。

[49] 班固《後漢書》列傳卷 12，王梁傳。民國 60 年台北，成文出版社印行。

[50] 沈節甫輯《紀錄彙編》，朱元璋《御製西征記一卷》，台北，藝文印書館百部叢書集成本。

[51] 同註 40，卷 50，禮 4，諸神祠。

[52] 同註 40，卷 145，列傳 33，姚廣孝傳。

[53] 同註 40，卷 169，胡濙傳。

[54] 同註 40，卷 299，列傳第 187，張三丰傳。

[55] 同註 40，卷 4，本紀第 4，恭閔帝。

[56] 《清朝通典》卷 50，禮，吉 10，直省所在神祠。民國 76 年，台北商務印書館印行。

[57] 江日昇《臺灣外記》卷 19；賴永祥，《明鄭藩下官爵表》，樓船左鎮朱天貴。

[58] 第一歷史檔案館等編《清代媽祖檔案史料匯編》，1、內閣關於康熙帝令遣官致祭天妃之神的記注。2003 年，北京，中國檔案出版社出版。

[59] 同註 58，2、巡視臺灣監察御史禪濟布等為請賜天后祠匾額事奏摺。

60 《欽定大清會典事例》卷 445，禮部，群祀，直省禦災捍患諸神祠廟。

61 同註 58，137，光緒 7 年 10 月 15 日，著南書房恭書扁額交何璟於臺灣沿海天后廟懸挂事上諭。

62 同註 58，143，光緒 13 年 2 月 14 日，著南書房恭書扁額於笨港天后宮等廟懸挂事上諭，該匾現懸於北港朝天宮正殿。

63 同註 58，132，光緒 5 年 4 月 2 日，軍機處錄前福建巡撫丁日昌為南洋華商捐賑請頒匾額事奏摺

64 同註 58，145，光緒 25 年 4 月 15 日，軍機處錄兩廣總督譚鍾麟等為商民捐賑請頒匾額事奏摺。

第五章　媽祖元始金身考

一、前言

　　媽祖信仰起源於宋代，至清朝雍正 11 年（1733）政府通令全國沿江沿海各省建廟奉祀，使信仰據點廣佈在中國沿海沿江各省；今日，世界上有華人居住的國家都有媽祖信仰，台灣，更是媽祖信仰的大本營。媽祖信仰雖已流傳近千年，但有關媽祖生前事蹟，明末雖有《天妃顯聖錄》編輯行世，記述其家世、生卒年月、生前事蹟、靈應事蹟、歷朝誥封，但仍留下許多謎團。

　　媽祖信仰在臺灣已逐漸超越其他信仰成為民間祠祀的主流，中共政權也體認到這股趨勢，在兩岸政治對立氣氛日趨緩和情況下，讓媽祖信仰在福建省恢復，新建湄洲媽祖廟，將媽祖定位為「海峽兩岸和平女神」，以為促進「祖國統一大業」的媒介，爭取許多臺灣信徒到湄洲進香謁祖；同時，為增進兩岸互動，也讓媽祖相關文物來臺灣展示，最後更讓媽祖神像來臺遶境，除直接與臺灣各地媽祖廟進行交流外，更寓有宣示宗教文化主權意涵。20 餘年來，這些活動已漸漸影響臺灣的媽祖信仰形態，目前臺灣各媽祖廟幾乎都有湄洲媽祖進駐的蹤跡，「元朝石雕媽祖元始金身」也曾為某些廟宇舉辦媽祖活動的識別標幟。「元朝石雕媽祖元始金

身」於媽祖信仰具有指標性意義，筆者因而前往莆田從事田
野調查，以明其緣由。

二、媽祖元始金身訪臺

　　民國 86 年 1 月 22 日，福建省莆田市湄洲嶼的湄洲媽祖
來臺灣進行為期一百天的宗教交流活動，主辦單位「湄洲媽
祖遊臺灣活動籌備處」宣稱：「此次活動最大特色是『具八
百多年歷史的元朝石雕媽祖元始金身、湄洲祖廟寢殿的媽祖
金身——這兩尊難得一見的國寶級古蹟文物，及鎮宮之寶媽
祖御璽，都將展現在國人眼前。』」[1]

　　是日，台灣各主要電視公司全程轉播媽祖蒞臨過程，
筆者應臺灣電視公司記者劉麗惠之邀，至中正機場現場，
對觀眾講解媽祖事蹟、信仰沿革、歷朝封誥、祭典等。在
轉播過程中，劉麗惠小姐曾以臺灣有人質疑主辦單位宣稱
首次來台的「元朝石雕媽祖元始金身」是假造的，問筆者
看法？

　　余回答謂：

　　　一、媽祖信仰起源於宋代，北宋時即有祠祀之，元始
　　　金身應為宋代文物，此石像若為元代文物即不宜稱為
　　　元始金身；若為元始金身則其年代應為宋代。二、來
　　　台媽祖元始金身石像造型為婦女穿袍結跏趺座，頭上
　　　覆軟帽，無飾物，服為交領，寬襟巨袖的罩袍，頗似
　　　元朝（蒙古族）民婦粧扮，並非朝廷命婦扮相，與目

前流傳媽祖神像有很大歧異。若此神像為元朝文物，則當時媽祖已受朝廷誥封為「顯衛妃」，衣服應非素服，且頭上應有妃飾始合禮制。

稍後，主辦單位召開記者會，會中分發了一本《湄洲媽祖遊臺灣紀念專刊》[2] 書中〈湄洲媽祖遊臺三大寶物亮相〉的單元中，對「元朝石雕媽祖元始金身」如何而來？形狀如何？有一段描述謂：

> 湄洲祖廟珍藏的這一尊媽祖石雕像，高 29 厘米，寬 22 厘米，青石質，圓雕，型制古樸，碩巾帕首，大襟廣袖，垂拱跌坐，頰頦豐實，具有唐宋婦女典型風格。它是八〇年代初祖廟寢殿修復時出土的，同時出土的還有一些宋代陶筒瓦、瓦當、青瓷片、石避邪等……湄洲媽祖元始金身是元朝石雕，迄今已逾八百年歷史，大陸列為國家保護級文物，連一般前往湄洲媽祖廟進香的信徒都不易見到；此次是在大陸當局特准下，才得以出遊臺灣，可謂媽祖成道千年來之創舉。[3]（圖 5-1）

圖 5-1 湄洲媽祖元始金身

　　此外，在《湄洲媽祖遊臺灣紀念專刊》吳鈴嬌撰的〈湄洲媽祖廟牽動兩岸情〉「石頭媽圓臉蒜鼻」裡，也談到這尊『石頭媽』說：

> 媽祖是真人真事，塑像卻永遠是工藝師們心中的影像，因此，祖廟謁靈時，宮庭樓閣裡的神像，造型大大不同於分靈的臺灣媽祖。不過，一位福建的對台辦官員說，媽祖是莆田人，大圓臉、蒜頭鼻比較接近典型，那尊『石頭媽』可信度自然高，只是，臺灣客烙在心頭的媽祖早已定型，要修改，難啊！[4]

由於學術界尚未研究出媽祖在各朝代、不同爵位的基本造型，所以無法說明來臺石像是「元朝湄洲媽祖元始金身石雕」

的理由，僅以石像是在湄洲掘出，其臉型與莆田人典型相似，即斷定為元代媽祖元始金身，送來台灣接受信徒香火。

　　湄洲媽祖遊臺參訪團，在百天之後返回大陸，媽祖元始金身的問題已沒有人加以注意，但臺灣已有虔誠信徒將「元朝石雕媽祖元始金身」的照片供奉在廟內神案，對媽祖信仰仍產生些許影響。

三、湄洲祖廟

　　湄洲因係媽祖的家鄉，但祖廟創建年代並未見文獻記清楚記載，宋代文獻均僅簡單載：「妃（媽祖）莆田林氏女，湄洲故家有祠。」這種說法，普遍為媽祖信徒認同，故湄洲祖廟在媽祖信仰上有其不可取代的地位。元文宗天曆 2 年（1329）曾遣官致祭天下各廟，湄洲即為賜祭 12 廟之 1，其時湄洲廟應已具規模。明朝洪武年間因政府防範反對勢力潛藏，曾實施海禁政策；嘉靖年間因倭寇侵襲；清康熙初年，為防阻居民接濟鄭成功軍隊而下令遷界移民，這三件大事，使湄洲嶼曾出現無人居住的情形，也就是湄洲媽祖廟在歷史上曾有香火衰微的時期。

　　媽祖信仰奠立輝煌地位的年代是在康熙 20 年（1681）清朝攻打臺灣前後數年。首先是康熙 19 年（1680）福建總督姚啟聖、萬正色擊退鄭經，鄭經水師副總督朱天貴率舟師降清，姚啟聖奏請朝廷遣官致祭，並捐貲重興湄洲廟殿宇。接著康熙 20 至 22 年，施琅率朱天貴所部舟師攻打澎湖，媽祖多次顯靈濟師，施琅奏請誥封媽祖，並重興湄洲天妃宮殿

宇。此後台灣發生朱一貴、林爽文抗清事件,清軍迭次來臺靖亂,事後官員均以媽祖顯靈濟師,奏請賜匾致祭並興修廟宇,湄洲天后宮因而形成幾個建築群,據傳殿宇共 99 間,上山步道石碑林立,駐錫僧侶數十人,規模宏偉。

民國 18 年(1929)國民政府為啟迪民智,誘導百姓勿陷於迷信,一度查禁淫祠,除基督、天主、佛、伊斯蘭等宗教外,一概禁止信仰。莆田地區居民惟恐媽祖廟受波及,遂改天后宮為「林孝女祠」,向國民政府陳報媽祖孝順事蹟藉以保留。大體在國民政府時期,雖有訓政時期反對迷信的政策,但因民眾反應劇烈,並未嚴格執行,媽祖信仰雖未特別受尊崇,但也未受迫害。

民國 38 年(1949)10 月,中華人民共和國建立,國民政府退守臺灣,海峽兩岸呈對抗狀態,雙方都在沿海佈置重兵。湄洲島因係控扼湄洲灣出入的戰略要地,民國 43 年國民政府一度軍事登陸加以佔領,後以無法固守撤離,此後中共軍隊即駐紮當地。民國 40 年代,共產黨在大陸各地建立人民公社,廟宇被改為公共建築,當學校、醫院、倉庫、糧站、漁業加工廠等用途,接著在連續展開的大躍進、文化大革命等社會運動中,廟宇都備受摧殘。大躍進時墳場被推平當農田,祠堂廟宇內的金屬器如銅像、香爐等拿去當煉鋼原料,木製匾額、對聯當柴火燒,至文化大革命,破四舊、立四新,各種「舊」的文物都是紅衛兵破壞的對象,廟宇建築、雕塑、器物如各種神像、圖書、宗族譜都被無情的摧毀,媽祖廟既然是封建遺物,當然也在剷除之列。[5] 湄洲媽祖廟的

建築群，除了地勢較低，被改碼頭辦公室的聖父母祠建築物得以保留外，其餘都被拆除、破壞。

　　1970 年代後期，中共結束文革動亂，在外交上改採談判替代對抗政策，先後與國民政府主要盟邦日本、美國建交，接著取代中華民國為聯合國常任理事國；外交的勝利讓中共領導人有信心採取緩和開放的內政政策，逐漸調整經濟體制，允許個體戶出現。在此大時代的變局下，湄洲島從事漁網製作批售的個體戶林杜聰治，因經常搭船進出湄洲嶼與對岸莆田黃石港，在航海時感受到祈求安全的心靈需求，也回憶起早年全家奉祀媽祖的經驗（夢見媽祖託夢要重建廟宇），乃結合幫助她編織漁網的女伴阿二和十六等人，在湄洲媽祖昇天古蹟岩壁左側（原天后宮寢殿）以舊有石材、磚瓦搭建 12 平方公尺大小的祠宇，奉祀媽祖。

　　小祠搭建後，湄洲嶼的媽祖信徒都暗中前來朝拜，也有人提議在原天后宮寢殿舊址另建較正式廟宇。因支持者多，乃決議執行。事定後，眾人利用閑暇自備棉被、糧食至山上整地、鑿石，有人協助將文革時被拆除移置當地人民公社的梁柱暗中取回，[6]群策群力完成湄洲媽祖廟的第一幢建築。

　　共產黨是無神論者，建廟行為違反政府規定，當地官員以此為搞迷信，對林聰治等人施壓要求停止工程，當地駐軍也以民眾頻頻進出軍區影響安全，反對建廟；但眾人信心卻未動搖。1979 年廟宇峻工，為一單殿式建築，規模約略與台灣鄉村小廟相當。廟雖不大，但為湄洲島第一座重建成功的媽祖廟，為媽祖信仰重興開創契機。

　　1980 年代，中共在進入聯合國後，了解武力解放臺灣
不易被國際社會接受，對台灣的戰略，開始改「武力解放」
為「和平統一」。其手段，一方面敞開門戶，讓隨國民政府
來台，已離鄉背井數十年的大陸人返鄉探親，藉親情、鄉情
穩住原籍大陸居民的向心；另方面則開放沿海漁場，讓台灣
漁民前往捕魚，且在閩、粵等省沿海設立 13 個漁民服務站，
免費為台灣漁民提供飲水、加油、修補漁船等服務以拉攏民
間向心。此外，從中央到地方全面成立「對臺辦公室」，沿
海各省「對臺辦公室」則由原來負責海防安全的「海防部」
改組成立，專辦涉臺事務。

　　對中共的開放措施，台灣漁民最初並不相信，縱然遇到
颱風，也不敢貿然進入共區漁港避風，只有在對臺辦人員及
船艦押制下才不得已「被俘」上岸。這些漁民最初小心翼翼，
不敢妄動，後來看對臺辦人員不僅未加刑問，反而友善提供
各種免費加油、加水等服務，且協助購買各種物品，漸漸相
信中共友善的態度是真的。大陸物價低廉，中藥材素為臺灣
進口主要商品，中共開放的消息迅速的在漁民間傳開。少數
大膽、投機的漁民就主動到大陸，請求對臺辦人員協助購買
片仔癀（中藥，治無名腫毒）、當歸、川芎等中藥材，裝在
塑膠筒中走私返臺，有的以電子錶等貨物與大陸漁民交換漁
獲，雙方各取所需，各得其利。

　　臺灣漁民因普遍信奉媽祖，著名媽祖廟如北港朝天宮、
鹿港舊祖宮等都是由湄洲分香而來，湄洲媽祖的盛名，早就
耳聞，至湄洲媽祖廟看看或祭拜的意願也較濃烈。當時湄洲
媽祖廟雖規模小，但當地物價低廉，雕造一尊 2 公尺高神像

只需人民幣 300 元，前往參拜的漁民都熱心捐資雕造神像，
或獻香爐、器物，不一而足。海外信徒千里迢迢來祭拜媽祖，
熱心捐獻的虔誠行為，看在湄洲人眼裡，也更堅定其對媽祖
的敬信心。

　　1980 年代的大陸，民間信仰在中共的眼中仍然是一種
迷信，不得提倡，尤其湄洲媽祖廟的重建，吸引了各地信徒
前往拜拜，對駐守在湄洲嶼的共軍而言是一種困擾，欲加驅
離，似乎違反開放政策，任香客自由進出也多少會影響到軍
隊秩序，乃向上級反映，建議：軍隊若要駐守湄洲嶼，則請
將媽祖廟拆除；若要保留媽祖廟，則請將軍隊調駐他處。中
共當局考慮到「和平統一」既然是國家政策，讓軍隊駐紮在
媽祖廟旁，不啻是「和平統一」政策的諷刺，最後決定將軍
隊調離湄洲嶼。

　　1980 年代開始，中共積極的研究、推動各種統一策略，
在學術方面，於 1983 年由中共政協代表陳碧笙[7]以紀念清朝
統一臺灣三百周年名義，出版《臺灣府志三種》，刻意強調
施琅統一臺灣的功績。同年將莆田、仙遊二縣合併為莆田
市，升格為福建省直轄市，啟用前莆田一中校長林文豪為首
任政協主席，兼任湄洲媽祖廟董事長，賦予執行對海外與媽
祖信仰、交流有關事務。1989 年成立湄洲島國家旅遊度假
區管委會，配合開發湄洲嶼觀光資源。

四、媽祖元始金身的發現

1987 年，中共莆田市政協在籌辦媽祖千年祭時，即著手調查整理當地有關媽祖文物以便舉行「媽祖文物展覽」。曾前往參加媽祖千年祭的臺灣的民俗文藝基金會理事長徐瀛洲，向中共福建省方邀請來臺辦理媽祖文物展並獲同意。福建省文化處乃擴大調查媽祖文物。其中一組人在莆田市西天尾鎮龍山村林氏祠堂左側神龕發現一尊穿袍的石雕神像，因當地為莆田林氏肇基地，祠堂正中繪有林氏九牧圖，調查人員以該石像既然是林家祖傳奉祀的神像，即視為宋代媽祖加以登錄，並於 1994 年來臺灣鹿耳門天后宮展出百日。唯此次展出地點偏僻，「宋代媽祖」石像並未引起特別注意及討論。

第二次來臺的「元朝石雕媽祖元始金身」是湄洲媽祖廟在文化大革命後第一階段重建時發現的，當時湄洲媽祖廟的修建，尚為民間私人行為。1996 年 1 月湄洲媽祖來臺，《湄洲媽祖遊臺灣紀念專刊》謂：

> 元朝湄洲媽祖元始金身石雕」「是八〇年代初祖廟寢殿修復時出土的，同時出土的還有一些宋代陶筒瓦、瓦當、青瓷片、石避邪等。

似乎湄洲媽祖廟寢殿重建時，曾有不少文物出土。但石像被發現後，因湄洲祖廟執事人員都沒有祭拜媽祖石像的記憶，所以將之視為莆田地方民間崇奉的「泗洲文佛」[8]，將之置於發現地旁「昇天古蹟」石壁下，設一小神龕供人祭拜。

民國 83 年「媽祖文物展覽」展出文物，西天尾鎮林氏祠堂的石雕神像被當成「宋代媽祖」送來臺灣展出。湄洲祖廟聞訊後也將自家石雕神像向政府反映，並由省文物專家鑑定為元代媽祖；但當時來臺文物已經包裝上櫃，不能為湄洲的石像延宕行程，遂未來臺灣展出。[9] 湄洲媽祖廟發現的石雕神像，經福建省文物專家鑒定為元代文物，[10] 搖身變為國家級文物，湄洲媽祖廟乃加以裝框保護，改置於寢殿奉祀。

五、媽祖元始金身的田野考察

為解開媽祖元始金身石雕之謎，民國 87 年 1 月，民國 88 年 2、3 月間筆者前往莆田地區進行考察，與湄洲祖廟名譽董事長林文豪、董事長林金榜及發現石像的工作人員見面，經告知媽祖元始金身石像是在中共未介入重建媽祖廟前，在刻有「昇天古蹟」石壁旁原天后宮寢殿附近整地時無意中發現，因為當時中共仍視拜拜為迷信，也不是計劃性考古挖掘，所以沒有政府經費支援、沒有考古文物專家參與，當然沒有完整的出土過程及記錄留下。

媽祖金身石雕既然是從莆田市西天尾鎮龍山村林氏祖祠引發，筆者乃由蔣維錟等人陪同往訪林氏祖祠。林氏祖祠主建築已經廢圮，基址尚留有殘壁，在遺址後方十公尺處重建新宇，為一字形平房，二幢連在一起，右側為林氏祖祠，左側為天后聖母祠，建於西元 1991 年，二祠間立一塊同治 2 年（1863）重修祖祠石碑。

　　經訪問時年 82 歲的林氏族長林世華,據謂:建築物是
參酌早年格式重建,分為二間,一邊為林氏祠堂,奉祀始祖
林披以下歷代祖先;另一邊名為「玉寶堂」,奉祀在莆田創
立三一教的林氏祖先林龍江[11],1994 年被徵集至臺灣展出的
石媽祖即林龍江,林氏祠堂原未奉祀媽祖林默娘。1991 年
重建祠堂時,因中共政府只開放媽祖祠宇重建,遂將玉寶堂
改稱天后聖母祠,林龍江石像乃移至祖祠左側神龕。被視為
「宋代媽祖」的林龍江石像,高 25 公分,男像,頭戴軟帽,
所穿袍服左上方靠襟處有一扣環,較似僧袍,與湄洲島發現
的「元朝湄洲媽祖元始金身石雕」的女身素袍造型,有男女
之異,而林氏族人雖謂石像為林龍江,但福建文史工作者卻
不認同博物館界的看法,認為是泗洲文佛。

　　民國 83 年來臺灣展出的宋代媽祖石像,龍山村林氏後
裔謂是林龍江,蔣維錟認為是泗洲文佛,且神像為男身,稱
之為「宋代媽祖石像」並無所據。同理,湄洲島發現的「元
朝湄洲媽祖元始金身石雕」雖是女身,也無其他佐證證明其
為媽祖。(圖 5-2)

圖 5-2 林氏九牧祠之石像

　　二尊曾來臺展出的媽祖神像，莆田學者蔣維錟謂為泗洲
文佛，莆田地區民眾多在三叉路口或丁字路口供奉之，俗稱
佛公，其像以石雕之，其造型不一，有男有女，尺寸、大小
也不同，「元朝湄洲媽祖元始金身石雕」不脫泗洲文佛造型。

　　1998 年，筆者前往湄洲，拜訪祖廟執事人員，並至「媽
祖故里」的上林（行政區為東蔡大隊）、高朱等聚落訪查當
地廟宇，在上林聚落一條彎曲小路看到一正方形石敢當條
石，高約 110 公分，四旁每旁約 20 公分，上刻「山方水順
川，結末」等字，此似為古代上林廟神明管轄範圍之結界標。
另一處看到同型長條石柱，上刻「土地正神」等字。湄洲嶼

於兩岸對峙時期駐紮軍隊,某些寺廟被徵為軍營使用,文物破壞嚴重,未發現有泗洲文佛祠宇。

1999 年,筆者復至莆田,在蔣維錟先生引導下,至莆田市城廂區、仙遊楓亭鎮等地找尋泗洲文佛蹤跡。首先在城廂區東里村東里巷找到找到第 1 座泗洲文佛像,像嵌在丁字路口交叉牆壁上。文佛造型豐腴碩壯,石質,高約 55 公分,寬約 45 公分,男性,為彌勒佛坐姿造型,與湄洲發現的媽祖石媽祖像完全不同。神龕兩旁有二幅對聯,分別為「佛在三路口,人安東里居」、「佛遊歸回三路口,人安久居東里村」。據說原來石像在「湄洲媽祖元始金身」巡台後被偷,目前奉祀石像係新雕。

其次,在涵江區白塘葡口村社廟「鰲江西社」(社廟兼奉祀媽祖),新建於乙丑(1985)年,廟內左側神龕也奉祀泗洲文佛,佛像繪在一塊磨平青斗石上,斜靠在側壁上。所繪泗洲文佛,是一個典型僧人樣,頭上有戒疤,表情嚴肅,與東里村泗洲文佛造型類似,神龕旁邊木柱刻有:「歲次戊辰年仲春月穀旦建造」等字,戊辰年為民國 77 年,因建築經費不足,泗洲文佛石像尚未聘請工匠雕琢。

第 3 座泗洲文佛在涵江區延齡街后溝路丁字路口找到,是一座小祠,建在交叉路側,四周砌有圍牆,側面開一小門,上鎖,非常隱密,若無當地人指引、找到管理人開啟,不易發現其內尚有乾坤。神像為女性雕像,頭上覆蓋軟帽,軟帽上有飾玉,著袍服,盤腿趺坐,臉頰較長,隆鼻巨眼,與東里、葡口看到的泗洲文佛造型完全不同。

　　接著又在當地居民引導下，在延齡街后溝路 39 號找到民家（許玉榮）奉祀的泗洲文佛。許玉榮年約 60 歲，工人出身，泗洲文佛及一尊媽祖神像，供奉在許家頂樓加蓋建築物神案上，神案中間供媽祖，左側供奉泗洲文佛，是其母生前傳下。媽祖像高約 20 公分，眼、鼻等原始漆線及手部都已脫落，外型並不完整，應為清末文物。詢問神像破損原因，許玉榮謂：文革期間紅衛兵破四舊，許玉榮母親將神像埋藏於土內受潮，開放媽祖信仰後挖出，漆已脫落。泗洲文佛為女性造型，臉部長圓，表情肅穆，似非華人，像為石質，高約 45 公分，向後呈約 30 度傾斜，前面完整，後面粗略，似是準備嵌在壁上。文佛與前述後溝路泗洲文佛、湄洲媽祖石像之服飾造型雷同，但臉型則由白種人轉變為華人。

　　第 5 座泗洲文佛在仙遊縣楓亭鎮雙鳳橋（通湄洲灣）進入村落的路口找到，為一座小祠，祠為雙併，中間以牆壁隔開，向村莊面供奉福德正神，向村外面奉祀泗洲文佛。廟宇前橫樑上一對吊燈，上書「泗洲文佛」四字，廟門對聯書：「南無佛，佛在西天。東有橋，橋通北海」，橫披：「慧眼渡人」。石像為女性浮雕，頭戴軟帽，著袍服，盤腿坐姿，巨眼高鼻，臉頰較長，明顯為白種人造型，與涵江區後溝路口所見石像，同為白種人造型。（圖 5-3）

圖 5-3 雙鳳橋泗洲文佛

　　根據上述考查，發現莆田地區目前仍廣泛存在泗洲文佛的信仰，第 1 種神像造型以女相為主，為深目高鼻，臉頰脩長的白種人，穿袍服，頭戴軟帽，盤腿趺坐，雙手重疊置於膝間，如雙鳳橋、後溝皆是，其年代似較早。第 2 種造型已轉為接近華人婦女造型，如湄洲、許玉榮家所見皆是，年代新舊皆有。第 3 種造型則為男性，似彌勒佛或僧人，近年新雕者皆為此類。另蔣維錟先生曾賜增數幀早年所攝泗洲文佛像，尚有小僧狀者。可知泗洲文佛原為莆田民間重要信仰，其造型有僧、有俗，男、有女，有白種人、華人，「元朝湄洲媽祖元始金身石雕」為泗洲文佛女身造型雕像無誤；然其臉部輪廓已經為漢人的圓型臉，與女身泗洲文佛造型為高鼻巨眼的白色人種不同。

六、泗洲文佛、觀音與媽祖

　　莆田人稱泗洲文佛為佛公或聖公，陳長城、鄭邦俊合撰
的〈祀佛公聽佛卦〉描述莆田普遍信仰佛公習俗，云：

> 過去莆田各處逢三叉路口，多建有小神龕，供奉佛
> 公。佛公亦叫泗洲文佛或聖公，夏季一到，七、八月
> 時，每當皓月當空，更深人靜，往往有老少婦女，三
> 五成群，聚集佛公龕前，焚香祝禱。[12]

又謂泗洲文佛與釋迦牟尼佛、彌勒佛鬥法失敗，被釋迦牟尼
佛封於三叉路口為人指點路徑、禍福，云：

> 釋迦牟尼佛、彌勒佛和泗洲文佛鬥法，誰修道成功，
> 能使鐵樹開花的，大家奉他為尊者。鬥法後，彌勒佛
> 最先使鐵樹真的開花，文佛告訴彌勒，彌勒一時高
> 興，笑得雙眼瞇瞇，不留神時，開花的鐵樹被釋迦據
> 為己有。彌勒佛未發覺。佛公背後不平，向彌勒揭發，
> 彌勒一怒之下，拿起滿裝穀種的布袋返回西天。這時
> 佛公又想，如果彌勒將滿裝穀種帶歸西天，那麼下界
> 眾生將來糧食呢？佛公請准釋迦，放出老鼠，叫老鼠
> 將彌勒佛的布袋給咬了幾個洞，彌勒一步一步走，後
> 面布袋裏穀種慢慢散去滿地。這樣西天、下界都有穀
> 種，都有得吃。事後以釋迦為主，論功行賞，釋迦封
> 彌勒佛到大寺廟，說他經常開口便笑，很有人容，適
> 合在寺廟大門口迎接客人；佛公好講閒話，封他在三
> 叉路口為來往客人指點路徑、禍福。……這傳說把泗

洲文佛塑造成為一個正直、公正、光明磊落、顧全大局的形象。[13]

一個有資格與釋迦牟尼佛、彌勒佛鬥法的人，應該是祖師級的人物，但佛教典籍中卻無其名，故〈祀佛公聽佛卦〉又謂佛公：「在佛教典籍中是不登大雅之堂的無名小卒」並引周亮工《閩小記》[14]、施鴻葆《閩雜記》[15]，謂其人為《神僧傳》或《高僧傳》的泗洲僧伽大師。

僧伽大師係於唐朝來華傳教，《高僧傳》為後梁會稽嘉祥寺沙門釋皎所撰，而唐朝釋道宣所撰《續高僧傳》則成於唐宗貞觀十九年（645）其年代均早於僧伽來華年代，故書中均無僧伽大師傳。中唐時，李白〈僧伽歌〉描述僧伽云：

> 真僧法號號僧伽，有時與我論三車，問言誦咒幾千遍，口道恒河沙復沙。此僧本住南天竺，為法頭陀來此國，戒得長天秋月明，心如世上蓮色。意清淨，貌棱棱，亦不減，亦不增。瓶裏千年鐵柱骨，手中萬歲胡孫藤。嗟予落魄江淮久，罕遇真僧說空有，一言懺盡波羅夷，再禮渾除犯輕垢。[16]

因僧伽卒時李白僅十歲，故宋代即有人疑此詩非李白所作。詩中的僧伽，是一位學富五車，戒行高深，手持藤杖淨瓶，為弘法而來華之頭陀。

僧伽之見重於世是在五代末北周及北宋的統一戰爭，在戰爭前夕，僧伽託夢泗州州民，勿於北周的統一戰爭中草率

應戰。其結果促成泗州不戰而降。《宋高僧傳》〈唐泗州普光王寺僧伽傳〉（以下簡稱〈僧伽傳〉）云：

> 洎乎周世宗有事于江南，先攻取泗上，伽寄夢於州民，言不宜輕敵。如是，達于州牧，皆未之信。自爾，家家夢，同告之。遂降，全一郡，生民賴伽之庇矣。天下凡造精廬必立伽真相，牓曰：「大聖僧伽和尚」，有所乞願，多遂人心。李北海邕、胡著作浩各為碑頌德。[17]

僧伽託夢故事對繼承北周政權，急欲統一江南的宋太宗而言十分具有啟發性，欲瞭解其生前事蹟，向僧贊寧索閱〈僧伽實錄〉，及贊寧與通慧奉敕撰《宋高僧傳》始將僧伽傳收錄，題為〈唐泗州普光王寺僧伽傳〉。另《佛祖歷代通載》唐，戊申「泗洲大士僧伽詔入宮供養，度惠儼、惠岸、木叉三人為侍者」條，謂「神化事蹟俱如蔣穎叔所著傳。」可見北宋仁宗朝進士蔣之奇（穎叔）曾撰〈僧伽傳〉，且獲佛門重視。[18]

　　《宋高僧傳》〈僧伽傳〉並未敘及宋朝如何運用僧伽信仰，但元至正四年（1344）刊印之《金陵新志》卷十四卻有北僧助宋朝用間平江南之事例二。一為開寶初北僧小長老至江南，說南唐後主於牛頭山造寺千餘間，及宋師渡江即以其寺為營；二為北僧某立石塔於采石磯，草衣藿食，後主及國人施遺，僧皆拒不取，及宋師下池州，僧繫浮橋於石塔，始知其為間諜。[19]

《金陵新志》〈曹彬傳〉謂：

> 太祖伐江南，以彬將行營之師，彬分兵由荊南順流而東，破峽口砦，進克池州，連克當塗蕪湖二縣，駐軍采石磯，作浮梁跨大江以濟師，大破其軍于白鷺洲。[20]，

可見運用僧侶為間牒，是宋朝能平定江南關鍵因素之一。割據福建的陳洪進於太平興國 3 年（978）不戰降宋，文獻雖未見與僧伽信仰有直接關連，但宋太宗會特別推重僧伽，其內在意涵值得推敲。〈僧伽傳〉云：

> 今上（宋太宗）御宇也留心于此（僧伽事）。其年三月有尼遊五臺山迴，因見伽於頂作嬰孩相，遂登剎柱捨身命供養。太平興國七年（982）敕高品白承睿重蓋其塔，務從高敞，加其累層。八年，遺使別送舍利寶貨同葬于下基焉。續敕殿頭高品李庭訓主之。先是，此寺因竉中金像刻其佛曰「普照王」，乃以為寺額。後避天后御名，以光字代之。近宣索僧伽實錄，上覽巳敕還。題其額曰：「普照王寺」矣。[21]

僧伽的來歷，〈僧伽傳〉記載云：

> 釋僧伽者，蔥嶺北何國人也。自言俗姓何氏，亦猶僧會，本康居國人，便命為康僧會也。然合有胡梵姓名，名既梵音，姓涉華語。詳其何國，在碎葉國東北，是碎葉附庸耳。

據日本箭內互博士編繪，和田清增補之《東洋讀史地圖》〈隋
代亞洲形勢圖〉，何國位於東經 66 度，北緯 40 度，即今烏
茲別克斯坦共和國納沃伊州 [22]，在碎葉國（今吉爾吉斯斯坦
共和國境內）西方而非東北，與波斯相接。何國與康國人種
相同，人皆深目高鼻，為昭武九姓胡的粟特人，善經商，有
祆祠，奉佛。

《魏書》列傳第 90，西域〈康國〉云：

> 康國者康居之後也……，其王本姓溫，月氏人也，
> 舊居祁連山北昭武城，因被匈奴所破，西踰蔥嶺，
> 遂有其國，枝庶各分王，故康國左右諸國並以昭武
> 為姓，示不忘本也。其王索髮，冠七寶金花，衣綾
> 羅錦繡，白疊。其妻有髻，幪以皂巾。丈夫翦髮錦
> 袍，名為彊國，西域諸國多歸之。米國、史國、曹國、
> 何國、安國、小安國、那色波國、烏那曷國、穆國皆
> 歸附之。有胡律，置於祆祠。……人皆深目高鼻，
> 多髯，善商賈，諸夷交易多湊其國。……奉佛，為
> 胡書……太延中（北魏太武帝，435～439）始遣使
> 貢方物，後遂絕焉。[23]

康國在北魏時即曾遣使來華，何國在隋朝大業年間也開始遣
使貢方物，其人民早與中國往來。《隋書》西域，〈何國〉
云：

> 何國都那密水南數里，舊是康居之地也，其王姓昭
> 武，亦康國王之族類……東去曹國百五十里，西去小

安國三百里，東去瓜六千七百五十里，大業中曾遣使貢方物。[24]

僧伽來華，先至今甘肅武威，再至江淮，於淮陽建寺，奉普照王。〈僧伽傳〉云：

> 伽在本土，少而出家，為僧之後誓志遊四方，始至西涼府，次歷江淮，當龍朔（高宗661～663）初年也。登即隸名於山陽龍興寺，自此始露神異。初將弟子慧儼，同至臨淮，就信義坊居人，乞地下標。誌之言，決於此處建立伽藍。遂穴土，獲古碑，乃齊國香積寺也。得金像，衣葉刻「普照王佛」字。居人歎異云：「天眼先見，吾曹安得不捨手！」其碑像由貞元長慶中兩遭災火，因亡蹤矣。

僧伽以其神通傳教，晚年為唐中宗所重，延至廟堂供奉，中宗特頒寺額普照（光）王，為其教取得在華合法傳教資格；卒時年83，在華傳教53年。〈僧伽傳〉云：

> 中宗孝和帝景龍二年，遣使詔赴內道場，帝御法筵，言談造膝，占對休咎契若合符，乃褒飾其寺曰「普光王」。四年庚戌示疾，敕自內中往薦福寺安置，三月二日儼然坐亡，神彩猶生止瞑目耳。俗齡八十三，法臘闒知，在本國三十年，化唐土五十三載。……先是，此寺因竁中金像刻其佛曰「普照王」，乃以為寺額。後避天后御名，以光字代之。近宣索僧伽實錄，上覽已敕還。題其額曰：「普照王寺」矣。

僧伽死後被視為觀音化身，卒後 112 年始獲賜號證聖大師。
〈僧伽傳〉云：

> 帝以仰慕不忘，因問萬迴師曰：「彼僧伽者，何人也？」
> 對曰：「觀音化身也。經可不云乎：『應以比丘身得
> 渡者，故現之沙門相也。』……二年（穆宗長慶，822）
> 錫號「證聖大師」。

僧伽有弟子：木叉、慧儼、慧岸三人，中宗各賜衣盂令嗣香
火。〈僧伽傳〉云：

> 弟子木叉者，以西域言為名，華言解脫也。自幼從
> 伽為剃鬆弟子，然則多顯靈異……中和四年（僖宗，
> 884）賜諡曰「真相大師」，于今侍立于左若配饗焉。
> 弟子慧儼，未詳氏姓生所，恒隨師僧伽執侍缾錫，
> 從楚州發至淮陰……，抵盱眙，開羅漢井。宿賀跋
> 玄濟家，儼侍十一（二）面觀音菩薩旁。自爾詔僧
> 伽上京師，中宗別敕度儼并慧岸、木叉三人，各別
> 賜衣缽焉。

綜上所述，可規納出僧伽其人如下：
（一）為中亞臨近波斯的何國人，生於唐太宗貞觀二年，卒
　　　於景龍四年（628～710），壽八十三，卒後百十二年
　　　諡證聖大師。
（二）三十歲來華，先至西涼府，再歷江淮，最後以臨淮（今
　　　安徽省淮安）為傳教區域，在華傳教五十三年。

（三）僧伽為頭陀，所奉神名普照王佛，所建寺唐中宗賜額
　　　普照王寺，後避武則天諱易名普光王寺，北宋再用普
　　　照王寺額。

（四）僧伽有弟子三人，木叉為西域人，自幼即師事僧伽，
　　　唐僖宗諡真相大師；慧儼未詳姓氏生所，常隨僧伽執
　　　侍瓶、錫；慧岸事蹟不詳，中宗各賜衣盂令嗣香火。

（五）僧伽為深目高鼻的粟特人，與莆田楓亭，涵江所見造
　　　型深目高鼻型泗洲文佛像雷同。

（六）僧伽死後被視為觀音化身。

　　　僧伽長相，據清光緒年間葉德輝校梓《繪圖三教源流搜
神大全》，〈泗洲大聖〉，所附「泗洲大聖」像，其狀為一
站立男人，頭戴軟帽，帽下緣垂至肩膀以下，著寬袖長胡袍，
腰繫長帶，右手持杖，與佛教僧人打扮迥異。[25]但其著寬袖
胡式長袍，頭戴軟帽，帽下緣垂至肩膀，卻與莆田市涵江區
所見年代較早泗洲文佛造型相似，與湄洲嶼出土的「元朝石
雕媽祖元始金身」造型也類似，唯一差別只在男、女性別的
不同而已。（圖5-4）

圖 5-4《繪圖三教源流搜神大全》泗洲大聖像

僧伽信仰在唐宣宗時即傳入莆田,《莆田縣志》,〈華嚴寺〉云:

> 在郡城西三里,本玉澗之北巖,唐大中六年(852)
> 刺史薛凝題為華嚴,以僧行標能講華嚴大乘經
> 也。……有泗洲像,舊經云:『僧行標於泗州請大聖
> 真像,會溪流暴漲,得樟木一根於水中,遂刻焉。乾
> 寧五年(898)縣令呂承祐造塔三層,後火,塔自焚
> 而像如故,俗異之,隨復建塔。……元至正十六年火,
> 尋復建。至明遂為邱墟,萬曆間有僧建佛殿□座,尋
> 廢,今移下平地小搆。』[26]

另《八閩通志》卷79,寺觀,興化府莆田縣計有:泗洲院、
泗洲庵、內泗洲庵、下泗洲庵、上泗洲庵;仙游縣則有泗洲
院、泗洲庵、僧伽庵等。[27]可見在十七世紀以前泗洲文佛是
莆田普遍存在的信仰,至如華嚴寺在宋、元、明三代雖屢經
兵燹,規模日蹙,但至清乾隆年仍存平地小搆,雖反映出僧
伽信仰地位不斷下沈,但莆田到處可見僧伽像恰可反映其早
年盛況。

僧伽與觀音的關係,從僧伽來華傳教時,其徒慧儼即隨
身奉祀十二面觀音一事觀之,十二面觀音原本就是僧伽的主
信仰,故僧伽死後,萬迴說他是觀音化身。云:

> 弟子慧儼,未詳氏姓生所,恒隨師僧伽執侍缾錫,從
> 楚州發至淮陰……,抵盱眙,開羅漢井。宿賀跋玄濟
> 家,儼侍十一(二)面觀音菩薩旁。……帝以仰慕不

> 忘，因問萬迴師曰：「彼僧伽者，何人也？」對曰：
> 「觀音化身也。經可不云乎：『應以比丘身得渡者，
> 故現之沙門相也。』

僧伽原為男身，卒後朔像亦為男像，至北宋，曾撰〈僧伽傳〉的蔣之奇（潁叔）為河南汝州寶豐縣香山寺撰〈大悲菩薩傳〉，以「道宣」與「天神」對話方式述說觀音為古代香山東北方，莊王的三女兒妙善公主，莊王夫人寶德夢吞月而懷妙善，誕之夕大地震動異香滿室，光照內外。後莊王無道，罹惡疾，妙善奉手眼上報王恩，王為感動，發願將以舌舐妙善雙眼，續雙手，乞天地神靈令枯眼重生斷臂復完。乃天地震動，光明照耀，見千手千眼大悲觀音。[28]

蔣之奇〈大悲菩薩傳〉主要特點是將觀音菩薩說成是華人，即將觀音中國化。〈大悲菩薩傳〉雖撰於元符二年（1099），但北宋自皇祐（1049）以後西夏、遼迭次侵宋，華夷之防再起，蔣之奇為嘉祐二年（1057）進士，身處戰爭之中，感受自深。而僧伽是當代顯神，然其人卻為西域粟特人。宋朝政府與西夏人打仗，百姓所崇拜神恰又是西域人；如何調處百姓信仰於民族尊嚴之間，將觀世音菩薩中國化不失為最佳方法。久之，僧伽信仰遂為妙善公主化身的觀音或白衣觀音所取代。

而宋朝以後的莆田也感受到觀音大士的女身訊息，故《八閩通志》所載奉祀僧伽的寺院，絕大部分已成尼庵而稱為泗洲庵，同時也有觀音院、觀音尼院、上觀音庵、下觀音庵、觀音庵等專祀觀音的佛宇出現，而媽祖的降誕復與觀音大士有關。

《天妃顯聖錄》〈天妃誕降本傳〉謂：

> 父年四旬餘（已生一子五女），每念一子單弱，朝夕
> 焚香祝天願得哲嗣為宗支慶。歲己未夏六月望日，齋
> 戒慶讚大士，當空禱拜曰：「某夫婦兢兢自持，修德
> 好施，非敢有妄求，惟冀上天鑒茲至誠，早錫佳兒以
> 光宗祧。」是夜，王氏夢大士告之曰：「爾家世敦善
> 行，上帝式佑。」乃出丸藥示之云：「服此，當得慈
> 濟之貺。」既寤，歆歆然如有所感，遂娠。二人私喜
> 曰：「天必錫我賢嗣矣。」

此則故事謂媽祖父母虔祀大士，求大士賜佳兒，並夢服大士
賜給丸藥而娠，故世人咸認媽祖為觀音化身。湄洲嶼上林村
媽祖故里古代亦有觀音信仰。《天妃顯聖錄》〈湄洲勝境〉
圖，在上林上方繪有一座觀音堂，可見清朝康熙以前其祠尚
存，觀音大士信仰傳入當地究在何時，因文獻不足無法推
斷，然觀音信仰轉化為媽祖則顯現這是另一個妙善公主的型
塑。而媽祖金身石雕則為觀音轉化為媽祖，而尚保存泗洲文
佛造型之最初媽祖形狀。

七、結語

　　媽祖是閩臺兩地民間的信仰主流，民國 70 年代中共決定
以和平手段統一中國後，媽祖被定位為「海峽兩岸和平女神」。
民國 83 年媽祖文物展；86 年，福建湄洲媽祖來臺均帶來宋代、
元代石雕媽祖元始金身，但卻引發石像真假的爭議。

　　經至莆田市考察，發現宋代媽祖石雕為西天尾林家祖傳，然非媽祖，而「元朝石雕媽祖元始金身」是湄洲祖廟寢殿整地時發現，並非偽造。至於將它說成是元代媽祖，是博物館鑒定人員以石像衣飾類似元朝人服飾而認定，並無文獻根據；而莆田文史工作者多認為是泗州文佛。

　　泗州文佛一詞，文獻未見出處，僅有泗洲僧伽大士與之若合符節。僧伽是中亞何國人，為昭武九姓胡中之一支，屬粟特族的白種人，於唐高宗朝來華，先至西涼，再至淮陽傳教，晚年被中宗迎至朝廷供奉。卒後屢顯神異，被視為觀音化身。至北周出兵平吳，僧伽托夢州民勿輕敵，促使江南不戰而降，也加速宋太宗統一福建，故太宗為賜寺額建塔，盛行一時。

　　泗洲僧伽信仰於唐宣宗朝傳入莆田，宋朝更普及，宋真宗元符三年蔣之奇撰〈大悲菩薩傳〉謂觀音為莊王女妙善公主，將觀音起源傳說本土化，僧伽所代表的觀音信仰慢慢被妙善公主取代。

　　《天妃顯聖錄》〈湄洲勝境〉圖，繪媽祖故居上林有座觀音堂，〈降誕本傳〉謂媽祖是觀音賜丸降誕，情景與〈大悲菩薩傳〉妙善的降生雷同，可知媽祖信仰是另一個擬將觀音信仰本土化而產生的神，兩者不同之處則在妙善是虛構，媽祖是真有其人。而媽祖金身石雕則為觀音轉化為媽祖，而尚保存泗洲文佛造型之最初媽祖形狀。臺北市奉祀媽祖及觀音的關渡宮有一幅對聯云：

　　護法長持寶杵應三洲

　　羅漢永扶僧伽登十地

僧伽、觀音、媽祖信仰密不可分，在臺灣的媽祖信仰中亦得
印證。

註釋

1　此宣傳散見當時臺灣各大傳播媒體、報刊及《湄洲媽祖遊臺灣紀念專
　　刊》頁 48，編後感言。

2　《湄洲媽祖遊臺灣紀念專刊》，未載刊印年月，發行人陳適庸，編者
　　陳春木，全書 48 頁。收錄〈序言〉、曾繁俊：〈湄洲媽祖遊臺活動
　　概況〉；陳春木：〈湄洲媽祖遊臺活動概況〉、〈湄洲媽祖遊臺三大
　　寶物亮相〉、〈海上守護神媽祖傳奇〉、〈全球綻慈暉媽祖分身廣〉；
　　吳鈴嬌：〈湄洲媽祖廟牽動兩岸情〉、楊柳青：〈中土發源地信徒急
　　急追〉；陳緒播：〈臺灣開拓史媽祖信仰史〉等九篇宣傳資料及廣告，
　　22-47 頁為民國 86（丁丑）年農民曆。

3　同註 2，前引《湄洲媽祖遊臺灣紀念專刊》。

4　同註 2。

5　當紅衛兵開始肆無忌憚的破壞文物時，也有少數有心之士在職權內將
　　書、畫珍貴文物調集於文物館保管。鄉村地區的下層工農也有人暗中
　　私藏小型神像。

6　該梁現在仍位於正殿，上浮雕「大清光緒丁亥年秋董事林竹庭偕男建
　　華倡募重建」等字。丁亥年為 1887 年。林竹庭、林建華為現任湄洲
　　媽祖廟名譽董事長林文豪之祖、父。

7　按陳碧笙為福建福州人，年輕時即加入中國共產黨，曾參加閩變為中
　　共開除黨籍，後又參加政協，為共產黨外圍分子，臺灣光復初期曾來
　　臺活動，據傳民國 36 年 228 事變發生的消息即由彼電傳至上海。1983
　　年陳碧笙任廈門大學歷史研究所所長，命其指導研究生李祖基赴上海
　　圖書館取回蔣毓英《台灣府志》影本校訂後交中華書局印行。然該書
　　有諸多不符版本學原理，人為雕琢痕跡甚多。

8 為當地居民於三叉路口奉祀的神，有類似石敢當性質。

9 此次活動在民國 83 年春成行，展出地點在臺南市鹿耳門天后宮，收
   門票，雖屬私人營利行為，但聯合報及部分學者如李亦園等都極重
   視，本人曾應邀參加由聯合報主編王慶麟主持在臺北漢唐樂府舉行的
   座談會。

10 對於福建文物專家鑑定湄洲石像為元代媽祖金身，莆田文史專家有人
   認為宜經詳細考證後始判定，並非全都贊同其說法。而湄洲當地媽祖
   信徒也未因此鑑定而改變對石像的態度。

11 林龍江名兆恩，字懋勛，別號龍江，道號子谷子，晚年自稱混虛氏、
   無始氏，門人稱為三一教主、夏午尼氏道統中一三教度世大宗師。為
   林氏九牧端州刺史林葦 26 世孫，龍山村即林葦生前居住地。林龍江
   明正德 12 年（1517）生，卒於萬曆 26 年（1598），壽 82。祖父林
   富，弘治進士，曾以兵部右侍郎兼都察院右僉都御史總督兩廣，父樅
   谷以父蔭太學，辭不仕，兄兆金，嘉靖進士，官南京戶部主事，林家
   為莆田望族。林龍江屢試不第，轉而往慈善、宗教事業發展，創儒釋
   道合一的三一教。其事蹟參見董史撰《林子本行實錄》。

12 陳長城、鄭邦俊合撰〈祀佛公聽佛卦 莆田習俗考源資料之一〉，《涵
   江文史資料》，1992 年 8 月，中國人民政治協商會議莆田市涵江區
   委員會文史資料研究委員會編印。

13 同註 12。

14 周亮工（1612~1672）河南人，明末進士，入清後曾任福建按察使、
   布政使。

15 施鴻葆，生年不詳，浙江人，在清道光 4 年入學，屢試不第，後於福
   建等地作幕僚，同治 10 年卒於福建。

16 《李白全集》卷 7，〈僧伽歌〉。

17 僧贊寧撰《宋高僧傳》〈唐泗州普光王寺僧伽傳〉。

18 《佛祖歷代通載》卷 12，唐，戊申（唐中宗景龍二年，708）。

19 張鉉，《金陵新志》，卷 14，台北大化書局影印本。

20 同註 19，卷 14，曹彬傳。

21 同註 17，〈唐泗州普光王寺僧伽傳〉。

22 據《人民日報》2004 年 10 月 20 日海外版第四版〈江陰發現泗洲大
   聖舍利〉條，謂何國在今吉爾吉斯斯坦的阿爾別希姆。

[23] 《魏書》列傳第 90，西域〈康國〉。

[24] 《隋書》卷 83，列傳第 48，西域〈何國〉。

[25] 《繪圖三教源流搜神大全》附《搜神記》，民國 69 年，臺北聯經出版公司印行。

[26] 《莆田縣志》卷 4，建置，寺觀，〈華嚴寺〉。

[27] 見《八閩通志》卷 79，寺觀，興化府。

[28] 蔣之奇為河南寶豐縣香山寺撰〈大悲菩薩傳〉現存香山寺。

第六章 以李邕〈泗州臨淮縣普光王寺碑〉為核心的僧伽信仰考

一、引言

「僧伽」一詞，原應為南北朝對國外來華僧人的稱呼，如梁會稽嘉祥寺沙門釋皎所撰《高僧傳》，卷 1 有〈僧伽跋澄〉、〈僧伽提婆〉傳，二人均是前秦時來華傳教的西域人。唐以後「僧伽」二字則似成為唐「泗州臨淮縣普光王寺」的開山僧的專用法號，民間尊稱為泗州文佛。本文討論之僧伽即泗州臨淮縣普光王寺僧伽大師。泗洲文佛曾經是長江中下游、大運河沿岸安徽、江蘇、浙江及福建省居民普遍奉祀的神祇，福建地區民間傳說將之與釋迦牟尼、彌勒佛相比擬。如此重要的宗教人物，但在佛教史籍中卻無與其影響力等量齊觀的傳記、教派流傳記錄，中國佛教史學者也罕以之為主題作詳細研究。2003 年 11 月，中國江蘇江陰市挖掘出一個地宮，內有一石函，藏有舍利子，據說是泗洲文佛僧伽大師的真身舍利。此一發現，泗洲文佛信仰的傳說與歷史，再度受各界重視、談論。

最早記載僧伽之文獻為唐朝李邕（673～742）的〈泗州臨淮縣普光王寺碑〉[1]（以下簡稱〈普光王寺碑〉），敘述

最完整者為宋太宗朝僧贊寧《宋高僧傳》之〈唐泗州普光王寺僧伽傳〉[2]（以下簡稱〈僧伽傳〉）。然因宋人蔣之奇〈穎叔〉於撰〈泗洲大聖明覺普照國師傳〉（以下簡稱〈普照國師傳〉）後，其侄蔣璨曾予重書，且撰〈題僧伽傳後〉一文，有重蔣輕李之語，故後世論述僧伽事蹟者多未於李邕碑文多所著墨。2001 年美國哥倫比亞大學于君方教授出版了《Kuan-yin：the Chinese transformation of Avalokvara》一書，其第 5 章：Diven Monks and the Domestication of Kuan-yin（神僧與觀音的本土化），於介紹神僧僧伽事蹟時提及李邕的〈泗州臨淮縣普光王寺碑〉並加引述。2004 年 7 月，國立臺灣大學文學院《佛學研究中心學報》第 9 期，刊出美國 Hobart and William Smith Colleges 亞洲語言文化系黃啟江教授所撰〈泗洲文佛大聖僧伽傳奇新論——宋代佛教居士與僧伽崇拜〉，對宋代佛教居士蔣之奇等人與僧伽崇拜的關係有深入論述，其大作亦提及李邕〈普光王寺碑〉，但也未加深論。筆者以李邕碑記係奉唐中宗諭而作，完成於僧伽死後不久，以史料價值而論絕對超過贊寧、蔣之奇二篇傳記，也可訂正二者之誤。僧伽在福建以泗州文佛之名為百姓崇祀，其神像見於湄州天后宮；臺北關渡宮古對聯亦見僧伽之名，（圖6-1）僧伽與媽祖信仰關係密切如此，故本文深入探索僧伽信仰緣由，以助瞭解媽祖信仰背後之宗教淵源。

圖 6-1 關渡宮靈山洞之僧伽對聯

二、泗州臨淮縣普光王寺碑

　　唐中朝李邕所撰〈普光王寺碑〉，是最早關於僧伽事蹟的記載，這篇碑文撰於僧伽去逝後 2、3 年間，是奉唐中宗敕命撰就，雖意在頌德，文體駢麗，但撰者為文學名家，文開宋僧贊寧、蔣之奇之先河，其史料價值不可輕忽。《欽定四庫全書》，《李北海集》所錄〈普光王寺碑〉，碑文不含標點共 904 字，全文如下：

　　泗州臨淮縣普光王寺碑
　　嘻代人以塔廟者，即有象也儀。像者非有相也，邕嘗

論之，未始諒矣。其或執之於我，安住為千劫之場，什之於空，循捨、得一如之智，皆所以頌其願，酌其心，必於無作之時。敷弘正法之故，俾或禮或見，能超因因之緣，若我若人，盡登果果之業，則曷為不應、曷道不行；豈空寂之門，獨階證入事相之地，遂阻圓明者哉。

普光王寺者，僧伽和尚之所經始焉。和尚之姓何，何國人，得眼入地。龍朔初，忽乎西來，飄然東化，獨步三界，遍遊十方。烏飛於空，月見於水，泥鍵鐵鎖，降伏貢高。長者錦書，散除文字，深以慾為苦，器道實法，鈞消一無於大常，越諸有於真際，豈徒福河貫頂，慈雲覆身，舉手而安喻四因，動足而興復三見。或以沉香作炭，有枉言者，則誘而進之；沙末求珠，不知其量也，則呵而責之；香象之行，雖極水底神龜之出，亦兼陸道。因如法如，自得定力。有作無作，冀是福田。

嘗縱觀臨淮，發念置寺，以慈悲眼目，信義方寸，興廣濟心儀，普照佛光相纏現，瞻仰已多。遠近簪裾，往來舟栰，一歸聖像，再謁真僧，作禮祈祥，焚香拔苦。觸塵者，庇如來之影，牽師子之威信，施駢羅建置，周布繚垣。雲矗正殿，霞開層樓，敞其三門，飛閣通其兩鋪。舍利之塔七寶齊山，淨土之堂三光奪景，於製造也，未綴於手，猗德名也，已聞於天。

中宗孝和皇帝遠降綸言，特加禮數，延入別殿，近益重玄德，水五瓶霑濡紫極，甘露一斗福潤蒼生。乃請

212

寺名，仍依佛號。中宗皇帝以照言犯諱，光字從權。
親覯御書，寵題寶額。垂露落于天上，飛翰傳于國中，
其來也，廣內慶齊，其至也，連城歡迓，扇憑筆貴，
獨屬右軍；寺為額高，更因天子。每名晨，大眾瞻禮，
嬉遊上昇，門臺直視，川野巒阜，巘嶙而屏，合淮水
逶迤而帶長，邑屋助其雄，商旅增其大，茲為勝也，
曷以加焉。

和尚口雖勿稱緣，乃有以知變易之道，迴軒少留，眾
生可悲。菩薩亦病，示滅同盡，唯識永在。嗚呼！以
景龍三年三月三日端坐，棄代於京薦福寺。跡也。孝
和皇帝申弟子之禮，悼大師之情，敬漆色身，謹將法
供，仍造福，度門人七僧，賜絹三百疋，勑有司造靈
輿、給傳遞，百官四部哀送國門，以五日還至本處。
當是時也，佛像流汗，風雨變容，鳥悲於林，獸號於
野，矧伊慈子，降及路人乎！過去僧惠儼等，主僧道
堅，弟子木義等並持床。有義，失劍無追。施法立齋，
知時明物，罔墜舊業，克嗣前修。攀係儀形，建崇塔，
院植婆羅樹，表蓮花臺，宛然坐而不言。欻爾感而皆
應，懺則殃滅，求則福生。雖日月已綿而靈變如在，
歸依有眾，檀施孔多。鯨鐘萬斤，震覺六種，講筵七
架，開導四生清淨之身。更疏浴室，涅盤之飯，別構
食堂，可謂能事畢矣，喜願并矣！宜八部之宅以致諸
天，迴首自然，樹懸密語，印文地現，五風轉柔潤之
音，千燈焰光明之色，構之者罪花彫落，信之者福種
萌生，雷響發其六牙，珠彩澄其二水。

州牧杜公惟孝，其直如箭，其潔如水，地壓淮上，城
邊泗中，民勤於勞，物集其利。長史宋公、司馬盧公，
或清節首公，文雅形國，或禮容虛己，堅操動時。臨
淮宰薛欽行等，或主諾條流，庭無置對，或子人簡德，
邑有歡康，並竪位天車，正信超士，興二道之教，發
一師之音，相與累贊，經身長懸，覺道樹不朽之德，
弘未來之功，是刻豐碑，以光盛美。其詞曰：

惟普照之大身兮，仗菩薩之右臂。

粵靈瑞之可聞兮，固昭成之難值。

期一會之來思，雄萬彙之善施。

弘住持之信受，廣事相之該備。

谿川陸之雲龍，雄城邑之頰雉。

辟天師於九重，補人主於十利。

嘉寺榜之立名，寵聖札之題字。

追已滅之化身，了見在之文義。

貯儀形於空塔，存詞偈於金地。

災無纖而不除，福何求而不致。

副真僧之貞寶，接羣公之雅器。

播永日於山河，刻巨石於淮泗。

三、僧伽其人

僧伽來歷，〈普光王寺碑〉謂：

> 普光王寺者，僧伽和尚之所經始焉。和尚之姓何，何
> 國人，得眼入地。龍朔初，忽乎西來，飄然東化，獨
> 步三界，遍遊十方。

李邕很明確指出普光王寺的經始者為僧伽，其人姓何，為何
國人。宋太宗朝僧贊寧〈僧伽傳〉，更以康僧會之例解釋僧
伽姓何之緣由，謂：

> 僧伽，蔥嶺北何國人，自言俗姓何氏，亦猶僧會本康
> 居國人，時人因命名曰康僧會。然名乃梵音，姓為華
> 語。考何國在碎葉國東北，當是碎葉附庸耳。[3]

故僧伽為何國人本無問題。但禪宗興起後，文人喜在禪味上
做文章，蔣之奇在《普照國師傳》中，描述僧伽來歷謂：

> 普照明覺大師僧伽者，蓋西域人，莫知其國土與姓
> 氏，……或問師何姓，答姓何；又問師何國人，答曰
> 何國人，然莫測其為何等語也。[4]

若干年後，蔣之奇侄蔣璨重書《明覺普照國師傳》後，撰〈題
僧伽傳後〉，諷笑李邕碑所載僧伽國籍與姓氏，謂：

> 〈僧伽傳〉載僧伽姓何，何國人之對，有味其言哉。
> 彼所以妙悟者，迺在於是。至於□感應化固其餘事。

215

然接物利生蓋菩薩方便，此所以異於小乘歟。余西入關，至雍，過僧伽故寺，讀李邕所作〈臨淮普光王寺碑〉，言僧伽姓何，何國人也，而竊笑之。噫，至言妙斷，以待知者而後曉，顧豈邕等所及邪！唯萬迴以為觀音化身，信哉。[5]

僧伽國籍與姓氏因而蒙上神秘面紗。

按宋朝承五代餘緒，建國後領土一直無法恢復漢唐規模，北宋時，淮河以北為遼國治地，西邊則為西夏、吐蕃盤踞，西南則為大理國，領土不足盛唐之半，與中亞諸國無法直接往來，蔣之奇叔侄對唐朝時中亞諸國的狀況可能不甚理解；復以蔣之奇對僧伽產生好奇是因為看了李白〈僧伽歌〉所受影響，而李白〈僧伽歌〉所述僧伽來自南天竺，故蔣之奇謂莫知其國土與姓氏的說法。李白〈僧伽歌〉云：

真僧法號號僧伽，有時與我論三車，問言誦咒幾千遍，口道恒河沙復沙。此僧本住南天竺，為法頭陀來此國，戒得長天秋月明，心如世上蓮色。意清淨，貌棱棱，亦不減，亦不增。瓶裏千年鐵柱骨，手中萬歲胡孫藤。嗟予落魄江淮久，罕遇真僧說空有，一言懺盡波羅夷，再禮渾除犯輕垢。[6]

李白（701—762），字太白，号青蓮居士。祖籍隴西成紀（今甘肅靜寧西南），隋末其先人流寓碎葉（今吉爾吉斯斯坦共和國北部托克馬克附近）。幼時隨父遷居綿州昌隆縣（今四川江油）青蓮鄉，25 歲出蜀遠遊。天寶初，供奉翰林。安

史之亂時為永王李璘幕僚，璘敗，被謫夜郎，中途遇赦東還。晚年投奔其族叔當塗令李陽冰，耽於內典，後卒于當塗，享年 62，著有《李太白文集》30 卷。

由李白〈僧伽歌〉「嗟予落魄江淮久，罕遇真僧說空有」之句，可知此歌為李白晚年寓居安徽時之作品。然據李邕〈普光王寺碑〉，僧伽卒於唐中宗景龍 3 年（708），當時李白僅 8 歲，居於四川，是否能與普光王寺開山僧伽論證佛學不無疑問；或許李白晚年〈僧伽歌〉所述的「僧伽」或為他僧。因無其他史料證明李白所指「僧伽」確為普光王寺僧伽，故本文對李白〈僧伽歌〉內容存而不論。

僧伽的祖國何國究竟為什麼樣國家？當今何地？贊寧〈僧伽傳〉謂何國在碎葉國東北，為碎葉國附庸。據日本國箭內互博士編繪，和田清增補之《東洋讀史地圖》〈隋代亞洲形勢圖〉，何國概略位於東經 66 度，北緯 40 度，即今烏茲別克斯坦共和國納沃伊州附近，在碎葉國（今吉爾吉斯斯坦共和國境內）西方而非東北，與波斯相鄰。[7] 何國是唐朝昭武九姓回紇之一；昭武九姓雖各成一小國，然皆出自康國，其人種為深目高鼻鬈髮的白種人，善經商，在南北朝時即與北魏往來。《魏書》〈康國〉云：

> 康國者，康居之後也，其王索髮，冠七寶金花，衣綾羅錦繡，白疊。其妻有髻，幪以皂巾。丈夫翦髮錦袍，名為疆國，西域諸國多歸之。米國、史國、曹國、何國、安國、小安國、那色波國、烏那曷國、穆國皆歸附之。有胡律，置於祆祠。……人皆深目高鼻，多髯，

善商賈，諸夷交易多湊其國。……奉佛，為胡書。……
太延中（435～438）始遣使貢方物，後遂絕焉。[8]

北魏時昭武九姓諸國始來華朝貢，但旋中止；隋煬帝大業年間又遣使來貢，何國亦在列。《隋書》〈煬帝本紀五〉：

（大業）十一年（615）春正月甲午朔，大宴百僚。
突厥、新羅、靺鞨、畢大辭、訶咄、傳越、烏那曷、
波臘、吐火羅、俱慮建、忽論、靺鞨、訶多、沛汗、
龜茲、疏勒、于闐、安國、曹國、何國、穆國、畢、
衣密、失范延、伽折、契丹等國並遣使朝貢。[9]

可見隋朝與西域諸國交往盛於北魏，對諸國較深入暸解，《隋書》〈西域傳〉云：

何國，都那密水南數里，舊是康居之地也，其王姓昭
武，亦康國王之族類……，東去曹國百五十里，西去
小安國三百里，東去瓜州六千七百五十里，大業中曾
遣使貢方物。

唐貞觀年間，中亞諸國復紛紛遣使，何國亦於貞觀 15 年
（641）遣使入朝，高宗永徽年間（650～655）於其地置貴
霜州，以其國王任刺史。《舊唐書》云：

何，或曰屈霜你迦、曰貴霜匿，即康居小王附末城故
地。城有重樓，北繪中華古帝，東突厥婆羅門，西波
斯拂菻等諸王，其君旦詣拜則退。貞觀十五年遣使者
入朝，永徽時上言『聞唐出師西討，願輸糧于軍。』

　　俄以其地為貴霜州，授其君昭武婆達地剌史。遣使者
　　鉢底失入謝。[10]

依上述資料，僧伽來華前二百年間，昭武九姓即陸續來華朝
貢。僧伽來華之時，何國為中國屬地，故「何國」二字，對
隋、唐二朝人而言是一具體國家，而非帶有禪味的名詞。

　　僧伽來華時，長安已有昭武九姓人居住，近年西安近郊
即發現有昭武九姓墓葬 7 處，有北周朝安伽墓、史君墓，2004
年發現的康業墓墓主康業曾任北魏的大天主，受封為車騎大
將軍。另如賢首宗法藏大師祖籍為康國，其祖父在唐初來華
朝貢後居留長安，傳衍子孫。可證昭武九姓不僅來華朝貢、
經商，如康僧會更於三國時攜來佛經，翻譯佛經，傳播宗教，
扮演中西文化交流的中介角色，故僧伽踵武前賢腳步來華傳
教，並非突發之舉。

　　至於僧伽自稱姓何，應為當時外國人來華通例，以國名
為姓，贊寧謂其：「自言俗姓何氏，亦猶僧會本康居國人，
時人因命名曰康僧會。」印證西安發現之昭武九姓墓，墓主
名安伽、史君、康業，與九姓之安國、史國、康國，若合符
節。僧伽為何國人，自稱姓何，與當時九姓回紇在華習慣一
致，應無可疑。

　　南北朝至初唐，因為東西方陸路交通孔道絲路尚暢通，
中亞、波斯、甚至大秦等各種宗教紛紛傳入中國，魏孝文帝
及隋文帝在位時為二大高峰期，長安成為世界宗教的匯聚
點，佛教、祆教、景教、摩尼教皆在此建立寺院。僧伽少時
即在何國出家，後誓志遊方，31 歲至西涼府，再至江淮，
在華 50 年。〈僧伽傳〉云：

> 伽在本土，少出家為僧，後誓志遊方，始至西涼府，
> 次歷江淮，當龍朔初年，隸名山陽龍興寺。……俗齡
> 八十三，法臘罔知，在本國三十年，化唐土五十載。

西涼府在今甘肅省，為中亞入華必經之地，唐初胡漢雜處，
僧伽先至其地 2 年，可先學習適應漢文化，再至長安頗合情
理。[11]然謂僧伽於龍朔元年（661）至山陽則與蔣之奇說法相
差 30 餘年，值得商榷。蔣之奇〈普照國師傳〉指僧伽於唐
高宗龍朔年間入華，萬歲通天元年（696）至山陽龍興寺隸
名。云：

> 年三十，自西域來，唐高宗龍朔中（661～663）至長
> 安、洛陽懸化，遂南遊江、淮，手執楊柳枝，攜瓶水，
> 混稠眾中。……武后稱周帝，號武氏周。萬歲通天中，
> 有制：「番僧樂住者聽！」，遂隸楚州龍興寺。

觀僧伽在臨淮建寺後事蹟不多，應為其晚年；建寺時能得官
民協助，其人脈似經長期建立。龍朔元年，僧伽年 33，入
華僅 3 年，應尚在學習語言、瞭解風俗習慣階段，於此時至
楚州龍興寺可能性較低。通天萬歲元年，僧伽年 68，在華
已 38 年，而距其死亡則尚 15 年，有人脈，有經驗，甚至已
累積相當貲財，故得另創新局面。因此，蔣之奇謂僧伽曾赴
楚州前在長安、洛陽行化，不僅為真，且其時間可能長達 2、
30 年之久。蔣璨〈題僧伽傳後〉提及曾遊長安，過僧伽故
寺謂：

> 余西入關，至雍，過僧伽故寺，讀李邕所作〈臨淮普
> 光王寺碑〉。

雍州，為長安所在地，簡稱雍。長安雖非北宋首都，但蔣璨任官時至其地，親臨僧伽故寺，見寺中保存李邕撰普光王寺碑，可證僧伽入華後曾長期在長安，其故寺至宋代尚保留其史蹟。

四、臨淮建寺

臨淮建寺是僧伽在華傳教的大事，普光王寺成為僧伽開宗立派的根據地，泗州文佛信仰在日後開展出一片天地肇因於此。唐代中西陸路交流暢繁，為方便居留京師外國人禮拜，通常許其人於兩京設置寺院供神祇，欲別向外建寺傳教，需得政府許可。僧伽志在行化，長安、洛陽當時已寺院林立，發展空間有限；反之，隋煬帝開通大運河後，南北交通暢行無阻，運河沿岸如泗州、楚州、揚州、常州、蘇州等地皆以交通要衝為新興城市，有充分發展空間。

僧伽之得以離開長安轉至楚州（山陽）龍興寺，為武則天皇帝所批准，且似特為中亞來華僧侶（番僧）開放。蔣之奇〈普照國師傳〉云：

> 武后稱周帝，號武氏周。萬歲通天中，有制：「番僧
> 樂住者聽！」，遂隸楚州龍興寺。

萬歲通天年號只 1 年，即西元 696 年，當時僧伽 68 歲。蔣之奇雖未說明僧伽取得武則天准予居留民間傳教的過程，但

〈僧伽傳〉卻有僧伽在長安為武則天女婿武攸暨（太平公主駙馬）治病的記載，其年代與僧伽至楚州時間相當。〈僧伽傳〉云：

> 昔在長安，駙馬都尉武攸暨有疾，伽以澡罐水噀之而愈，聲振天邑。後有疾者告之，或以枝拂者，或令洗石師（獅）子而瘥。或擲水鉼，或令謝過，驗非虛設，功不唐捐。

武攸暨《舊唐書》有傳，為武則天伯父武士讓之孫，武則天之姪，於載初元年（690）7 月尚太平公主。同年 9 月武則天稱帝，武攸暨累遷右衛將軍，進封定王，又改安定郡王。神龍元年（705）武則天傳位中宗，復封定王，後降為樂壽郡王、楚國公，延和元年（712）卒。[12]按僧伽常手持楊柳枝、水瓶行化，「以澡罐水噀之」，即作法時唸咒後以口唅澡罐之水向病者四週急噴以驅趕邪穢，然《舊唐書》武攸暨傳未載其事。武攸暨於載初元年 7 月尚太平公主，僧伽於萬歲通天元年（696）赴楚州，治武攸暨病事應於此數年間。太平公主為武則天最寵的女兒，武攸暨夫婦舉足輕重，僧伽治癒其疾，或由武氏夫婦之請而取得特准在華居留傳教。

　　據〈僧伽傳〉，通天萬歲元年（696），僧伽從長安順大運河東下，經泗州，沿洪澤湖，東入淮河流域的楚州（山陽）龍興寺隸名。僧伽來華傳教為小團體行動，有慧嚴、木叉隨行，異於一般佛教僧侶單獨行動習慣，加以人種之異，龍興寺僧侶對僧伽並不歡迎，甚至有鄙視之者。為化解對立

氣氛，僧伽協助龍興寺募鉅款建成新佛殿後離去。〈僧伽傳〉
云：

> 通天萬歲中，於山陽眾中懸知嫌鄙伽者，乃昌言曰：
> 「吾有五十萬錢奉助功德，勿生橫議。」伽於淮岸招
> 一船曰：「汝有財施，吾可寬刑獄。汝所載者剽略得
> 耳。」盜依言盡捨，佛殿由是立成。

離開山陽龍興寺，僧伽順大運河南下，至江蘇太湖畔的嘉禾
（今吳縣），隸名靈光寺。當地居民以漁獵維生，僧伽屢勸
戒勿殺生，雖有小成，然欲全面改變居民謀生方式並不易，
旋以「與此壤無緣」而離去。〈僧伽傳〉云：

> 初伽化行江表，止嘉禾靈光寺，彼澤國也，民家漁梁
> 繒弋交午，伽苦敦喻，其諸殺業陷墜於人，宜疾別圖
> 生計。時有裂網折竿者多矣。伽閑而宴息，見神告曰：
> 「天方亢陽，百姓苗死。身胡藏其懶龍耶。」伽曰：
> 「為之奈何。」神曰：「若今夕，但小指出窗隙外，
> 其如人何。」伽依之。其夜，霆擊異常，質明，視指
> 微有紅線脈焉。伽曰：「吾與此壤無緣」，乃行。

離開嘉禾，僧伽循大運河北上至晉陵（今江蘇常州），至國
祥寺，見其荒廢復離去。〈僧伽傳〉云：

> 抵晉陵，見國祥寺荒廢，乃留衣於殿梁而去。後人聞
> 異香芬馥。伽嘗記之曰：「伊寺有人王重興。」去，
> 三十年後，果有僧，俗姓全為檀那矣。

經過在佛寺隸名不受歡迎的經驗,讓僧伽產生獨自建寺的願景。師徒離開晉陵後循大運河北上,經山陽入淮水,西行經洪澤湖,最後擇定泗州臨淮,於其地建立普光王寺。李邕〈普光王寺碑〉描述建造過程, 及普照佛受官民瞻仰、禮拜情形,謂:

> 嘗縱觀臨淮,發念置寺,以慈悲眼目,信義方寸,與廣濟心儀,普照佛光相纏現,瞻仰已多。遠近簪裾,往來舟楫,一歸聖像,再謁真僧,作禮祈祥,焚香拔苦。

因僧伽得武攸暨、太平公主夫婦護持,故自州牧杜惟孝,長史宋某,司馬盧某,臨淮縣令薛欽行以下官員皆力任其役,甚至動用民力以助成之。〈普光王寺碑〉云:

> 州牧杜公惟孝,其直如箭,其潔如水,地壓淮上,城邊泗中,民勤於勞,物集其利。長史宋公、司馬盧公,或清節首公,文雅形國,或禮容虛己,堅操動時。臨淮宰薛欽行等,或主諾條流庭無置對,或子人簡德邑有歡康,並豎位天車,正信超士,與二道之教,發一師之音,相與累贊,經身長懸,覺道樹不朽之德,弘未來之功,是刻豐碑,以光盛美。

至於建寺經費似多來自於淮水大運河航行之海商,〈普光王寺碑〉云:「往來舟楫,一歸聖像,再謁真僧,作禮祈祥。」韓愈(768~842)「送僧澄觀」詩云:

浮屠西來何施為，擾擾四海爭賓士。

構樓架閣切星漢，誇雄鬥麗止者誰。

僧伽後出淮泗上，勢到眾佛尤恢奇。

越商胡賈脫身罪，珪璧滿船寧計資。[13]

更反映出越商、胡賈大量捐款款之情形。

　　普光王寺建築規模宏偉，製作精美華麗，正殿為高樓，奉如來佛像，殿內佈滿幢幡，殿開三門，殿旁飛閣通至左右兩舖，另有舍利塔盛陳七寶，淨土堂亦光明潔淨，其精美華麗，連京城皇帝亦知之。〈普光王寺碑〉云：

> 觸塵者，庇如來之影；牽師子之威信，施駢羅建置，周布繚垣，雲矗正殿，霞開層樓，敞其三門，飛閣通其兩舖，舍利之塔七寶齊山，淨土之堂三光奪景，於製造也，未綴於手，狥德名也，已聞於天。

殿宇之外，院植婆羅樹，另置講堂開導眾生，浴室供梳洗，齋堂供齋飯，寺院自然柔潤，千燈光明。〈普光王寺碑〉云：

> 攀係儀形，建崇塔，院植婆羅樹，表蓮花臺，宛然坐而不言。欻爾感而皆應，懺則殃滅，求則福生。雖日月已綿而靈變如在，歸依有眾，檀施孔多。鯨鐘萬斤，震覺六種，講筵七架，開導四生清淨之身。更疏浴室，涅盤之飯，別構食堂，可謂能事畢矣，喜願并矣！宜八部之宅以致諸天，迴首自然，樹懸密語，印文地現，五風轉柔潤之音，千燈焰光明之色，構之者罪花彫落，信之者福種萌生，雷響發其六牙，珠彩澄其二水。

如此華麗建築，有講堂、齋堂、浴室，與原始佛教苦修、托
缽乞食之儉約精神已大不同。這種轉變似招致輿論批評，〈普
光王寺碑〉開頭即為澄清，云：

> 嘻代人以塔廟者，即有象也儀。像者非有相也，邑嘗
> 論之，未始諒矣。其或執之於我，安住為千劫之場，
> 什之於空，循捨、得一如之智，皆所以頌其願，酌其
> 心，必於無作之時。敷弘正法之故，俾或禮或見，能
> 超因因之緣，若我若人，盡登果果之業，則曷為不應、
> 曷道不行；豈空寂之門，獨階證入事相之地，遂阻圓
> 明者哉。

李邕開宗明義闡述北方人建塔廟、塑巨像之義，是希望透過
事相讓信徒證入佛教空寂境界，並非執之於我，執之於有，
執之於相。似乎當時有人對新建壯麗華美的佛寺有質疑，故
李邕為澄清普光王寺未違佛教空寂宗旨。

臨淮建寺事，贊寧卻有不同描述，謂普光王寺是在賀跋
氏舊宅基礎重建而成。〈僧伽傳〉云：

> 初將弟子慧儼同至臨淮，就信義坊居人乞地。示其
> 址，言欲於此處建伽藍。及宿賀跋氏家，身忽長其牀
> 各三尺許，賀驚怪。又現十一面觀音像，其家信重，
> 首捨宅為眾倡。故凡寺境之民悉捨所居遷避之。因穴
> 土，得古碑，乃齊香積故寺。有金像，衣葉間刻普照
> 王佛四字。因重建今寺，即以普照文之。厥後遭貞元、
> 長慶之火，碑像寺額無復為遺。

按李邕碑文謂僧伽：以慈悲眼目，信義方寸，興廣濟心儀，發念置寺。但贊寧卻將「信義方寸」寫作坊街名「信義坊」：「慈悲眼目」當作天眼神通解釋，據以引申出僧伽於賀跋氏宅地下挖出古碑及神像事。其後蔣之奇撰〈普照國師傳〉亦沿其說，謂：

> 後欲於泗上建寺，遂至臨淮，宿山陽令賀跋玄濟家，謂曰：「吾欲於此建立伽藍。」即現十二面觀音相。玄濟驚異，請捨所居為寺。師曰：「此地舊佛宇也。」令掘地，得古碑，乃齊香積寺銘，李龍建所創；並獲金像一軀，眾以為然鐙佛。師曰：「普照王佛也」。視之，有石刻焉，果普照王佛。

贊寧與蔣之奇所言僧伽顯神通化寺地之說，與李邕碑記述出入頗多；因臨淮普光王寺之修建，應為一全新工程，若真有山陽令賀跋玄濟家族捐地建寺，李邕當不會隻字不提。

　　按「坊」為古代都城特有的小行政區，空間自成體系，有門禁管制進出，如長安、洛陽、杭州、福州等曾為首都、陪都、諸侯國都之大城市皆有之。唐制，依各州戶口數分為雄、望、上、中、下五級，泗州屬第四級「中」，全州戶數僅二千餘，口二萬六千餘。《舊唐書》地理志〈泗州〉云：

> 中，武德四年（621）置泗州，領宿預、徐城、臨淮三縣，……長安四年（704）置臨淮縣，開元二十三年自宿預移治所於臨淮。……戶二千二百五，口二萬六千九百二十。[14]

227

臨淮縣以地形險峻著稱，一面臨淮水，一面臨濠水，並無廣闊平野，是武周朝新設之縣，玄宗時始被改為州治。明末其城週圍僅九里餘，合今制約三千米，即其東西、南北縱深皆不出六百米，查康熙《臨淮縣志》，當時臨淮戶五千八百四十二，口六萬一千二百八十三，已超出唐時泗州全州戶口一倍，但臨淮縣城，南、北、東設因臨河設關，城內總共僅有八行政里。[15] 似此小城，在唐代不可能有坊街存在。另查《泗州志》，普光王寺位於泗州西城，而泗州城建於宋代，為土城，唐臨淮縣城遺址即在內，其城圍與臨淮城同，[16] 故香積寺所在地似非臨淮而在長安，即蔣璨〈題僧伽傳後〉所指之僧伽故寺。

「齊香積故寺」中的齊字，從字意上看，似指朝代；佛教傳入後，以「齊」為國號者，南、北朝各一。稍早者為南齊，與南齊對峙者為北魏。據《南齊書》〈臨淮郡〉，臨淮郡轄海西、射陽、淩、淮陰、東陽、淮浦等縣，其下註：「自此以下郡無實土。」[17] 臨淮郡位處齊與北魏交界邊緣，名義上雖為南齊領土，但政府並無派官設治事實，齊人在當地建立宏敞寺宇可能性不高。北朝的齊，是由北魏分離出來，領地甚狹，據程光裕徐聖謨主編之《中國歷史地圖》南北朝圖（四）陳、齊與周，齊的領地不及臨淮，臨淮名義上為繼承南齊、梁的「陳」國領土。

〈僧伽傳〉謂捨宅建寺者為山陽令賀跋玄濟。查《重修山陽縣志》卷五〈職官志〉，所載唐代職官 82 人，並無賀跋玄濟或姓賀跋者，卷 11〈人物〉亦無其人。[18]

「齊香積故寺」中的香積寺，唐代長安確有其寺，位於長安西南。《佛祖統紀》卷4唐睿宗景雲2年（711）法雲公萬回坐亡，贈司徒虢國公，敕葬西京香積寺。[19] 宋人程大昌《雍錄》，〈香積寺〉，謂：

> 《呂圖》子午谷正北微西，郭子儀肅宗時收長安，陣於寺北。唐本傳云……蓋在豐水之北，東交水之西也。《呂圖》云，在鎬水發源之北，則近昆明池矣。[20]

按安史之亂時郭子儀請回紇出兵助唐平亂，回紇當時以摩尼教為國教，而香積寺位居長安西南要衝，為兵家必爭要地，然宋敏求《長安志》卻未見著錄，故不知其詳。

「齊」字既非國號，或為封爵，隋唐間封號有「齊國」之較著者為隋文帝時之齊國公高熲，其夫人出自賀跋氏。按賀跋氏屬鮮卑豪族，為北魏六鎮之一，北魏分裂為東西魏後投效西魏，延至北周，賀跋氏仍居六柱國之一。隋文帝代北周領有天下，高熲居功闕偉，夫婦兩人生前皆信佛，各曾捨宅建佛寺。宋敏求《長安志》〈積善尼寺〉記載賀跋氏捨宅建寺事云：

> 隋開皇十一年，高熲妻賀跋氏所立，其宅本賀跋氏之別宅。[21]

賀跋氏於開皇11年（591）捨宅為佛寺，高熲更早於開皇3年（583）即曾捨宅為寺，供養僧、尼為預言禍福。《長安志》〈東化度寺〉云：

> 本真寂寺，隋尚書左僕射齊國公高熲宅，開皇三年，
> 熲捨宅奏立為寺，武德二年改化度寺。寺中有無盡藏
> 院，敬宗賜化度經院金字額，御數以觀之。大中六年
> 改為崇福寺。[22]

高熲在隋文帝時當朝執政近 20 年，權傾一世，隋文帝晚年
疑其有異心，交憲司審理，曾提及高熲奉僧、尼為師占卜休
咎事，《隋書》謂：

> 憲司復奏熲他事，云：沙門真覺嘗謂熲云：『明年國
> 有大喪。』尼令暉復云：『十七、十八年，皇帝有大
> 厄。十九年不可過。』上聞而益怒。[23]

文帝因罷高熲為平民；煬帝繼位後，下詔誅之，諸子徙邊疆。

佛寺常賴高官護持，如《長安志》〈廢報恩寺〉條謂：

> 嗣虢王邕，景龍中娶韋庶人妹，捨宅立寺。韋氏敗，
> 寺廢。[24]

齊國公高熲家破人散，夫婦兩人所捐寺院或無法避免荒廢命
運；高熲所立真寂寺至唐高祖武德 2 年（619）改為化度寺，
賀跋氏所捐之積善尼寺則不知其變遷，至宋朝時則為積善尼
寺。據此，賀跋氏捨宅建普光王寺之事，應為後人附會。

五、晚年榮耀

　　建普光王寺是僧伽傳教事業的最大突破；暮年被唐中宗迎至皇宮，為皇帝施洗禮，被尊為國師，均在普光王寺建立之後，而僧伽並為普光王寺請得中宗皇帝親書寺額，奠立普光王寺百年不拔根基。

　　普光王寺建成，距僧伽離開長安已經 10 餘年，國家政權也由武周則天大聖皇帝傳給其子李顯（中宗），國號恢復為唐。唐中宗時已年逾 60，或受武攸暨夫婦之介，遣使迎僧伽入宮。僧伽為中宗卜休咎屢中，深得皇帝信任。僧伽請中宗親賜寺額時，中宗以所請寺額中，「照」字犯武則天名諱，以「光」字代之。中宗題匾護持，提高普光王寺聲望，官民商賈聞風景從，卒成一方勝地。〈普光王寺碑〉云：

> 中宗孝和皇帝遠降綸言，特加禮數，延入別殿，近益重玄德，水五瓶霑濡紫極，甘露一斗福潤蒼生。乃請寺名，仍依佛號。中宗皇帝以照言犯諱，光字從權。親覩御書，寵題寶額。垂露落于天上，飛翰傳于國中，其來也，廣內齊慶，齊其至也。連城歡迓，扇憑筆貴，獨屬右軍；寺為額高，更因天子。每名晨大眾瞻禮，嬉遊上昇，門臺直視，川野巒阜，嶻嶭而屏，合淮水逶迤而帶長，邑屋助其雄，商旅增其大，茲為勝也，曷以加焉。

中宗迎僧伽入宮年分，李邕並未說明，贊寧〈僧伽傳〉則謂為景龍 2 年（708），云：

中宗孝和帝景龍二年，遣使詔赴內道場，帝御法筵，言談造膝，占對休咎契若合符，乃褒飾其寺曰「普光王」。

僧伽逝於唐中宗景龍 3 年（709）3 月 3 日，〈普光王寺碑〉云：

嗚呼！以景龍三年三月三日端坐，棄代於京薦福寺。跡也，孝和皇帝申弟子之禮，悼大師之情，敬漆色身，謹將法供，仍造福，度門人七僧，賜絹三百疋，勅有司造靈輿、給傳遞，百官四部哀送國門，以五日還至本處。

贊寧〈僧伽傳〉記述僧伽去世為景龍 4 年 3 月 2 日，晚〈普光王寺碑〉1 年，云：

四年庚戌示疾，敕自內中往薦福寺安置，三月二日儼然坐亡，神彩猶生止瞑目耳。俗齡八十三，法臘罔知，在本國三十年，化唐土五十三載。中宗敕恩度弟子三人：慧岸、慧儼、木叉，各賜衣盂令嗣香火。

查《舊唐書》本紀卷第 7，中宗景龍年號僅 3 年，景龍 3 年 5 月辛未，改元延和，8 月庚子，傳位于皇太子，改元景雲，自稱太上皇，5 日一度受朝於太極殿。故贊寧〈僧伽傳〉所述僧伽卒於景龍 4 年有誤，李邕碑始為正確。後蔣之奇〈普照國師傳〉所書僧伽卒年沿其誤，後世撰僧伽史傳者皆承其誤而未改。

232

　　景龍 3 年 3 月 3 日僧伽卒。中宗皇帝申弟子之禮，為辦法供、度門人，漆肉身，造靈輿，百官四部哀送，於普光王寺建塔貯之。〈普光王寺碑〉云：

> 和尚口雖勿稱緣，乃有以知變易之道，迴軒少留，眾生可悲。菩薩亦病，示滅同盡，唯識永在。嗚呼！以景龍三年三月三日端坐，棄代於京薦福寺。跡也，孝和皇帝申弟子之禮，悼大師之情，敬漆色身，謹將法供，仍造福，度門人七僧，賜絹三百疋，勅有司造靈輿、給傳遞，百官四部哀送國門，以五日還至本處。

〈普光王寺碑〉撰於僧伽死後不久，對僧伽後事無從提及，但贊寧及蔣之奇皆為宋朝人，對僧伽定位及靈蹟有諸多敘述，而最重要者是將僧伽定位為觀音化身。〈僧伽傳〉云：

> 帝慘悼黯然。于時穢氣充塞而形體宛如，多現靈蹟。勅有司給絹三百疋俾歸葬淮上，令群官祖送，士庶填閭，五月五日抵今所。帝以仰慕不忘，因問萬迴曰：「彼僧伽何人也？」對曰：「觀音菩薩化身也。經可不云乎：『應以比丘身得渡者，即現沙門相也。』」

〈普照國師傳〉對此記載大略相同，云：

> 帝問萬迴：「僧伽大師何人？」對曰：「觀音化身也。普門品云：『應以比丘身得度者，即皆現之而為說法，斯之謂也。』」

大概唐中宗朝以後，僧伽即被視為觀音菩薩化身。而僧伽所
代表的觀音在〈僧伽傳〉與〈普照國師傳〉中卻有十一面、
十二面之異。〈僧伽傳〉提及之觀音為十一面觀音，謂：

> 及宿賀跋氏家，身忽長其床各三尺許，賀驚怪。又現
> 十一面觀音像，其家信重，首捨宅為眾倡。故凡寺
> 境之民悉捨所居遷避之，因穴土，得古碑，乃齊香
> 積故寺。

〈普照國師傳〉所提之觀音為十二面觀音，謂：

> 遂至臨淮，宿山陽令賀跋玄濟家，謂曰：「吾欲於此
> 建立伽藍。」即現十二面觀音相。玄濟驚異，請捨所
> 居為寺。師曰：「此地舊佛宇也。」令掘地，得古碑，
> 乃齊香積寺銘，李龍建所創。

僧伽在泗州臨淮，卻住在楚州山陽縣令家，兩地相隔數百
里，似蔣之奇將時空錯置。而最重要者殆為僧伽所化現之觀
音究竟為十一面或十二面？此問題明末李元嗣重刊〈普照國
師傳〉即曾注意到，並提出十二面觀音係手民誤植之看法，
云：

> 按改字函第七卷《佛說十一面觀世音神咒經》，宇文
> 周世，天竺三藏耶舍崛多等譯，有八篇咒，一一咒皆
> □南無佛陀耶，南無達摩耶，南無僧伽耶起。……大
> 士已於賀跋玄濟家現此像，故萬回謂是觀音化身，其
> 明證也如此。又黃魯直〈神移仁壽塔詩〉「十二觀音

無正面，誰令塔戶向東開。云云。」山谷用事出《傳燈錄》，有僧問臨濟義玄云：「十二面觀音那個是正面？」。十二面字，其誤久矣！[25]

另李元嗣於重刊〈普照國師傳〉時，曾謂：

〈傳〉為宋僧統贊寧所纂。寧，沙門，不閑文法，筆力卑冗。今稍加裁削，使成一家之言，亦與人為善義也。

因李元嗣認為僧伽不閑文法筆力卑冗，故為裁削。李元嗣意識中既認十二面觀音為誤，或許贊寧原傳所書為十二面觀音，被李元嗣改為十一面觀音。

十一面觀音出處，除《佛說十一面觀世音神咒經》外，尚有《十一面觀自在菩薩心密言念誦儀規經》、《十一面神咒心經》、《馬頭觀音心陀羅尼》等密教經典提及。密教奉盧舍那佛，稱大日如來，有光明普照之意。僧伽自謂所奉普照王非燃燈古佛，行化時常手持澡瓶、楊枝，為人灌頂，與密教行為頗相似。

至於十一面觀音形狀，《佛說十一面觀世音神咒經》謂：

其作法，用白栴檀作觀世音像，身長一尺三寸，作十一頭。當前三面作菩薩面，左廂三面作嗔面，右廂三面似菩薩面狗牙上出，後有一面作大笑面，頂上一面作佛面，面悉向前，後著光。其十一面各戴華冠，其華冠上各有阿彌陀佛觀世音，左手把澡瓶，瓶口出蓮

花，展其右手，以串瓔珞施無畏手云云。其所求各有
法，具見本經。[26]

十一面觀音既有出處，然蔣之奇所謂十二面觀音，也非無
稽。如李元嗣所引《景德傳燈錄》有僧問臨濟義玄：「十二
面觀音那個是正面？」，可見唐代十二面觀音仍見於臨濟宗
寺院，且十二面分向四方，每方三面，故有僧提出那面是正
面的質疑。另宋嘉泰《會稽志》卷7，〈天衣寺〉云：

> 晉義熙十三年（417）高僧曇翼結庵講《法華經》，
> 多靈異，內史孟顗請置法華寺。至梁，惠舉禪師亦
> 隱此山，武帝徵之，不至。有翼公所頂戴十二面觀
> 音。[27]

高僧曇異以檀木製作十二面觀音為頂戴，即彼作法事時，建
立十二面觀音壇場，頂戴十二面觀音像以示十二面觀音降
臨，此亦足證明十二面觀音在東晉末，為某些教派所供奉，
並非筆誤。另于君方教授《觀音》第6章附圖三，〈觀音二
十四應現圖〉 原圖下欄釋文亦提及十二面觀音云：

> 十二面觀音二十四應現：一觀自在現，二寶花現，三
> 寶樓閣現，四吉祥草現，五金鼓現，六佛手現，七金
> 龍現，八師子現，九金鐘現，十金象現，十一金橋現，
> 十二寶鈴現，十三觀水月現，十四寶塔現，十五金鳳
> 現，十六金井欄現，十七佛足現，十八金□現，十九
> 吉祥雲現，二十寶殊現，二十一金雀現，二十二石佛
> 現，二十三金蓮花現，二十四金輪現。觀音說諸神咒，

其五道軍為□密受持，穫福無量……天下大元帥吳越
國王錢御造。[28]

至宋代，詩人黃山谷「十二觀音無正面，誰令塔戶向東開？」
的詩句，同樣反映宋代有十二面觀音像直接塑在塔院上的情
形，可知十二面觀音長期存在於中國佛教信仰中。

　　蔣之奇為常州宜興人，即唐之晉陵，為僧伽行化之地。
蔣之奇伯父蔣堂，曾任普光王寺所在地泗州知州、江淮東路
轉運使、江淮制置發運使等官，《宋史》有傳。蔣之奇，《宋
史》亦有傳，以伯父蔣堂蔭得官，擢進士第；歷任監察御史，
侍御史，福建轉運判官，淮東轉運副使，江淮荊浙發運副使、
發運使，河北都轉運使，潭州、廣州、瀛州、熙州、汝州、
慶州、杭州等處知州，開封府知府，戶部侍郎、翰林學士同
知樞密院事等要職，親為僧伽撰《普照國師傳》。蔣之奇侄
蔣璨，為宋代著名書家，彼撰〈題僧伽傳後〉時所署官銜為
「中大夫直龍圖閣江南西路轉運副使」，為從四品官，紹興
26 年（1156）高宗擬任彼為戶部侍郎，為言官所阻，遂改
出知蘇州。宋朝南渡前，蔣璨任轉運副使故得親履長安僧伽
故地，並重書《普照國師傳》。蔣家一族三代皆與普照王信
仰有關，蔣璨似對僧伽信仰別有所知，故竊笑李邕〈普光王
寺碑〉，且有「至言妙斷，以待知者而後曉。」之語，而彼
對「十二面觀音」未置一詞，似可反映《普照國師傳》中「十
二面觀音」並非「十一面觀音」的筆誤。

　　另李元嗣雖於重刊《普照國師傳》時刪訂贊寧〈僧伽
傳〉，但傳後所附〈檃括禮讚文〉卻仍有十二面觀音用語，

云：「恭聞僧伽大聖觀音化身」，後接 11 則〈志心歸命禮〉，
其第 2 則云：

> 志心歸命禮：來從蔥嶺，顯化螾淮，石師子水療牙疼，
> 金像佛軀佑寺蹟，現十二面觀音之相，賀跋驚，度二
> 三人弟子之流，木叉靈異。

也明確指為現十二面觀音像。又〈志心歸命禮〉，第 5
則云：

> 志心歸命禮：賜名證聖，加號等慈，衡陽崔守釋冤魂，
> 清流畢令逃風流，免黑繩之非命，普救眾生，知白衣
> 之開山默符前定。

故僧伽所奉祀的觀音應為十二面白衣觀音，《普照國師傳》
〈隳括禮讚文〉遂謂僧伽為「白衣之開山」，即白衣大士
（圖 6-2）或白衣觀音的信仰是由僧伽引入中國。

圖 6-2 湄洲上林宮白衣大士

六、宗風門徒

被斯坦因（Stein）攜回英國的敦煌經卷中有《僧伽和尚欲入涅槃說六度經》，是研究僧伽教派的重要依據，其原文云：

吾告於閻浮提中善男子善女人：吾自生閻浮，為大慈父教化眾生，輪迴世間。經今無始曠劫分身萬億，救度眾生。為見閻浮提眾生多造惡業，不信佛法。惡業者多，吾不忍見，吾身便入涅槃。舍利形像遍於閻浮，引化眾生。以後像法世界滿正法興時，吾與彌勒尊佛同時下生，共坐化城，救度善緣。

元居本宅，在於東海，是過去先世淨土緣。為眾生頑愚難化，不信佛法，多造惡業。吾離本處，身至西方，教化眾生，號為釋迦牟尼佛。東國遂被五百毒龍陷為大海，一切眾生沈在海中，化為黿鼉魚鼈。

吾身已後却從西方胡國中來生於閻浮，救度善緣、佛性種子。吾見閻浮眾生，遍境凶惡，自相吞食，不可開化。吾今遂入涅槃，舍利本骨願住泗州已後，若有善男子善女人，慈心孝順，敬吾形像，長齋菜食，念吾名字。如是之人散在閻浮，吾愍見惡世力兵競起，一切諸惡遍身，不得自在。

吾後與彌勒尊佛下生本國，足踏海水枯竭，遂使諸天龍神八部聖眾在於東海中心，修造化城，金銀為壁，琉璃為地，七寶為殿。

吾後至閻浮，與流佛法，唯傳此經，教化善緣。六度弟子歸我化城，免在閻浮受其苦難，悉得安穩。衣食自然，長受極樂，天魔外道弱水隔之，不來為害。

吾當度六種之人：第一度者，孝順父母敬重三寶；第二度者，不殺眾生；第三度者，不飲酒食肉；第四度者，平等好心不為偷盜；第五度者，頭陀苦行，好修橋梁并諸功德；第六度者，憐貧念病，布施衣食，極濟窮無。

如此善道六度之人，吾先使百童子領上寶船，載過弱水，免使沈溺，得入化城。若不是吾六度之人，見吾此經，心不信受，毀謗正法，當知此人宿世罪根，身受惡報，或逢盜賊兵瘴而死，或被水火焚漂，或被時

行惡病，遭官落獄。不善眾生皆受無量苦惱，死入地
獄，無有出期，萬劫不復人道。

善男子善女人，書寫此經，志意受持，若逢劫水劫火，
黑風天暗，吾故無量光明照汝，因緣俱來佛國，同歸
化城。悉得解脫。

南無僧伽。南無僧禁吒。莎訶達多姪他耶唵。跋勒攝。
娑婆訶。[29]

經文中，僧伽是以佛的語氣告戒信徒，其主旨大約可歸納如
下：

（一）僧伽是為大慈父教化眾生而輪迴世間。

（二）僧伽原居東海淨土，為教化眾生而降生西方為釋迦牟
尼佛。而東國遂被毒龍陷為大海，眾生沈在海中，化
為黿鼉魚鼈。

（三）釋迦牟尼逝後，僧伽為救東國眾生，與彌勒佛再降生
世間，造化城，救渡善緣佛性種子。

（四）僧伽要度的六種人為：孝順父母敬重三寶；不殺眾
生；不飲酒食肉；平等好心不為偷盜；頭陀苦行，好
修橋梁并諸功德；憐貧念病，布施衣食，極濟窮無。

　　從《僧伽和尚欲入涅槃說六度經》觀察，僧伽提出「六
度」的觀念，只要信眾遵守六度的原則，即可被引度至化城
（天堂）；反之，生時則受各種惡苦，死後入地獄，教化淺
顯易懂，故其信仰能深入民間。

　　唐中宗景龍3年3月3日僧伽去世，中宗為度門人7僧，
當時為持床者有惠嚴、道堅、木義等徒。其餘四僧不詳。〈普
光王寺碑〉云：

孝和皇帝申弟子之禮，悼大師之情，敬漆色身，謹將
法供，仍造福，度門人七僧，賜絹三百疋，勑有司造
靈輿、給傳遞，百官四部哀送國門，以五日還至本處。
當是時也，佛像流汗，風雨變容，鳥悲於林，獸號於
野，矧伊慈子，降及路人乎！過去僧惠儼等，主僧道
堅，弟子木義等並持床。

贊寧〈僧伽傳〉，所記中宗為僧伽勑度門徒為慧岸、慧儼、
木叉 3 人，與〈普光王寺碑〉似可互證互補，云：

三月二日儼然坐亡，神彩猶生止瞑目耳。俗齡八十
三，法臘罔知，在本國三十年，化唐土五十三載。中
宗勑恩度弟子三人：慧岸、慧儼、木叉，各賜衣盂令
嗣香火。

〈普光王寺碑〉7 僧中僅見惠嚴、道堅、木義等 3 名。惠嚴
似為首徒，於僧伽死後李邕撰碑前去世，道堅為普光王寺主
僧，木義亦為持床弟子，各具代表性。〈僧伽傳〉所提僧伽
三徒為慧岸、慧儼、木叉 3 人。按惠、慧音義相同，互為假
借，故李邕〈泗州臨淮縣普光王寺碑〉稱惠儼，〈僧伽傳〉
稱慧儼，應為一人。故僧伽門弟有名可稽者有：惠儼、道堅、
慧（惠）岸、木義、木叉等 5 人。

惠儼為僧伽首徒，隨侍僧伽至各地行化，〈僧伽傳〉云：

弟子慧儼，未詳姓氏生所，恒隨大師執侍瓶錫，從楚
州發至淮陰，同勸東海裴司馬妻恪白金沙羅而墮水，
抵盱眙，開羅漢井。宿賀跋玄濟家，儼侍十一面觀音

> 菩薩傍。自爾詔僧伽上京師，中宗別敕度儼并慧岸、
> 木叉三人，別賜衣缽焉。

惠儼在武則天朝時即為享有崇高地位的大德，得出入宮禁內
道場，《舊唐書》薛懷義傳云：

> 薛懷義……得幸于千金公主侍兒。公主知之，入宮言
> 曰：「小寶有非常材用，可以近侍。」因得召見，恩
> 遇日深。則天欲隱其迹，便於出入禁中，乃度為
> 僧。……自是與洛陽大德僧法明、處一、惠儼、稜行、
> 感德、感知、靜軌、宣政等在內道場念誦。[30]

惠儼被視為洛陽大德僧，不僅可證僧伽師徒在長安、洛陽行
化，且其地位已為僧界領袖級之大德僧。惠儼除可在內道場
念誦經文外，尚參與武則天朝最重要的《華嚴經》重譯，擔
任審覆證義工作。據《大方廣佛華嚴經感應記》聖曆元年
（698）條，謂：

> 則天太后詔請于闐三藏實叉難陀，與大德十餘人，於
> 東都佛授記寺翻譯《華嚴》。僧復禮綴文，藏公筆授，
> 沙門戰陀提婆等譯語，僧法寶、弘置、波崙、惠儼、
> 去塵等審覆證義；太史太子中舍膺福衛事參軍于師逸
> 等同共翻譯。[31]

惠儼能於新譯于闐本《華嚴經》時參與審覆工作，不僅象徵
其地位崇高，且其本人具有中亞語文能力，始得與擔任筆授
工作的法藏（昭武九姓康國人）討論辯證；故其出身應與僧
伽相同，來自西域昭武九姓諸國。

透過惠儼、法藏參與新譯《華嚴經》這條線索，發現普照王信仰與華嚴宗有密切關係。華嚴三祖法藏（643～712），亦奉十一面觀音。據唐末新羅國侍講兼翰林學士崔致遠撰〈唐大薦福寺故寺主翻經大德法藏和尚傳〉，第8科，「神功元年（697，武周）契丹拒命出師討之」條云：

> （武則天）特詔（法）藏依經教遏寇虐。乃奏曰：「若令摧伏怨敵，請約左道諸法。」詔從之。法師盥浴更衣建立十一面道場，置光（觀）音像行道。始數日羯虜覩王師無數神王之眾，或矚觀音之像浮空而至，犬羊之群相次逗撓。月捷。以聞，天后優詔勞之，曰：「崩城之外兵士聞天鼓之聲，良鄉縣中賊眾覩觀音之像，醴酒流甘於陳塞，仙駕引纛於軍前，此神兵之掃除，蓋慈力之加被。[32]

《舊唐書》載萬歲通天2年9月：「以契丹李盡滅等平，大赦天下，改元為神功。」[33]討契丹一事不僅見諸正史本紀，武則天尚將戰勝歸功於觀音而更改年號為神功。

〈唐大薦福寺故寺主翻經大德法藏和尚傳〉，第7科還記載法藏於中宗朝協助平定張柬之叛逆案，云：

> 屬神龍初（705，中宗）張柬（昌之誤）之叛逆。藏乃內弘法力，外贊皇猷。妖孽既殲，策勳斯及，賞以三品。固辭，固授。遂請迴與弟俾諧榮養。至二年降敕曰：「朝議郎行統萬監副監康寶藏頗著行能，早從班秩。其兄法藏參梵侶深入妙門。傳無盡之燈，光照暗境。揮智慧之劍，降伏魔怨。兇徒叛逆預識機兆。

> 誠懇自衷每有陳奏。姦回既殄，功效居多。雖攝化無
> 著理絕於酬賞，而宅生有緣道存於眷顧復言就養實寄
> 天倫，宜加榮祿用申朝獎。寶藏可游擊將軍行威衛隆
> 平府左果毅都尉，兼令侍母不須差使，主者施行。[34]

如前所述，十一面觀音是僧伽、惠儼於普照王之外嚴謹奉祀
之神，法藏卻用以破敵。然十一面觀音當時似被佛教界視為
左道，故法藏需先奏請武則天同意後用之，可證法藏曾修習
此法，其師承淵源有與僧伽同者。〈大唐大薦福寺故寺大德
康藏法師之碑〉云：

> 法師俗姓康氏，諱法藏，累代相承為康居國丞相。祖
> 自康居來朝，父謐，皇朝贈左侍中。……聞雲華寺儼
> 法師講《華嚴經》，投為上足。瀉水置瓶之受納，以
> 乳投水之因緣，名播招提，譽流宸極。[35]

法藏從智儼（602～668）習《華嚴經》，智儼則師事杜順，
但智儼也曾從二梵僧修習梵文及梵文經典。《華嚴經傳記》
卷第3〈唐終南山至相寺釋智儼〉云：

> 釋智儼，姓趙氏，天水人也。高祖弘，高尚其志。父
> 景，申州錄事參軍。母初夢梵僧執錫而謂曰：「速宜
> 齊戒淨爾身心。」遂驚覺，又聞異香有娠焉。及儼生
> 數歲，卓異凡童，或累塊為塔，或緝華成蓋，或率同
> 輩為聽眾，而自作法師。生智宿殖皆此類也。年十二，
> 有神僧杜順，無何而輒入其舍，撫儼頂，謂景曰：「此
> 我兒，可還我來。」父母知其有道，欣然不悋。順即

以儼付上足達法師，令其順誨。曉夜誦持，曾無再問。後屬二梵僧來遊至相，見儼精爽非常，遂授以梵文，不日便熟。梵僧謂諸僧曰：「此童子當為弘法之匠也。」年甫十四，即預緇衣。[36]

由此可知華嚴宗與梵僧有密切關係，而法藏不僅血緣與僧伽同出一族，語言、文化相通，與僧伽生存年代及活動區域長期重疊。按僧伽生於貞觀元年（627），法藏生於貞觀17年（643）兩人相差16歲。顯慶2年（657）僧伽至長安、洛陽行化，居留30餘年。法藏於顯慶4年（659）入京事智儼，咸亨元年（670）武則天母去世，受召入宮講道，於西明寺立壇祈雨、新譯《華嚴經》，契丹拒命，法藏依經教建十一面觀音到場遏寇虐等年代，僧伽亦均停留於兩京弘法，兩人在宗教上的關係值得探索。

其次，華嚴四祖澄觀（737～839）與僧伽信仰關係也密切，清康熙《泗州志》云：

僧澄觀，字大休，昔住泗普光王寺，重建僧伽塔，韓昌黎贈之詩。唐大曆三年（768）詔入內釋經，為□文，加號僧統清涼國師，生歷九朝，年百二歲卒，文宗敕建塔於終南山。[37]

從師承淵源上雖看不出澄觀與僧伽的師承關係，但澄觀出家早期，曾居五台山華嚴寺習華嚴，後又住持泗州普光王寺，於唐德宗貞元年間（785～804）重建僧伽塔。《普照國師傳》附李元嗣〈寺塔興廢記〉謂：

唐德宗貞元中，臨淮浮屠災。韓退之所謂：「清淮無波平如席，欄柱傾扶半天赤，火燒水轉掃地空者是也。」此一廢也，而僧澄觀繼是新之。

李元嗣所引，為韓愈「送僧澄觀」詩句，全詩描述僧伽、普光王寺及澄觀，云：

浮屠西來何施為，擾擾四海爭賓士。
構樓架閣切星漢，誇雄鬥麗止者誰。
僧伽後出淮泗上，勢到眾佛尤恢奇。
越商胡賈脫身罪，珪璧滿船寧計資。
清淮無波平如席，欄柱傾扶半天赤。
火燒水轉掃地空，突兀便高三百尺。
影沈潭底龍驚遁，當晝無雲跨虛碧。
借問經營本何人，道人澄觀名籍籍。
愈昔從軍大梁下，往來滿屋賢豪者。
皆言澄觀雖僧徒，公才吏用當今無。
後從徐州辟書至，紛紛過客何由記。
人言澄觀乃詩人，一座競吟詩句新。
向風長歎不可見，我欲收斂加冠巾。
洛陽窮秋厭窮獨，丁丁啄門疑啄木。
有僧來訪呼使前，伏犀插腦高頰權。
惜哉已老無所及，坐睨神骨空澌然。
臨淮太守初到郡，遠遣州民送音問。
好奇賞俊直難逢，去去為致思從容。[38]

澄觀，姓夏侯，越州山陰（今浙江紹興）人，著有《華嚴經疏》等四百餘卷，長講《華嚴經》，門徒百餘僧，被尊為華嚴宗第四祖。韓愈為唐代著名儒者，晚年曾諫迎佛骨，被貶知潮州，《舊唐書》、《新唐書》皆有傳。唐憲宗元和 12年（817）宰臣裴度為淮西宣慰處置使兼彰義軍節度使，出兵平定淮、蔡軍事，韓愈被辟為行軍司馬，其詩約作於此時。韓愈贊揚澄觀公才吏用天下無雙，可見澄觀在唐朝動亂時曾參與政府平定內亂軍事活動，與法藏如出一轍，可反映出華嚴宗僧侶常介入政治、軍事活動。

　　華嚴宗與僧伽信仰關係密不可分，於信仰實例亦可見之，如莆田華嚴寺即奉僧伽塔像。《莆田縣志》云：

> 華嚴寺，在郡城西三里，本玉潤之北巖，唐大中六年
> （852）刺史薛凝題為華嚴，以僧行標能講《華嚴大
> 乘經》也。……有泗洲像，舊經云：「僧行標於泗州
> 請大聖真像，會溪流暴漲，得樟木一根於水中，遂刻
> 焉。乾寧五年（898）縣令呂承祐造塔三層，後火，
> 塔自焚而像如故，俗異之，隨復建塔。」[39]

僧伽第二位徒弟道堅，李邕撰碑時任普照王寺住持，然後世僧史僧傳皆未見其人，可能為謹循守成之徒。第三位徒弟木義，事蹟後世亦無留傳。第四位徒弟號木叉，自幼即追隨僧伽來華，〈僧伽傳〉云：

> 弟子木叉者，以西域言為名，華言解脫也，自幼從伽
> 為剃鬓弟子，然則多顯靈異，中和四年（881），刺

> 史劉讓父中丞，忽夜夢一紫衣僧云：「吾有弟子木叉，
> 葬寺之西，為日久矣，君能出之。」仍示其葬所。初
> 夢都不介意，再夢如初。中丞得夢中所示之處，欲施
> □之。見有二姓占居，於是饒錢市焉。開穴可三尺許，
> 乃獲坐函，遂啟之，於骨上有舍利放光，命焚之，收
> 舍利八百餘顆，表進上。僖宗皇帝敕以其焚之灰塑
> 像，仍賜諡曰「真相大師」。今配饗大聖。

木叉之名係由其何國語音譯而來，死後葬於普光王寺西，僖
宗中和 4 年（881）諡號「真相大師」，配享於僧伽左。木
叉生前事蹟〈僧伽傳〉並未敘及，然《清涼山志》，卻謂五
台山秘密岩秘密寺為木叉創立，似僧伽去世後，木叉與惠岸
離開臨淮普照寺，至五台山秘魔岩藏修。秘密岩又稱秘魔
岩，秘密寺又稱秘魔寺，位於五臺山台懷鎮西南 38 公里維
屏山，寺中尚有木叉祖師塔，該寺天王殿有對聯，云：「裝
成如許威嚴，不數木叉惠岸；參透個中秘密，依然拾得寒山。」
《清涼山志》載：

> 秘密寺在西台外秘密岩，岩谷幽深，陷者星布，唐木
> 叉和尚于此藏修，始建寺。[40]

可見木叉為該寺創寺者，而僧伽另一門徒惠岸也追隨木叉
在此。

　　木叉與惠岸在佛教僧史中未見其詳細事蹟，但民間流傳
章回小說中卻有盛名。因為僧伽被視為觀音菩薩化身，木叉
與惠岸就是觀音弟子，明朝吳承恩《西遊記》，謂木叉為李

天王二太子，觀世音菩薩首徒，法號惠岸，誤將二人混為一人。《西遊記》第六回云：

> 惠岸行者整整衣裙，執一條鐵棍，駕雲離闕，徑至山
> 前。……惠岸立住，叫：「把營門的天丁，煩你傳報：
> 我乃李天王二太子木叉，南海觀音大徒弟惠岸，特來
> 打探軍情。」那營裏五嶽神兵，即傳入轅門之內。[41]

除上述諸僧外，其餘僧徒行蹟不詳。大致上僧伽信仰在佛教史上與華嚴宗合流，其門徒除於淮水流域繼續發展外，木叉、惠岸則至五台山開創秘密寺，傳至後世。

七、僧伽信仰之發展

（一）唐代

僧伽生前行化於大運河沿岸的安徽、江蘇、浙江，所覓據點，多以水上交通便利之新興城市為主。由僧伽去世後百餘年間，各地所傳靈異事蹟，可推出其信仰發展概況。

僧伽死後神蹟以泗州為核心向外擴散，〈僧伽傳〉所述發生於泗州者，依年代先後計有：

1、乾元中（758-9）州牧李（亡名），有推步者云為土宿加臨，災當惡弱。伽忽現形，撫李背曰：「吾來福至，汗出災消矣！」，後無他咎。

2、大曆中（766～780，代宗），州將勒寺知十驛俾出財供，乘傳者至，十五年（780）七月甲夜現形于內殿，乞

免郵亭之役。代宗勅中官馬奉誠宣放免役，並賜絹三百疋，雜綵千段、金澡罐、皇太子衣一襲，令寫貌入內供養。

3、長慶元年（821，穆宗）夜半於州牧蘇公寢室前歌曰：「淮南淮北今有福。自東至西無不熟。」其年獨臨淮境內有年耳。二年（822）寺塔皆焚，唯伽遺形儼若無損。

4、咸通中（860-873，懿宗），龐勛者，因徐州戍卒擅離桂管，沿路劫掠，而攻泗州，圍逼其城。伽於塔頂現形，外寇皆睡。城中偶出擊之，驚竄西陷宿州。以事奏聞，仍錫號證聖大師。

5、文德元年（888，僖宗）外寇侵軼，州將嬰城拒敵。伽現形於城西北隅，寇見，知堅壘難下，駭而宵遁。

6、大順中（890，昭宗）彭城帥時溥令張諫攻北城，俘五百餘人，拘鞫場中。諫凭案，恍惚間見僧衣紫誨之曰：「此輩平人何可殺耶，不如捨之。」言畢不見。諫遂縱之而逸。

7、乾寧元年（894，昭宗）太守臺濛夢伽云：「寒，東南少備。」濛不喻旨。以綿衾、法服施之。十二月晦夜半，有兵士踰壘而入，濛初不知，復夢一僧以錫杖置于心上，冷徹心骨，驚起。濛令動鼓角，賊驚奔，獲首領姓韓云。

上述7則神話於僧伽死後200年間陸續從泗州傳出，計有為州牧治病、為僧眾請免除勞役、庇佑地方豐收、消除官員災難、顯現拒敵護城、解救被拘無辜難民等，不一而足，一而再，再而三的靈應事蹟，讓僧伽信仰一代代深烙在泗州官民心上，建立其不可取代的地位。

僧伽信仰也循大運河路徑，向南則沿大運河入長江中下游沿岸的武漢及江西，向北傳至燕、薊河北地區。〈僧伽傳〉云：

　　泊乎已滅多歷年所，嘗現形往漢南市漆器。及商人李
　　善信船至寺，覓買齋器僧，忽見塔中形像，凝然曰：
　　「正唯此僧。」遠近嗟嘆。
　　又嘗於洪井化易材木，結筏而至。亦然。
　　嘗於燕師求甆罌，稱是泗州寺僧。燕使賷所求物至，
　　見塔中形，驚信，遂圖貌而歸。自燕、薊展轉傳寫，
　　無不遍焉。

大致上，在唐朝滅亡以前，僧伽已被塑造成可為人示吉凶，
有求必應的神，除了泗州、五台山之外，淮水流域、大運河
沿岸及長江下游均已有僧伽信仰的踪蹟。因僧伽晚年被唐中
宗奉為國師，賜紫袍，故顯化對象為官員時輒以紫衣僧形出
現；至昭宗乾寧以後，多於塔頂現小僧狀。〈僧伽傳〉云：

　　乾寧元年（昭宗，894）……由此多于塔頂現小僧狀，
　　傾州瞻望。然有吉凶表兆于時，乞風者分風，求子者
　　得子，今有躬禮者，往往有全不見伽形相者：或見笑
　　容者吉，不然則凶。其不可爰度者如此。

小僧漸成為僧伽顯化的另一種象徵。（圖6-3）

圖 6-3 以小僧形象出現的泗洲文佛

（二）五代以後

　　僧伽信仰成為民間主流信仰是在五代末北宋初。周世宗為統一全國出兵江南，僧伽顯夢州民，間接促成江南內附。〈僧伽傳〉云：

> 洎周世宗有事江南，先攻泗上，伽寄夢於州民，言不宜輕敵。如是，達于州牧，皆未之信。自爾，家家夢，同告之。遂降。全一郡生民，賴伽之庇矣。天下凡造精廬必立伽真相，牓曰：「大聖」，有所乞願，多遂人心。

〈僧伽傳〉描述僧伽對北周取泗州時故事，因僧伽寄夢州民勿輕易發動戰爭，促成泗州不戰而降，解除泗州州民的恐懼與損傷。據《舊五代史》〈世宗紀第二〉，顯德 2 年（955）11 月，議南征，周世宗下詔，諭淮南州縣善擇安危早圖去就，若投戈獻款自當保全，不犯秋毫。12 月下旬出兵，屢破江南各州軍，顯德 3 年（956）2 月，南唐國主李景遣泗州牙將王佑朗齎書乞和，周世宗不答。3 月，李景擬割壽、濠、泗、楚、光、海六州以乞和；周世宗復不允。[43] 此後雙方互有征戰，顯德 4 年（957）十二月乙卯，泗州守將范再遇以其城降。[44] 在五代十國的混亂征戰中，城被攻破動輒殺戮成千上萬人，財物損失更不可數計；僧伽生前即勸化百姓不殺生，何況民命！僧伽在此被塑造成和平的象徵，讓他受到更多信徒崇敬。

顯德 6 年（959）五月，周世宗去世。顯德 7 年（960）正月，陳橋兵變，趙匡胤被擁為帝，建國號宋。僧伽託夢故事，對繼承北周政權，準備統一江南的宋朝皇帝而言，十分具有啟發性，進而運用僧侶為間，助取江南。

宋朝用北僧為間諜助平江南事例二。一為宋太祖開寶初（968），華嚴宗的北僧小長老至江南，說南唐後主於牛頭山造寺千餘間，及宋師渡江即以其寺為營。《金陵新志》云：

> 開寶初，有北僧號小長老，自言慕化而至，多持珍寶恠物賂貴要為助，朝夕入論天宮、地獄果報之說，後主□□謂之一佛出世，服飾皆鏤金絳羅。後主疑其非

法。答曰：陛下不讀《華嚴經》，安知佛富貴。因說
後主多造塔像以耗其帑庾；又請於牛頭山造寺千餘
間，聚徒千餘人，日給盛饌。有食不能盡者，明旦再
具，謂之折倒。蓋故造不詳語以搖人心。及師渡江，
即其寺為營。[45]

第二例為北僧某，立石塔於采石磯，草衣蔬食，南唐李後主
及國人施遺，僧皆拒不取；及宋師下池州，僧繫浮橋於石塔
助宋軍渡江，始知其為間諜。《金陵新志》云：

有北僧，立石塔於采石磯，草衣蔬食，後主及國人施
遺之，皆拒不取；王師下池州，繫浮橋於石塔，然後
知其為間也。[46]

采石磯浮橋取江南之事，《宋史》〈曹彬傳〉謂：

（太祖開寶）七年，將伐江南，九月，彬奉詔與李漢
瓊、田欽祚先赴荊南發戰艦，……由荊南順流而東，
破峽口砦，進克池州，連克當塗、蕪湖二縣，駐軍采
石磯，作浮梁跨大江以濟師。十二月，大破其軍于白
鷺洲。[47]

《金陵新志》卷14，〈曹彬傳〉亦謂：

太祖伐江南，以彬將行營之師，彬分兵由荊南順流
而東，破峽口砦，進克池州，連克當塗蕪湖二縣，
駐軍采石磯，作浮梁跨大江以濟師，大破其軍于白
鷺洲。[48]

255

此二例，一則利用信仰及珍寶打進政府核心階層直接影響決策；一則運用僧侶潛入軍事要地，俟機接濟軍事活動，助宋軍平定江南。上述二則故事之北僧雖未見其出身何處，但小長老確與華嚴宗有關，似可反映華嚴宗僧侶參與政治的風氣一直未變。

宋太祖雖致力統一全國，但終其世北漢、福建乃處割據中，宋太宗即位後，即召曹彬詢問周世宗及宋太祖親征事；《宋史》雖未敘及僧伽事，但由事後太宗向僧綱贊寧索閱〈僧伽實錄〉，並於太平興國 7 年（982）出庫帑指派白承睿重建塔廟，並親題「普照王寺」額以示隆寵，似僧伽派下僧侶居功不小。〈僧伽傳〉云：

> 今上（宋太宗）御宇也留心于此（僧伽事）。其年三月有尼遊五臺山，迺因見伽於塔頂作嬰孩相，遂登剎柱捨身命供養。太平興國七年敕高品白承睿重蓋其塔，務從高敞，加其累層。八年，遣使別送舍利寶貨同葬下基。……近宣索僧伽實錄，上覽已敕還。題其額曰：「普照王寺」矣。

宋太宗的褒獎，讓泗州大聖信仰再度達到巔峰，《泗洲大聖明覺普照國師傳》附錄：南宋慶元間（寧宗 1195～1200）僧無餘採集僧伽卒後靈異事蹟 18 則，前 10 則皆為唐代事，1 則為周世宗朝，其餘皆為宋朝事，計有太宗太平興國 1 則、真宗大中祥符 1 則、徽宗崇寧 1 則、宣和 2 則、高宗建炎 2 則（含南宋大夫李祥自敘兵亂其父遇難感大士靈應之異 1 則），而奉祀泗州大聖之寺、院、庵遍及皖、江、浙、閩各

省。如江蘇鎮江於宋紹興年間即建有「普照寺」，元至順《鎮
江志》載：

> 普照寺，在壽邱山巔，宋高祖故宅也。……先是，泗
> 州有僧伽塔，紹興中寓建塔院于此，以奉僧伽像，名
> 曰普照，寶慶丙戌始植殿宇，紹定辛卯然後門廡大
> 備。總領岳珂為記。[49]

僧伽塔不僅在各處建立，且深受民間信賴，遇有疑難常往請
示，如北宋時莆田興修木蘭陂水利設施，迭成迭壞，眾心狐
疑，卒在僧伽塔下卜筊釋惑眾志始定。《閩書》卷24云：

> 雞足峰……唐為玉澗寺，華嚴院師行標者居之。……
> 宋李長者宏，欲作木蘭陂，南陂成，累壞，是後眾心
> 狐疑。宏詣僧伽塔下百擲筊杯，上下如一，眾心不惑，
> 遂以成陂。[50]

以南宋《三山志》為例，書中所列奉祀僧伽（泗洲文佛）之
寺院，府治有：仁惠里有泗州院（開寶7年建），長樂縣有：
泗明院（大中6年建，奉僧伽像）、龜石泗洲院（太平興國
9年建）、普照庵。福清縣有：臨江里（嘉祐2年建）、海
壇里各一座泗州院，南匿里有泗洲庵、泗洲堂各一座。古田
縣有：慕仁里泗洲院（皇祐元年建）、和平里僧伽院（元豐
2年建）各一座。永福縣有：賀恩里泗洲院（天禧2年建）
一座。羅源縣計有：臨濟里泗洲院（淳化3年建）、泗洲庵
（紹聖3年建）各一座。懷安縣計有：恭順里（天成元年建）、
稷下里泗洲院各一座，幾乎福州所轄各縣皆有之程度。[51]

元朝朝廷亦信仰僧伽。普照寺於南宋建炎間金兵破泗州時被焚，元世祖至元 18 年（1281）住持僧懷融詣上都謁世祖請建寶塔，許之。經 7 年，基址甫就而懷融卒。仁宗延祐元年（1314）中書省咨河南江北等處行中書省各路各修一座損壞舊寺、交修 19 處有舍利的塔，并泗州塔。因僧伽為西域人，太后指示依西番白塔寺裡塔塔樣大小重建泗州塔，並賜名靈瑞。[52] 明朝，僧伽信仰仍甚普遍，如《八閩通志》所載明朝時泗洲僧伽寺院庵亦遍佈全閩，其信仰普及度之高於此可見。

八、結語

〈普光王寺碑〉是唐代李邕奉敕撰寫僧伽的第一篇文獻，透過史料的比對，可以訂正贊寧《宋高僧傳》〈僧伽傳〉、蔣之奇《泗洲大聖明覺國師傳》的一些錯誤記載，如僧伽卒年、度化僧徒人數、顯神通化賀跋氏捨宅、以臨淮信義坊香積寺舊址為寺基等；另碑文所述普光王寺，殿宇累層、高聳，奉祀普照王；有講堂、浴室、齋房，精緻非凡，與當時印傳佛教風格截然不同；捐款者多為胡商越賈，也是贊寧、蔣之奇所未曾提及者。

以〈普光王寺碑〉為核心整理出出僧伽信仰的基本面貌如下：僧伽為昭武九姓族的何國人，年輕時在本國出家，長而誓志弘教，於唐高宗龍朔初年（661）來華，時年 31 歲。依當時外國僧人來華慣例，以國名為姓故姓何，其名不詳。僧伽來華，先至西涼，再入長安、洛陽，手執楊枝、淨瓶混

於佛教僧侶群中傳教。後以神通為駙馬都尉武攸暨治癒疾病，進而於萬歲通天元年（696）獲武則天特准留華傳教。僧伽循大運河東走，初隸名楚州山陽龍興寺，但未受歡迎，再循大運河南下至晉陵國祥寺，亦未久留，最後選定泗州臨淮，建立普光王寺為傳教據點。建寺工程在地方官員護持，胡商越賈捐鉅貲協助之下，為一巨型寺院，有高閣庭園，講堂、浴室、香積厨，所奉普照王成各方瞻仰之象徵。寺成後，唐中宗遣人迎僧伽入宮中，為卜休咎若合符節，中宗因而受洗，奉為國師，並親題榜「普光王寺」，為度門人惠儼等 7 僧，僧伽卒後歸葬臨淮普光王寺。

　　僧伽雖奉普照王佛，但隨身奉祀十二面觀音，卒後中宗問神僧萬迴，僧伽為何人？萬迴謂：為觀音化身。後人遂以僧伽為白衣大士開山。首徒惠儼曾參與武則天朝于闐本《華嚴經》翻譯文字之審議。華嚴三祖法藏於武則天神功元年（697）契丹入寇時，於宮中建十一面觀音道場助破契丹。唐德宗貞元年間（785～804）普光王寺遭水火之災，華嚴宗四祖澄觀為負責重修。另唐宣宗大中 6 年（852）福建莆田建立華嚴寺，亦建塔奉祀僧伽，僧伽與華嚴信仰的契合如此。另門徒木叉與惠岸則至五臺山創秘密寺，《西遊記》以木叉為東海龍王次子，惠岸則為觀音收木叉為徒弟後所取法號，雖誤將二人當成一人，但從《西遊記》把木叉與惠岸描述為觀音徒弟的寫法，也可反映僧伽在明代已經完全被觀音化了。

九、餘論——僧伽信仰本質的再檢討

　　透過上述研究，可以發現僧伽信仰遍佈淮水以南沿海各省，是佛教很重要的一個流派。但欲研究僧伽信仰時，卻發現史料不多，史料品質也不佳。歷朝所修高僧傳中幾乎找不到僧伽門徒下落，甚至讓人懷疑若非宋太宗的重視並向僧綱贊寧索閱僧伽實錄，〈僧伽傳〉也不見得會被收錄於《宋高僧傳》中。

　　其次，僧伽信仰中寺院的莊嚴華麗，喜參與政治活動，與華嚴宗有種種契合。華嚴始祖杜順，其事蹟與僧伽類同，均屬神通人物。唐末莆田華嚴寺也奉祀僧伽，華嚴宗似與僧伽信仰有關，但《華嚴經傳記》中卻隻字未及僧伽，故僧伽似華嚴又非華嚴。種種現象，讓人不禁懷疑僧伽信仰是否與印傳佛教無關，而係中亞宗教，藉佛教之名傳入中國者。

　　南北朝至唐初由中亞傳入中國之宗教有大秦（景）、火祆與摩尼，其傳教人員，古史通稱為僧、尼，寺院合稱三夷寺。外人光從「僧」、「尼」，「寺」等名稱上看很容易產生混淆。

　　大秦距中國最遠，但景教在唐初即傳入中國。唐德宗建中 2 年（781）〈景教流行中國碑〉，記載景教在唐土流傳概況，略謂：奉祀三一妙身無玄真主阿羅訶，唐太宗貞觀 9 年（635）大秦國上德阿羅本攜經、像入長安，房玄齡迎入內翻經書殿問道，12 年（638）於長安義寧坊造大秦寺，度僧 21 人。高宗朝於各州置景寺，仍以阿羅本為鎮國大法主，法流十道，寺滿百城。玄宗天寶 3 年（744）詔僧佶和觀星

象，又詔僧羅含、普論等 17 人與佶和於興慶宮修功德，玄宗並為題寺額。肅宗朝於靈武等五郡重立景寺，而郭子儀則每年集景教四寺僧徒虔事精供云云。[53] 景教僧侶雖亦服白衣，然其教所奉非普照王，傳入年代在太宗朝，盛於高宗、玄宗二朝，在華發展脈絡清楚，相關僧侶法號皆與僧伽師徒無關，而中亞地區也無景教流傳的記載，故僧伽似非源自景教系統。

其次為波斯國火祆教，西元 5 世紀間為波斯國的主要信仰，其使用文字與西域諸胡不同。《魏書》〈波斯國〉云：

> 波斯國，都宿利城……俗事火神、天（祆）神，文字與胡書異。[54]

5 世紀時，祆教已傳至中亞諸國，各國事火祆者皆受法於波斯。《舊唐書》〈波斯國〉云：

> 波斯國，在京師西一萬五千三百里，東與吐火羅、康國接……俗事天地日月水火諸神，西域諸胡事火祆者，皆詣波斯受法焉，其事神以麝香和蘇塗鬚點額，及於耳鼻用以為敬，拜必交股。[55]

與波斯相接的康國也信祆教，但至 5 世紀中葉，康國等昭武九姓也同時信奉佛教。《魏書》〈康國〉云：

> 康國左右諸國並以昭武為姓，示不忘本也。……西域諸國多歸之。米國、史國、曹國、何國、安國、小安國、那色波國、烏那曷國、穆國皆歸附之。有胡律，

> 置於祆祠。……奉佛，為胡書……太延（435～440，
> 北魏太武帝）中始遣使貢方物，後遂絕焉。[56]

《魏書》記載康國等國有祆祠，又奉佛，亦即其信仰來自其西邊波斯國的祆教與南邊天竺的佛教；但其國使用文字為胡書而非波斯文或梵文，亦即佛書是以當地語文形式存在。另《北史》也記載同時期高昌國、焉耆國有同樣信仰狀況，〈高昌〉條云：「俗事天神（即祆神）兼信佛法。」[57]即當時從中亞至新疆地區有些國家同時兼信祆教與佛教，兩個宗教已有融合現象。佛教在東漢時已傳入中國，祆教在 5 世紀也已傳入中國北方。

祆教傳入中國後並未有較完整文獻留下，宋敏求《長安志》提及祆祠者有三，一在靖恭坊，謂：「街南之西，祆祠。」清朝阮沅重刊時於其下添註：「沅按，《北魏書》作天祠，同，古無祆字。」等字。第二所在布政坊，謂：「西南隅胡祆祠。」其下註云：

> 武德四年立，西域胡祆神也，祠內有薩寶府官主祠，拔神亦以胡祝充其職。沅按，胡祆神始末見《北魏書》，靈太后時立此寺。

第三所在醴泉坊，謂：「西門之南祆祠。」可見祆祠在北魏及唐高祖時均曾立寺，唐朝且有專官主其事，神職人員亦由胡人充任。按《北魏書》〈宣武靈皇后胡氏傳〉謂：

> 幸嵩高山，夫人九嬪已下從者數百人，昇于頂中，廢諸淫祀，而胡天神不在其列。[58]

可知北魏時祆教已被承認為合法宗教流傳，唐高祖亦許其存在，雖其寺為數不多，但其教徒應不致於需要另立名目開創新教。

第三為摩尼教，創教者為波斯人摩尼（Mani，216～274），波斯為拜火教（祆教）發源地，摩尼幼時曾隨其父跋帝（Patek）參加基督教厄勒克塞派活動，24 歲創立摩尼教，其基本教義係揉合拜火教與基督教而成，最初在波斯北部傳教，後由海道進入印度半島杜蘭（Turan）國，吸收當地佛教理論，後波斯國王許其在國內自由傳教，卒後其徒成立教團，分向中亞、歐洲傳播，而其傳至中亞的一支，因中亞諸國已兼信祆教與佛教，更增加其教義中的佛教成分。

6 世紀前後，摩尼教由中亞的昭武九姓粟特人傳到新疆。隋末唐初，信仰摩尼教的粟特商人相繼來新疆經商，在阿勒泰、吐魯番和羅布泊等地定居。唐貞觀年間（627-650），康國大首領康豔典（摩尼教徒）來到隋末廢棄的蒲昌海（羅布泊）石城鎮重築新城，逐漸在石城鎮周圍新建三座城鎮，在羅布泊地區形成了以石城鎮為中心的粟特摩尼教徒聚居區。[59] 易言之，僧伽來華之前昭武九姓已改宗摩尼教，故僧伽的宗教背景也可能為摩尼教。

以《僧伽和尚欲入涅槃說六度經》為例，所述僧伽原居東方，後轉世西方為釋迦牟尼，最後又從西方來中國從事教化，云：

> 元居本宅，在於東海，是過去先世淨土緣。為眾生頑
> 愚難化，不信佛法，多造惡業。吾離本處，身至西方，

教化眾生，號為釋迦牟尼佛。東國遂被五百毒龍陷為
大海，一切眾生沈在海中，化為黿鼉魚鱉。

吾身已後却從西方胡國中來生於閻浮，救度善緣、佛
性種子。吾見閻浮眾生，遍境凶惡，自相吞食，不可
開化。吾今遂入涅槃，舍利本骨願住泗州已後，若有
善男子善女人，慈心孝順，敬吾形像，長齋菜食，念
吾名字。如是之人散在閻浮，吾愍見惡世力兵競起，
一切諸惡逼身，不得自在。[60]

此說法與摩尼教《摩尼光佛教法儀略》〈託化國土名號宗教
第一〉所述摩尼前世為老君、釋迦牟尼雷同。《摩尼光佛教
法儀略》云：

佛夷瑟德烏盧詵者（本國梵音也）譯云光明使者，又
號具智法王，亦謂摩尼光佛，即我光明大慧無上醫王
應化法身之異號也。當欲出世，二耀降靈，分光三體，
大慈愍故應敵魔軍，親受明尊清淨教命，然後化誕故
云光明使者，精真洞慧堅疑克辯故曰具智法王，虛應
靈聖覺觀究竟故號摩尼光佛。光明所以徹內外，大慧
所以極人天，無上所以位高尊，醫王所以布法藥。則
老君託孕太陽流其晶，釋迦受胎日輪協其象，資靈本
本，三聖亦何殊，成性存存，一貫皆悟道。按彼波斯
婆毘長曆自開闢初有十二辰掌分年代。至第十一辰名
訥管代二百二十七年，釋迦出現。至第十二辰名魔謝
管代五百二十七年，摩尼光佛誕蘇鄰國跋帝王宮金薩
健種夫人滿豔之所生也。[61]

264

《僧伽和尚欲入涅槃說六度經》復云：「吾自生閻浮，為大慈父教化眾生，輪迴世間。」可知僧伽稱其主神普照王為大慈父，而《摩尼教下部讚》常以慈父之名稱頌摩尼，如〈歎諸護法明使文〉，第3疊云：「諸明使眾恕我等，慈父故令護我輩，無上善族大力者，承慈父命護正法。」與佛經常用「佛」來稱釋迦牟尼不同。

對唐朝統治者而言，因摩尼教將老君與釋迦牟尼列為摩尼的前世，常不能正確的將其與佛教適當區分，但印傳佛教僧侶則不然，對摩尼教經義有相當瞭解，並視其為偽教，如南宋僧志磐撰《佛祖統紀》武周延載元年條謂：

> 波斯國人拂多誕（西海大秦國人）持二宗經偽教來朝。述曰：太宗時，波斯穆護進火祅教，勅建大秦寺。武后時，波斯拂多誕進《二宗經》，厥後大歷間荊、揚、洪、越等州各建摩尼寺。此魔教邪法，愚民易於漸染，由屢朝君臣當世名德不能簡邪正以別同異故。其法行於世，而弗禁虛，是蓋西土九十五外道之類歟。[62]

並將摩尼教與祅教混為一，歸類「事魔邪黨」，云：

> 末尼火祅者。初波斯國有蘇魯支，行火祅教，弟子來化中國。唐正觀五年（631），其徒穆護何祿詣闕進祅教，勅京師建大秦寺。武后延載元年（694），波斯國拂多誕持《二宗經》偽教來朝。玄宗開元二十年（732）勅：末尼本是邪見，妄稱佛教，既為西胡師

法，其徒自行，不須科罰。天寶四年（745）勅：兩
京諸郡有波斯寺者，並改名大秦。大歷三年（768）
勅：回紇及荊揚等州，奉末尼各建大雲光明寺。六年
（771），回紇請荊、揚、洪、越等州置摩邪寺。其
徒白衣白冠。會昌三年（843）勅：天下末尼寺並廢，
京城女末尼七十二人皆死；在回紇者流之諸道。五年
（845）勅：大秦穆護火祆等二千人，並勒還俗。……
今摩尼尚扇於三山。

「唐正觀五年（631），其徒穆護何祿詣闕進祆教，勅京師
建大秦寺。」的說法，與前述〈景教流行中國碑〉及《長安
志》景教、祆教傳入及建寺年代皆不符，而敘述武則天以後
較正確可信。因摩尼教於宋代尚盛傳於福建，故《閩書》也
有關於摩尼教的記載，謂：

> 摩尼佛，名末摩尼光佛，蘇鄰國人，又一佛也，號具
> 智大明使。……晉武帝太始丙戌（元年，267）滅度
> 於波斯，以其法屬上首慕闍。慕闍當唐高宗朝行教中
> 國。至武則天時，慕闍高弟密烏沒斯拂多誕復入見。
> 群僧妒譖，互相擊難；則天悅其說，留使課經。開元
> 中，作大雲光明寺奉之。[63]

蘇鄰國即《大唐西域記》卷 11「波剌斯國」（波斯）都城
蘇剌薩儻那（suristan），亦稱蘇蘭或宿利，所述摩尼死亡年
份及教中神職稱呼也與《摩尼教殘經》吻合，其可信度不下
於《佛祖統紀》。所述「慕闍當唐高宗朝行教中國。」與僧

伽入華年代符合，「武則天時，慕闍高弟密烏沒斯拂多誕復
入見。群僧妒譖，互相擊難；則天悅其說，留使課經。」亦
與僧伽首徒惠儼於武則天朝出入宮禁誦經相符；摩尼光佛號
具智大明使，與普照王性質亦相同，可視為翻譯時之不同用
語；教徒穿白衣，與僧伽為白衣大士開山亦復一致。最有趣
者殆為所述「群僧妒譖，互相擊難；則天悅其說，留使課經。」
一事，與華嚴三祖法藏故事雷同。《佛祖歷代通載》周神聖
皇帝，辛丑年（701）條云：

> 是歲，詔賢首法師法藏於東都佛授記寺講新《華嚴
> 經》，至華藏世界，感大地震動，逾時乃息。即日召
> 對長生殿，問帝網十重玄門、海印三昧、參合六相、
> 總別同異、成壞之義。藏敷宣有緒，玄旨通貫。則天
> 驟聞，茫然驚異，伸請再三。藏就指殿隅金師子為曉
> 譬之，至所謂一毛頭師子，百億毛頭師子，則天豁然
> 領解。由是集其語，目為《金師子章》。初雲華寺儼
> 尊者傳杜順華嚴宗旨，藏執侍儼，盡傳其教。及儼去
> 世，藏以巾幘說法。於是京城耆　連名抗表，乞度為
> 僧。凡藏落髮、受具，皆則天特旨。[64]

根據上述，法藏被召入宮時仍以巾幘說法，即當時法藏根本
非佛教僧侶，且其師承杜順、儼尊者也非佛教僧侶，故京城
佛教高僧連名抗表，請武則天度法藏為僧；而武則天在佛教
界領袖集體壓力下，特旨令法藏剃髮、受具足戒，成為正式僧
人。法藏之例，與《閩書》所述摩尼教「慕闍高弟密烏沒斯拂
多誕復見。群僧妒譖，互相擊難。」遭遇暗合，頗值玩味。

另武則天朝惠儼、法藏參與新譯的《大方廣佛華嚴經》內容與摩尼教現存文獻也有諸多契合者,如《華嚴經》主神為盧舍那佛,《摩尼教下部讚》有「讚盧舍那訖末後結願用之」文,〈莫日與諸聽者懺悔願文〉亦提及「盧舍那」,〈十戒三印法門〉有「眾聖歌揚入盧舍那境界」,〈儞逾沙懺悔文〉有「或損盧舍那身兼五明口」諸語。[65]《華嚴經》文也大量使用摩尼、盧遮那佛、前際後際、魔界、地獄等與摩尼教相關詞語,如卷 1 有:清淨摩尼、摩尼寶王、摩尼寶、摩尼光雲、觀世音自在天王、光音天王;卷 2 有:普照天王;卷 3 有:淨光普照主空神;卷 5 有:毗盧遮那佛、摩尼如意王、摩尼光焰、摩尼王雲;卷 32 清淨白法、普照佛;卷 34 有:摩尼寶藏殿;卷 42 有:前際、中際、後際;卷 43 有:于魔界中拔出眾生;卷 46 有:諸佛悉能摧滅一切諸魔、魔王等眾其數無邊、鐵圍山;卷 55 有:修一切白淨法、住一切白淨法;卷 72 有:普照法界智慧山寂靜威德王等。[66]

僧伽奉祀觀音,《摩尼教下部讚》〈莫日與諸聽者懺悔願文〉亦提及、「觀音勢至」,《華嚴經》卷 67 也有:觀自在菩薩以補怛洛迦山講道之記載。據《摩尼光佛教法儀略》摩尼教主神:

> 夷瑟德烏盧詵者,譯云光明使者,又號具智法王,亦謂摩尼光佛,即我光明大慧無上醫王應化法身之異號也。[67]

其形象：

> 頂圓十二光王勝相，體備大明無量秘義，妙形特絕，
> 人天無比，串以素帔，做四淨法身，其居白座，像五
> 金剛地，二界合離，初後旨趣，宛在真容。

即其教有十二光王，又稱「十二常住寶光王」，據《摩尼教
下部贊》謂：

> 一者明尊，二者智惠，三者常勝，四者歡喜，五者勤
> 修，六者真實，七者信心，八者忍辱，九者直意，十
> 者功德，十一者齊心和合，十二者內外具明。[68]

又釋云：

> 一者無上光明王，二者智惠善母佛，三者常勝先意
> 佛，四者歡喜五明佛，五者勤修樂明佛，六者真實造
> 相佛，七者信心淨風佛，八者忍辱日光佛，九者直意
> 盧舍舠，十者知恩夷數佛，十一者齊心電光佛，十二
> 者惠明莊嚴佛。

十二光王各有其名，而第一位明尊或無上光明王也就是摩尼
光佛，所以十二光王實際僅十一位，光王更是觀音的古稱，
所以十二面觀音與十一面觀音，在摩尼教中是相通的。總
之，僧伽開山創立的白衣大士或十二面觀音信仰，是一個有
別於單純信奉釋迦牟尼的佛教，從唐代西域宗教傳入背景考
察，僧伽信仰似為揉合佛教、基督教、祆教而成的華化摩尼
教，僧伽奉視的普照王（大慈父或盧舍那佛）則為摩尼光佛，

而十二面觀音為十二光王，白衣則為該教與印度佛教區隔的
主要象徵。

註釋

1. 本文所用〈泗州臨淮縣普光王寺碑〉係以《欽定四庫全書》，《李北
   海集》卷三所載碑文為依據。

2. 《大正藏》《宋高僧傳》卷第 18 所錄〈唐泗州普光王寺僧伽傳〉與
   明萬曆 19 年李元嗣刊印《泗州大聖明覺普照國師傳不分卷》文字略
   有出入，李元嗣本雖間有字蹟散漫不易辨識之處，然較《大正藏》本
   刊行年代較早，故本文引述以李元嗣本為主。

3. 贊寧《宋高僧傳》卷第 18〈唐泗州普光王寺僧伽傳〉。

4. 李元嗣《泗洲大聖明覺國師傳不分卷》蔣之奇〈泗洲大聖明覺普照國
   師傳〉明萬曆 19 年刊本，天津圖書館孤本秘籍叢書，子部第九冊。

5. 同註 4，蔣璨〈題僧伽傳後〉。

6. 見《李太白文集》卷 6，〈僧伽歌〉。文淵閣四庫全書，集部，別集。

7. 據《人民日報》2004 年 10 月 20 日海外版第四版，〈江陰發現泗洲
   大聖舍利〉條，謂何國在今吉爾吉斯斯坦共和國的阿爾別希姆。

8. 《魏書》列傳第 90，西域〈康國〉。民國 60 年，台北成文出版社印
   行。

9. 《隋書》卷 83，列傳第 48，西域〈何國〉。民國 60 年，台北成文出
   版社印行。

10. 《舊唐書》西域列傳第 146 下，〈何〉。民國 60 年，台北成文出版
    社印行。

11. 李元嗣於重刻《泗州大聖明覺普照國師傳不分卷》時，另自創一說，
    謂僧伽：「自南天竺而至長安，自長安而至西京洛陽，……西涼字為
    西京字，蓋刊誤也。」應係據李白〈僧伽歌〉之說法。

12. 同註 9 卷 133〈外戚〉。

13. 同註 4，附錄韓愈「送僧澄觀」。

14. 同註 10，地理一，泗州。

15. 邢仕誠，《臨淮縣志》卷 1〈疆域〉，城鄉里都；卷 2〈城池〉。康

熙 12 年刊本，民國 74 年，台北，成文出版社印行。

[16] 《泗州志》卷 13 古蹟，普光王寺；卷五城池，泗州城。

[17] 《南齊書》卷 14，志第 6，州郡上，臨淮郡。民國 60 年，台北成文出版社印行。

[18] 文彬、孫雲等修《重修山陽縣志》卷五〈職官志〉卷 11〈人物〉。清同治 12 年刊，民國 72 年，台北，成文出版社印行。

[19] 僧志磐《佛祖統紀》卷第 40，法運通塞志第 17 之 6。大正新脩《大藏經》。民國 83 年，台北，新文豐出版公司印行。

[20] 程大昌《雍錄》卷第 10，寺觀，〈香積寺〉。明新安吳琯校刊本，民國 69 年，台北大化書局印行。

[21] 宋敏求《長安志》卷 10，唐京城 4，義寧坊〈積善尼寺〉。民國 69 年，台北大化書局印行。

[22] 同註 20，〈化度寺〉。

[23] 同註 9，列傳第 6，高頻傳。

[24] 《長安志》卷 9，唐京城 3，崇德坊〈廢報恩寺〉。

[25] 同註 4，夾註。

[26] 原書引文第二行，「右廂三面」以下八字模糊，第三行有漏字，茲據《佛說十一面觀世音神咒經》經文逐行補入。

[27] 嘉泰《會稽志》卷第 7，宮觀寺院，山陰縣〈天衣寺〉條。民國 69 年台北大化書局印行。

[28] Chun-fang Y u（于君方），《Kuan-yin：the Chinese transformation of Avalokvara》，5. Diven Monks and the Domestication of Kuan-yin（神僧與觀音的本土化），New York,Columbia University Press ,2001。

[29] 《僧伽和尚欲入涅槃說六度經》，大正新脩《大藏經》，民國 83 年，台北，新文豐出版公司印行修訂版。

[30] 同註 9，列傳第 133，外戚，薛懷義。

[31] 胡幽貞《大方廣佛華嚴經感應記》聖曆元年條。大正新脩《大藏經》。民國 83 年，台北，新文豐出版公司印行。

[32] 崔致遠〈唐大薦福寺故寺主翻經大德法藏和尚傳〉，第 8 科。大正新脩《大藏經》。民國 82 年，台北，新文豐出版公司印行。

[33] 同註 9 本紀，卷第 6，則天皇后。

[34] 同註 32，第 7 科。

35 閻朝隱〈大唐大薦福寺故寺大德康藏法師之碑〉。大正新脩《大藏經》。民國 82 年，台北，新文豐出版公司印行。

36 法藏輯《華嚴經傳記》卷 3，〈唐終南山至相寺釋智儼〉。大正新脩《大藏經》。民國 83 年，台北，新文豐出版公司印行修訂版。

37 見莫之翰等修《泗州志》卷 17，仙釋。清康熙 27 年刊，民國 74 年，台北成文出版社印行。

38 同註 4，附錄，韓愈「送僧澄觀」。

39 宮兆麟《莆田縣志》卷 4，建置，寺觀，華嚴寺。清乾隆 23 年修，台北莆仙同鄉會影印本。

40 引自華夏經緯網，縱橫山西，秘魔岩秘密寺。

41 吳承恩《西遊記》第六回 〈觀音赴會問原因，小聖施威降大聖〉。龍騰世紀，古典文學，吳承恩作品集。

42 《舊五代史》卷 115，〈世宗紀第二〉，顯德 2 年（955）11 月。民國 60 年，台北成文出版社印行。

43 同註 42，卷 116，〈世宗紀第三〉，顯德 3 年 3 月。

44 同註 42，卷 117，〈世宗紀第四〉，顯德 4 年 12 月。

45 張鉉輯《金陵新志》卷 14，至正 4 年（1344）刊本，民國 69 年，台北大化書局影印本。

46 同註 45。

47 《宋史》列傳卷第 17，曹彬傳。民國 60 年，台北成文出版社印行。

48 同註 45，曹彬傳。

49 至順《鎮江志》卷 9，僧寺，本府〈普照寺〉條。民國 69 年，台北大化書局印行。

50 《閩書》卷 24，方域志，興化府，山。1994 年，福建人民出版社排印本。

51 梁克家《三山志》卷第 33 至 38，寺觀類，宋淳熙 9 年序刊本。民國 69 年，台北大化書局印行。

52 同註 4，附錄：〈大元建塔緣起并諸聖旨文移〉、趙孟頫〈大元敕建泗州普照禪寺靈瑞塔碑〉。

53 景淨〈景教流行中國碑〉，朝議郎呂秀巖書，知東方景眾法主僧寧恕立。碑存西安碑林，文據王昶《金石萃編》卷 102。1985 年北京中華書店印行。

54 同註 8，西域〈波斯國〉。另《北史》波斯國記載相同。

55 同註 9 列傳第 148，西戎〈波斯國〉。

56 同註 8，西域〈康國〉。

57 《北史》卷 97，列傳 85，西域，〈高昌〉、〈焉耆國〉。民國 60 年，
台北成文出版社印行。

58 同註 8，列傳卷 1，后妃傳，宣武靈皇后胡氏傳。

59 見新疆天山網，新疆民族與宗教〈摩尼教〉，2003 年 6 月。

60 同註 29。

61 同註 19。

62 《摩尼光佛教法儀略一卷》，〈託化國土名號宗教第一〉；〈形相儀
第二〉。大正新脩《大藏經》。民國 85 年，台北，新文豐出版公司
印行。

63 同註 61，卷 55，事魔邪黨。

64 同註 50，泉州府，晉江縣一，華表山。

65 見《佛祖歷代通載》卷 12，周神聖皇帝，辛丑年，改大足，又改長
安條。《文淵閣四庫全書》子部，釋家類。大正新脩《大藏經》。民
國 83 年，台北，新文豐出版公司印行。

66 見《摩尼教下部贊》。大正新脩《大藏經》。民國 85 年，台北，新
文豐出版公司印行。

67 實叉難陀譯《大方廣佛華嚴經》卷 67。大正新脩《大藏經》。民國
82 年，台北，新文豐出版公司印行。

68 同註 62。

媽
祖 信仰研究

第七章　媽祖信仰探源

一、媽祖其人

　　媽祖為中國沿海各省居民主要信仰之一，在台灣，媽祖與王爺更為居民最主要之二種信仰。有關媽祖是否有其人，自宋至今，存有二種不同之看法。其一以媽祖為宋代興化軍莆田縣湄洲嶼林氏女，死後為人崇拜而成神。此一說法，為大部份人所接受。其次則認為媽祖未必真有其人，所謂天妃、天后皆為水神之本號。如元末，劉基於〈台州路重建天妃廟碑〉，即云：

> 太極散為萬彙，惟天為最大，故其神謂之帝。地次於天，其祗后也。其次最大者莫如海，而水又為陰類，故海之神降于后，曰妃。而加以天，尊之也[1]。

又柳貫，於〈敕賜天妃廟新祭器記〉亦有：「海神之貴祀曰天妃，天妃有事於海者之司命也。」之說法。清人趙翼，於所撰《陔餘叢考》卷35，天妃條云：

> 竊意神（媽祖）之功效如此，豈林氏一女子所能。蓋水為陰類，其象維女，地媼配天則曰后，水陰次之則曰妃，天妃之名即謂水神之本號可，林氏女之說不必泥也。[2]

275

劉基等人有此看法，肇因於各類文獻記載之媽祖傳說，只見
媽祖成神後之靈異事蹟，罕見敘述媽祖生前史事，偶有敘
及，亦多語涉玄渺。現存宋、元兩代記載有關媽祖之文獻，
年代最早者為黃公度所撰〈題順濟廟詩〉云：

> 枯木肇靈滄海東，參差宮殿翠晴空；平生不厭混巫
> 媼，己死猶能效國功。
> 萬戶牲醪無水旱，四時歌舞走兒童；傳聞利澤至今
> 在，千里梳檣一信風。[3]

黃公度（1109～1156）字師憲，宋代福建路興化軍莆田縣人。
高宗紹興戊午8年（1138）進士第一，歷官考工員外郎。紹
興26年（1156）卒，年48，有《公度集》11卷。

　　黃公度題順濟廟詩雖僅有56字，然卻已敘及媽祖生前
事蹟及後死百姓熱烈崇祀之情形。年代與黃公度詩同者，為
《白塘李氏宗譜》，所錄廖鵬飛〈聖墩祖廟重建順濟廟記〉，
其文涉聖墩祖廟創建及李富為媽祖正序位等大事，本書另章
〈白塘李氏與聖墩祖廟〉討論，此不贅述。其次陳宓所撰〈白
湖順濟廟重建寢殿上梁文〉[4]。文云：

> 昔稱湘水神靈，獨擅南方，今仰白湖香火，幾半天下。
> 祠宇殆周於甲子，規摹增煥於此時。妃正直聰明，福
> 同於天道，周匝宏博，利澤覃于海隅。人人盡得所求，
> 戶戶願殫其力，不日遂成於邃宅，凌霄有類於仙居。
> 用赫厥靈，以報有德。神豈厭舊，眾惟圖新。脩梁既
> 舉於佳辰，善頌宜騰於眾口。

陳宓（1171～1230）字師復，興化軍莆田縣人，宰相陳俊卿
之子，生於宋孝宗乾道七年。少登考亭朱夫子門，長從黃幹
遊。以父俊卿蔭，歷泉州南安鹽稅，知安溪縣，嘉定七年
（1214）入監進奏院，尋遷軍器監簿。九年出知南康軍。寶
慶二年（1226）除提點廣東刑獄，不就，以直秘閣，主管崇
禧觀，紹定 3 年卒，年 60。

　　白湖順濟廟為陳宓之父俊卿於紹興 28 年獻地所建，陳
宓上梁文既謂「祠宇殆周於甲子」，則陳氏此文當作於寧宗
嘉定 11 年（1218）左右。[5]

　　此外，宋代有關記述媽祖之文獻，尚有樓鑰所撰〈興化
軍莆田縣順濟廟靈惠昭應崇福善利夫人封靈惠妃制誥〉[6]、
丁伯桂〈順濟聖妃廟記〉[7]、《宋會要輯稿》〈禮〉二○：
〈張天師祠〉、〈神女祠〉、〈順濟廟〉等條[8]、李俊甫《莆
陽比事》〈神女護使〉條[9]、劉克莊〈風亭新建妃廟記〉[10]、
李丑父〈靈惠妃廟記〉[11]、洪邁《夷堅志》〈浮曦妃祠〉、
〈林夫人廟〉條[12]等。元代文獻較重要者，有黃四如〈聖墩
順濟祖廟新建蕃釐殿記〉[13]、程端學〈靈濟廟事蹟記〉[14]、程
端禮〈重修靈慈廟記〉[15]等。

　　上述諸文，以丁伯桂〈順濟聖妃廟記〉、李丑父〈靈惠
妃廟記〉、黃四如〈聖墩順濟祖廟新建蕃釐殿記〉、劉克莊
〈風亭新建妃廟記〉等數篇內容較為詳實，丁伯桂廟記，更
為研究早期媽祖信仰之珍貴文獻。

　　綜覈宋代文獻之記載，媽祖並非杜撰之人物，如黃公度
〈題順濟廟〉詩云「生前不厭混巫媼」，陳宓〈白湖順濟廟

277

重建寢殿上梁文〉云「妃正直聰明」,丁伯桂廟記謂「神莆陽湄洲林氏女,少能言人禍福,歿號通賢神女,或曰龍女,莆寧海有堆」[16],李丑父廟記云「妃林氏,生於莆之海上湄洲,洲之土皆紫色,咸曰必出異人。」劉克莊廟記云「妃以一女子,與建隆真人同時奮興,去而為神,香火布天下,與國家祚運相為無窮」,黃四如殿記云「妃祖林氏,湄洲故家有祠。他所謂神者,以死生禍福驚動人,唯妃生人福人,未嘗以死與禍恐之,故人人事妃,愛敬如母,中心鄉之,然後於廟饗之」等記載,皆非常具體,且可藉以理出媽祖生前事蹟之輪廓如下:媽祖本姓林,莆田湄洲嶼人,生於北宋前期[17],為一宗教人物,少能言人禍福,能生人福人,未曾以死與禍恐嚇人,故莆人皆願與之往來,愛敬如母。但因媽祖為一宗教性人物,往來人物中,不乏巫覡人物,而格於朝廷律令,其事蹟遂未被詳細記錄下來。媽祖終其生未嫁,亦無後裔,卒年不詳[18],葬於莆田縣寧海聖堆。[19]

二、媽祖之宗教屬性

　　雖然宋代朝野宗教思想迷漫,有利於媽祖信仰之發展,然一種信仰苟無人加以推波助瀾,仍無法興盛起來,如莆田有一協應錢夫人廟,主神錢夫人亦屬巫覡人物,年代亦大體與媽祖相近,他斥資創建木蘭陂儲水以灌溉農田。然而陂成輒壞,錢夫人終以身殉陂,亡後莆人亦為立祠。宋末元初,錢夫人神格在媽祖之上,莆田廟同祀錢夫人與媽祖者,廟之正殿奉錢夫人,後殿始奉媽祖[20],然錢夫人之信仰終因無人

加以推廣，至後世終未能擴大流傳。因此，媽祖信仰能急遽
展開並非倖致。

　　媽祖信仰在尚未公開化以前，即有莆田人朱默等為其宣
揚致力。宋理宗淳祐年間（1241-1252）太學博士李丑父撰
〈丹徒縣天妃廟記〉云：

> 東廡魁星有祠，青衣師、朱衣吏左右焉，西則奉龍王，
> 而威靈嘉佑朱侯兄弟綴位焉。二朱亦鄉人，生而能
> 神，揚靈宣威，血食於妃宮最舊 [21]。

威靈嘉佑朱侯兄弟即朱默及其弟默、謐。乾隆興化府《莆田
縣志》卷四〈建置〉，〈寺觀〉〈顯濟廟〉條云：

> 在黃石琳井，神姓朱名默，黃石人，唐古田令璣後。
> 生有靈異，年十七，喟然語同舍曰：「丈夫當大立功
> 名，終身講空言何益。今兩陲用兵，朝廷開幕府，使
> 吾得十人將之，可以鞭笞遠彝。」屢造穀城古廟祈立
> 功名。廟門下有泥塑神馬，遂乘以登山。許伸等道遇
> 之，見其騶從，意謂達官謁廟，避於道左。近視，則
> 紫衫馬上者默也，馬，廟中神馬也。恐怖走至其家，
> 默方酣寢，覺則頰帶酒容。伸等說道遇狀，笑而不答。
> 是後人多見默早晚騎神馬，勒部兵往來村落間。里中
> 神之，年三十二，不疾而卒。建炎四年，高宗渡江，
> 中流風濤大作，忽見默擁朱氏旗至，風遂息。詔封默
> 為威靈嘉祐侯，額曰顯濟，紹興初，吳山火，兵卒不
> 能救，塵焰中，默忽擁旗至，火遂息。又助收大奚山

　　寇，後加封福順彰烈侯。默弟黙、諗，女弟六十娘，
　　亦皆生而神靈，並祀祔食。[22]

此段記載，除了助收大奚山寇一事，與媽祖靈顯事蹟發生重
疊外，看不出朱氏兄弟生前與媽祖有何關係，要不是李丑父
天妃廟記提及其事，其事蹟將被淹沒。

　　根據《莆田縣志》之記載，可知朱默為北宋時人，17
歲時曾在學，可能為科舉人物。經查《莆田縣志》，〈選舉
志〉、〈人物志〉，皆無朱默兄弟之記載，是朱默未曾在科
場上得意過。觀其語同舍語：「丈夫當大立功名，終身講空
言何益。今兩陲用兵，朝廷開幕府，使吾得十人將之，可以
鞭笞遠彝。」一段，其年代應在宋仁宗慶曆年間（1041-1048）
西夏元昊入寇，契丹集兵幽州，侵河北、京東之時；其年代
亦可與前述媽祖逝世之年代銜接。

　　《莆田縣志》又云：「默弟黙、諗，女弟六十娘，亦皆
生而神靈，並祀祔食。」是朱默一家皆為宗教人物。默及黙、
諗生前既為媽祖揚靈宣威而努力，其女弟六十娘應亦不例
外。易言之，媽祖死後，至少有朱默一家人為宣揚媽祖信仰
而努力，亦可證媽祖生前非僅為單純之巫媼，更為一宗教人
物，朱默等人則為媽祖之主要門徒，故得血食於天妃宮。

　　朱默兄弟與媽祖之關係，後世研究媽祖史事者，皆未曾
加以措意，致其事蹟不明，進而影響到媽祖信仰本質之探
討。甚至各地主要媽祖廟在編纂媽祖史料時，雖知有嘉祐朱
侯兄弟歷代血食於天妃宮，但皆不明瞭朱氏兄弟與媽祖之確
實關係如何，而編出媽祖收伏嘉應、嘉祐二魔之故事，致使
媽祖事蹟流傳愈久，事蹟愈晦。

　　媽祖既為宗教人物，則於相關文獻，應可尋得蛛絲馬跡。黃四如撰〈聖墩順濟祖廟新建蕃釐殿記〉謂媽祖「即姑射神人之處子」，或「即補陀大士之千億化身也」。因為聖墩為媽祖信仰之發源地，故黃氏此文，特別值得吾人注意，且其所示，可能亦有所本。

　　「姑射神人之處子」一語，出自《莊子》逍遙遊，為虛構之神仙人物。宋代道教盛行，道教中人封莊子為南華真人，將《莊子》一書稱為《南華真經》，視為要典。黃氏此語，或即表示媽祖含有道教成份，而當時道教方面亦未排斥媽祖[23]。黃氏又云「即補陀大士之千億化身也」。補陀山在定海縣，為佛教傳說中觀世音菩薩得道之處。補陀大士即觀世音菩薩，則其神之屬性又含有佛教成份。而當時佛教方面，亦不排斥媽祖[24]。

　　媽祖信仰之本質，既同時含有佛、道二教成分，加上黃公度所云「平生不厭混巫嫗」、丁伯桂所云「少能言人禍福」等，則媽祖生時宗教背景頗為複雜。南宋時代，已有人提出三教合一之看法[25]，但在媽祖有關史料中，卻未見提及儒家經典或思想者，故媽祖信仰非儒家思想下之產物。考宋代宗教，信奉女神，又有多元宗教背景，並為下階層人民普遍信仰者，只有宋代官方稱為「喫菜事魔」之宗派，此一宗派，蔣斧、陳垣、牟潤孫、方豪等人，皆考證為摩尼教之餘緒[26]。

　　摩尼教（Manichaeism），為波斯人摩尼（Mani）於西元三世紀所創，係雜揉拜火教、耶穌教、佛教等教義而成，為一包容性甚大之宗教。唐初，其教傳入中國，在回紇護持下，東南之荊、揚、洪、越等州及河南、京師皆立有寺。至

唐武宗會昌三年（843）始被禁，在中國合法傳教約一百五十餘年。會昌以後，其教轉入地下，為祕密活動，歷五代、北宋，慢慢散入民間。其影響民間信仰行為最著者有：女神觀念的產生，促成信徒的緊密結合，將信仰與生活結合在一起。

摩尼教有女神信仰，可於武則天登基，摩尼徒表上《大雲經》，言武則天受命一事窺知。《舊唐書》〈本紀〉第六，載初元年（690），〈秋七月〉條云：

> 有沙門十人偽撰《大雲經》表上之，盛言神皇（武則天）受命之事。制頒天下，令諸州各置大雲經寺，擬度僧千人。[27]

《新唐書》〈后妃傳〉云：

> 拜薛懷義輔國大將軍，封鄂國公，令與群浮屠作《大雲經》，言神皇受命事。[28]

蔣斧撰〈摩尼教流行中國考略〉，亦云：

> 武太后初，此寺（光明寺）沙門宣政進《大雲經》，經中有女主之符，因改為大雲經寺。遂令天下每州置一大雲經寺。[29]

並考證獻《大雲經》之沙門即摩尼徒。武則天為中國首位女皇帝，當其即位，摩尼徒立即獻《大雲經》，可知摩尼教經典中應有女主思想，否則武則天也不會加以附會利用。

　　摩尼教因歷代政府之厲禁，其經典已喪失殆盡，敦煌莫高窟尚留有殘卷，陳垣、蔣斧曾加以整理刊出，日本《大正大藏經》亦收錄。經云：

> 汝等當知，即此世界未立之前，淨風、善母二光明使入於筑筑無明境界。其彼淨風及善母等，以巧方便安立十天，坎置業輪及日月宮，並下八地，三依三輪，乃至三災鐵圍四院，未勞俱孚山及諸小山、大海、江河，作如是等建立世界。[30]

可知摩尼教開天闢地說中，有一名為善母之女神。

　　摩尼教既有女神信仰，也有女性神職人員。《大宋僧史略》卷下，〈大秦摩尼〉條云：「會昌三年，天下摩尼寺並廢入官，京城女摩尼七十二人死。」[31]由此記載觀之，當時京城之女性摩尼師應居於教中主導位置，否則武宗不致於僅將女摩尼處死。摩尼教這種重視女性的觀念影響所及，使宋代婦女參與宗教活動的風氣漸開，如協應錢夫人及媽祖林默娘皆是。

　　媽祖生前事蹟，各種史料記載很少。《天妃顯聖錄》有較詳細之描述，云：

> 十餘歲，喜淨几焚香，誦經禮佛，旦暮未嘗少懈。十三歲時，有老道士玄通者，邅來其家。妃樂捨之，道士曰：『若具佛性，應得渡入正果』。乃授妃玄微祕法。妃受之，悉悟諸要典。十六歲，窺井得符，遂靈通變化，驅邪救世，屢顯神異，常駕雲飛渡大海。[32]

《天妃顯聖錄》為湄洲天妃宮住持僧所輯印，其內容敘述媽祖幼喜誦經禮佛，具佛性，但授媽祖玄微祕法者，卻是老道玄通者。按自唐代以降，道、佛兩教即處於對立狀態，二教不能相容，但在媽祖信仰上，兩教卻未互相排斥。

《天妃顯聖錄》又謂媽祖「通靈變化，能驅邪救世人，駕雲霧，渡大海」。牟潤孫〈宋代摩尼教〉一文引《閩書》七，〈方域志〉「今民間習其術者，行符咒，名師氏法」，謂其為摩尼教。又謂「謂託幻變術者，殆即指其行符咒法術」。

後世所傳媽祖顯靈事蹟，亦有不少與摩尼教類似者。丁伯桂〈順濟聖妃廟記〉云：「慶元戊午（1198），甌閩列郡苦雨，莆三邑有請於神，獲開霽，歲事以豐。」《天妃顯聖錄》亦載宋光宗紹熙元年（1190），媽祖以救旱大功，褒封進爵靈惠妃。《舊唐書》卷十三，〈德宗紀〉，謂：「貞元十五年（799）四月丁丑，以久旱，令陰陽人法術祈雨」；陳垣，〈摩尼教入中國考〉，考證陰陽人即摩尼法師，是摩尼法師有法術祈雨之本領，而媽祖亦以能祈雨、暘閒，即其派下主法事者亦擅其事。

宋代民間有假神仙降筆以聚眾之習。《宋會要》〈刑法〉云：

> （紹興八年）十月二十九日，訪聞日近又有姦猾改易名稱，集會結社，或名白衣禮佛會（摩尼徒白衣白冠），及假天兵號迎神會，千百成群，夜聚曉散，傳習妖教，州縣坐視，全不覺察。[33]

同書，刑法二之五六云：

> 政和六年（1116）正月二十日詔，近來京師姦猾狂妄
> 之輩，輒以箕筆聚眾立堂，號曰天尊、大仙之名，書
> 字無取，語言不經，竊慮浸成邪惡。

這種降神乩示的習性，也在媽祖信眾中發現。丁伯桂廟記云：

> 於是白湖又有祠。時疫，神（媽祖）降，且曰：『去
> 潮丈許，脈有甘泉，我為郡民續命於天，飲斯泉者立
> 癒』。掘泥坎，甘泉湧出。

宋代喫菜事魔盛行於社會下層貧困無助之民眾間，與媽祖早
期信徒之性質一致。紹興間，閩人莊季裕《雞肋篇》卷上，
云：

> 事魔食菜，法禁至嚴，而近時事者益眾。小人無識，
> 不知絕酒肉、燕祭、厚葬，自能積財也。又始投其黨，
> 有甚貧者，眾率出財以助，積微以至於小康矣。凡出
> 入經過，雖不識，黨人皆館穀焉。[34]

廖剛《高峰文集》卷二，〈乞禁妖教劄子〉亦云：

> 今之喫菜事魔，傳習妖教，臣訪聞兩浙、江東、西，
> 此風方熾。創自一人，其從至於千百為群，陰結死黨，
> 犯罪則人出千錢或五百行賕。[35]

黃四如〈聖墩順濟祖廟新建蕃釐殿記〉謂：「妃生人福人，
未嘗以死與禍恐之，故人人事妃，愛敬如母。」所謂：「生

人、福人」，應是宗教用語，指媽祖能於宗教引導信徒走上
新生命，讓人因而得到幸福；「未嘗以死與禍恐之」則為媽
祖在宗教信仰上對不守戒律者予以宣告破門，或因而淪入災
禍。故媽祖為宗教人物並非全無根據。

摩尼教教義認為人體原為貪慾惡魔與五明子共組而
成，肉體為惡但內藏明子，只要經由僧侶指導修行，將各種
貪慾去除，使清淨、光明、大力、智惠諸善皆備在身，即是
新人功德具足，可生極樂世界。故生人即為宗教上得到新生
命之意。《摩尼教殘經》云：

> 若不遇緣，無由自求解脫。……又復淨風造二明船於
> 生死海運渡善子，達於本界，令光明性究竟安樂。……
> 其惠明使亦復如是，既入故城壞怨敵已，當即分判明
> 暗二力，不令雜亂。先降怨憎禁於骨城，令其淨氣俱
> 得離縛；次降嗔恚禁於筋城，令淨妙風即得解脫；又
> 伏嬌慾禁於脈城，令其明力即便離縛；又伏忿怒禁於
> 肉城，令其妙水即便解脫；又伏愚癡禁於皮城，令其
> 妙火俱得解脫。……清淨、光明、大力、智惠皆備在
> 身，即是新人功德具足。[36]

至於「未嘗以死與禍恐之」，《摩尼光佛教法儀略》〈五級
儀第四〉載有摩尼教處分犯戒教士之律謂：

> 如是五位稟受相依，咸遵教命，堅持禁戒。若慕闍（主
> 教）犯戒，即不得承其教命……阿羅緩（傳教士）犯
> 戒，視之如死，表白眾知，逐令出法。海雖至廣，不
> 宿死屍，若有覆藏，還同破戒。[37]

即摩尼師可對犯戒教徒逐令「出法」，教眾視「出法」者如同死屍，不可收容，否則視同犯戒，為極嚴厲處分。由莊季裕、廖剛文章，可見喫菜事魔者，多為窮苦之人，且其徒互助團結心很強，對窮困者之家庭經濟有莫大助益，故信其教者頗多。但摩尼徒在享受團體保護時，亦需受宗教紀律約束，而媽祖生前精通法術，能祈雨、暘，為人預卜休咎，能生人、福人，不以死與禍恐嚇人，故最受信徒敬愛，故其死後為人主廟奉祀。

三、摩尼教傳入福建

武周朝武則天令天下各州置大雲寺，即摩尼教至遲在七世紀末即正式傳入福建，如果以〈大雲寺〉當作摩尼教合法寺院的標誌，則六世紀末福建已有摩尼教踪蹟，宋梁克家《三山志》〈懷安開元寺〉云：

> 子城東，太清三年（梁武帝，549）置，在靈山之西，舊號靈山，尋改大雲，唐初曰龍興，開元二十六年以年號改今名，有明皇像，會昌中汰天下寺，州存一，即是也。[38]

同書〈候官神光寺〉云：

> 州西南，唐大曆三年析南澗為金光明院，七年改為大雲，會昌例廢。大中三年監軍孟彪亭池其間，號南莊，明年捨為寺。

所述大曆三年置院，七年改稱大雲，與《僧史略》〈大秦摩尼〉條記載令各州置摩尼寺年代相符，故摩尼教於武周、唐玄宗、代宗三朝政策下傳入福建，至會昌三年武宗汰僧，已公開傳教百年，其宗教思想及儀規已滲入民間。

會昌汰僧，摩尼教受害最烈，僧侶被迫還俗，流放諸道摩尼師死亡過半，福建僻處中國東南，遠離長安政治核心，讓某些摩尼教僧逃入福建避難，但風頭過後，為了謀生，摩尼師還是以法師身分授徒傳教，讓摩尼教深入福建各地社會，何喬遠《閩書》〈方域志〉云：

> 會昌中汰僧，明教在汰中，有呼祿法師者來入福唐，授侶三山（福州）、遊方泉郡，卒，葬郡北山下。[39]

呼祿法師年籍、在福建傳教年數、傳了那些徒弟均不詳，死後葬於泉州北山。呼祿法師在唐政府裁汰摩尼教時至福、泉二州授徒，其身分顯然不合法，可視為摩尼教地下化後在福建傳播的一個代表。

五代至北宋，摩尼教仍被政府嚴禁，但其名稱已華語化稱為明教，浙江、福建成為明教主要傳播地區。因摩尼教原無剃髮圓顱之制，其僧尼既可為人作法事，轉入民間稱為「行者」，建立「齋堂」，自稱為佛堂傳教。《宋會要輯稿》宣和2年（1120）11月條云：

> 臣僚言：溫州等處狂悖之人自稱明教，號為行者。今來明教行者各於所居鄉村建立屋宇，號為齋堂，如溫州共有四十餘處，並是私建無名佛堂。每年正月內，

取曆中密日，聚集侍者、聽者、姑婆、齋姐等人建設
道場，鼓煽愚民男女，夜聚曉散。[40]

宋徽宗親自下令對明教採嚴禁政策：

> 仰所在官司根究指責，將齋堂等一切毀拆。所犯為首
> 之人依條施行外，嚴立賞格許人陳告。今後更有似此
> 去處，州縣官並行停廢，以違御筆論，廉訪使者失感
> 覺察，監司失按劾，與同罪。

是年，適有杭州方臘自立為王事件，宋政府為免漫衍，遂於
宣和3年（1121）進一步下令焚毀明教所習經書，《宋會要
輯稿》謂：

> 宣和三年（1121）諸路事魔聚眾燒香等人所習經文，
> 令尚書省取索名件，嚴立法禁，行下諸處焚毀。令刑
> 部遍下諸路州軍多出文榜，於州縣城郭鄉村要會處分
> 明曉諭，應有逐件經文等限今來指揮到一季內，於所
> 在州縣首納。除《二宗經》外，並焚毀。

宋政府的嚴厲查禁，焚毀經書，連齋堂都不許存在，但明教
是一個能保護窮人利益、深受小民信仰的宗教，不可能因政
府查禁即停止流傳，這也是明教必需再轉換名目再出發的原
因；而白塘李振等人急於在宋政府嚴禁秘密宗教時（宣和4
年）為媽祖信仰爭取合法化（朝廷賜廟額），宣和年間查禁
秘密宗教的大時代的背景也不能忽略。

喫菜事魔在宋代之傳播，係以福建路為中心，向兩浙、
江東延伸，此與媽祖信仰在宋代的傳佈路線亦同。《雞肋篇》
云：

> 事魔食菜，法禁至嚴，而近時事者益眾，云自福建流
> 至溫州，遂及兩浙。

而媽祖信仰亦由閩籍槁工水手帶至兩浙、江東西。《宣和奉
使高麗圖經》卷 34 云：

> 舊例，每因朝廷遣使，先期委福建、兩浙監司顧募客
> 舟，復令明州裝飾，略如神舟，具體而微。[41]

明言北宋每次出使高麗使節團之客舟為福建、兩浙路僱來
者。由於福建、兩浙及江東、西路之水手經常有接觸之機
會，故媽祖信仰得有北傳之機會，並導致媽祖信仰化暗為
明之結果。

四、莆田的摩尼教遺蹟

福建是一個摩尼教（明教）盛行的省分，從武周、唐朝
正式傳入，至會昌汰僧後轉入地下秘密流傳，至元朝復得公
開傳播，以迄明初復被嚴禁而失傳。歷代嚴禁，摩尼教遺跡
已少之又少，惟福建近年陸續有遺蹟被發現，如晉江市郊的
華表山草庵即為摩尼教會所在，除了少數摩尼教徒使用器物
外，庵內神龕內岩壁尚保存元代（或謂南宋紹興十八年）雕
刻的摩尼教主摩尼光佛像，為浮雕，高 1.52 米，寬 0.82 米，

著長寬袍盤膝趺坐，明眉凝眸，身後有 18 道紅白相間光芒，額頭飽滿，臉型狹長，神情奕奕，為中年男子像，其上刻有「摩尼光佛」四字。草庵右側石壁上刻有「清淨光明、大力智慧、無上至真、摩尼光佛」四句偈，為當今存世之摩尼教唯一完整遺蹟。

（一）涵江摩尼教殘碑

　　1988 年莆田市涵江區龍津社在拓路時前後二次發現摩尼教殘碑，經併湊後發現為同一石碑之二片，尚缺左上角，因係在路面下掘得，似非文革期間破壞埋入土中者。碑石為青斗石材，無風化現象，合併後碑高仍有一米多，從斷裂紋路看，似人為破壞。文題「清淨光明，大力智慧，□□□真，摩尼光佛」，字體碩大清楚，落款署「轉運鹽使司上里場司令許」，字蹟雄渾有力，應出自書法名家之手，發現石碑的莆田文史工者陳長城考訂為元末明初遺物。[42]（圖 7-1）

圖 7-1 涵江摩尼教殘碑

　　因立碑者為鹽場司令，可知莆田鹽戶普遍信仰摩尼教。按後唐長興元年（930）設三司使總管國家財政，宋朝沿其制，三司使成為常設機構；三司使即鹽鐵使、戶部使、度支使，「轉運鹽使司上里場」為鹽鐵使的下級單位，南宋紹興年間即已設置。明黃仲昭《八閩通志》云：

> 莆田，職員與福州府閩縣同。監涵頭鹽倉一員。兼煙火公事，紹興間（1131～1162）置。催煎官一員，淳熙間（1174～1189）省。[43]

涵頭即今涵江，莆田在紹興年間即已置鹽倉，派官催煎，鹽課為政府稅收項目之一，製鹽產業已為當地主要經濟來源。

《八閩通志》云：

> 明代隸福建都轉運鹽使司管轄，有竈戶二千五百六十
> 六家，分為三十一團，每團有總催、秤子、團首、有
> 埕長。[44]

涵江鹽埕從南宋紹興年間政府置官管理，經元、明代二代，
至康熙時因涵江商業發達始廢，然上里鹽場則至乾隆年間仍
存在，故「轉運鹽使司上里場司令許」所立「清淨光明，大
力智慧，□□□真，摩尼光佛」碑，確為莆田鹽民信仰摩尼
教留下之證物。鹽場司令為官派職務，司令公然為摩尼教徒
立碑，除表示立碑時摩尼教為合法的宗教，同時可反映鹽場
管轄莆田地區鹽戶多崇信摩尼教的事實，故官員勇於立碑以
示認同。南宋政府一直嚴禁摩尼教，元代則准許人民信仰摩
尼教，並設僧官督導，至明太祖建國以後又嚴申禁令，故陳
長城推論此碑為元朝至明初所立，相當合理。

　　石碑發現於涵江龍江社廟前，社廟奉祀神，一為南宋末
抗元名將陳文龍，一為尊主明王。陳文龍莆田白湖人，咸淳
4年（1268）狀元，為宰相陳俊卿堂兄宋卿玄孫，陳氏家族
為媽祖信徒，而陳文龍曾募義勇萬人抗元，失敗殉國。《莆
田縣志》〈祥異志〉載：

> 德祐二年（1276）元陷興化軍。知軍陳文龍死之。景
> 炎二年（1277）十月，元屠興化軍。通判權知軍陳瓚
> 死之。[45]

德祐 2 年（1276，元世祖至元 13 年）為宋恭帝年號，僅 2
年。《莆田縣志》載陳文龍事蹟云：

> 陳文龍字君貴，高祖宋卿與承相俊卿為初從兄弟，咸
> 淳四年廷對第一，初名子龍，度宗為易焉。……張世
> 傑、文天祥師俱敗，元兵已至杭北關，文龍請身督殿
> 旅合江下義丁決一死戰。議不合，世傑等遂以益王、
> 廣王趙昺，眾議降元。德祐丙子五月，益王即位福州，
> 復以文龍參知政事。漳州叛，為閩廣宣撫使討之。 文
> 龍辟前守黃恮招撫，民皆頓首謝罪。興化石手軍叛，
> 復命文龍為知軍，平之。十一月，元董文炳、阿剌罕
> 等以兵至福州，益王趙廣州，文龍依前官充閩廣宣撫
> 大使，於是殫家財，募萬兵，即興化開閫。十二月，
> 太學生盧澤啣命諭降，文龍斬之……叛將陳淵、林華
> 又附元軍為之嚮導，詭文龍援兵至，開城納之……械
> 繫送杭州，文龍去興化即不食，至杭餓死，葬西湖智
> 果寺。[46]

白湖陳氏是南宋政府的重要支持者，除陳文龍外，其堂叔陳
瓚（陳俊卿曾孫）亦抗元不屈，死事更烈。《莆田縣志》陳
瓚傳云：

> 陳瓚，字瑟玉，宓孫，文龍從叔。瓚少有大節，宋末，
> 知必亂，無仕進意，於是散粟帛以濟饑寒，曰：吾家
> 世受國恩，當為國收民心耳。……德祐丙子十一月，
> 帝趨海，命文龍開閫興化，瓚傾家財三百萬緡航海以
> 助張世傑，……十二月，叛將林華、陳淵與通判曹澄

孫以城降，文龍被執北去。瓚曰：姪不負國吾當不負
姪。即陰部署賓客募丁壯，景炎二年（1277）二月，
晦，率兵攻林華等，誅之，復興化軍。端宗嘉其忠義，
命以通判權守興化，且令乘勝與世傑特角復福、泉二
郡。九月，元唆都以兵攻興化，……十月既望，元兵
蟻附登城，……瓚被執，……罵不屈，唆都大怒，車
裂於午門以殉，屠城三時，血流有聲。[47]

陳文龍召募萬兵抗元，其群眾即當以涵江區鹽民為主要來
源，故陳文龍死後後居民奉祀於當地社廟，當地居民多信奉
媽祖。由上里鹽場有司令、團長、督催、埕長等名目看，上
里鹽戶是一個有上下指揮體系的團體，不僅容易動員，鹽丁
身體強健，只要經過訓練即可轉化為軍隊參與抗金、抗元戰
爭。宋政府南渡以後，媽祖信徒應募參與抗敵保國事蹟，如
建炎年間，創建聖墩祖廟的李富募三千兵參與抗金戰爭，創
建白湖廟的陳俊卿整治浙西水師而有膠西大捷，陳瓚、陳文
龍叔姪募萬兵抗元，丁伯桂〈順濟廟記〉也記載多則莆田媽
祖信徒載媽祖香火參保鄉衛國戰爭的故事，均可反映鹽戶與
媽祖信仰的密切關係。

　　摩尼教雖在宋、明二度被禁，但上里鹽場的鹽民一直存
在，至清朝乾隆年間，《莆田縣志》仍記載上里場為政府鹽
課對象，涵江龍江社廟摩尼教殘碑的發現，可印證媽祖信仰
與摩尼教信仰區的重疊。涵江有深厚的媽祖信仰，元朝政府
對媽祖信仰多次予以誥封，視為海上要祀，不可能動搖媽祖
信仰的基礎；相對的，元政府雖允許摩尼教合法傳教，也未

特別提供優越的傳教環境或協助,但涵江卻又成為摩尼教流行的區域,其轉變原因無文獻可徵。筆者認為媽祖信仰與摩尼教信仰在莆田人民心中是相通的,當摩尼教合法時,媽祖信徒也會公開信仰摩尼教,當政府查禁時,則將摩尼教隱藏在媽祖信仰背後,一而二,二而一。

(二)北高鎮摩尼教殘碑

摩尼教第二個殘碑發現於莆田市北高鎮後積村永興社的萬靈公廟。北高鎮位於莆田市東南,涵江之南,石碑所在地後積村,面臨興化灣,但無港口,為莆田較落後的地區,明朝以前亦為產鹽區。萬靈公廟奉祀明嘉靖年間抗倭名將孔兆熙及無名亡靈,石碑置於廟內正殿外側,碑高137公分,寬64公分,厚12公分,石質似為當地產花岡岩,風化甚嚴重,原刻有摩尼教四句偈,碑已被打斷,上半部不存,僅遺「□□光明、大力智慧、□□□真、摩尼光佛」等字,因看不到落款,故無法推論其製作年代。[48](圖7-2)

圖 7-2 北高鎮摩尼教殘碑

　　當地村民謂附近原有墳堆，上有一石塔，石塔有數層方形，夜晚塔上會發光，1950 年代中共推動大躍進運動，在當地設立土法煉鋼爐，石塔被毀，墳場被推平。後積村地處偏僻，居民經濟狀況不如涵江，且地處偏僻，故為摩尼教發展的溫床。

（三）賢良港航標塔

上述二方明確為摩尼教遺物的殘碑外，筆者也發現莆田、仙遊地區有些造型特殊之金字塔形石塔，造型與摩尼教寺院類似，可能為摩尼教的光明寶臺，莆田賢良港媽祖祖祠旁即有一座。石臺位於賢良港媽祖祖祠旁丘陵地稜線上，由石條砌成，正方形椎體，基座由石板堆砌，每層向上微縮，石板共十一層，其最上層為一方形石塊，四面向內各有一浮雕人物像，因年久風化，已看不清礎面貌，石塊上平面四端各向上突出一上寬下尖類似葉片形狀物，中央有一圓柱體，外緣雕有圓圈。（圖7-3）

圖 7-3 賢良港航標塔

　　清乾隆年間林清標所編《勅封天后志》所繪〈賢良港圖〉
天后祖祠右側即繪有此石塔，塔旁一井，上書「后受符井」
等字，此石臺似為當地重要地標。當地居民稱此石臺為航標
塔，雖不知始建於何代，但既稱為航標塔，即古代曾為當地
漁民出海之航標，具有燈塔之作用。

　　按摩尼教崇尚光明，摩尼寺即為寶塔狀外，寺院亦建築
各種寶臺供燃寶燈，《摩尼教殘經》云：

　　於五種光明寶臺，燃五常住光明寶燈。

據新疆吐魯番古高昌國遺址壁畫，伯孜克裏克 25 窟右壁所
繪「高昌回鶻時期摩尼教寺圖」[49]，其寺院為正方塔形，五
層，第一層開有五門，第二層開有一門，第二層至第五層兩
側各有一半圓球狀體，上繪一星，第五層上繪有五個圓圈，
由平臺向上延伸繪有八個星狀，最高處有一較大圓圈；塔之
下有石階二段，下窄上寬導向入口。

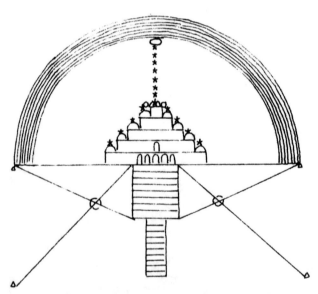

7-4 摩尼教寺院圖（引自《高昌壁畫輯佚》）

宋《長安志》卷十，〈大雲經寺〉有類似光明寶臺的記載，云：

> 本名光明寺，隋開皇四年文帝為沙門法經所立。時有延興寺僧曇延因隋文賜以蠟燭，自燃發焰，隋文奇之，將改所住寺為光明寺。……此寺當中寶閣崇百尺，時人謂之七寶臺。[50]

大雲經寺應為摩尼教寺院，寺院當中建築物為高達百尺的光明寶臺，可供點燃蠟燭放光，可見光明寶臺為摩尼教寺院主要建構之一，異於一般佛寺，可視為摩尼教禮神不可或缺之部分。

摩尼教追求光明，信徒常於半夜聚集禮拜，至清晨光明降臨始返家，航標塔可於夜晚點燃放光，或為古代摩尼教徒集會禮拜之處，則媽祖祖祠所在的賢良港林氏族人應也有摩尼教徒，媽祖信仰與摩尼教關係就更密了。

五、媽祖信仰之確立與開展

媽祖雖受信徒敬愛，但宋政府卻不斷查禁摩尼教、明教及齋堂，促使媽祖信徒急於爭取合法地位。北宋宣和四年（1122）路允迪奉使高麗，於閩浙兩省僱募客舟，為莆田媽祖信徒提供了機會[51]。丁伯桂〈順濟聖妃廟記〉載其事云：

> 宣和壬寅（四年），給事路公允迪載書使高麗，中流震風，八舟沈溺，獨公所乘，神降於檣，獲安濟。明年，奏於朝，錫廟額曰順濟。

朝廷賜廟額為媽祖信仰得以化暗為明之關鍵，故各種媽祖文獻都大書其事。路允迪奉使高麗，與其同行之副使國信所提轄人船禮物官徐兢所撰《宣和奉使高麗圖經》，即為路允迪出使高麗之實錄。然遍查其書，出使各舟於行程中，雖有遭風致柂斷桅折之事，但各舟終皆安然返國，並無沈溺之事。

　　《宣和奉使高麗圖經》提及舟人信仰及神祇顯靈者共有四次。第一次為使船出發前於定海縣宣祝之顯靈助順廣德王，所祀係指東海之神 [52]。其次為梅岑山（即補陀落伽山或普陀山）寶陀院靈感觀音，宣和以前奉使高麗使者必禱於此；第三次為使節船在黃水洋遭風，第二舟（徐兢即搭此舟）三柂併折時，應舟人禱祈而現之祥光；[53] 第四次為福州演嶼神。第一、第二兩次所提之神，皆有明確對象，非媽祖。第四次所提福州演嶼神亦未言係何神。淳熙《三山志》卷八，〈昭利廟〉條云：

> 昭利廟，東瀆越王山之麓。故唐觀察使陳巖之長子。乾符中，黃巢陷閩。公覩唐衰微，憤己力弱，莫能興復。慨然謂人曰：『吾生不鼎食以濟朝廷之急，死當廟食以慰生人之望』。既歿，果獲祀連江演嶼。本朝宣和三年始降于州，民遂置祠今所。五年，路允迪使三韓，涉海遇風，禱而獲濟。歸，以聞。詔賜廟額昭利。[54]

據此，演嶼神為陳巖長子，亦非媽祖。則丁伯桂所記媽祖降於檣之事，即徐兢書中所提第二舟三柂併折，應舟人禱祈而現祥光之事。

　　《宣和奉使高麗圖經》所提四次神靈，前兩次有明確對象，故得稱其名號，後二次則皆未稱神尊號，主要原因是因媽祖及福州演嶼神在當時皆未受朝廷賜廟額，尚屬淫祠，民間不能公開祠祀，對神亦尚無統一稱呼所致。

　　宋代祠祀頗濫，不論何種神祇，只要祈禱有所感應，皆得封賜。《宋史》卷105，〈禮八〉〈諸祠廟〉云：

> 自開皇寶祐以來，凡天下名在地志，功及生民，宮、觀、陵、廟、名山、大川、能興雲雨者，並加崇祀，州、縣嶽瀆、城隍、仙、佛、山神、龍神、水、泉、江、河之神及諸小祠，由禱祈感應，封賜之多，不能盡錄。[55]

《宋史》又云：

> 諸神祠無爵號者賜廟額，已賜廟額者加封爵。初封侯、再封公、次封王。生有爵位者，從其本爵，婦人之神封夫人，再封妃。

媽祖在宣和以前，並無朝廷賜額，故徐兢撰《奉使高麗圖經》時，無法用適當名稱以稱之。又祠廟未得朝廷賜額、封爵，即未得朝廷承認，此在推展其信仰時，必有諸多不便。故莆田籍媽祖信徒必亟亟為媽祖請求朝廷賜廟額。而宣和四年奉使高麗之客舟，部份係由福建僱來，其中有部份舟人為媽祖信徒。當使節船在黃水洋遭風，第二舟三柁併折，舟上莆田舟人便向他們所奉祀之媽祖祈禱，並終於使船轉危為安。事

後，舟上莆田人李振[56]透過使臣路允迪等官員向朝廷請賜，遂得順濟廟額。

媽祖得朝廷賜廟額，使其信仰得以公開推行，固有利於媽祖信仰之推展，但此事亦為促使媽祖生前事蹟轉為隱晦之主要原因。因媽祖生前所參與之宗教活動，似未見容於朝廷，既欲請求朝廷封誥，其徒眾應必奏上媽祖事蹟以為憑藉。但如果媽祖生前事蹟真與朝廷法令有所抵觸，在撰寫其事蹟時，必多所避諱，致媽祖生前真實事蹟未被記錄下來，後人遂無法窺其全貌，無怪乎趙翼等人懷疑是否真有其人矣。

媽祖信仰公開化以後，早期信仰中心仍在莆田地區，直至南宋紹興末年兵部侍郎陳俊卿出面提倡以後，始漸成全國性之信仰[57]。陳俊卿（1113-1186）字應求，興化軍莆田縣人，紹興 8 年（1138）進士亞魁，授泉州觀察推官。秩滿，秦檜當國，察其不附己，出為南外睦宗院教授。檜死，召為景安郡王教授，累遷殿中侍御史，權兵部侍郎，受詔整浙西水軍。李寶因之，遂有膠西之捷。孝宗時，授尚書右僕射同中書門下平章事，兼樞密使。後以少師魏國公致仕。淳熙 13 年卒，年 74。

媽祖於宣和五年受朝廷賜廟額後，至紹興 26 年（1156）始受誥封為靈惠夫人，其間共有 33 年之間隔。而在此期間內，朱默卻先後於建炎 4 年（1130）、紹興元年（1131）受朝廷賜廟額顯濟，誥封為威靈嘉祐侯[58]，媽祖信仰有被朱默取代之勢。至紹興末年，陳俊卿出面提倡，其勢始變。丁伯桂廟記敘述陳俊卿創白湖祠云：

> 紹興丙子（26）年，以郊典封靈惠夫人，逾年，江口
> 又有祠。祠立二年，海寇憑陵，效靈空中，風挴而去。
> 州上厥事，加封昭應。其年白湖童邵，一夕夢神指為
> 祠處，丞相正獻陳公俊卿聞之，乃以地券奉神立祠，
> 於是白湖又有祠。

紹興 28 年時，陳俊卿已貴為兵部侍郎，奉詔整浙西水師，
大權在握，以其身份來推展媽祖信仰，其勢始銳不可當，白
湖順濟廟也因而成為全國媽祖信仰之中心。[59]

　　陳俊卿登高一呼後，莆田仕宦對媽祖信仰之推展更不遺
餘力。如丁伯桂廟記敘述莆田仕宦經營臨安順濟靈惠妃廟之
情形云：

> 京畿艮山之祠，舊傳監丞商公份尉，崇德日感夢而
> 建。開禧年間，始建殿閣，地偏且陋，觀瞻未稱。歲
> 在丁亥 （理宗寶慶三年，1227），某（丁伯桂）調
> 郡陞辭，偶叨留行。因白夕郎陳公卓，割餐錢為倡，
> 貽書鄉之持麾節者，咸遣助。鄉之士友與都人知敬神
> 者，竭力奔走，次冬首役，聞者爭施，中外輝映，模
> 規粗備云云。

除了莆田仕宦階層之提倡外，宋室南渡亦有助於媽祖信仰
之傳播。此因宋室南渡後，淮水以北地區不復歸南宋政府
管轄，為抵抗來自北方之侵略者，南宋政府不得不從浙、
閩、粵等地抽調兵源。如《宋史》卷 32〈高宗本紀〉〈紹
興三十一年〉，金主亮南侵，高宗詔起江、浙、福建諸州

壯丁赴江上諸軍效力事。丁伯桂廟記亦記載莆田兵出征之
事云：

> （寧宗）開禧丙寅二年（1206）金寇淮甸，郡遣戍兵
> 載神香火以行。一戰花黶鎮，再戰紫金山，三戰解合
> 肥之圍，神以身現雲中，著旗幟，軍士勇張，凱奏以
> 還。……慶元戊午四年（1198）朝廷調發閩禺舟師，
> 平大奚寇。[60]

另《莆田縣志》卷四，〈顯濟廟〉條所載朱默靈異事蹟，都
發生於高宗渡江以後，皆與兵事有關，亦可見莆人從軍者
眾，媽祖靈異事蹟即隨著莆田軍士們到處征戰而傳佈，媽祖
亦不斷地受朝廷誥封，終於奠定媽祖在民間信仰中之地位。

六、結語

　　媽祖以湄洲一民家女，在宋代即快速發展成為閩、浙二
省沿海居民之信仰，與一般民間信仰發展實例大異其趣，故
後世多有視為水神，不必真有其人的看法。然從史料考證，
媽祖確有其人，生前事蹟以宗教活動為主，通曉法術，能為
人卜休咎，祈雨、暘，能生人、活人，不以死與禍恐嚇人，
故人人愛之，敬事如母，其信仰背後有許多信徒支持。審度
宋代社會背景，莆田地區居民有許多海商及鹽戶，在莆田鹽
戶中可確實看到摩尼教信仰的事證，如果要說媽祖信仰的宗
教背景，摩尼教的可能性最大。

註釋

1　劉基，〈台州路重建天妃廟碑〉。

2　趙翼，《陔餘叢考》卷 35，〈天妃〉。

3　黃公度，《知稼翁集》卷上，欽定四庫全書，集部，57 頁。

4　《復齋先生龍圖陳公文集》卷 7。日本靜嘉堂文庫藏有抄本。本文轉引自李獻璋，《媽祖信仰之研究》，媽祖文獻資料〈宋代篇〉。

5　李獻璋氏認為陳宓此文撰於紹興 14 年至 30 年間（1144-1160），實誤。按陳宓生於孝宗乾道七年，紹興 30 年尚在其出生前 13 年。人尚未誕生，何能撰文。況且白湖順濟廟始創於紹興 28 年，亦不可能於次年即重建寢殿，其理甚明。

6　樓鑰，《攻媿集》卷 34。商務印書館，四部叢刊初編，集部。

7　潛日友，《咸淳臨安志》卷 73，外郡行祠，〈順濟聖妃廟記〉。台北，中國地志研究會印行。丁伯桂廟記撰於理宗紹定元年（1228）。

8　徐松輯，《宋會要輯稿》，台北，世界書局印行。

9　李俊甫輯，《莆陽比事》，叢書集成三編。

10　劉克莊，《後村先生大全集》卷 91，四部叢刊集部。

11　俞希魯纂《至順鎮江志》卷 8，〈神廟〉，丹徒縣天妃廟條。清道光 22 年刊本。台北，中國地志研究會印行。

12　洪邁，《夷堅志》，80 卷，台北藝文印書館據十萬卷樓叢書影印本。

13　《黃四如集》卷 1，商務四部叢刊三編集部，莆陽黃仲元四如先生文稿。

14　程端學，《積齋集》卷 4。收四明叢書，四明張氏約園刊本；亦見王元恭修，《至正四明續志》卷九，〈祠祀〉，福惠明著天妃條。

15　程端禮，《畏齋集》卷 5，四明叢書第一集，四明張氏約園刊本。

16　堆即墳墓之小者。呂子振輯《家禮大成》卷 6，〈營葬辨考〉云「築堆曰墓，高壟曰墳，封邱曰塚，大阜曰陵。」

17　劉克莊謂媽祖與建隆真人同時奮興。建隆為宋太祖開國的第一個年號（960-962），劉克莊既謂媽祖與建隆真人同時奮興，後人據此指媽祖誕生於建隆年間。

18　據丁伯桂廟記云：「神莆陽湄洲林氏女，少能言人禍福，歿，廟祀之。莆寧海有堆，元祐丙寅，夜現光氣，環堆之人一夕同夢，曰，我湄州

神女也。宜館我。於是有祠曰聖堆。」根據此記載,媽祖死後即為人立廟崇祀,可能其廟規模甚小,至元祐丙寅,始擴大之。

19　寧海之地,宮兆麟《莆田縣志》卷 1,〈輿地〉,〈里圖〉,宋立六鄉分領 34 里,其中未含寧海,可知寧海非為行政區域之名。然同卷,〈形勝〉條引《九域志》云:「莆田北枕陳巖,南揖壺公,東薄寧海,西縈石室」,是寧海在莆田之東端。又同卷〈里圖〉,〈國朝〉,〈連江里〉條云:「在縣東二十里,圖五,為村二十五。寧海,有海駕橋,天變則鳴。」蔣維鋑謂聖墩之位置,在今莆田白塘附近。

20　劉克莊,協應錢夫人廟記,《後村大全集》卷 92。

21　《至順鎮江志》卷 8,〈神廟〉,丹徒縣天妃廟。

22　乾隆興化府《莆田縣志》卷 4〈建置〉,〈寺觀〉〈顯濟廟〉。

23　《宋會要輯稿》,〈禮〉20 之 51,〈張天師祠〉條,載媽祖合祀於張天師祠內。可證道教人物並不排斥媽祖信仰。

24　歷代媽祖廟住持由僧人出任者頗多,如李丑父〈靈惠妃廟記〉即提及「守僧輿祀」之語,《天妃顯聖錄》則為僧人照乘所輯,可知佛教方面亦不排斥媽祖。

25　《宋會要輯稿》第二百冊,〈道釋〉一云:「乾道五年十一月二十二日,召徑山住持僧蘊聞,對選德殿,上問佛法,蘊聞以所學對。」上曰:「三教一也,但門戶不同。」孝宗既有三教一也之看法,可知當時朝廷中持此看法者,必不乏其人。

26　摩尼教在唐代會昌 3 年被禁以後,即轉入地下活動,傳至宋代,已歷百餘年。傳行年代既久,在教義、儀式等各方面必有所變化,恐傳其教者亦未必知其教為摩尼餘緒。

27　《舊唐書》〈本紀〉第 6,載初元年(690),〈秋七月〉。

28　《新唐書》〈后妃傳〉。

29　蔣斧撰〈摩尼教流行中國考略〉,(敦煌石室遺書)。

30　《摩尼光佛教法儀略》,《大正新修大藏經》,民國 85 年台北新文豐出版。陳垣所整理之《摩尼教殘經》二篇,刊《國學季刊》第 1 卷第 3 期。蔣斧〈摩尼教流行中國考略〉,文末亦附錄《摩尼教殘經》。蔣斧,〈摩尼教流行中國考略〉,亦收錄《摩尼教殘經》,均見(敦煌石室遺書)。

31　《大宋僧史略》卷下,〈大秦摩尼〉,民國 85 年 4 月,臺北新文豐

出版公司印行《大正新修大藏經》。

[32] 《天妃顯聖錄》〈降誕本傳〉。

[33] 徐松輯《宋會要輯稿》〈刑法〉2 之 111。

[34] 莊季裕《雞肋編》，民國 56 年，臺北，藝文印書館印行。

[35] 廖剛《高峰文集》卷二，〈乞禁妖教箚子〉。四庫全書，集部。

[36] 同註 30，《摩尼教殘經》。

[37] 同註 30。

[38] 梁克家《三山志》卷 33 寺觀類，僧寺〈懷安開元寺〉。

[39] 何喬遠《閩書》卷七，〈方域誌〉。

[40] 同註 8，刑法二，禁約。

[41] 徐兢《宣和奉使高麗圖經》卷 34，〈梅岑〉。

[42] 陳長城〈莆田涵江發現摩尼教碑刻〉，《海交史研究》1988 年第 2 期。現該石碑置於當地龍津社廟內左側。

[43] 《八閩通志》秩官志，興化府，宋，莆田。1990 年福建人民出版社排訂本。

[44] 宮兆麟，《莆田縣志》卷 6，賦役志〈鹽課〉。

[45] 同註 44，〈祥異志〉。

[46] 同註 44，卷 18，人物志，忠義傳〈陳文龍〉。

[47] 同註 46，忠義傳，〈陳瓚〉。

[48] 筆者於民國 88 年前往考查，教當地村幹部謂：當地原有墳堆，上有一石塔，塔於夜晚會放光，碑在塔傍，1958 年中共推行大躍進運動，把墳場夷平蓋煉鋼爐，塔被推平，村民將石碑移至永興社。

[49] 《高昌壁畫輯佚》伯孜克裏克的繪畫 121，摩尼教寺圖，土魯番地區文物中心主編，1995 年新疆人民出版社發行。

[50] 《長安志》卷 10，唐京城 4，懷遠坊，〈大雲經寺〉條。清乾隆 52 年刊經訓堂叢書本。

[51] 《宣和奉使高麗圖經》云：「舊例，每因朝廷遣使，先期委福建、兩浙監司顧募客舟，復令明州裝飾，略如神舟，其體而微。」

[52] 《寶慶四明志》卷 19，〈東海助順孚聖廣德威濟王廟〉條。

[53] 同註 41，卷 39，〈禮成港〉。

[54] 梁克家《三山志》卷 8，〈昭利廟〉。

[55] 《宋史》卷 105，〈禮 8〉〈諸祠廟〉。

56 黃四如，〈聖墩順濟祖廟新建蕃釐殿記〉云：「賜順濟始於何時？妃
　護夕郎路公（允迪）使高麗舟，國使李公（振）請於朝也。」

57 陳俊卿創建白湖廟以前已有聖墩（元祐丙寅，1086 年建）、風亭（元
　符初，1098 年建）、江口（紹興二十七年，1157 年建）等祠，然皆
　未享譽全國，及白湖廟建後，遂成全國注目焦點所在。

58 同註 44，卷 4，〈建置〉，〈寺觀〉，〈顯濟廟〉。

59 陳俊卿之子陳宓於 60 年後撰〈白湖順濟廟重建寢殿上梁文〉云「今
　仰白湖香火，幾半天下」，即可見其勢之盛。又其後宋代有關勅封媽
　祖之對象，皆以白湖廟為主。如慶元 4 年（1198）加助順詔云「靈惠
　妃宅於白湖，福此閩粵，雨暘稍愆，靡所不用。」樓鑰所撰〈興化府
　莆田縣順濟廟靈惠昭應崇福善利夫人封靈惠妃誥〉云「居白湖而鎮鯨
　海之濱，服朱衣而護雞林之使」皆是。

60 《宋史》卷 32〈高宗本紀〉〈紹興 31 年〉。

第八章　白塘李氏與聖墩祖廟

一、前言

　　媽祖林默是個什麼樣的人？為何有人建廟祀之？最早為媽祖建立廟宇的人是誰？原因為何？這些問題是長久困擾媽祖信仰研究者的問題。記載媽祖完整史傳的《天妃顯聖錄》成書於明末清初，距媽祖生時已超過 600 年，回溯記載媽祖事蹟頗為困難，故所述大都趨於玄渺。神蹟則無可證。

　　20 餘年來，海峽兩岸對立氣氛逐漸化解，雙方不斷進行學術、文化及宗教交流，媽祖研究也在中共文宣部支持下深入進行調查，也發現許多新史料及文物，如《白塘李氏宗譜》，湄洲島天后宮舊址重建發現的媽祖原始金身（石雕媽祖），涵江區、北高鎮二地的摩尼教殘碑皆是。筆者近年來數度往莆田地區進行媽祖信仰有關史蹟的田野調查，也在井鋪朱氏家族長老協助下看到最早宣揚媽祖信仰的嘉祐侯朱默兄弟的史料。從這些新史料，可發現媽祖信仰基礎的奠立，與莆田白塘李氏家族有密不可分的關係，包含：宋元祐元年（1086）在莆田聖墩廟群建立首座廟宇，讓媽祖信仰正式在莆田本土建立據點的人是白塘李氏的女主人黃氏（李富之母）；於宋徽宗宣和 4 年（1122）為媽祖請得朝廷頒賜「順濟」廟額，讓媽祖信仰取得合法祠祀地位、可公開傳播的李

振，也是白塘李氏族人。紹興 20 年（1150）重新整建聖墩廟群，將媽祖提升為祭祀群主祀神的李富（圖 8-1）是黃氏之子。白塘李氏家族是媽祖信仰的開創者，如果沒有白塘李氏，媽祖信仰的發展可能大異其趣。

圖片 8-1 制幹李公像

　　北宋覆亡後，金兵迭次南侵，建炎年間（1127～1130）初在江南建立的南宋政權岌岌可危，李富募義軍參千人參與抗金軍事，有助政權穩定；至紹興末年（1156～1162）莆田白湖人陳俊卿整頓水師，李寶繼之，於淮水擊退金國元帥兀朮，紹興28年（1158）兵部侍郎陳俊卿於白湖建順濟廟，隨著莆田軍士在各戰場立功，宋政府屢次誥封媽祖，媽祖威名始普揚於世。

　　聖墩為媽祖首廟，其重要性不言可喻，但廟在元末明初突然消失，其原因不詳。1989年廈門大學朱天順教授主編的《媽祖論文集》，蔣維錟〈一篇最早的媽祖文獻資料的發現及其意義〉提出聖墩祖廟應為今三江口三聖宮之看法，1990年5月，莆田舉辦媽祖研究國際學術討論會，與會中國學者莊景輝、林祖良提出〈聖墩順濟祖廟考〉，認為聖墩祖廟原廟址應在莆田白塘附近的梧郊村，而毀於元末的亦思法杭之亂或明末的倭寇之禍。關於聖墩祖廟原址在何處非本文重點，本文僅就李氏家族創建聖墩祖廟、向朝廷請得順濟廟額、為媽祖正序位等相關人、事、宗教背景及聖墩祖廟廢毀的因素加以探討，期有助於媽祖史事的瞭解。

二、聖墩祖廟的創建

　　聖墩祖廟是見於文獻的首座媽祖廟，為探媽祖信仰起源的關鍵廟宇，這座廟宇在元朝時還曾大規模重修，但明、清二代編纂的《閩書》、《八閩通志》、《莆田縣志》等均不見其記載，可見其硬體建築似在元末明初被毀。另外，宰相

陳俊卿捨地創建，位於莆田白湖的順濟廟也在元朝以後被
毀，這二座最重要的媽祖廟約略於明朝初期被廢毀似乎不是
偶然的巧合。倘若白塘李氏家道中落或因遷離白塘致聖墩祖
廟廢毀尚為合理，然李氏至今仍為莆田望族，族人於明、清
二代也曾出仕，並非無力維持廟宇，另廟宇可收受信徒奉
獻，廢棄後未予重建也不符漢人祠祀慣例，可能是媽祖信仰
背後有某些因素牴觸統治者利益而被毀，而李氏家族亦不敢
復建。

　　《天妃顯聖錄》〈降誕本傳〉已將媽祖事蹟多方修飾，
給了媽祖最好的官宦家世，有最好的出生年分（宋朝建國之
年），有完整的儒、釋、道三教教育背景，有通靈救世的本
領，在年輕的 28 歲時白日升天，不入生死輪迴。〈枯槎顯
聖〉則為記載聖墩祖廟創建的過程，云：

> 宋哲宗元祐元年丙寅（1086），莆海東有高墩，去湄
> 百里許，常有光氣夜現。漁者疑為異寶，伺而視之，
> 乃水漂一枯槎發焰，漁人拾置諸家。次晨視之，槎已
> 自還故處。再試復然。當夕托夢於寧海墩鄉人曰：「我
> 湄洲神女，其枯槎實所憑也，宜祀我，當錫爾福。」
> 父老異之，告於制幹李公。公曰：「此神所棲也，吾
> 聞湄有神姑，顯跡久矣。今靈光發見昭格，必為吾鄉
> 一方福，叨神之庇，其在斯乎。」遂募眾營基建廟，
> 塑像崇祀，號曰「聖墩」。禱應如響。[1]

此則故事敘述首座媽祖廟的創建及神像的雕塑，隱含媽祖信
仰相關之人、事背景。《白塘李氏宗譜》亦記其事，謂：

　　湄洲神女憑枯楂顯靈光於寧海墩，並托夢鄉人：「宜
館我於墩上」，父老異之，告於制幹李公。公曰：「此
神所棲也，吾聞湄有神姑，顯跡久矣。今靈光發見昭
格，必為吾鄉一方福，叨神之庇，其在斯乎。」遂募
眾營基建廟，塑像崇祀，號曰「聖墩」。禱應如響。
李公乃捨魚桁二十四門于廟供香燈，又闢田地二百畝
于本嶼供祭祀。[2]

這則故事所述枯楂顯聖，取材自五代福州加崇里聖蹟院創建
的傳說。宋代，梁克家《三山志》，〈聖蹟院〉云：

　　加崇里，貞明二年（916）置。昔南江有光竟夕，視
之，得一浮木。已而夢一胡僧云：「吾康僧，行化吳
越，今將福汝閩，宜以是木立吾像。」既寤，眾異之，
乃嚴精宇，飾晬容榜以是名。[3]

其下注云：

　　康僧者，康居人也，孫權時言佛舍利事，乃置缾于几
上，忽聞缾中有聲，果獲舍利。權嘆服，乃營塔。……
《陸廣記》：皇祐間院主捍海潮，闢田七百畝。

康僧指康僧會，為中亞康國人，於吳赤烏 10 年（247，一作
赤烏 4 年）至建業（今江蘇南京），設像行道，孫權為之立
建初寺，與僧伽（何國人）同為粟特族。五代後梁貞明 2 年
〈916〉福州聖蹟院的創建，為其教傳入閩中之始，宋仁宗
皇祐年間（1049～1053）其院主捍海潮闢田 700 餘畝，似派

下僧侶擅長水利工程，故喜擇沿海之地建寺。白塘原為海岸
地，李氏於其地圍海造魚桁，聖墩廟建於元祐丙寅年
（1086），距聖蹟院創建僅 30 餘年，或李氏家族與聖蹟院
僧有所淵源。

　　制幹李公，是指莆人李富，《天妃顯聖錄》未直書其名，
可見其素為地方敬重，且為莆田家喻戶曉之著名人物。乾隆
《莆田縣志》人物志，〈李富〉云：

> 字子誠，唐游擊將軍尚靈裔，由南安遷莆洋尾。富好
> 施，嘗於郡境內造橋梁凡三十有四所，出南郭五里許
> 建亭以憩行者凡二所，又助郡庠之役，築瀕海之堤，
> 前後捐金累鉅萬以祈母壽。母享年九十八，人以為施
> 予之應。建炎初，粘罕犯順，富率義兵隸韓世忠麾下，
> 授承信郎，宣使張淵聞富材略，辟充殿前統制司幹
> 官，弗就，辭歸。至今莆稱樂善之士必曰李制幹云。
> 子三人，廷輝保義郎，廷耀承務郎，廷燐將仕郎。[4]

李富（圖 8-2）（1085～1162）先世為唐朝宗室，家境富裕
且好施捨，曾率義兵抗金，被辟充「殿前統制司幹官」不就，
故莆田人尊稱為制幹李公。

圖 8-2 李富像

　　據《白塘李氏宗譜》記載，李富為李氏遷居莆田白塘的
第 5 代，譜中附錄奉議郎權通判賀州軍事王進之撰〈殿前統
制司幹辦李公墓誌銘〉，文云：

公諱富，字子誠，唐屬籍，游擊將軍尚靈之裔，制敕
猶存。避武氏難，徙家泉州南安，又徙游洋莆，因家
焉。曾祖袒慧，祖明，父思泮，俱晦名，母黃氏，封
太安人。早喪父，事母篤孝，祈以壽考，至捐金錢累
巨萬不靳，輦石輿梁三十四所，八十二間，出自南郭
十五里建亭以憩往來者，二郡庠之行，瀕海之堤，暨
險巇沮洳者；率砌囊山、光孝、滿月、重興諸名剎，
藍輪藏鐘樓，竺書金湘，又公能散之餘也。太安人享
壽九十有八，皆謂公樂施之報。督子孫，惟力學，不
諉以他務。凡族子無以業其家，賙之。孫女為之擇配
者厚其齎送，嗜義遠利實出所性，閭里以公力豐殖者
百餘家，至談及公者，無不感激。紹興三十二年二月
十二日終于正寢，享年七十有八。[5]

據上述資料，李富先祖唐朝宗室李尚靈避武則天之禍遷居福
建泉州南安，再遷莆田白塘。據《白塘李氏宗譜》源部，李
尚靈排行為李氏第 6 世，至第 14 世之李塘始遷白塘，為白
塘初祖，其子李袒慧似已富甲一方，《白塘李氏宗譜》云：

（袒慧）□□□（漏字）樓六所，收藏制勅誥命與經
史文書，捨田租五百畝（坐興教、望江等處）與囊山
寺，過年辦祭，為子孫謁墓。壽六十，配林氏，合葬
興教里泗洲廟前。子一，明。[6]

李袒慧卒後葬於興教里泗洲廟前，泗洲廟即僧伽廟，僧伽為
白衣大士開山。

318

　　李富為媽祖信仰成立的關鍵人物殆無疑問，但從李富墓志銘所載生、卒年、月比對，卻有聖墩祖廟創建時李富年齡太小的問題。按李富生於西元 1085 年，聖墩祖廟建於西元 1086 年，建廟時李富年僅 2 歲，尚無法自立，當然無法號召鄉民捐錢建廟。是否制幹李公另有其人？

　　據「殿前統制司幹辦李公墓誌銘」謂李富「曾祖祖慧，祖明，父思泮，俱晦名，母黃氏，封太安人。早喪父。」《白塘李氏宗譜》〈泮〉云：

> 字思泮，行二十五，以子富，贈承信郎，殿前統制司制幹，壽六十五。太安人黃氏壽九十八，葬南門外南寺後滿崗山。有田施與寺僧，名曰田香錢，子孫每歲謁墓，本寺燕享。……子二：富、彥達。[7]

據此，李泮卒時年已 65，以當時平均壽命言已為高壽，故李泮應是老年得子，而李富則為幼年喪父。《白塘李氏宗譜》並未載李泮生卒年，無法算出李富生時李泮幾歲，但可能在李泮去世前數年的 60 歲以後。而李富生時，其母黃氏 31 歲，夫妻 2 人年齡相差約 30 歲。《白塘李氏宗譜》，〈書承信府君墓誌銘〉云：

> 制幹公痛父承信府君享年不遐，事母黃氏太安人篤孝……，太安人壽九十八乃卒，公時年已六十有八，哀毀號慕。[8]

據《白塘李氏宗譜》，李富於家族同輩排行為 25，李泮次子彥達家族排行為 28，兄弟二人出生年間李氏家族僅誕生

二男丁，其年月可能僅在 1、2 年間，故元祐元年（1086）
聖墩祖廟創建時李洊應尚在世，但一則已為人生晚期，身體
狀況或已不佳，故李富誕生，給李家帶來莫大喜悅，黃氏因
而得以做主捨地百餘畝為佛寺。《莆田縣志》卷 4 建置志〈報
恩光孝寺〉云：

> 元豐八年（1085），封太安人黃氏感異夢生李制幹公，
> 遂捨梅峰地百餘畝為佛剎。……祀白衣大士。[9]

白衣大士的開山為僧伽，莆人通稱為泗洲文佛。如前引《白
塘李氏宗譜》，李富曾祖李祖慧夫婦即合葬於興教里泗洲廟
前，李家應為泗洲文佛信徒。

李富的誕生，李氏除了捨梅峯地百餘畝為佛寺外，在聖
墩建立祖廟，應也有同樣的意義，其真正的捐資者則為李富
母親黃氏。李洊生前只是一介平民，卒後父以子貴，被追贈
承信郎，《白塘李氏宗譜》〈宋封贈〉，謂：「洊，以子富
貴，贈承信郎，殿前制幹。」即李洊是在李富被辟充殿前統
制司幹辦官後始被追贈；而李富在紹興 20 年又重建聖墩祖
廟，改以媽祖為主祀神，對媽祖信仰出力甚多，因此《天妃
顯聖錄》將創建聖墩祖廟的功績歸於李富，而黃氏是將白衣
大士與媽祖信仰結合為一體的人。《天妃顯聖錄》〈降誕本
傳〉云：

> 二人（媽祖父母）陰行善，樂施濟，敬祀觀音大士。
> 父年四旬餘，每念一子單弱，朝夕焚香祝天，願得哲
> 胤為宗支慶。歲己未（周世宗顯德六年，959）夏六

月望日，齋戒慶讚大士，當空禱拜曰：『某夫婦兢兢
自持，修德好施，非敢有妄求，惟冀上天鑒茲至誠，
早錫佳兒，以光宗祧！』是夜王氏夢大士告之曰：『爾
家世敦善行，上帝式佑』。乃出丸藥示之云：『服此
當得慈濟之貺』。既寤，歆歆然如有所感，遂娠。二
人私喜曰：『天必錫我賢嗣矣！』越次年，宋太祖建
隆元年庚申（960）三月二十三日，方夕，見一道紅
光從西北射室中，晶輝奪目，異香氤氳不散。俄而王
氏腹震，即誕妃於寢室。里鄰咸以為異。父母大失所
望，然因其生奇，甚愛之。自始生至彌月，不聞啼聲，
因命名曰默。[10]

媽祖為北宋時人，生前造福桑梓，白塘李氏若非親受其惠也
當有所耳聞感受。南宋末年太學博士黃仲元於〈聖墩祖廟新
建蕃釐殿記〉曾提及媽祖事蹟云：

他所謂神者，以死生禍福驚動人，唯妃生人、福人，
未嘗以死與禍恐之，故人人事妃，愛敬如母。中心鄉
之，然後於廟饗之。[11]

大致可反映出媽祖是宗教人物及莆田人敬愛媽祖的態度，媽
祖不會像其他宗教人物「以死生禍福驚動人」（圖 8-3），
而是「生人、福人，未嘗以死與禍恐之」，故中心向之，而
後建廟饗之。若以《僧伽和尚欲入涅槃說六度經》觀察，經
中確有「以死生禍福驚動人」的語詞，云：

媽
祖 信仰研究

圖8-3 摩尼教末日審判（引自《高昌壁畫輯佚》）

吾後至閻浮，與流佛法，唯傳此經，教化善緣。六度
弟子歸我化城，免在閻浮受其苦難，悉得安穩。衣食
自然，長受極樂，天魔外道弱水隔之，不來為害。

吾當度六種之人：第一度者，孝順父母敬重三寶；第
二度者，不殺眾生；第三度者，不飲酒食肉；第四度
者，平等好心不為偷盜；第五度者，頭陀苦行，好修
橋梁并諸功德；第六度者，憐貧念病，布施衣食，極
濟窮無。

如此善道六度之人，吾先使百童子領上寶船，載過弱
水，免使沈溺，得入化城。若不是吾六度之人，見吾
此經，心不信受，毀謗正法，當知此人宿世罪根，身

受惡報，或逢盜賊兵瘴而死，或被水火焚漂，或被時
行惡病，遭官落獄。不善眾生皆受無量苦惱，死入地
獄，無有出期，萬劫不復人道。[12]

媽祖的慈心善行，讓人敬愛如母，並於死後祠祀之。黃氏於
聖墩為媽祖建立首座祠宇時，聖墩已有其他祀神，媽祖僅是
祭祀群中的陪祀神，《白塘李氏宗譜》廖鵬飛撰〈聖墩祖廟
重建順濟廟記〉（圖8-4）云：

圖 8-4 白塘李氏宗譜原文

郡城東，寧海之旁山川環秀，為一方勝景，而聖墩祠
在焉。墩上之神，有尊而嚴者曰王，晳（晢）而少者
曰郎，不知始自何代，獨為女神人壯者尤靈。世傳通
天神女也，姓林氏，湄洲嶼人，初以巫祝為事，能預
知人禍福。既沒（歿），眾為立廟於本嶼。聖墩去嶼

323

媽
祖 信仰研究

幾百里,元祐丙寅歲墩上常有光氣夜現,鄉人莫知為
何祥。……父老異之,因為立廟,號為聖墩。[13]

　　綜而言之,聖墩祖廟為莆田白塘李氏家族領導鄉民建
立,建立年份為北宋元祐元年,實際領導創建者為李富之母
黃氏。聖墩原已有祀神,其一:「尊而嚴者曰王」,其二:
「哲(晢)而少者曰郎」,且其祠「不知始自何代」,媽祖
位階為二神之陪祀神。

三、李振請賜廟額

　　元祐元年(1086)聖墩通天神女祠建立,為寧海民間私
祀,至宣和4年(1122)路允迪使高麗返國後,奏請朝廷賜
媽祖「順濟」廟額,媽祖信仰由民間私祀轉化為公開信仰,
而促成其事者為白塘李氏家族的李振。

　　宣和(1119~1125)為宋徽宗年號,徽宗在政和元年
(1111)時即曾嚴厲查禁非法淫祠,《宋史》徽宗本紀,云:

　　　政和元年春,壬申,毀京師淫祠一千三十八區。[14]

媽祖祠祀在當時仍屬淫祠,隨時有被官方毀壞之可能性,故
李家當然會掌握機會爭取信仰合法化。宋徽宗崇信道教,政
和7年(1117)四月庚申,曾諷道籙院上章,冊封自己為「教
主道君皇帝」,雖僅止於教門章疏使用,但其偏執道教於此
可見一斑,宣和元年更強迫佛教道教化,《宋史》徽宗本紀,
云:

324

> 宣和元年（1119）春乙卯，詔：佛改號大覺金僊，餘
> 為僊人、大士，僧為德士，易服飾，稱姓氏，寺為宮，
> 院為觀，改女冠為女道，尼為女德。[15]

宋人趙彥衛《雲麓漫抄》詳載其事云：

> 宣和元年（1119）佛寺改為宮，僧寺為觀，諸陵佛寺
> 改為陵名明真宮，臣庶墳等改兩字。合掌和尚不審，
> 改作擎拳稽首，佛賜天尊服，改塑菩薩羅漢作道服冠
> 簪，佛號大覺金仙，文殊封安慧文靜大士，普賢封安
> 樂妙靜大士，泗州大聖封巨濟大士，傅大士封應化大
> 士，達麼封元一大士，二祖同慧大士，三祖善明大士，
> 四祖靈應大士，五祖靜心大士，六祖德明大士，永嘉
> 宿覺封金德大士，菩薩稱仙人，羅漢稱無漏，金剛稱
> 力士，僧伽稱修善。[16]

在這波道教化運動中，佛改稱大覺金仙，著天尊服；菩薩稱
仙人，羅漢稱無漏，著道服冠簪，連宋初政府深信的泗洲大
聖亦不能免。媽祖信仰與泗洲文佛淵源甚深，既然連泗洲文
佛都無法自保，白塘李氏自然會尋求讓媽祖信仰符合國家法
令的方向走，遂有李振為媽祖廟請得順濟廟額之事。黃四如
〈聖墩祖廟新建蕃釐殿記〉載其事謂：

> 賜順濟始於何時？妃護給事中路公允迪使高麗舟，以
> 李公振請於朝也。[17]

《莆田縣志》並無李振傳記,其名望不如李富高,而《白塘
李氏宗譜》則有之,宗譜〈十八世〉,〈振〉云:

> 行十八,宋宣和五年偕給事中允迪路(公)使高麗,
> 海中遇風,八舟溺七,神護公舟,保全國信,歸授承
> 信郎。壽三十九。[18]

李振與李富同為白塘李氏家族第 18 世,李振於同輩排行為
第 18,李富為 27,故李振為李富堂兄。《白塘李氏宗譜》
〈宋徵辟敕授〉也有「振,允迪使奉使冊高麗,授承信郎。」
的記載,廖鵬飛〈聖墩祖廟重建順濟廟記〉更詳記其事云:

> 越明年癸卯(1123),給事中路公允迪使高麗,道東
> 海,值風浪震蕩,舳艫相衝者八而覆溺者七,獨公所
> 乘舟有女神登檣竿為旋舞狀,俄獲安濟,因詰于眾,
> 時同事者保義郎李振素崇奉聖墩之神,具道其詳。還
> 奏諸朝,詔以(順濟)為廟額。[19]

廖鵬飛記其事發生於宣和 5 年癸卯,應為賜額之年。朝廷賜
順濟廟額為媽祖信仰轉為合法之大事,莆田人甚重視之,南
宋臨安知府莆人丁伯桂〈順濟聖妃廟記〉記其事云:

> 宣和壬寅(四年),給事路公允迪載書使高麗,中流
> 震風,八舟沈溺,獨公所乘,神降於檣,獲安濟。明
> 年,奏於朝,錫廟額曰順濟。[20]

路允迪奉使高麗,其副使徐兢(國信所提轄人船禮物官)所
撰《宣和奉使高麗圖經》曾詳記其過程。書中所述出使行程

的確迭遭風險，最嚴重者還有桅斷柁折之事，然經舟人禱請
神佑，各舟終皆安然返國。

　　《宣和奉使高麗圖經》提及舟人信仰及神祇顯靈者共有
4 次。第 1 次為使船出發前於定海縣宣祝之顯靈助順廣德
王，所祀係指東海之神。其次為梅岑山（補陀落伽山或普陀
山）寶陀院靈感觀音，宣和以前奉使高麗使者必禱於此。第
3 次為使節船在黃水洋遭風，第二舟（徐兢即搭此舟）三柁
併折時，應舟人禱祈而現之祥光。第四次為福州演嶼神。第
1、第 2 兩次所提之神，皆有明確對象，非媽祖。第 4 次所
提福州演嶼神亦未言係何神，淳熙《三山志》卷 8，〈昭利
廟〉條云：

> 昭利廟，東瀆越王山之麓。故唐觀察使陳巖之長子。
> 乾符中，黃巢陷閩。公覡唐衰微，憤己力弱，莫能興
> 復。慨然謂人曰：『吾生不鼎食以濟朝廷之急，死當
> 廟食以慰生人之望』。既歿，果獲祀連江演嶼。本朝
> 宣和三年始降于州，民遂置祠今所。五年，路允迪使
> 三韓，涉海遇風，禱而獲濟。歸，以聞。詔賜廟額昭
> 利。[21]

雖未指出演嶼神姓名，但已說明其神為唐朝福建觀察使陳巖
長子，非媽祖，此亦為徽宗朝宗教信徒求自保而請朝廷賜額
之例。而丁伯桂所述媽祖降於檣之事，即為《宣和奉使高麗
圖經》所提第二舟三柁併折，應舟人禱祈而現祥光之事。

　　《白塘李氏宗譜》謂「振，允迪使奉使冊高麗，授承信
郎。」應是指李振因參加路允迪冊高麗有功而受敕封，而奏

請宋徽宗賜媽祖順濟廟額的應是路允迪，李振只是扮演敦請路允迪上奏的角色。李振返國後被授予承信郎，據《宋史》卷 168，職官 8，承信郎為從九品官，為品官中最低階，顯見李振原為平民，並適時透過官員奏請宋朝政府賜順濟廟額，媽祖信仰始取得政府認可，得以公開流傳。

李振既非奉使高麗官員，為何會同往高麗？在路允迪冊高麗事件中究竟扮演何種角色？《宣和奉使高麗圖經》卷 34 云：

> 舊例，每因朝廷遣使，先期委福建、兩浙監司顧募客舟，復令明州裝飾，略如神舟，具體而微。[22]

因為使舟是由福建、浙江僱募而來，白塘瀕海，李氏家族似為擁有舟船的海商，為應募客舟之業主，而李振為代表李氏家族於客舟管理艄工水手的管理人。李振為媽祖請得順濟廟額，正反映白塘李氏家族在建立媽祖祠祀後，不僅虔誠信仰，並致力媽祖信仰合法化之一例。

四、李富奉媽祖正序位

白塘李氏家族入居莆田後，李祖慧捨 500 畝田租予囊山寺，卒後葬於興教里泗洲廟前，李泮夫婦於長子李富出生捨地百畝為梅峰寺，次年又建聖墩祖廟，在在可看出家族濃厚的宗教信仰，而李富本人不但雄於貲產，樂施捨，也大量捐建地方公共設施及寺廟，對國家也十分忠誠，〈殿前統制司幹辦李公墓誌銘〉載其事蹟云：

早喪父，事母篤孝，祈以壽考，至捐金錢累巨萬不靳，
輦石輿梁三十四所，八十二間，出自南郭十五里建亭
以憩往來者，二郡庠之行，瀕海之堤，暨險巇沮洳者，
率砌囊山、光孝、滿月、重興諸名剎，藍輪藏鐘樓，
竺書金湘，又公能散之餘也。

建炎初，黏罕犯順，公率義旅隸（韓）世忠麾下，累功
授承信郎。太安人以公受命，遂拜重封。承宣使張淵聞
公材略，辟充殿前統制司幹辦，弗就。辭歸終養，晨昏
惟謹，太安人之喪時，公六十有八，哀毀號慕，霜露風
雨輒涕下如嬰兒狀。……明年有自淮甸來者，公疾
革，瞠目問邊事，發憂國數語而瞑，不及家務。[23]

李富晚年曾為媽祖信仰做了二件大事，一為擴建順濟祖廟，
一為奉媽祖神像正序位，改變媽祖信仰生態，讓媽祖成為聖
墩祭祀群的主神，開啟媽祖信仰獨自發展的契機。

（一）擴建順濟廟

紹興 19 年（1149），李富重建聖墩祖廟，其年距元祐
元年（1086）創建已 64 年，李富 65 歲。〈聖墩祖廟重建順
濟廟記〉載其事謂：

元祐丙寅歲，墩上常有光氣夜現，鄉人莫知為何
祥。……父老異之，因為立廟，號為聖墩。歲水旱則
禱之，癘疫祟降則禱之，海寇盤互（互）則禱之，其
應如響，故商舶尤藉以指南，得吉卜而濟，雖怒濤洶
湧舟亦無恙。寧江人洪伯通嘗泛舟以行，中途遇風，

舟幾覆沒，伯通號呼祝之，言未出口而風息。既還其
家，高大其像，則築一靈於舊廟西以妥之。宣和壬寅
歲也。越明年癸卯，給事中路公允迪使高麗，道東海，
值風浪震蕩，舳艫相衝者八而覆溺者七，獨公所乘舟
有女神登檣竿為旋無（舞）狀，俄獲安濟，因詰于眾，
時同事者保義郎李振素崇奉聖墩之神，具道其詳。還
奏諸朝，詔以（順濟）為廟額。……紹興二十年（1150）
庚午正月十一日，特奏名進士廖鵬飛謹記。[24]

廟記敘述聖墩祠建立後，莆田人遇水旱則禱之，癘疫祟降則
禱之，海寇盤互則禱之的情形，尤其「商舶尤藉以指南，得
吉卜而濟，雖怒濤洶湧舟亦無恙。」媽祖的海神形象在 60
年間已被塑造成形，其間並有海商洪伯通另建新廟並高大媽
祖神像。但李富以祖廟褊迫，丹青形暗，已不敷觀瞻，而捐
錢 7 萬予以擴建，〈聖墩祖廟重建順濟廟記〉又云：

今神居其邦，功德顯在人耳目，而祠宮褊迫，畫像形
暗，人心安在乎？承信郎李富居常好善，首建其義，
捐錢七萬，移前而後，增卑而（高），戒功於中秋，
踰年月告畢，正殿中（峙），修廊翼翼，嚴祀有堂，
齊（齋）庖有盧，（磨）礱割削之工，蒼黃赭堊之飾，
凡斯廟之器用殆無遺功。

重建後的聖墩，不僅廟宇規模擴大，有正殿、祭殿、長廊，
有製做齋飯的廚房，碾米的作坊等，建築結構體也精工細
雕，呈現不凡氣勢。其中最特殊處為順濟廟內竟設置齋庖

盧，與後世以牲醴祭媽祖迥然不同，似乎李富及聖墩信徒與
佛教、摩尼教徒同為素食者。

　　李富重建順濟廟，調整祀神序位，似在進行聖墩祀神本
土化的工作，以白塘李家關係最密切亦曾由李富重建的囊山
寺為例證之。李富曾祖父李祖慧曾捨地 500 畝予囊山寺，500
畝約為 33.3 公頃，收成可供數十人生活，李富本人也曾修
建囊山寺，李家為囊山寺長年大施主。《白塘李氏宗譜》云：

> 富，……好施予以順母志，捐貲造橋三十四所，修郡
> 學，築海堤，建囊山、滿月、重興諸名剎，備載縣志、
> 彭誌、岳誌諸誌書。[25]

囊山寺原名囊山院，《閩書》〈囊山〉云：

> 形如懸囊，或名土囊，僧涅槃隱其下，曰囊山院。廟
> 堦甚為宏壯，外有放生池。涅槃時時於此趺座，不食。
> 或臨水餧蛭，或袒露施蚊。行則兩虎隨之，今有伏虎
> 橋，石刻施虎原。初涅槃隱此，九座師見之，曰：此
> 古辟支佛也。上有巖，名辟支巖云。山前為國懽院，
> 曰國懽者，王審知延師於此，故名。涅槃師父母塚，
> 在其後，而囊山院西則涅槃塔存焉。[26]

黃涅槃為莆田人，姓黃，名文矩，字子薰。《閩書》方域志，
石室山云：

> 涅槃，唐末人，名文矩，字子薰，黃姓。生時火裏開
> 蓮，既長出家，口吐異光，發言成讖，時時往來閩中，
> 為人穿塚築室。讖語最多，歷歷如券。[27]

331

《莆田縣志》〈沙門文矩〉傳云：

> 文矩，一名涅槃，黃姓，唐末人，延壽國懽院其降生
> 處也。生時火裏開蓮。初隱囊山高巖下，趺座不食，
> 行則兩虎隨之，其居曰伏虎庵。九座見之曰，此古辟
> 支佛也，因號辟支巖……卒於唐光化戊午（898）。[28]

按黃氏為莆田巨族，囊山山前之國懽院原即為黃文矩家宅，
後來被捨為院，其父母墳塋在焉。《莆田縣志》〈國懽院〉
云：

> 在延壽里，涅槃舊宅，後捨為院，其父母雙墓在院東，
> 明萬曆壬子（1612）給諫黃起龍命僧如忍等募建佛
> 殿，兼請藏經。[29]

黃文矩成年後始出家，既不知其師承淵源，其行為也與清修
佛徒不同，其本人似精通風水及建築，「時時往來閩中，為
人穿塚築室」。當黃文矩在囊山修行時，九座山太平院開山
僧智廣往見之，謂其為古辟支佛，喻其未親聞佛門正法，不
是正統佛教。

　　囊山寺又稱慈壽院，在宋仁宗朝以後也迭遭無名火災及
鄉民反對的困厄。《莆田縣志》〈囊山慈壽寺〉云：

> 在延壽里，唐中和元年（881）僧涅槃栖隱於此，名
> 延福院。後唐光啟二年（885）閩王審知奏改慈壽院，
> 宋景祐後三經子火，元至正（1341～1368）重建，明
> 永樂間（1403～1424）僧永清建選佛場、毘盧閣、輪

藏閣、鐘鼓樓，宣德八年僧連城建殿宇，齋房三百餘
間，嘉靖丙申（1476）里人姚文達倡言：時有海風，
為辟支作怪，呈縣廢之。後太守以姚言近誣，命僧修
復。甲寅歲（1494）復駕說於福清，福清人乃乘夜毀
去，更經壬戌（1502）之變，僅存輪藏殿、鐘樓。後
屢建屢為福清人所阻。今寺廢而海怪間作，則颶風何
與於巖耶！[30]

景祐（1034～1037）為宋仁宗年號，即宋、元 300 年間，慈
壽寺 3 次發生不明原因的火災，而李富曾捐款修建一次。明
朝嘉靖年間莆田人姚文達公然以辟支佛作怪呈請莆田縣府
廢之，經修復後又鼓動福清人多次毀之，可見囊山寺辟支佛
被部分莆田及福清人排斥之情形。

　　囊山寺雖在北宋中期以後迭生爭議，但在此前卻頗獲莆
人敬信，因黃涅槃有預卜未來的神通，曾預卜宋太祖將在其
卒後 60 年後統治福建，《閩書》〈石室山〉云：

涅槃，唐末人。嘗曰：「……吾去世後六十年，當有無
邊身菩薩來治此國，聽吾偈曰：『小月走爍爍，千村及
萬落，處處鳳離穴，家家種葵藿。』」……小月走者，
趙也。爍爍，火德王也。鳳離穴，藩鎮散也。種葵藿，
人耕耘也。無邊身，廣大也。藝祖登基，以建隆庚申，
去其示滅於唐光化戊午，蓋年六十二也。[31]

涅槃也曾預卜莆田木蘭陂的修成。《閩書》〈石室山〉又云：

或問木蘭陂何時築成？曰：「逢築則築」。人都未遽
解。「逢築則築」者，築陂於錢鎢、林進士者再，竟

不成。李宏挾僧智日,來木蘭山,插竹為表。智日能
夜役鬼物,旦起視之,竹表遽多。智日,俗姓馮,宏
喜曰:「涅槃之讖,謂我矣!逢者,馮乎?,築者,
竹乎?」而陂遂成。

《閩書》卷 24〈鷄足峰〉又載李宏著手興築木蘭陂時,眾
心仍狐疑,李宏卒在僧伽塔下百擲筊杯以釋眾惑。云:

> 宋李長者宏,欲作木蘭陂,南陂成,累壞,是後眾心
> 狐疑。宏詣僧伽塔下百擲筊杯,上下如一,眾心不惑,
> 遂以成陂。[32]

筆者於 2006 年 7 月前往囊山寺考察,該寺正殿奉三世佛,
後正殿奉觀音,兩側分奉白衣大士及地臟王,左側室奉黃
涅槃,泗州文佛石像置於室前,右側室為迴向堂,專為信
徒治喪。閩書謂黃涅槃:「往來閩中,為人穿塚築室」似
其一系僧侶把佛教的超渡觀念與現實喪葬禮儀結合。北宋
中葉以後,因政府崇信道教及鄉人敵視,囊山寺迭遭無名
火,李富雖捐款重建之,但亦知現實環境之無法抗拒。而
聖墩祖廟(王與郎)也非政府祀典。為謀祀神之可長可久,
勢必調整祀神位序,欲調整祀神位序,重建順濟廟則為佳
時機。

(二)奉媽祖神像正序位

聖墩祖廟神位原配置為:王者居中,郎居左,媽祖居西
偏,重建後,李富把奉祀神位予以調整,讓位居西偏的媽祖

升居正殿，原來居中、左的王與郎改居下位。〈聖墩祖廟重
建順濟廟記〉謂：

> 墩上之神，有尊而嚴者曰王，哲（暫）而少者曰郎，
> 不知始自何代，獨為女神人壯者尤靈。……舊尊聖墩
> 者居中，哲（暫）而少者居左，神女則西偏也。[33]

新廟落成後，李富將之改動：「新廟或（媽祖）遷於正殿中，
右者左之，左者右之。」李富是理學家，重忠孝大節，《白
塘李氏宗譜》云：

> 富，……講學於梅峰臥雲軒，造就一時名士。捨地百
> 餘畝建寺、郡大夫專祠，其他所有。著《春秋註解》、
> 《澹軒集》，郡誌紀忠孝大節、學問淵源。[34]

但其為媽祖正序位，仍引起信徒質疑，〈聖墩祖廟重建順濟
廟記〉謂：「牲醴乞靈於祠下者寧不少疑？」其門人廖鵬飛
代為解釋云：

> 鵬飛曰：「神女生於湄洲，至顯靈跡，實自此墩始，
> 其後賜額、載諸祀典，亦自此墩始，安於正殿宜矣。
> 昔泰伯廟在蘇臺西，延陵季子像設東面，識者以為乖
> 禮遂命改之。鵬飛謂李侯之作是廟，不惟答神庥，亦
> 以正序位云。」[35]

廖鵬飛的解釋，其一說媽祖顯靈蹟、賜額、載諸祀典都由聖
墩開始，亦即聖墩祭祀群的揚名、合法化都是媽祖被祠祀後
的結果，媽祖於聖墩庇佑最多，故神像安於正殿合理。其次，

廖鵬飛引吳泰伯廟為例，以泰伯弟季歷雖貴為周文王父，但
廟祀時位居長兄泰伯之上與禮制不合，故識者為改序位次以
正之，藉此隱喻聖墩原祀二神輩份較媽祖低，位居媽祖之上
違背禮制，故被調降位序。

　　廖鵬飛對李富正序位事的解釋很含蓄，更未指出原祀於
聖墩的王與郎身分，留下謎團讓後人破解。聖墩祖廟現已無
存，且後世文獻再無提及王與郎者，故二人究竟是誰，已無
從考證，但如從莆田地區現行的祠祀習慣及白塘浮嶼天后宮
之例（圖 8-5），尚可得到一些線索。《白塘李氏宗譜》〈重
興浮嶼天后宮序〉云：

圖 8-5 白塘浮嶼天后宮

浮嶼之宮何自昉乎？粵自有宋制幹李公破金救主渡海遭風，叨扶持于一葦，轉危為安，懷德惠于寸衷，有感必報，爰建壇于浮嶼，永薦藻於白塘。……乾隆四十六年歲次辛丑重陽，梧郊里人敬撰。[36]

浮嶼天后宮為李富助韓世忠擊退金兵返鄉後建，雖經迭次重修，惟目前尚存於白塘附近的梧郊，廟中合祀媽祖與尊主明王（圖8-6）。而莆田地區許多社廟也獨祀或兼祀尊主明王，明王造型均著古貴官服、戴明式官帽，手持奏版，望之儼然，與〈聖墩祖廟重建順濟廟記〉所說：「尊而嚴者」形容頗似。

圖 8-6 白塘浮嶼天后宮尊主明王

尊主明王來歷，余曾請教莆田籍媽祖研究專家蔣維錟教授，蔣教授謂是「社公社婆」，即莆田各鄉社社神。《中文大辭典》〈明王〉條引《通俗篇》〈神鬼明王〉云：

> 《北魏書》地形志，東彭城郡渤海縣有東海明王神。按今社神封號，概曰明王，已見于此。[37]

故蔣維錟教授以明王為社神亦有所據。然渤海縣位於今河北省近海之處，《北魏書》所謂「有東海明王神」更像是指渤海縣奉祀有東海之神。如果東海明王神指的是東海龍王，而媽祖亦號龍女，則龍女為龍王之陪祀神亦無不可，李富未必要將其位序重新調整。

《莆田縣志》〈里社壇〉記載當地社祀情形，謂：

> 本以祀土穀之神，今皆建屋雜祀他神，惟連江、上余、待賢里前黃仍壇，東廂龍坡……六社，雖建屋，尚立土穀神主，春秋集社眾祭畢讀誥律誓約然後飲，猶有古之遺風。[38]

大致上莆田人社神最早只建壇而無廟，其後演變成建廟祀五土、五穀之神主，最後再發展至雜祀他神，尊主明王似屬「雜祀他神」，故未被提及。然從字義上看，尊主明王不但是信徒的主公，也是光明之王，宋代福建流傳的摩尼教被稱為明教，明教的主神被稱為明尊，尊主明王更像是明教的明尊。而宋代政府嚴禁摩尼教，被查獲者常被抄家滅門，是否李富為保護明教信徒而將明尊轉為媽祖陪祀神以免干犯法令？久而久之，明王反被視為社神而不知其原始面目。（圖8-7）

圖 8-7 與尊主明王酷似的摩尼教圖繪（引自《高昌壁畫輯佚》）

至於「聖墩祖廟重建順濟廟記」所說：「墩上之神，……皙而少者曰郎。」則有線索可尋。按〈聖墩祖廟重建順濟廟記〉謂：「神女生於湄洲，至顯靈跡，實自此墩始，其後賜額、載諸祀典，亦自此墩始，安於正殿宜矣。」似紹興 20 年以前聖墩祖廟已被宋政府誥封而列為祀典。然查《天妃顯聖錄》，媽祖首次被誥封是在紹興 26 年，故前此被封者應為王或郎。

元初太學博士李丑父所撰〈靈惠妃廟記〉曾提及為媽祖揚靈宣威的莆田人朱默兄弟，云：

東廡魁星有祠，青衣師、朱衣史左右焉；西則奉龍王，
而威靈嘉祐朱侯兄弟綴位焉。二朱亦鄉人，生而能
神，揚靈宣威，血食于妃宮最舊。[39]

李丑父為莆田隴西李氏族人，宋理宗端平 2 年（1235）進士，
其父李宗為宋寧宗嘉泰 2 年（1202）進士，家學淵源，故對
媽祖事蹟有較深入瞭解。嘉祐侯朱氏兄弟的事蹟，《莆田縣
志》卷 4 建置志，寺觀，〈顯濟廟〉記載如下：

在黃石琳井，神姓朱，名默，黃石人，唐古田令璣後，
生有靈異，年十七，喟然語同舍曰：『丈夫當大立功
名，終身講空名何益；今兩陸用兵，朝廷開幕府，使
吾得十人將之，可以鞭笞遠彝。』屢造穀城古廟，祈
立功名。廟門下有泥塑神馬，遂乘以登山……是後人
多見默早晚騎神馬勒部兵往來村落間，里中神之，年
三十二，不疾而卒。建炎四年，高宗渡江，中流風濤
大作，忽見默擁朱氏旗至，風遂息，詔封默為威靈嘉
祐侯，額曰顯濟。紹興初，吳山火，兵卒不能救，塵
焰中默忽擁旗至，火遂息，又助收大奚山寇，後加封
福順彰烈侯。弟默諗，女弟六十娘，亦皆生而神靈，
並祀祔食。[40]

記述雖不多，但也可看出朱默原為書生，但以西夏、遼二國
交相侵逼，發奮保衛國家之事。朱默為莆田琳井朱氏第 8
代，目前朱氏族人仍居當地（小地名井舖）且有族譜存在，
《朱氏族譜》總譜載云：

默，強長子，字感通，年二十二無病沒，高宗南渡出
神兵助順。建炎四年詔封靈威顯福彰烈侯。點，強公
次子，字次曾，特奏名，補邵武軍建寧縣主簿。[41]

譜中並無默諡之名。另查〈嘉祐房〉記載云：

> 嘉祐侯，加封顯福彰烈侯，賜廟額曰顯濟。公生於宋
> 英宗治平二年（1065）十二月初八日亥時，至哲宗元
> 祐元年（1086）丙四月十三日不疾而卒，年纔二十有
> 二。姚鄭氏夫人，立從子曰玗為嗣，葬蕭宅，是為嘉
> 祐房之祖。
> 默公，強公次子，行卅五，神□副管總，無子。點
> 公，字次曾，行卅七，強公三子，補迪功郎，建寧
> 縣主簿。[42]

原來朱默兄弟三人，分別名為默、黙、點。朱默、朱黙早卒，
朱點特奏名出身，為迪功郎，建寧縣主簿。建炎 4 年（1130）
媽祖尚未受朝廷誥封時，朱默兄弟即因於高宗南渡時出神兵
助順受封為「威靈嘉祐侯」，紹興初又以救吳山火、助收大
奚山寇，加封「福順彰烈侯」受鄉民崇拜。而媽祖直至紹興
26 年（1156）始因高宗舉行郊天典禮援例受封為崇福夫人，
仍為初封，其爵位較朱默低。但朱默生於西元 1065 年，媽
祖則生於西元 960 年，論輩分本比媽祖低，其生前復即為媽
祖揚靈宣威，其神格自應次於媽祖。媽祖卑，故降之，並以
泰伯與季歷喻之，尚謂合理。

李富藉重建順濟廟，調整媽祖位居中，以尊主明王及朱默居旁，不動聲色轉的讓聖墩廟符合祀典，既保存地方信仰，也讓媽祖信仰有再發展的機會。

朱默兄弟原血食於天妃廟，但宋末理學大興，特別重視忠孝名節，以男女合祀為乖禮，後世朱默兄弟轉為媽祖收伏的妖怪形態位列媽祖水闕仙班中，尊主明王似以龍王形態存在。

五、李清淑重建聖墩祖廟

媽祖信仰由白塘李氏奠定基礎，但因後來宰相陳俊卿於莆田白湖另建順濟廟，白湖遂取代聖墩祖廟成為媽祖信仰中心；但聖墩祖廟依然興旺，入元以後白塘李氏仍虔誠奉祀媽祖。元朝大德己亥（1299）白塘李清淑也發起重建聖墩祖廟蕃釐殿，5 年後始竣工。據《白塘李氏宗譜》23 世，〈清淑〉云：

> 一名師吉，字彥奇，行百七，號蔬圃，好賢樂善，執禮施仁，先正四如黃淵公紀其行，嘗興建聖墩順濟祖廟蕃釐殿，記亦黃公所撰也。生宋理宗嘉熙二年（1238）戊戌，卒元仁宗皇慶元年（1312）壬子，壽七十五。

李清淑父名同，為郡大賓，祖名偕，恩蔭桂林府參軍，不就。曾祖名若，為慶元二年（1196）慶恩特奏名進士，為李富三子廷耀長子，清淑本人未曾出仕，可知李富家族持續經營順

濟祖廟的情形。李清淑重建順濟廟，黃四如為撰〈聖墩順濟祖廟新建蕃釐殿記〉，載其事云：

> 妃號累封，前此有年矣。宇宙趨新。真人啟運。祀秩百禮，命申一再。護國者功，庇民者德；明著則神之，誠不可掩也。盛矣哉！聖墩廟幾三百年，歲月老，正殿陋；李君（清叔）承先志，敬神揄龜筮；卿士庶士民協從，繇寢及殿，易而新之。鳩工於大德己亥，祭落於癸卯臘月。五六年間始克就。難矣哉！[43]

為何建蕃釐殿？〈聖墩順濟祖廟新建蕃釐殿記〉謂：

> 廟前曰殿，半以後曰寢；乙殿居甲丙間。……殿曷名蕃釐？地示稱媼，釐者福也，百順故蕃。

黃四如僅說明殿取名「蕃釐」是取其字寓百順、降福的吉祥意義。又謂：

> 神之報乎人，猶親之愛其子孫，故是饗是宜，穀我士女，降福而亦穰簡，此殿之所以扁蕃釐，於是大書特書。

蕃釐殿位於正殿與寢殿間的建築，依媽祖祭祀禮俗，媽祖神像平常置於寢殿，祭典時始迎至正殿接受祭饗，聖墩順濟祖廟已有正、寢二殿，但李清叔以「前殿觀瞻未稱」，新建蕃釐殿以供奉祀媽祖，讓廟宇規模更勝於前。

　　此次興建工程費時 5 年，除李家仍居主導外，動員人、物力甚可觀，〈聖墩順濟祖廟新建蕃釐殿記〉謂：

筆則法從，陳公（讜）立則，李令尹（茹）存舊也。
殿之木焉須？妃陰驅民之精爽不貳者，曰山之西有木
鉅甚。工師求之，果如神言，盡售其材以歸。殿之費
焉出？四方之善信樂施也。殿之役誰助？教役屬功，
則鄉之寓士耆宿；奔走疏附則里之千夫百夫長也。雖
人也，亦神使之也。始者乘槎而宴娛於斯，今茲指木
而輪奐於斯。吁，異矣哉！

其中所提「陳公（讜）立則，李令尹（茹）存舊」可看出在
南宋後期聖墩廟有過重修，當時陳讜所立法則皆被沿用。據
《僊遊縣志》人物志，陳讜（1134-1216），字正仲，豐之
子，隆興元年（1163）登進士第，主甌寧簿，調泉州教授，
累遷右司郎中、殿中侍御史。有所論擊，直指其事不傍及私，
以忤逆時相陳自強，徙太常少卿兼侍講，復遷起居舍人。自
請引退。半年後，起為江西提刑，召為太常卿，尋除兵部侍
郎。致書韓侂胄陳用兵利害，韓不聽，兵敗。後除敷文閣待
制，提舉江西太平興國宮。嘉定初年（1208）致仕，後封清
源郡侯。享年 82 歲，贈通議大夫。歸鄉後，兄弟致力倡建
安利、金鳳、石馬等橋，為民造福。[44] 聖墩祖廟可能在 1208
年至 1216 年間重建。至於令尹李茹，則以《莆田縣志》職
官志缺漏，不知其詳細仕履。

　　大德年間的重建工程，莆田士紳、官員也多出面協助，
而故莆田之千夫長、百夫長也參與營建工事。因李、黃二家
為通家世好，故黃四如對媽祖別有認識，為後人留下時人敬
信媽祖的線索：

> 他所謂神者，以死生禍福驚動人。唯妃生人福人，未
> 嘗以死與禍恐之。故人人事妃，愛敬如母，中心鄉之，
> 然後於廟饗之。

因為媽祖生人福人，不曾以死與禍恐人，所以人人愛敬如
母。當時莆田已有眾多媽祖廟，可能也發生誰先誰後的爭
議，故黃四如同時告誡時人：「廟言貌也，其求諸神於彼
乎，於此乎？」廟與神只是一個象徵，不必庸人自擾的去
分彼此。

六、聖墩祖廟的廢毀

　　聖墩祖廟自元朝大德年間（1299－1303）改建後即未再
見於史書記載，元文宗天曆 2 年（1329）8 月遣官祭各地天
妃廟，聖墩廟亦未見其列，《白塘李氏宗譜》也再無後人重
修記錄，聖墩廟似乎突然從歷史上消失。

　　莊景輝、林祖良〈聖墩順濟祖廟考〉提出聖墩祖廟可能
毀於元末的亦思法杭之亂，[45] 但《莆田縣志》祥異志並未提
及其事，似莆田所受影響不大，聖墩祖廟被毀的可能性甚
小，而《白塘李氏宗譜》留下些許線索更可能與聖墩祖廟被
毀有關。其一為明洪武年間，李家已在白塘祖居地東墩建立
佑聖堂奉祀玄天上帝。《白塘李氏宗譜》，源部，白塘長房
27 世，〈龍〉云：

> 有度公長子，字德中，行億二，明洪武二十四年（1391）
> 辛未，以才德兼優，徵授湖廣永州府祁陽縣令，卒於

官。……創建東墩佑聖堂，堂內崇祀玄天上帝寶像，
即公在任所塑也。

玄天上帝為道教神，李龍建佑聖堂的舉措，對歷代奉祀白衣
大士及媽祖的白塘李氏而言，可謂非常突兀，應有某些因素
讓李龍不得不如此做。李龍曾於洪武朝任官，推測其建廟原
因似為體察到當時政府對宗教的態度有關。因明太祖在建國
過程中即援引道士為助，建國後道士集團氣勢如日中天，李
龍身處政治圈，當能瞭解時勢，故創建佑聖堂。

其次，族譜，忠部，〈李氏重修東墩祠記〉更提及永樂
年間（1403～1424），李家家中寶物被朝廷所派段姓宦官掠
奪及發生火災，家中舊物焚燬一空的變故，云：

> 東墩祠堂者，吾祖寓軒公故居也。公當宋真宗時自泉
> 南安徙游洋，尋又定居於此……。獨唐、宋制勅、前
> 代寶傳，至永樂間為中官段姓者奪而之北；無何，
> 僉判故第罹於鬱攸，則吾家舊物煨燼無遺矣！……
> 嘉靖十六年（1537）歲次丁酉十一月望日。十八世
> 孫廷梧撰。

以白塘李氏在莆田的聲望及影響力，北京的宦官應不會無故
對李家出手，掠奪李家世傳寶物。按明成祖靖難之役後，惠
帝失蹤，偵騎四出以尋訪之，鄭和下西洋時即含有尋找惠帝
的任務。《天妃顯聖錄》〈歷朝褒封致祭詔誥〉載：

> 成祖永樂七年（1409），欽差太監鄭和往西洋，水途
> 適遇狂飈，禱神求庇遂得全安歸。奏上，奉旨差官致

祭，賞其族孫寶鈔各五百貫。

本年又差內官張悅、賀慶送勃泥國王回，舟中危急，禱神無恙。歸奏。奉旨差官致祭。

本年又差內官尹璋往榜葛剌國公幹，水道多虞，祝禱各有顯應，回朝具奏。聖上以神功浩大，重禋國家，遣太監鄭和，太常寺卿朱焯馳傳詣湄山致祭，加封：護國庇民妙靈昭應弘仁普濟天妃。

湄洲雖為媽祖誕生地，但宋代湄洲居民少，媽祖僅為林家家祠中之一成員，故文獻未曾有湄洲廟之記載，可能元朝時始單獨成廟。至明朝永樂年間，湄洲廟則因鄭和下西洋，朝廷屢次遣官致祭而聲名大振。永樂 7 年朝廷賞媽祖族孫寶鈔各五百貫，太監鄭和，太常寺卿朱焯馳傳詣湄洲致祭。明朝政府既欲賜寶鈔給媽祖族孫，當然要找出媽祖族人，所以會有宦官至莆田地區查訪。而聖墩祖廟的管理群為白塘李氏家族，白湖廟則為陳俊卿家族，皆非林氏族孫，當非頒賜對象，而湄洲上林則為林氏族居地（洪武年間遷界移居賢良港），故賢良港林氏應於其時被視為媽祖族孫受賞並修林氏宗祠，而致祭之廟則以湄洲廟為主。其後永樂 13 年、15 年、16 年也都曾遣官赴湄致祭，奠定湄洲廟不斷興旺的基礎。

　　太監為明媽祖族孫何在，同時也會至各主要媽祖廟查看，而聖墩祖廟為海舶之司命，海商所獻奇珍必多，白塘李家也是富甲一方，或因懷璧之罪而遭致段姓宦官掠奪北去。另《天妃顯聖錄》〈歷朝褒封致祭詔誥〉載永樂 15 年（1417）欽差太監王貴通、莫信、周福率領千戶彭祐、百戶韓翊致祭

時，尚有道士同來，修設開洋清醮。道、佛兩教自唐朝以後即爭辯連連，聖墩祖廟的佛教色彩當然也是道教無法認同，崇信道教的宦官既已搶了白塘李氏珍寶，對聖墩祖廟當然也不會放過，甚至一把火燒掉。而李氏也不願干犯法令，不再重建聖墩祖廟，讓其從歷史消失。

七、結語

　　媽祖於宋太宗雍熙 4 年（927）去逝，其信仰並未立即開展，直至宋哲宗元祐元年（1086）李氏家族的李洐及其夫人黃氏始為媽祖創建首座廟宇聖墩祖廟，李振於宣和 5 年（1123）向朝廷請得「順濟」廟額，讓媽祖信仰由私信仰轉為公信仰，接著李富在紹興 19 年重建聖墩祖廟，並將媽祖由陪祀神提升為主神，元朝大德年間李清淑又擴建聖墩祖廟，李氏對媽祖信仰的建立居功厥偉。

　　聖墩雖為媽祖奮興之地，李氏後裔仍為當地望族，但聖墩祖廟在元末明初突然消失，明朝以後文獻、方志也未見其記載，其消失原因耐人尋味。而《白塘李氏宗譜》透露李氏在洪武年間建佑聖堂奉祀玄天上帝，而李家家傳寶物則在永樂年間遭段姓宦官奪而北去，家宅被焚，推測聖墩祖廟亦毀於其時，李氏家族也不願干犯忌諱重建廟宇，任其從歷史消失。

註釋

1　僧照乘輯《天妃顯聖錄》〈天妃降誕本傳〉。
2　《白塘李氏宗譜》，忠部，附錄〈枯槎顯聖記〉，1992，李氏重抄本。
3　梁克家《三山志》卷第 33〈寺觀類〉一，僧寺，聖蹟院。
4　宮兆麟《莆田縣志》卷 27，人物志，鄉行傳，〈李富〉。
5　同註 2，〈殿前統制司幹辦李公墓誌銘〉。
6　同註 2，源部，十四世，〈祖慧〉。
7　同註 2，源部，十七世，〈泮〉。
8　同註 2，忠部，〈書承信府君墓誌銘〉。
9　同註 4，卷 4，建置志，寺觀，〈報恩光孝寺〉。
10　同註 1。
11　黃四如，《黃四如集》卷一，〈聖墩順濟祖廟新建蕃釐殿記〉。
12　《僧伽和尚欲入涅槃說六度經》，大正新脩《大藏經》。
13　同註 2，廖鵬飛，〈聖墩祖廟重建順濟廟記〉。
14　《宋史》，本紀第 20，徽宗 2。
15　同註 14，本紀第 22，徽宗 4。
16　趙彥衛《雲麓漫抄》，卷 14，欽定四庫全書。
17　同註 11。
18　同註 2，源部，〈十八世〉〈振〉。
19　同註 13。
20　丁伯桂〈順濟聖妃廟記〉，《咸淳臨安志》卷 73，外郡行祠，〈順濟聖妃廟〉。
21　同註 3，卷 8，〈昭利廟〉。
22　徐兢《宣和奉使高麗圖經》，卷 34，梅岑。
23　同註 5。
24　同註 13。
25　同註 5。
26　《閩書》卷 23，方域志，興化府莆田縣，山，囊山。
27　同註 26，興化府莆田縣，山，石室山。
28　同註 4，卷 32，人物志，〈沙門文矩〉。
29　同註 28，卷 4，建置志，寺觀，北洋，國懽院。

30 同註 28，北洋，囊山慈壽寺。

31 同註 27。

32 同註 26，卷 24，方域志，興化府莆田縣，山，鷄足峰。

33 同註 2。

34 同註 5。

35 同註 13。

36 同註 2，忠部，〈重興浮嶼天后宮序〉。

37 林尹主編《中文大辭典》〈明王〉。民國 68 年，臺北，華岡出版有限公司。

38 同註 4，卷 4，建置志。

39 李丑父〈靈惠妃廟記〉，《至順鎮江志》卷 8，神廟，丹徒縣。

40 同註 4，卷 4，建置志，寺觀，〈顯濟廟〉。

41 莆田琳井《朱氏族譜》總譜，朱家藏原件。

42 同註 41，嘉祐房。

43 同註 11。

44 《僊遊縣志》卷 33，人物志 1，名臣，陳讜。

45 元末天下漸亂，至正 17 年（1357），亦思法杭人賽甫丁與阿米裏丁割據泉州，至正 26 年（1366）被福建行省參政陳友定平定，次年明太祖建國。

第九章　明清時期臺灣地區的媽祖祠祀

一、前言

　　臺灣四面環海，漢人移殖過程中均須面對海洋的挑戰，
故早期移民會信仰海神玄天上帝或媽祖。媽祖信仰在在明朝
萬曆年間（1573～1619）即已傳入澎湖，康熙 19 年（1680）
因清軍運用媽祖信仰影響力逼鄭經勢力退出福建，清廷首次
誥封媽祖，至康熙 22 年（1683）施琅攻臺，更大肆宣揚媽
祖助戰鼓舞士氣，終於澎湖之戰後迫使鄭克塽降清，清廷因
於次年誥封媽祖為天后。因媽祖庇佑清軍開疆闢土及冊封琉
球使節，清廷乃於雍正 8 年（1730）將其列為政府祀典，通
令沿江、沿海各省建廟，官員春秋致祭。

　　清代臺灣媽祖信仰得以蓬勃發展，與歷次軍事活動有
關，如康熙 60 年（1721）的朱一貴事件，乾隆 52 年（1787）
的林爽文事件，嘉慶年間（1800～1810）的蔡牽事件，清軍
出兵皆會散播媽祖助軍之說，事後也會予以致祭、賜匾，媽
祖信仰因而快速發展，成為民間最重要的祀神。

　　臺灣地區奉祀媽祖之廟宇，民國 7 年臺灣總督府統計有
320 所，民國 48 年臺灣省政府統計有 382 所，民國 91 年內
政部統計則有 802 所，[1] 如加上不符寺廟登記規則未向政府
登記之神壇，有千座之多，可見媽祖信仰在臺灣地區仍快速

增長中，為存續性的宗教團體。本文以明清二朝為斷代，而不及於日據以後，乃因媽祖信仰於其時已臻成熟、定型，且數量太多，無法一一加以敘及。至於日據時期以後的媽祖信仰狀況則另以個案：〈臺南大天后宮與北港朝天宮的分合〉、〈日據時期的北港朝天宮〉、〈大甲媽祖進香〉為題另文發表。

二、明鄭時代

明朝末年媽祖信仰即傳入澎湖，明天啟年間（1621～1627），董應舉致南居益書，即提及澎湖有天妃宮，云：

> 澎湖，港形如葫蘆，上有天妃宮，此沈將軍有容折韋麻郎處也。[2]

韋麻郎為荷蘭東印度公司督辦，其入侵澎湖為明朝萬曆 32年（1604）事，今澎湖馬公天后宮尚存有「都司沈有容諭退紅毛番韋麻郎等」石碑，即至遲在萬曆年間，馬公即有天妃宮存在，為臺灣地區最早的媽祖信仰。

天啟 2 年（1622），荷蘭人再度入侵澎湖，名為求與中國互市，卻大肆焚掠，致洋販不通，海運梗塞，漳、泉諸郡坐困。天啟 3 年（1623），福建巡撫南居益親督副將俞咨皋專任剿夷之責。11 月，焚荷人巨艦一艘，生擒其艦長高文律等 52 名。[3]天啟 4 年（1624）5 月，俞咨皋協同參將劉應寵率舟師圍攻澎湖娘媽宮，凡八閱月，荷人食盡計窮，乃乞降，拆城，遁踞臺灣。[4]澎湖娘媽宮似毀於其時，至清朝領有臺

灣後始由水師重建之，至民國 8 年（1919），澎湖重建天后宮，「都司沈有容諭退紅毛番韋麻郎等」石碑始重見天日。

明永曆 15 年（辛丑，清順治 18 年，1661）鄭成功江南敗師後，取臺灣為反清復明根據地。次年，成功薨，長子經嗣立，致力臺灣之開發建設，傳至其孫克塽止，前後共 23 年。高拱乾《臺灣府志》謂其「興市廛、構廟宇，招納流民，漸近中國風土。」[5]可知古人視廟宇為代表中國風味之一要素，而明鄭時代臺灣官方已建有甚多廟宇。

有關明鄭時代臺灣之文獻，多已被清人銷毀，當時臺灣各種祠祀之情形，僅能由清初所編方志窺之。康熙 25 年（1686）福建巡撫金鋐修《福建通志》，臺灣府之下共錄有天妃宮三座。臺灣府、鳳山縣、澎湖各一所。臺灣府〈天妃宮〉條云：

> 在府治鎮北坊，赤崁城南。康熙二十三年臺灣底定，靖海侯施琅以神有效順功倡建。[6]

鳳山縣天妃宮條云：

> 在縣治安平鎮渡口。

澎湖天妃宮條云：

> 在東、西衛澳，澳前有案山。其澳安瀾，可舶百餘艇。

其中臺灣府鎮北坊之廟，明言係施琅倡建。（圖 9-1）另二座廟未書創建年代，尚無法判斷是否明鄭時代所建廟宇。其後，康熙 34 年（1695）高拱乾，康熙 49 年（1710）周元文

所修兩部《臺灣府志》，於同廟宇之下，亦未提及創建年代。康熙 59 年（1720）陳文達等人所修之《臺灣縣志》，始對臺灣府、縣各廟宇有詳細記載。書中繫年，分為四類，對荷據時期所建廟宇，繫以「紅毛時建」四字，[7] 對明鄭時代所建廟宇，皆書「偽時建」三字。

圖 9-1 施琅像

清領臺灣以後所建廟宇，則直書「康熙某年建」，對介於康熙 22 年 8 月至康熙 23 年 4 月，即自鄭克塽降清至清廷正式設立臺灣府之 8 個月間所建廟宇，則繫以「開闢後建」

四字。《臺灣縣志》有關媽祖廟之記載共有4條，西定坊大
媽祖廟條云：

> 即寧靖王故居也。康熙二十三年，靖海將軍侯施琅捐
> 俸改建為廟，祀媽祖焉。[8]

下注云：

> 媽祖，莆田人，宋巡檢林愿女也。居與湄洲相對。幼
> 時談休咎，多中。長能坐席亂流以濟人，群稱為神女。
> 厥後，常衣朱衣，飛翻海上。里人因就湄建祠祀之，
> 雨暘禱應。國朝改封為天后，各澳港俱有廟祀。

此大媽祖廟位於赤崁樓南方，為施琅捐俸改建，實即為康熙
25年《福建通志》所載臺灣府之天妃宮。

西定坊小媽祖廟條云：

> 開闢後，鄉人仝建。在水仔尾。

在鹿耳門媽祖廟條云：

> 康熙五十八年各官捐俸仝建。前殿祀媽祖，後殿祀觀
> 音，各覆以亭。兩旁建僧舍六間，僧人居之，以奉香
> 火。董其事者，經歷王士勤也。

在澎湖媽祖廟條云：

> 澎各澳海口俱有廟祀，繁不備載。康熙二十二年癸
> 亥，靖海將軍侯施琅奉命徂征，大戰澎湖。既克，登

岸。見妃像臉汗未乾，衣袍俱濕，迺知神功之默相也。事聞，上遣禮部郎中雅虎致祭。其文曰：「國家茂膺景命，懷柔百神，祀典具陳，罔不祗肅。若乃天庥滋至，地紀為之效靈，國威用張，海若於焉助順。屬三軍之奏凱，當重譯之安瀾，神所憑依，禮宜昭報。維神鍾靈海表，綏奠閩疆；昔藉明威，克襄偉績，業隆顯號，禋享有加。比者慮窮島之未平，命大師以致討。時方憂旱，神實降祥，泉源驟湧，因之軍聲雷動，直擣荒陬，艦陣風行，竟趨巨險。靈旗下颭，助成破竹之功；陰甲排空，遂壯橫戈之勢。至於中山殊域，冊使遙臨，伏波不興，片帆飛渡，凡茲冥祐，豈曰人謀？用是遣官，敬脩祀事，溪毛可薦，黍稷維馨。神其祐我邦家，永著朝宗之戴，眷茲億兆，益弘利濟之功。」

上述 4 條記載，第 1 至第 3 條，皆書有建廟年代，僅第 4 條澎湖媽祖廟之記述，十分含糊，彷若在施琅入澎湖前，當地已有媽祖廟一般。但經進一步研究施琅攻臺前後史實，即可知此係陳文達誤將莆田平海衛天妃宮之事，記於澎湖天妃宮項下。事實上，明鄭時代之澎湖無天妃宮存在。

　　按施琅一生事蹟，與媽祖崇祀有密切關係。此等事實，俱見於其所著《靖海紀》一書中。該書錄有康熙 21 年 11 月撰〈師泉井記〉一篇，敘述莆田平海衛天妃宮天妃顯靈濟師事，云：

　　　　今上康熙御極之二十一載，壬戌孟冬，予以奉命統帥舟師祖征臺灣，貔虎之校，犀甲之士，簡閱而從者三

萬有餘。眾駐集平海之澳，俟長風、破巨浪，以靖掃
鮫窟。爰際天時陽亢，泉流殫竭，軍中取汲之道，遼
遙難致。而平澳故遷徙之壤，今在海陬，昔之井廛盡
成堙廢。始得一井於天妃行宮之前，距海不盈數十
武，漬鹵浸潤，厥味鹹苦，其始未達深源，其流亦復
易罄。詢諸土人，咸稱是井曩僅可供百家之需，至隆
冬澤衍水涸，用益不贍。允若，茲是三軍之士所藉以
朝饗夕飧者果奚恃歟？予乃殫抒誠愫，祈籲神聰。拜
禱之餘，不崇朝而泉流斯溢，味轉甘和，綆汲挹取之
聲盛夜靡間，歕湧滋溉，略不顯其虧盈之迹。凡三萬
之眾，咸資飲沃，而無呼癸之慮焉。自非靈光幽贊，
佐佑戎師，殲殄妖氛，翼衛王室，未有弘闡嘉祥，湛
澤汪濊，若斯之渥者也。因鐫石紀異，名曰師泉，昭
神貺也。[9]

此段文字，為臺灣縣志所引禮部郎中雅虎祭文中之湧泉濟師
之來源。《靖海紀》尚錄有康熙 23 年，施琅題〈為神靈顯
助破逆，請乞皇恩崇加封事〉一文，文中除提及施琅於平海
澳天妃宮立石之事外，並敘及澎湖之戰天妃顯靈護佑事，云：

康熙二十二年六月十六、二十二等日，臣在澎湖破
敵，將士咸謂，恍見天妃如在其上，如在其左右。而
平海之人，但見天妃神像是日衣袍透濕，與左右二神
將兩手起泡。觀者如市，知為天妃助戰致然也。又先
於六月十八夜，臣標署左營千總劉春，夢天妃告之
曰：「二十一日必得澎湖，七月可得臺灣。」果於二

十二日澎湖克捷，七月初旬內，臺灣遂傾島投誠，其
應如響。且澎湖八罩、虎井，大海之中，井泉甚少，
供水有限，自臣統師到彼，每於潮退，就海次坡中扒
開尺許，俱有淡水可餐，從未嘗有。及臣進師臺灣，
彼地之淡水遂無矣。[10]

根據此段引文，《臺灣縣志》誤用莆田平海衛天妃宮之天妃
顯靈事蹟十分明顯。此外，明鄭時代臺灣無媽祖廟之事，亦
可由施琅攻臺前後行為顯示出。施琅《靖海紀》，提及祭祀
媽祖之處頗多，但無一處見及臺灣媽祖廟者。《靖海紀》載
有施琅攻臺前後相關祭文 7 篇，清軍入臺前 3 篇，分別為：

1、康熙 21 年 11 月 16 日，於廈門出師〈祭江祝文〉。
2、康熙 22 年 7 月攻克澎湖〈致祭后土文〉。
3、康熙 22 年 7 月攻克澎湖〈祭澎湖陣亡將士文〉。

佔領臺灣後四篇，分別為：

1、康熙 22 年 8 月〈祭鹿耳門水神文〉。
2、康熙 22 年 9 月 3 日〈祭臺灣山川后土文〉。
3、康熙 22 年 11 月 25 日班師過澎湖〈祭陣亡官兵文〉。
4、康熙 23 年 7 月 15 日〈中元祭陣亡官兵文〉。

全無於臺、澎地區祭天妃之文。因施琅率領攻臺之水師
成員，原係明鄭將士由莆田人朱天貴率領降清者；另率領陸
師支援之吳英雖原籍泉州，但康熙令其入籍莆田。易言之，
施琅率領的軍隊是一支信奉媽祖的軍隊，若當時臺灣已有媽
祖廟宇存在，或媽祖為明鄭君民主要祠祀，施琅於入澎湖、
臺灣後不會不親往致祭叩答神恩，而待康熙 23 年 4 月清廷

決將臺灣納入版後，始將寧靖王邸改為天妃宮，並於康熙
23 年 8 月奏請朝廷封誥媽祖、致祭矣。

鄭成功是藉海上武力崛起，統轄龐大海上舟師，並以海
上貿易維繫經濟命脈，不祀海神媽祖似不可思議。經檢索清
代臺灣相關府縣志，始發現鄭成功也崇拜水神，唯其崇祀之
水神是自漢代即被視為水神的北極玄天上帝。（圖 9-2）王
必昌《臺灣縣志》謂：

> 邑之形勝，有安平鎮、七鯤身為天關，鹿耳門、北線
> 尾為地軸，酷肖龜蛇，鄭氏踞臺因多建真武廟以為此
> 邦之鎮。[12]

康熙 25 年金鈜修之《福建通志》即載有玄天上帝廟，云：

> 上帝廟在府治東安坊，偽時建，以祀北極大帝。[12]

圖 9-2　台灣漁船奉祀之玄天上帝

可見明鄭時代臺灣確有玄天上帝廟存在。其後高拱乾、周元文所修兩部臺灣府志，亦有上帝廟之記載，但兩書將「偽時建」三字去掉，令讀者不明其源起。至康熙 59 年陳文達始詳實記錄明鄭時代普建上帝廟的事實。《臺灣縣志》卷 9 雜記志，寺廟，所錄上帝廟甚多，其分布情形如下：

1、東安坊，大上帝廟：

　　偽時建。康熙二十四年知府蔣毓英捐俸重脩。四十八年里民重建。高聳甲於他廟。

2、鎮北坊，小上帝廟：

　　偽時建。總鎮張玉麟調臺，中流震風，夢神散髮跣足降于檣，波恬浪靜抵岸，因重新廟焉。其後為郡侯蔣公毓英祠，時江西觀察使命下，士民不忍其去，故立祠祀之。

3、永康里，上帝廟：

　　一在洲仔網寮，偽時鄉人全建。

　　一在下洲仔甲，鄉人鳩建。

4、廣儲東里，上帝廟：偽時建。

5、在歸仁南里，上帝廟：四十六年，鄉人全建。

6、在保大東里，上帝廟條：五十五年，鄉人全建。

7、在仁德里，上帝廟條：在崁頂，三十九年鄉人全建。

8、在仁和里，上帝廟條：在下灣，偽時建。

9、崇德里，上帝廟條：偽時建。

10、在大目降庄，上帝廟條：偽時建。

11、澎湖，上帝廟：在媽祖廟之東。康熙二十九年，澎湖左營守備趙廣建。五十六年左營遊擊陳國璸重脩。

　　所記上帝廟共 12 所，其中 7 所為明鄭時代所建。其數目不論在明鄭時代或清初，皆比關帝、吳真人、王爺、媽祖等廟宇數多，可知從明季至康熙末年間，玄天上帝為臺灣最主要之信仰。

　　乾隆 17 年（1752）王必昌所修之《臺灣縣志》始將玄天上帝之重要性透露出。卷6 祠宇，廟，真武廟條云：「在東安坊，祀北極佑聖真君。」，下注云：

> 宋真宗避諱，改為真武。靖康初，加號佑聖助順靈應真君。明御製碑謂：太祖平定天下，陰佑為多。建廟南京，以三月三日、九月九日，用素饈，遣太常官致祭。及太宗靖難，以神有顯相功，永樂十三年於京城艮隅並武當山重建廟宇，兩京歲時、朔、望，各遣祭。而武當山又專官督祀事。憲宗嘗範金為像。正德二年，改京城真武廟為靈明顯佑宮。國朝順治八年題准，每年恭逢萬壽聖節，遣官致祭。康熙二十二年覆准遣祭雞公山真武之神，仍令該地方官春秋二祭。
>
> 按真君乃元武七宿，故作龜蛇於其下，龜蛇者，元武象也。而圖志云：真武為淨樂王太子，修煉武當山，功成飛昇。奉上帝命鎮北方，披髮跣足，建皂纛元旗。此道家傅會之說。後人據神異傳，謂真君仗劍，追天關地軸之妖，冠履俱喪，伏而收之。
>
> 天關，龜也；地軸，蛇也。邑之形勝，有安平、七鯤身為天關；鹿耳門、北線尾為地軸，酷肖龜蛇。鄭氏踞臺，因多建真武廟，以為此邦之鎮云。明鄭時建。

媽祖信仰研究

下注：

寧靖王書匾曰「威靈赫奕」。康熙二十四年知府蔣毓
英重修，四十八年里眾重建。地址高聳，規制巍峨。
雍正八年，知縣唐孝本勘斷廟左車路曠地一所起蓋店
屋，年納地稅銀四兩。另前後左右屋共二十間，各納
地稅，以供香燈。

王必昌固以「安平、七鯤身為天關，鹿耳門、北線尾為地軸，
酷肖龜蛇，鄭氏踞臺，因多建真武廟，以為此邦之鎮云。」
來解釋明鄭時代臺灣廣建玄天上帝廟的原因，但其注文，卻
充分表露玄天上帝與明朝政府間之密切關係，甚至可說明朝
皇室視玄天上帝為其政權之守護神。如從此一角度加以思
索，鄭成功祖孫三代在臺灣廣建真武廟，其意義應不僅止於
迷信風水，當更進一步與奉明朝正朔等量齊觀才是。

　　玄天上帝除為明朝守護神、可藉為鎮住臺灣天關、地軸
之妖外，在閩南傳統民間信仰上，亦為人民航海之守護神。
閩南地方志，於此頗多記載。

　　萬曆 40 年（1612）《泉州府志》，晉江縣石頭山條有
如下記載：

在萬歲山之左，山之盡處有三石傑出，故名。上有真
武殿，舊為郡守望祭海神之所。下為石頭街，民居鱗
集，舊有千餘家。[14]

乾隆 30 年（1765）《晉江縣志》更提及其創建年代云：

> 玄武廟，在城東南石頭山上，廟枕山海，人煙輳集其
> 下。宋時建，為宋時望祭海神之所。[15]

按晉江縣為泉州府所在地，宋代於此設有市舶司，專營對
東、西洋貿易之口岸。至宋末，泉州市舶司之稅收，占政府
歲入之比率甚大，故政府十分重視海外貿易，郡守每年均特
為望祭海神。而玄天上帝所代表玄武七宿斗、牛、女、虛、
危、室、壁即為《史記》天官書所稱之北宮玄武，為天文上
辨別方位之指標，其位置並不因季節變化而轉移，故早在漢
代，即被視為水神。《漢書》王梁傳云：「赤伏符曰：王梁
主衛，作玄武。……玄武，水神之名。」其下注云：「玄武，
龜蛇合體。」[16] 漢代人視玄武為方位之神或水神之觀念，一
代代被傳下來，在泉州府屬各縣，對玄天上帝之信仰普遍存
在。康熙 11 年（1672）《南安縣志》云：「鳳山宮，在三
十六都大盈舖東北，以奉真武。」[17] 同書，〈重建金雞橋記〉
云：

> 余乃禱神，揆日庀具鳩工。果有神明相余。營度之日，
> 石墩在中流者，深不可測，眾懼難措趾。一夕而水漲
> 沙平，塑觀音、玄武像于中，答神貺也。[18]

南安縣為鄭成功之故鄉，而南安人素有信奉玄天上帝之習
慣，由此記錄即可明見。同安縣方面，亦有祀玄天上帝之習
慣。嘉慶 3 年（1798）本《同安縣志》卷 10，壇廟云：

上帝廟，在草仔埏，祀元武帝，稱曰水長上帝。人祈
禱者，于潮生時即應，退則否，故稱靈異。延福堂，
在從順里瑤江村，距城南七里許。明，里人戶部郎
中林挺倡建。崇祀真武，時顯靈異，庇佑居民。相
傳海中舟楫顛危時，向北呼之，則有光如炬，船藉
以安。[19]

此為同安地方百姓奉玄天上帝為海神之記錄。

　　明瞭玄天上帝在明代朝廷及閩南地方百姓信仰上之地
位以後，始能解釋鄭成功祖孫三代在臺灣廣建真武廟之道
理。從精神上言之，玄天上帝為明朝最重要祀典，祀之恰可
與奉永曆為正朔相表裡。從實質上言之，玄天上帝自宋代以
降皆為閩南百姓崇祀之航海守護神。鄭成功既以水師抗清，
子弟多為閩南籍，奉玄天上帝可予這些子弟兵精神上之鼓舞
與安慰。加以鄭成功本人心理對北極星有特殊偏好，[20] 在其
主政之時，媽祖信仰勢必無法與玄天上帝抗衡，東都居民之
欲祀媽祖者，只得於私宅奉祀矣！

三、清代

（一）清軍攻臺與媽祖信仰的傳入

　　因鄭成功家族以玄天上帝為海上守護神，忽略在閩粵兩
省信徒頗多之媽祖信仰，此一疏漏，遂為清軍所乘，利用民
眾信仰媽祖之心理，對明鄭官民發動心戰攻勢。而此一謀略
運用，是由清水師提督萬正色開其端，施琅總其成。

《清聖祖康熙皇帝實錄》卷 91，康熙 19 年（1680）6
月癸亥條云：

> 遣官齎勅往福建，封天妃為護國庇民、妙靈昭應、弘
> 仁普濟天妃。[21]

《天妃顯聖錄》，〈歷朝顯聖襃封共二十四命〉，亦云：

> 皇清康熙十九年，將軍萬正色以征剿廈門得神陰助取
> 捷，並使遠遁，具本奏上，勅封：護國庇民妙靈昭應
> 弘仁普濟天妃。[22]

《天妃顯聖錄》，〈清朝助順加封〉有較詳細之記載，云：

> 康熙十九年庚申，二月十九日，舟師征剿，駐崇武，
> 與敵對壘。夜夢天妃告之曰：「吾佐一航北汎，上風
> 取捷，隨使其遠遁。」次日，果得北風驟起，敵遂披
> 靡，大敗而退。至二十六日舍廈門入臺灣，內地海宇
> 自是清寧。萬將軍大感神助，立即具本奏神保佑之
> 力。聖上甚慰陰功，欽賜御香、御帛，差官齎詔到湄
> 廟加封致祭。[23]

萬正色之奏摺未見載錄，故媽祖如何庇佐清軍，不得而知
之，而觀清廷誥文，媽祖之顯佑，對清廷海軍士氣有莫大鼓
舞作用。《天妃顯聖錄》載清廷之誥文云：

> 維神鍾奇海徼，綏奠閩疆，有宋以來，累昭靈異。頃
> 者，島氛不靖，天討用張。粵自禍牙，以逮奏凱，歷

波濤之重險，如枕席以過師，潮汐無虞，師徒競奮，
風飆忽轉，士氣倍增，殲鯨鯢於崇朝，成貔貅之三捷，
神威有赫，顯號宜加。特封爾為護國庇民妙靈昭應弘
仁普濟天妃。載諸祀典，神其佑我兆民，永著安瀾之
績，眷茲景命，益昭重潤之麻。敬遣禮官，往修祀事，
維神鑒之。

按康熙 18 年（1679）底，清廷挾平定三藩軍事之餘威，擬
與荷蘭東印度公司聯軍，徹底摧毀明鄭武力。然時值冬季，
臺灣海峽東北季風盛行，荷人舟師無法由巴達維亞前來會
師。延至次年 2 月，萬正色在福州催造船隻完畢，即遣人於
漳、泉州，知會清將喇哈達、賴塔、姚啟聖、楊捷、吳興祚
等人，分從水、陸進攻明鄭軍各據點。

康熙 19 年（永曆 34 年，1680）正月，清水師提督萬正
色入海壇，清軍大船二艘被明鄭水師左都督朱天貴所部擊
沈，清軍稍怯。2 月，明鄭水師總督林陞與萬正色戰於崇武，
突海風大作，萬正色收泊泉州港，吳興祚則督陸師沿海放
砲。林陞等船無所取水，欲退泊金門遼羅灣。朱天貴等將領
恐因退師而動搖人心，勸其進泊海壇。林陞不聽，下令全部
退泊遼羅灣。

林陞退泊遼羅灣，鄭經於思明接報，疑其師敗北，遂將
陸軍主帥劉國軒及所部，自觀音山調回防守思明。劉國軒師
既撤，明鄭陸路各軍亦隨之動搖。清將喇哈達、賴塔、姚啟
聖、楊捷等乘機統漢、滿騎兵進攻。明將康騰龍首獻泗州，
清軍接著於 2 月 26、27 兩日，分道克陳州、玉州、觀音山

等 19 寨及海澄縣。至此，思明州人心渙散，百姓各攜家眷逃逸，莫能禁遏。鄭經不得已於 27 日率劉國軒及文武各官撤離思明，退歸澎湖。[24]

　　檢討上述康熙 19 年明，清戰役，明鄭軍隊最後雖敗退東都，但在水師戰役方面，並未遭到重挫。而明鄭由小勝轉至敗退之關鍵，則在林陞與萬正色崇武之戰時突發之海風。萬正色並將之歸功為媽祖之顯靈庇佑，奏請清廷誥封、致祭。清廷亦立即頒詔誥，並遣禮部員外郎辛保等，齎香帛赴福建莆田湄洲天妃宮致祭。媽祖助清軍之消息，經此大肆宣揚，對原本信奉媽祖者之意向，卻發生莫大影響。尤其重要者，與媽祖同鄉之水師副總督朱天貴，於明鄭軍隊撤回東都時，卻率所部水師眾二萬人，戰船三百餘艘降清。《清史》朱天貴傳云：

> 朱天貴，福建莆田人，初為鄭經將。康熙十九年，師下海壇，以所部二萬人，舟三百來降。授平陽總兵官。[25]

二萬水師與三百戰艦，約佔明鄭水師三分之一，[26]與康熙 22 年（1683）施琅攻臺之水師人船數目相當。此消彼長，清廷海軍實力因而劇增，明鄭則元氣大損。日後施琅率領朱天貴及其人船攻打澎湖，卒造成明鄭降清之局，其影響之大，可以想見。

　　鄭經率所部撤回東都以後，暫得休息。清廷亦因三藩之役後，創傷未復，無力攻臺。至康熙 21 年（1683）鄭經去世，清廷攻臺態度再趨積極，起用姚啟聖為福建總督，施琅

為水師提督，經營攻臺事宜。姚、施兩人亦學萬正色，運用媽祖信仰為心理戰。施琅為福建晉江縣人，其家族原信奉玄天上帝甚篤。《泉州府志》施濟民（施琅祖父）傳云：

> 施濟民，號玉溪，晉江潯江人。尚義好施，家無餘儲，僅收數斛麥。萬曆間，值年荒，有告匱者，輒取麥分給之，升合不留。妻許氏，同心行善，虔祀北斗。[27]

而施琅亦曾自謂是北斗七星之第 7 顆星，其原非媽祖信仰者甚明。但施琅一發覺可利用媽祖信仰之後，態度即完全改變。當時莆田人在軍者頗眾，除朱天貴及所部二萬水師外，另一莆人吳英，則為陸師提督，協同攻臺。莆人這股勢力，自是施琅所欲極力爭取者。

康熙 21 年冬施琅奉命征臺後，即選莆田縣平海衛為水師基地，並於部隊駐進平海後，立即散佈平海天妃宮媽祖湧泉給師之說及燈光引護其師，《天妃顯聖錄》云：

> 將軍侯施，於康熙二十一年十月舟次平海，因謀進取，於十二月二十六夜開航。一宵一日，僅到烏坵洋，因無風不得行，令駕回平海。未到澳而大風倏起，浪湧滔天，戰艦上下，隨濤浮漾外洋，天水森茫，十無一存之勢。次早風定，差船尋覓。及到湄洲澳中，見人船無恙。且喜且駭，曰：似此風波，安得兩全。答曰：昨夜波浪中，我意為魚腹中物矣，不意昏暗之中，恍見船頭有燈籠，火光晶晶，似人挽厥纜而逕流至此。眾曰：此皆天妃默佑。即棹回，報上。將軍侯因

368

於康熙二十二年正月初四早，率各鎮營將領赴湄致
謝，遍觀廟宇，捐金調各匠估價買料，重興梳粧樓、
朝天閣，以顯靈惠。[28]

次年6月，施琅率師攻澎湖，復於交戰前後，大肆散播媽祖
顯靈托夢、助戰，《天妃顯聖錄》復云：

康熙二十二年六月十六、二十二等日，臣在澎湖破
敵，將士咸謂恍見天妃，如在其上，如在其左右。而
平海之人，俱見天妃神像是日衣袍透濕，與左右二神
將兩手起泡。觀者如市，知為天妃助戰致然也。又先
於六月十八夜，臣標署左營千總劉春，夢天妃告之
曰：二十一日必得澎湖，七月可得臺灣。果於二十
二日澎湖克捷，七月初旬內，臺灣遂傾島投誠，其
應如響。

當主張攻臺的施琅大肆運用媽祖為心理戰之時，主張招撫的
福建總督姚啟聖亦遣官至莆田湄洲天妃宮致祝許願，懇請協
助。《天妃顯聖錄》載其事：

大總督姚，奉命征剿，以海道艱虞，風波險阻，不易
報效，中心懇摯，極力圖維。素信神靈赫濯，禱應如
響，懇祈陰光默佑，協順破逆。於康熙二十一年差官
到湄洲祖廟，就神前致祝許願，俾不負征剿上命，即
重修宮殿，答謝鴻庥，迺於二十二年三月二十三日天
妃蛻旦，特委興化府正堂蘇，到湄廟設醮致祭。隨帶
各匠估置木料，擇吉起蓋鐘鼓二樓及山門一座，宮宇
由是壯觀。

369

當康熙 22 年清軍攻臺之前，臺灣政局業已發生重大變化。先是因鄭經於正月薨逝，由長子克𡒉監國。然侍衛將軍馮錫範發動政變，絞殺克𡒉，擁其婿克塽監國。因克𡒉英明勇毅，頗似成功，且已監國 2 年，處理國政井然有序，為民心所繫。而克塽年僅 12，庶政皆由馮錫範把持，民心不附，早已導致敗亡之局。當明鄭、清軍於澎湖接陣，主帥劉國軒早無鬥志，及明鄭軍隊遭挫，施琅即遣人入說劉國軒，允保題為現任總兵官。劉國軒意定，乃返東都，挾制鄭克塽及文武各官降清。

鄭克塽降清後，姚啟聖親至湄洲天妃宮致祭，並大闢殿宇。《天妃顯聖錄》云：

> 大總督姚，時議征剿，雖不辭責重任大之艱，而踰壑越滄，不無風波飄蕩之慮。一片忠誠孚格，惟恃神靈默相，以故天威一震，寰服人心，於康熙二十二年七月初旬，臺灣果傾心向化，舉島輸誠。總督捧頒恩勅前至臺灣，因少西北正風，又恐逗留詔命，自福省放舟，於八月二十三日親到湄洲詣廟，具疏神前，虔祝順風，願大闢殿宇，以報神功。於是神前拈鬮，准將東邊朝天閣改為正殿，舟尚未開，二十五夜，見舟上放光，深感神明有赫，即捐金付興防廳張同、同知林昇估價置買木料，迺邊朝天閣另為起蓋。

370

姚啟聖並親致祈禱文，《天妃顯聖錄》云：

> 福建總督姚啟聖謹抒愚衷，上請天妃主裁而言曰：四
> 海廣闊，惟神是憑，風濤順逆，亦惟神是主，是神之
> 權大、德尊，適足侔天地而並日月也。今者，荷神有
> 靈，助除六十年猖狂之大寇，竟停五、六月颱颶之大
> 風，除生靈之大害，立朝廷之殊功。啟聖得以安享太
> 平，皆尊神之默佑也。今啟聖親總舟師，遴福寧鎮總
> 兵黃大來，參政道劉仔，捧頒恩勅前至臺灣，因尚少
> 西北正風，是以越廟求神，冀借一帆，早到臺地。啟
> 聖百叩稽首之下，見廟貌尚有未妥，寸心甚為不安，
> 況正殿朝南，而朝天樓、山門各俱西向，亦非宜於神
> 靈之所憑依也。

姚啟聖在清朝攻臺期間，親駐廈門，督饋餉，設修來館，散
金以離間明鄭主臣，使眾叛親離，施琅亦賴以定臺。鄭克塽
降，施琅命親隨直接放舟北上馳奏，平臺功績遂為施琅一人
所奪，論賞更未及姚啟聖。姚啟聖還福州，未幾病卒，[29]其
已許於湄洲天妃宮大闢宮殿事，亦為終止。

　　施琅於康熙 22 年 8 月，偕陸師提督吳英入臺，並由劉
國軒陪同，赴南北各處查看。是冬，清廷冊封琉球使節汪楫、
林麟焻等返閩，以〈聖德與神麻等事〉，具題請朝廷誥封媽
祖。施琅聞知，亦立刻奏上〈為神靈顯助破逆，請乞皇恩崇
加褒封事〉摺子[30]，詳述其攻臺前後媽祖顯靈協助清軍靈蹟
請清廷頒誥敕封、致祭。奏上，康熙批交禮部議奏。禮部題：
遣官獻香帛，讀文致祭。祭文由翰林院撰擬，香帛由太常寺

備辦，臣部派出司官一員前往致祭。康熙 23 年 8 月 24 日，奉旨，依議。欽差禮部郎中雅虎賫香帛至湄洲，詣廟致祭。

　　康熙 23 年 4 月，清廷正式將將臺灣納入版圖，設一府三縣，視為九邊重鎮，置兵萬名防守。施琅首先將鎮北坊赤崁城南之寧靖王宅邸改為天妃宮，[31] 並於澎湖媽宮灣、安平鎮渡口、鳳山縣興隆莊（原明鄭萬年縣治，今高雄市左營區）龜山頂等水師駐紮地分別建置天妃宮為官兵信仰，[32] 並以泉州開元寺臨濟宗第 34 世僧戒法標和尚為臺灣府僧綱司事，駐錫府城天妃宮，管理全臺佛教事務，台灣各官建天妃宮皆由僧侶住持。

　　而臺灣本島最早由民間建立之媽祖廟應為府治鎮北坊水仔尾小媽祖廟，創立於康熙 22 年 8 月至 23 年 4 月間，康熙《臺灣縣志》云：

　　　　小媽祖廟，開闢後鄉人同建，在水仔尾。[33]

嘉慶《臺灣縣志》云：

　　　　天后廟祀，所在多有，……其附廓者，如鎮北坊水仔
　　　　尾，俗呼小媽祖宮，則始初廟祀也。[34]

此廟為今臺南市開基天后宮，為興化府籍居民創建。

　　臺灣設府後，澎湖東、西衛澳間亦建有天妃廟。繼府城、澎湖之後，臺灣南、北主要進出口港：鳳山縣興隆莊左營、旗後及諸羅縣笨港，也於康熙年間建立天妃宮。

鳳山縣天妃宮，康熙《鳳山縣志》云：

> 一在安平鎮渡口。一在興隆莊左營。一在興隆莊龜山
> 之頂，廟雖窄狹，層級而上，盤曲幽折，古木陰森，
> 背山面海，頗稱勝致。[35]

安平鎮渡口天妃宮即今臺南市安南區天后宮。興隆莊即今高
雄市左營區，左營之天妃宮於日據時期昭和 13 年（1938）
因營建軍港被拆。龜山頂天妃宮，乾隆 27 年（1762）時知
縣王瑛曾為重建，昭和 13 年亦因廟址被劃入軍事要塞區而
被拆除。

　　旗後為沙汕地，其內側為便於船隻停泊的港灣，明鄭
時期永曆 27 年（1673）閩人徐阿華因在臺灣海峽捕漁遭風
漂至旗後港，覺其地可供居住，乃返鄉邀同鄉蔡月、洪應、
王光好、李奇、白圭等六姓十餘戶定居，並於康熙 30 年
（1691）興建街肆，當即合建媽祖宮奉祀媽祖及眾境主以
為社區保護神，此即今高雄市旗津區旗後天后宮，為高雄
地區民建最早之媽祖廟，光緒 13 年（1887）洋商張怡記等
號曾重修之。[36]

　　除官方所建廟宇外，康熙年間臺灣新建媽祖廟均位於水
路要衝之地，北路諸羅縣為新開發之地，康熙《諸羅縣志》
記載當時轄內有四座媽祖廟云：

> 天妃廟：一在城南縣署之左。康熙五十六年，知縣周
> 鍾瑄鳩眾建。一在外九莊笨港街，三十九年，居民合
> 建。一在鹹水港街，五十五年，居民合建。一在淡水

干豆門，五十一年，通事賴科鳩眾建：五十四年重建，易茅以瓦，知縣周鍾瑄顏其廟曰「靈山」。[37]

四座媽祖廟中以笨港天妃廟最早建立，即北港朝天宮。（圖9-3）按康熙年間臺灣北路諸羅縣唯一開放船隻進之口岸為笨港，居地利之便，較易有新事物傳入。日人伊能嘉矩《臺灣文化志》云：

> 大槺榔東頂堡北港街之朝天宮，相傳係康熙三十三年（1694）間，福建興化府之僧名樹璧者，奉湄洲之媽祖分靈出海航行，但中途遇颶，海難船破，漂至北港附近之下湖口海岸，乃建叢祠於北港街中。（在湄洲之同神廟稱為朝天閣，故為朝天宮。）爾後神麻佑濟之靈威廣被宣揚，自雍正八年（1730）擴大規模後屢次重修，相傳廟貌香火之盛冠於全臺。[38]

《臺灣省通志》亦云：

> 臺灣各市鄉鎮到處皆有廟祀，惟中部北港朝天宮，廟貌香火之盛，冠於全臺。每年春季，臺灣澎湖等南北民眾進香者，絡繹不絕。而且清代，匪徒出沒要路，劫掠行旅，獨對往來香客，不加暴行，亦甚奇異。[39]

圖 9-3 北港朝天宮媽祖

其次，控扼臺灣最北端船舶出入的要地則為淡水干豆門，其地亦於康熙 51 年（1712）由通事賴科鳩眾創建天妃宮，即今臺北市北投區關渡宮。（圖 9-4）伊能嘉矩《臺灣文化志》云：

次於北港朝天宮，在臺灣北路，為以由淡水港口出入之商賈為主所深厚崇敬者，乃在淡水河中游北岸芝蘭二堡關渡庄之靈山廟。[40]

圖 9-4　關渡宮媽祖

　　康熙 55 年（1716）諸羅縣鹹水港居民合力創建天妃宮，
即今臺南縣鹽水鎮護庇宮；康熙 56 年（1717）諸羅縣知縣
周鐘瑄鳩眾於縣署之左創建天妃宮，其廟因屬官廟，宗教活
動罕見記載，圮於明治 39 年的嘉義大地震。

　　康熙 58 年（1719）臺灣府鹿耳門復由官方增建一座天
妃宮。鹿耳門與安平鎮對望，為控扼臺灣府船隻出入要區，
康熙年間已為官方稽查船隻出入重地，安平鎮早有天妃宮，
而鹿耳門獨乏，臺灣府各官員遂捐俸創建天妃宮，康熙《臺
灣縣志》云：

　　　媽祖廟，康熙五十八年各官員捐俸全建。前殿祀媽
　　　祖，後殿祀觀音，各覆以亭，兩旁建僧舍六間，僧人
　　　居之以奉香火。董其事者，經歷王士勷也。[41]

因鹿耳門地位重要，故初創即頗具規模，且有多位僧侶住持香火，異於一般媽祖廟。

總之，康熙年間媽祖信仰在清朝政府及文武官員護持下傳入臺灣，當時臺灣府、縣治所在地及船舶進出之港灣要衝已建有媽祖廟 13 座，這些媽祖廟因歷史悠久，不僅成為當地居民主要信仰，且為各地區後進廟宇信徒進香之主要對象。

（二）雍、乾年間媽祖信仰的發展

鄭克塽降清以後，臺灣居民應可有安和富庶之生活，然因施琅等接收臺灣將領、官吏肆意侵佔田園，不納田賦，不服丁役，[42] 官衙復壓搾百姓索取陋規，[43] 造成臺灣社會經濟結構被扭曲之現象，而臺灣居民也不堪壓迫，遂於康熙 60 年（1721）爆發了震驚清廷的朱一貴事件。

康熙 60 年 4 月 19 日，臺灣南路會黨吳外等人以朱一貴為號召，於岡山舉兵，各里、社紛紛響應，清兵往攻者，多遭殲滅。四月底抗清軍進圍府城，5 月 1 日府城居民起為內應。清總兵歐陽凱、水師副將許雲、游擊游崇功等三十餘員俱戰死或被俘，避居府城之文武官吏偕眷屬倉惶逃避澎湖，全臺除淡水一隅外，皆為反清軍所佔有。

5 月 4 日，吳外等人迎朱一貴入居臺灣道署，建號永和，稱中興王，以鎮北坊天妃宮原為明寧靖王邸，遂再改為王宮，用以號召明遺民，並聲稱洲仔尾海邊浮現玉帶、七星旗，鼓吹往迎回，以為抗清象徵。[44] 5 月 11 日，朱一貴祭天謁聖，歲貢生林中桂等為之贊禮。行令頗嚴，掠民財物者，聞輒殺

之，或民自撲殺，莫敢救護，可謂紀律之師。然因停泊臺江
內海諸官商船舶皆被清兵驅拘澎湖，朱一貴所部無舟師可
用，致予清軍反擊之機。

　　朱一貴事件發生時，福建水師提督施世驃（施琅六子），
立即率所部標兵攻臺。施世驃少時曾隨施琅參與攻臺軍事，
對其父運用媽祖信仰為心戰工具知之甚稔，在攻臺之際，亦
造出媽祖陰佑清軍之說以助聲勢。惟施世驃身歿軍前，至次
年臺局甫定，又逢康熙崩逝，直至雍正4年（1726）正月，
繼任福建水師提督藍廷珍始將其事奏上，題請清廷賜匾並追
封媽祖先世，云：

> 康熙六十年臺匪倡亂，臣同前任提臣施世驃親統水陸
> 官兵，配駕商哨船隻前往討逆。維時六月興師，各士
> 卒感佩聖祖仁皇帝深仁厚澤，踴躍用命。但恐頻發颱
> 颶，因而致祝垂庇。果荷默相，波恬浪息。且凡大師
> 所到，各處枯井，甘泉倏爾騰沸，足供食用。再如六
> 月十六日午，臣等督師攻進鹿耳門，克復安平鎮，正
> 及退潮之際，海水加漲六尺，又有風伯効順，俾各舟
> 師毋庸循照水路魚貫而行，群擠直入。至十七、十九
> 等日，會師在七崑身，血戰殺賊。時值炎蒸酷暑，其
> 地處在海中，乃係鹽潮漲退之所，萬軍苦渴異常。臣
> 復仰天祈禱。適當潮退，各軍士遍就崑身坡中扒開尺
> 許，俱有淡水可餐，官兵人等，無不駭異。咸稱若非
> 聖祖仁皇帝天威遠被，曷致有神靈効順若此。竊擬分
> 平臺灣南北二路後，即欲繕疏題具請追襃，不虞提臣
> 施世驃身歿軍前，臣時躬處海外，末由陳奏。[45]

奏上後，雍正照准，內閣頒雍正親書「神昭海表」四字扁式，
交福建提塘送水師提督，照原式摹製成三區，分縣掛湄洲、
廈門、臺灣等三處天妃神祠。

　　朱一貴事件讓清朝更深入控制臺灣，也加深彰化地區的開
發及媽祖信仰的導入。因朱一貴事件發生，臺灣府居民全面起
而響應，實已透露出清廷在臺政權之基礎虛浮不穩，事後清廷
於臺灣北路增設彰化縣，而施琅侄兒兵馬司副指揮施世榜以家
族經濟利益所在，必需協助清廷有效控制臺灣，故至彰化購入
原住民土地所有權以經營鹿港及彰化地區，建立據點。

　　施世榜，字文標，福建晉江人，為潯江施氏第七世施安
同之十世孫，為施琅之從侄。[46]臺灣收入清朝版圖後，即入
籍鳳山縣，為康熙 36 年（1697）鳳山縣拔貢生，[47]曾任壽寧
縣教諭，朱一貴抗清事件發生時，隨族兄施世驃從軍，任兵
馬司副指揮。彼曾撰五言詩〈靖臺隨軍入鹿耳門〉，云：

> 僻嶠潢池弄，王師待廓清。
> 海門奔兕虎，沙島靖鯢鯨。
> 壁壘翹軍肅，朝暾畫戟明。
> 霜飛金雀舫，水漲碧波縈。
> 楷柯火茶列，鈴鉦鵝鸛成。
> 峰頭孤月落，幃帳正談兵。[48]

施家在臺灣早為豪族，田連阡陌，故得捐貲為公共慈善事
業。乾隆 28 年《泉州府志》，施世榜傳云：

施世榜，字文標，晉江人，鳳山拔貢生。樂善好施，於族姻閭里之貧者，周卹不倦。嘗建敬聖亭于南門外，以拾字紙，置田千畝充海東書院膏火，又令長子貢生士安捐資二百兩修葺鳳山文廟，令五子拔貢生士膺捐社倉穀一千石。其在晉邑修理文廟及橋樑道路，亦多所襄助。[49]

一次能捐田千畝，則施家於鳳山縣田園之多，自不得不令人駭嘆！然而朱一貴事件平定後，施家立即前往鹿港、彰化一帶，積極經營。施世榜家對外之店號為施長齡，雍正 4 年（1726），施家以施長齡名義，向馬芝遴社社首購得鹿港附近地權。《清代臺灣大租調查書》錄其契約云：

> 立杜賣契人馬芝遴社番社首阿國、阿加，土目蒲氏、龜只、璠寶、孩汝，社約青州等，有承祖遺管下鹿仔港埔地一所，東至山，西至海墘，南至鹿港大車路，北至草港。前因雍正二年，本社社首等經給與陳拱觀前去開墾，茲拱觀轉售與施長齡。今長齡願出銀四十兩廣駝，向㖅等承買盡根。今㖅同番眾等當場收過銀四十兩廣駝完足，其埔地照四至界址，聽施長齡前去管掌，開墾成田，抑或填築成塭，報陞納糧，不敢阻擋。保此埔地係㖅等承祖物業，與別社番及漢人無干。一賣千休，日後㖅等子孫不敢言找言贖，生端異言滋事。恐口無憑，合立杜賣根契一紙，付執為照。雍正四年六月□日。[50]

觀其四至，東至山，即達今之彰化市八卦丘陵，約有 10 公里長，北至草港，則距鹿港約 5 公里，其總面積約 50 平方公里，約 5,000 餘甲，若扣除與其他番社交錯之部分，其面積在千甲以上。

有了大量田園以後，施世榜更修築水圳，從濁水溪上游引水築圳。《彰化縣志》云：

> 林先生，不知何許人也。衣冠古樸，談吐風雅。嘗見兵馬指揮施世榜曰：「聞子欲興彰化水利，功德固大，但未得法耳。吾當為公成之。」問以名字，笑而不答。固請，乃曰：「但呼林先生可矣。」越日，果至，授以方法。世榜悉如其言，遂通濁水，引以灌田，號八保圳，言彰邑十三保半，此水已灌八堡也。年收水租穀以萬計，今施氏子孫累世富厚，皆食先生之餘澤焉。[51]

大量的土地，益以完善之水利灌溉設施，施氏復從其家鄉晉江招徠大量墾佃，迅速將鹿港變成施家得以控制之港口，而彰化地區泰半農民須仰賴八保圳水灌溉，復不能不俯首聽命於施家。當地有諺語云「鹿港施了了」，即反映鹿港居民泰半姓施的事實。

林爽文事變，福康安之選擇鹿港為登陸口岸，與施家得控制鹿港，應不無關係。爾後臺民爆發抗清事作，鹿港居民皆立於支持清廷立場，亦受此一因素影響。田園闢，水利修，移民來之後，施家更在鹿港海口捐獻土地，興築天妃宮即今鹿港鎮之舊祖宮，以為居民之信仰中心。（圖 9-5）鹿港天后宮之創建，《彰化縣志》云：

天后聖母廟，一在鹿港北頭，乾隆初，士民公建，歲
往湄洲進香。廟內有御賜「神昭海表」匾額。[52]

圖 9-5　鹿港天后宮媽祖

乾隆初，即乾隆元年（1736），距施世榜向馬芝遴社土目購
地之時間，恰 10 年整。其媽祖香火係來自湄洲，故每年均
前往湄洲進香。目前鹿港舊祖宮仍保存甚多施家史料，其右
廂房，奉有施世榜長生祿位。神龕上刻有「施躍德堂」四字，
長生祿位上書：「大檀樾主恩進士　授文林郎兵馬司副指揮
壽寧縣儒學教諭施諱世榜祿位」，左側有一中堂，上書「福
國利民」四字，邊款書：「開八堡圳施長齡獻廟地；後裔長
房純樸敬獻。純庚敬書。」旁有一副對聯，云：「躍進三農，
灌溉功勳垂八堡。德光九族，馨香俎豆享千秋。」邊款云：
「開八堡圳施長齡獻廟地，辛酉重修。後裔長房純熙、純港
敬獻、純庚謹書。」

　　鹿港地區在雍正年間開發後，逐漸成為彰化地區稻米集散中心。雍正末年，彰化縣即在鹿港米市街西畔建倉廒 16間，並區曰：「天庾正供」。

　　隨著漢人大量移入，媽祖廟宇也不斷在彰化地區建立，據《彰化縣志》所載縣轄區內天后聖母廟 23 所，除前述施世榜創建者外，乾隆中葉以前創建者計有：

1、北門內協鎮署後（彰化市鎮南宮），乾隆 3 年（1738）北路副將靳光瀚建；26 年，副將張世英重修。

2、東門內城隍廟邊（彰化市永樂街天后宮），乾隆 13 年（1748），邑令陸廣霖倡建。

3、南門外尾窯（彰化市南瑤宮），乾隆中（1735～1795）士民公建，歲往笨港進香，男女塞道，屢著靈應。

4、沙連林圯埔，乾隆初，里人公建，廟後祀邑令胡公邦翰祿位。（竹山鎮連興宮）

5、二林街天后宮，乾隆中（1735～1795）士民公建。[53]

　　雍正 8 年（1726）清廷分彰化縣北部地區設淡水廳，廳治設於竹塹（新竹市），雍正至乾隆年間也新建 8 座媽祖廟，據《淡水廳志》，計有：

1、廳治西門內（新竹市內天后宮），乾隆 13 年（1748），同知陳玉友建。

2、北門外長和宮（新竹市），乾隆 7 年（1742），同知莊年，守備陳士挺建。嘉慶 24 年（1819），郊戶同修。

3、新莊街慈佑宮（臺北縣新莊市），雍正 9 年（1727）建。

4、艋舺街，舊屬渡頭，乾隆 11 年（1846）建。（臺北市龍

山區新興宮）

5、八里坌街天后宮（臺北縣八里鄉），乾隆 25 年（1760）
建。

6、後壠街慈雲宮（苗栗縣後龍鎮），乾隆 33 年（1768），
林進興倡建。

7、苑里街慈和宮（苗栗縣苑裡鎮），乾隆 37 年（1772），
陳詔盛等捐建。

8、大甲街鎮瀾宮（臺中縣大甲鎮），乾隆 35 年（1770），
林對丹等捐建。[54]

　　至於彰化縣濁水溪以南的諸羅縣地區，《雲林縣采訪冊》
亦載新廟 2 座：

1、他里霧街順安宮（雲林縣斗南鎮），乾隆元年（1736），
街眾公建。

2、西螺堡廣福宮（雲林縣西螺鎮），乾隆 25 年（1760），
本堡紳董捐建。前座祀聖母，後座祀觀音。[55]

　　而臺灣府所在地臺灣縣（含澎湖）地區，《重修臺灣縣
志》亦載有新建媽祖廟云：

　　　天后廟祀，所在皆是。即澎湖各澳，已不勝載。舊志
　　　錄其附郭者曰水仔尾，俗呼小媽祖廟。若西郭外海邊
　　　礱米街、船廠、磚仔橋等廟，俱未詳其建年。鹿耳門
　　　廟，則康熙五十八年文武各官捐建；董事經歷王士
　　　勤。縣署之左天后廟，乾隆十五年知縣魯鼎梅倡建；
　　　董事盧璣，閩縣人。[56]

所述臺南附近卻新增西郭外海邊礱米街、船廠、磚仔橋等
廟，及縣署左側天后廟。上述天后廟宇因日據時期臺南市都
市更新，及皇民化運動廢毀廟宇二次災難，已不知其下落。

《重修臺灣縣志》對澎湖地區天后廟宇之記載云：「澎
湖各澳，已不勝載。」似澎湖有許多媽祖廟，但查林豪《澎
湖廳志》卷2規制志，卻僅載媽宮天后宮一廟，其信仰情形
似未十分普遍。據《臺灣省通志》卷2人民志宗教篇的載，
澎湖縣建於乾隆以前的媽祖廟宇僅有：

1、馬公市東衛里天后宮。（雍正年建）

2、馬公市長安里天后宮。（乾隆年建）

3、湖西鄉湖西村天后宮。（雍正年建）

且其後直至清末並未再興建單獨奉祀媽祖的廟宇。

臺灣南部鳳山縣轄區亦有新增媽祖廟，據王瑛曾《重修
鳳山縣志》卷5典禮志云：

> 天后廟，在北門內龜山頂，康熙二十二年奉文建，年
> 久傾圮，乾隆二十七年知縣王瑛曾重建。按縣治興隆
> 莊左營、埤頭街、阿里港街、阿猴街、萬丹街、新園
> 街、南仔坑街俱有廟，皆里民募建。[57]

《重修鳳山縣志》為乾隆27年縣令王瑛曾所修，龜山
頂及左營二廟已見於康熙《鳳山縣志》，即雍、乾年間，鳳
山縣轄下增加6座天后廟，其分佈地點為目前行政區之高雄
縣、市及屏東縣，核以《鳳山縣采訪冊》，6座廟宇為：

1、 埤頭街雙慈亭（高雄縣鳳山市）。乾隆18年（1753）陳
  光明董建。

2、阿里港街雙慈宮 （屏東縣里港鄉）。乾隆27年（1762）
莊鄉生董建。

3、阿猴街（屏東市）慈鳳宮，乾隆2年（1737）創建。

4、萬丹街萬惠宮 （屏東縣萬丹鄉）。乾隆間（1736～1764）
建，嘉慶25年（1760）李增選募建。

5、新園街新惠宮（屏東縣新園鄉），乾隆間（1736～1764）
建，道光22年（1842）簡鰲山重建。

6、南仔坑街楠和宮（高雄市楠梓區）。乾隆間（1736～1764）
建，咸豐5年（1855）生員郭對揚修。

　　從臺灣開發史的角度來看，里港鄉、屏東市、萬丹鄉、
新園鄉皆在下淡水溪以東，由北向南垂直分佈，恰可反映康
熙60年（1721）朱一貴事變後，漢人快速開發屏東平原的
事實。其中，曾襄助南澳總兵藍廷珍來臺定亂的藍鼎元（藍
廷珍族弟）家族即入墾里港鄉，為當地望族，大致可反映清
軍在臺平亂後，豪族圈地佔墾的情形，而媽祖廟也成為支持
清廷統治的象徵。至乾隆中葉（1723～1765）之間，臺灣地
區新增媽祖廟宇有23座之多。

（三）林爽文事件後媽祖信仰的發展

　　隨著彰化以北地區快速開墾，大量漢人進入彰化地區，
移民群難免龍蛇混雜，結黨營私，乾隆51年（1786），又
因彰化縣追究會黨，爆發林爽文抗清事件。林爽文帶領會黨
攻入彰化縣城殺死縣令及家屬，自立為王，鳳山縣會黨莊大
田等起而響應，全臺騷動。在臺清軍鎮壓不住，清廷乃派陝
甘總督福康安率大軍來臺鎮壓。事件平定後，福康安分別在

386

臺灣府城及鹿港建立二座媽祖廟以謝神恩：一為位於彰化縣
鹿港鎮埔頭街之新祖宮，一為位於臺南市西區長樂街之海安
宮，兩廟皆由福康安奏請清廷撥帑金，協同文武各官、紳耆
公建。福康安撰〈勅建天后宮碑記〉云：

> 乾隆五十一年冬，逆匪林爽文作亂，滋蔓鴟張，我皇
> 上特命協辦大學士嘉勇公福康安為將軍，統率巴圖魯
> 侍衛數百員，勁旅十餘萬，於五十二年十月杪，由崇
> 武放洋。時際北風盛發，洪波浩湧，三軍聯檣數百艘，
> 漫海東來，一日齊登鹿仔港口岸；繼而糧餉軍裝，分
> 馳文報，舳艫羅織，均保無虞。維時嘉義一帶，匪
> 徒猖獗，突聞貔貅數萬，鍆重千艘，如期並集，群
> 醜寒心，知有神助。故軍威大振，所向披靡，剋日
> 擒渠燬巢，收復全臺。雖曰將士用命，凡此亦皆仰
> 賴天后昭明有赫，護國庇民之功，威靈顯著者也。
> 將軍奉天子命，崇德報功，就鹿擇地，建造廟宇，
> 以奉祀焉。[58]

鹿港新祖宮之建築經費，共用銀 15,800 圓，為嘉慶 21 年
（1816）鹿港舊祖宮重修經費 3,580 圓之四倍多，其規模之
宏偉，自可想見。然而此座由清廷撥庫帑所建之廟，並未因
而成為臺灣媽祖信仰之最高象徵，反因北路理番海防同知衙
門設於此地而致信眾寥落，至連寺僧香火之費皆無著落。乾
隆 57 年（1792）署臺灣府北路理番海防同知金棨，始為首
倡捐，置水田 8 甲 3 分，歲入小租穀滿斗 101 石以為寺僧香
火之費，[59]其後嘉慶、道光年間兩次重修，皆須勞官員為之

倡捐。日據時期，該廟遭盟軍飛機炸燬，後經修復，規模仍甚宏偉。

林爽文事件後，清廷在臺灣施行屯番制，北從臺北汐止，南至鳳山間丘陵地分設 10 個屯墾區，其本意固在防範、牽制漢人叛亂，但同時也隔離了未開化原住民，保障入墾漢人安全，促成漢人更深入開發西部平原。而嘉慶 5 年至 14 年（1800～1809）間，洋盜蔡牽、朱濆於臺灣海峽劫掠商船，並於嘉慶 10 年（1805）自號鎮海威武王，提出反清復明口號，擬攻取臺灣為根據地，11 月一度佔領臺北淡水，再轉攻安平，登陸臺灣府之洲仔尾，旋為王得祿擊退，而轉進噶瑪蘭，後為官軍與私自入墾的漢人吳沙集團、原住民合力擊退，因而促使清廷於嘉慶 15 年（1810）增置噶瑪蘭廳，媽祖信仰也開始在宜蘭平原建立。

（四）嘉慶以後媽祖信仰之本土化

如以嘉慶 15 年王得祿討平蔡牽、朱濆等洋盜為分界點，可以說此前臺灣媽祖信仰的發展與擴張，與清廷在海洋上出兵平定臺灣及臺海變亂等軍事活動有關，易言之，信仰的動力來自政府海軍人員，但此後媽祖信仰發展的動力則來自居臺漢人自身發動的進香活動所帶動，而其核心則為北港朝天宮。

文獻所見臺灣地區最早往北港的進香活動，為道光年間《彰化縣志》所述彰化縣之南瑤宮，云：

> 天后聖母廟，在邑治南門外尾窯，乾隆中士民公建，
> 歲往笨港進香，男女塞道，屢著靈應。[60]

南瑤宮老大媽會成立嘉慶 19 年（1814），可見其俗於嘉慶
中葉已形成。而所指笨港，據清朝同治、光緒年間霧峰林家
京控史料《臺灣冤錄—林文明案文獻叢輯》所述，林文明為
同治 9 年（1870）南瑤宮笨港進香活動之會首，當時彰化縣
及臺灣府官員書狀更明確指為赴北港進香。《臺灣冤錄—林
文明案文獻叢輯》五、同治 10 年 7 月遣抱林秋首次京控呈
詞，林文明母林戴氏云：

> 彰屬天后神誕，鄉例三月十六日各家皆往嘉義之笨港
> 進香。[61]

此處林戴氏所述與《彰化縣志》用語相同，均稱往笨港進香。
而其習慣的形成，林戴氏謂已有百年之久。林戴氏云：

> 臺地虔奉天后，年逢三月十六日各路進香，人眾雲集
> 彰城，此風歷有百餘年。[62]

林戴氏此呈文撰於光緒 4 年（1878），上推百年為乾隆 43
年（1778），可證南瑤宮往笨港進香，應在乾隆末年至嘉慶
年間形成。而所指笨港，據臺灣府知府周懋琦等人的公文書
都明指為北港。周懋琦云：

> 臺屬每年三月十六日，各屬男婦赴北港進香，前署鎮
> 楊並前道憲黎慮其聚眾滋事，照例示禁。城鄉均各具
> 結遵依；林文明抗不遵禁，倡為會首；佈散謠言，希

圖惑眾……於三月十五日率領千餘人，攜帶軍器，籍名進香，駐紮彰化縣城外，逗留不去。[63]

而前署理臺灣府知府凌定國亦云：

臺屬每年三月十六日，有各處男婦赴嘉義之北港進香，人眾混雜，易滋事端。……彰化縣城外南壇廟供奉天后神像，向來北路人民抬赴北港進香；遂先期將神像移入城內觀音亭中，示諭不准抬往。惟林文明不遵示禁，倡為會首；造謠惑眾，於三月十五日率黨攜帶軍器，入城迎神而去。[64]

清末同光年間，媽祖信徒組團赴北港進香，已為臺灣全島的習俗，不只漢人，連原住民也參與進香活動。福建按察司葉永元云：

臺俗，每年三月間，天后誕辰，各屬番、民男婦皆至北港進香，鎮、道慮其乘間滋事，先期出示嚴禁。城鄉均各具結遵依；林文明抗不遵禁，倡為會首；佈散謠言。[65]

據上述史料，可知嘉慶以後彰化地區已形成以南瑤宮為核心的北港進香習俗，進而帶動媽祖信仰的深化，讓原住民與漢人享同風之樂。其俗至民國 50 年代以後因彰化市政府接管南瑤宮，南瑤宮信仰圈卻涵蓋整個大臺中地區，非彰化市政府政令可及，無法整合出一個大型進香團體，各媽祖會各自為政，兼以大甲鎮瀾宮崛起，其赴北港進香活動乃漸式微。

　　而臺灣府所在的南部地區雖已有不少媽祖廟，但在道光以後也因府城居民迎北港媽祖南下巡歷而讓媽祖信仰更加興旺。府城地區原以大天后宮為媽祖信仰核心，但嘉慶 23 年（1818）3 月癸丑，大天后宮發生嚴重火災，神像全被焚毀。道光 9 年（1829）陳國瑛采訪的《臺灣采訪冊》祥異，七、火災，云：

> 嘉慶二十三年戊寅三月十六日寅時，天上聖母廟災，中殿及後殿俱燼，神像、三代牌位蕩然無存。住持僧所蓄銀錢俱鎔化，惟大門一列尚存。凡火焚至廟宇而止。此次專焚神像，殊堪詫異。[66]

重建工程由三郊負責，因神像全被焚毀，致形成府城迎北港媽祖南下巡歷之習俗。清代臺灣最高行政長官臺灣兵備道徐宗幹於《斯未信齋文集》云：

> 壬子（咸豐元年，1851），三月二十三日，為天后神誕。前期，臺人循舊俗，迎嘉邑北港廟中神像至郡城廟供奉，並巡歷城廂內外而回。焚香迎送者，日千萬計。[67]

徐宗幹又謂：

> 歷年或來、或否，來則年豐、民安。販賣藉此營生。前任或密囑住持卜筊，假作神話，以為不來，愚民亦皆信之。省財、省力，地方不至生事，洵為善政。

朝天宮媽祖至府城巡歷，雖由臺灣道官員及大天后宮住持卜
筊決定，但因可帶動地方經濟發展，有利小民，故除非社會
發生動亂，似乎每年都會迎北港媽祖南下，加深媽祖信仰的
社會基礎，如咸豐 8 年（1858）創建的朝興宮，即由北港朝
天宮分香而來。府城迎北港朝天宮媽祖南下巡歷，至日據時
期的大正 5 年（1916）因雙方為迎神發生誤會而中止。

　　清朝道光年間，媽祖信仰已成臺灣民俗文化不可分的一
部分，道光 12 年（1832）嘉義地區發生張丙抗清事件，在
籍水師提督王得祿自福建募兵五百名返鄉協助平亂。道光
19 年（1839），子爵軍門太子太保王得祿以平定海寇，媽
祖有庇佑之功，特獻「海天靈貺」匾予北港朝天宮。《雲林
縣采訪冊》云：

> 海天靈貺匾，道光十七年，本任福建水師提督王得祿
> 統兵渡臺，舟次，外洋忽得颱風，禱神立止，兼獲順
> 風以濟，遂平臺亂；上匾誌感。[68]

而明治 30 年（1897）臺灣總督府臨時臺灣舊慣調查會調查
臺灣寺廟的來歷及其附屬產業，所錄〈北港朝天宮由來〉更
謂清廷誥封媽祖為天上聖母即於其年。[69]但查光緒朝《大清
會典》及《清代媽祖檔案史料匯編》均無其記載。

　　朝天宮本已是臺灣媽祖信仰重鎮，王得祿則為有清一
代台灣籍出身任官至最高階者，王得祿的獻匾，無疑更增
加媽祖信仰的光環。而光緒 13 年（1887）光緒皇帝的賜匾，
更奠立朝天宮為臺灣媽祖信仰大本山的地位。《雲林縣采
訪冊》云：

神昭海表匾，在天后宮，嘉慶間御賜。

慈雲灑潤匾，光緒十二年嘉邑大旱，知嘉義縣事羅建
祥屢禱不雨，適縣民自北港迎天后入城，羅素知神
異，迎禱之，翌日甘霖大沛，四境霑足，轉歉為豐，
詳經撫部院劉公具題，蒙御書慈雲灑潤四字。今敬謹
鈎摹，與嘉慶年所賜共懸廟廷。[70]

（五）清末至日據時期文獻新見媽祖廟

光緒元年（1875）清朝開放移民來臺，啟動開山撫番、
擴增行政區，推動各項現代化建設，以至建省，移民大量來
臺，媽祖信仰也繼續擴張，媽祖廟宇由街市深入各社區，然
因清朝於光緒 21 年（1895）割臺，致當時新建廟宇情形，
散見於各縣生員采訪之采訪冊中，估計光緒年間清朝割臺
前，臺灣地區已有 150 座以上媽祖廟。昭和 8 年（1933）臺
灣日日新報社相良吉哉編《臺南州祠廟名鑑》，即錄有媽祖
廟百餘所，雖其所錄廟宇創建年代未經考證，致有如以光緒
為康熙之誤述，或所載年代甚早而未見於各府、縣、廳志或
采訪采冊大致皆為乾隆、嘉慶以後興建，茲將未見於此前文
獻記載者，依行政區域分錄如下。

1、臺北基隆地區：

（1）滬尾街福佑宮（臺北縣淡水鎮），嘉慶元年（1796）建。
（2）金包里街慈護宮（臺北縣金山鄉），嘉慶 14 年（1809）
　　　黃天進等建。

（3）芝蘭街慈諴宮（臺北市士林區），嘉慶元年（1796），
業戶何錦堂獻地捐建。

（4）錫口街慈祐宮（臺北市松山區），嘉慶 8 年（1803）
莊民捐建。

（5）大雞籠城慶安宮（基隆市和興里），嘉慶 20 年（1815）
建，業戶何士蘭獻地。

（6）大雞籠港口。基隆市和平島。[71]

（7）板橋慈惠宮，同治 13 年（1874）金浦會 72 會員倡
建。[72]

2、宜蘭地區：

（1）廳治南街媽祖廟（宜蘭市梅洲里），嘉慶 13 年（1808）
居民合建。

（2）廳治昭應宮（宜蘭市新民里）。嘉慶 22 年（1817）
官民合建。

（3）羅東街震安宮（羅東鎮義和里），道光 17 年（1837）
居民合建。[73]

（4）頭城慶元宮（宜蘭縣頭城鎮），嘉慶元年（1796）
居民合建。

3、新竹地區：

（1）縣城內武營頭（新竹縣新竹市），廟宇 12 坪。[74]

（2）鹿寮坑口（新竹縣竹東市）。

（3）北埔慈天宮（新竹縣北埔鄉），道光 18 年（1838）
居民合建。[75]

（4）中壢仁海宮（桃園縣中壢市），同治 6 年（1867）
　　王國華等紳民公建。

4、苗栗地區：

（1）猫裏街天后宮（苗栗縣苗栗市），嘉慶 16 年（1811）
　　林璇璣等倡捐建造。

（2）銅鑼灣街天后宮（苗栗縣銅鑼鄉），道光 25 年（1845）
　　陳元亮等捐建。

（3）三湖莊五龍宮（苗栗縣西湖鄉三湖村。）光緒 5 年
　　（1879）貢生黎彬南、張鵬漢等倡建。

（4）吞霄街受天宮（苗栗縣通霄鎮）。道光 13 年（1833）
　　鄭媽觀倡捐建造。

（5）房裏街天后宮（苗栗縣苑裡鎮），咸豐 6 年（1856）
　　郭德先等建。

（6）中港街慈裕宮（苗栗縣竹南鎮），嘉慶 21 年（1816）
　　甘騰駒等捐建。[76]

（7）白沙屯拱天宮，同治 2 年（1863）鄉民同建。[77]

5、臺中彰化地區：

（1）王宮福海宮（彰化縣芳苑鄉），嘉慶 17 年（1812）
　　邑令楊桂森倡建。

（2）鹿港新興街興安宮（彰化縣鹿港鎮），閩安弁兵公建。

（3）犁頭店街萬和宮（臺中市南屯區），雍正 4 年（1726）建。

（4）東螺街奠安宮（彰化縣北斗鎮），嘉慶 11 年（1806）
　　建，道光 2 年（1822）遷建。

（5）大肚頂街萬興宮（臺中縣大肚鄉），乾隆 9 年（1744）

媽
祖信仰研究

建，道光 10 年（1830）重建。

（6）大肚下街永和宮（臺中縣大肚鄉），乾隆 53 年
（1788）建。

（7）小埔心街合興宮（彰化縣埤頭鄉），乾隆 44 年（1779）
建。

（8）大墩街萬春宮（臺中市中區），雍正年間（1723～
1736）藍廷珍族人建。

（9）大里杙街福興宮（臺中縣大里市），嘉慶 16 年
（1811）建。

（10）二八水街安德宮（彰化縣二水鄉），道光初（1820
～1830）建。

（11）葫蘆墩街慈濟宮（臺中縣豐原市），嘉慶 11 年
（1806）建。

（12）悅興街乾德宮（彰化縣田中鎮），嘉慶元年（1796）建。

（13）旱溪莊樂成宮（臺中市東區），乾隆末年（1788～
1795）建。[78]

（14）員林街福寧宮（彰化縣員林鎮）乾隆年間
（1736～1796），北路中營燕霧汛防黃青桂獻祀田。

（15）枋橋頭街天門宮（彰化縣社頭鄉），乾隆 20 年
（1755）居民合建，北路中營燕霧汛防黃青桂獻祀
田。[79]

（16）田中央乾德宮（彰化縣田中鎮），嘉慶 15 年（1810）
紳民合建。

（17）梧棲大庄浩天宮，乾隆 3 年（1738）居民合建。[80]

6、南投雲林地區：

(1) 南投街配天宮（南投縣南投市），道光 10 年（1830）建。

(2) 北投新街朝聖宮（南投縣名間鄉新街村），道光 10 年（1830）建。

(3) 斗六堡受天宮（雲林縣斗六市）道光 28 年（1848）沈長盛倡捐監修，前祀聖母；後祀佛祖。

(4) 斗六堡新興宮（斗六市），咸豐年間（1851～1861）士民重修。

(5) 麥藔街拱範宮（雲林縣麥寮鄉），嘉慶 5 年（1800）公建。

(6) 西螺堡福興宮（雲林縣西螺鎮），嘉慶 5 年（1800）舖民捐建。

(7) 塗庫街順天宮（雲林縣土庫鎮），道光 14 年（1834）里人吳克己、陳必湖捐建。

(8) 崁頂莊天后宮（雲林縣古坑鄉棋盤村），莊民共建。

(9) 崙背莊奉天宮（雲林縣崙背鄉），嘉慶 2 年（1797）莊民捐緣公建。[81]

(10) 石榴班長和宮（雲林縣斗六街），同治 9 年（1870）建。[82]

7、嘉義地區：

(1) 朴子街配天宮（嘉慶縣朴子市），康熙 54 年（1715）街民公建。

(2) 新南港街奉天宮（嘉義縣新港鄉），嘉慶 23 年（1818）3 月紳民公建。

（3）甘蔗崙莊朝傳宮（嘉義縣大林鎮），道光 2 年（1822）
鄉民捐金建造。

（4）打貓街慶成宮（嘉義縣民雄鄉），嘉慶 14 年（1809）
街民公置。[83]

（5）嘉義市溫陵媽廟，乾隆 25 年（1760）建。

（6）嘉義市協安宮，道光 2 年（1822）建。

（7）嘉義縣水上庄水堀頭璿宿宮，乾隆 2 年（1737）建。

（8）嘉義縣水上庄三界埔三祝宮，咸豐 8 年（1858）建。

（9）嘉義縣新巷庄板頭厝長天宮，嘉慶年間（1796～1820）
建。

（10）嘉義縣新巷庄番婆安和宮，嘉慶年間（1796～1820）
建。

（11）嘉義縣新巷庄溪北六興宮，道光 6 年（1826）建。

（12）嘉義縣溪口庄柳子溝安興宮，道光 14 年（1834）建。

（13）嘉義縣大林庄大埔美泰安宮，嘉慶年間（1796～
1820）建。

（14）嘉義縣大林庄大湖聖母廟，道光初年（1821）建。

（15）嘉義縣中埔庄竹頭崎順天宮，明治 39 年（1906）建。

8、臺南縣市地區：

（1）銀同祖廟（臺南市），道光 2 年（1822）建。

（2）溫陵媽廟（臺南市），嘉慶 22 年（1817）建。

（3）朝興宮（臺南市），咸豐 8 年（1858）建。

（4）天后宮（臺南市福住町），道光 15 年（1835）建。

（5）臺南市鹽埕天后宮，乾隆 23 年建（1758）建。

（6）臺南縣歸仁庄朝天宮，雍正 3 年（1725）建。

（7）臺南縣關廟庄天上聖母廟，光緒 22 年（1896）建。

（8）臺南縣永康庄慶安宮，同治元年（1862）建。

（9）南臺縣永康庄鹽行天后宮，乾隆 14 年（1749）建。

（10）臺南縣安順庄朝興宮，光緒 33 年（1907）建。

（11）臺南縣新化街新化朝天宮，嘉慶 12 年（1807）建。

（12）臺南縣新化街知母義天后宮，嘉慶元年（1796）建。

（13）臺南縣新化街頂山腳天后宮，光緒年間（1875～
　　　1895）建。

（14）臺南縣新市庄新市永安廟，同治 2 年（1863）建。

（15）臺南縣新市庄看西福安宮，乾隆 20 年（1755）建。

（16）臺南縣安定庄蘇厝天上聖母廟，光緒 6 年（1880）建。

（17）臺南縣安定庄港口慈安宮，嘉慶 21 年（1816）建。

（18）臺南縣安定庄港口順天宮，光緒 25 年（1899）建。

（19）臺南縣善化庄茄拔天后宮，咸豐年間（1851～1861）
　　　建。

（20）臺南縣山上庄山上 209 聖母廟，嘉慶 3 年（1798）建。

（21）臺南縣山上庄山上 142 天后宮，咸豐 4 年（1854）建。

（22）臺南縣山上庄牛稠埔聖母廟，道光 10 年（1830）建。

（23）臺南縣山上庄潭頂朝天宮，同治 6 年（1867）建。

（24）臺南縣玉井庄三埔媽祖宮，光緒 3 年（1877）建。

（25）臺南縣玉井庄芒子芒振安宮，咸豐 8 年（1858）建。

（26）臺南縣玉井庄口霄里媽祖宮，咸豐 8 年（1858）建。

（27）臺南縣南化庄南化天后宮，光緒 17 年（1891）建。

（28）臺南縣南化庄中坑天上聖母廟，光緒 8 年（1882）建。

（29）臺南縣南化庄菁埔寮天上聖母廟，道光 21 年
　　　（1841）建。

（30）臺南縣南化庄北寮 542 媽祖廟，光緒 4 年（1878）建。

（31）臺南縣南化庄北寮 275 媽祖廟，咸豐 8 年（1858）建。

（32）臺南縣左鎮庄石仔崎媽祖廟，光緒 15 年（1889）建。

（33）臺南縣麻豆庄麻豆 1216 護濟宮，乾隆 46 年（1781）建。

（34）臺南縣麻豆庄麻豆 687 仁厚宮，嘉慶 23 年（1818）建。

（35）臺南縣下營庄茅港尾媽祖廟，康熙 52 年（1713?）建。

（36）臺南縣六甲庄媽祖廟，乾隆 57 年（1792）建。

（37）臺南縣大內庄大內 418 媽祖廟，嘉慶 9 年（1804）建。

（38）臺南縣大內庄大內 960 聖母廟，嘉慶 21 年（1816）建。

（39）臺南縣大內庄大內 1547 泰安宮，光緒 3 年（1877）建。

（40）臺南縣大內庄頭社媽祖廟，同治 4 年（1865）建。

（41）臺南縣大內庄二重溪 442 朝天宮，明治 33 年（1900）建。

（42）臺南縣大內庄二重溪 367 朝天宮，乾隆 32 年（1767）建。

（43）臺南縣西港庄西港 466 保安宮，嘉慶 22 年（1817）建。

（44）臺南縣西港庄西港 594 慶安宮，康熙 51 年（1712?）建。

（45）臺南縣七股庄後港天后宮，嘉慶 9 年（1804）建。

（46）臺南縣七股庄土城子保安宮，嘉慶 22 年（1817）建。

（47）臺南縣新營庄鐵線橋通濟宮，嘉慶 2 年（1797）建。

（48）臺南縣新營郡鐵線橋媽祖廟，嘉慶 14 年前（～
　　　1809），居民合建。

（49）臺南縣柳營庄果毅後天后宮，同治初年（1862）建。

（50）臺南縣後壁庄本協朝天宮，光緒 10 年（1184）建。

（51）臺南縣後壁庄下茄苳泰安宮，乾隆 25 年（1760）建。

（52）臺南縣白河庄福安宮，乾隆年間（1736～1795）建。

9、高雄屏東地區：

（1）登瀛街湄洲宮（高雄縣鳳山市，興化媽祖廟），道光 2 年（1822）黃漢樓修。

（2）內北門街天后宮（鳳山市），道光 18 年（1838）林豔山建。

（3）四聖廟（兼祀關帝、火德星君、馬明尊王），在參將署旁（鳳山市），乾隆 59 年（1794）李紹曾建）稿房陳志行修。

（4）火藥庫內天后宮（鳳山市），同治 5 年（1855）參將田如松建。

（5）舊治北門外慈德宮（高雄市左營區），嘉慶間（1796～1820）建。

（6）角宿莊龍角寺（高雄縣燕巢鄉），乾隆 38 年（1773）貢生柯步生建。

（7）橋仔頭街鳳橋宮（高雄縣橋頭鄉），乾隆 60 年（1795）陳嘉謨建。

（8）畢宿莊天后宮（橋頭鄉），同治 8 年（1869）董事許天文等建。

（9）阿公店街壽天宮（高雄縣旗山鎮），嘉慶 3 年（1798）黃協記、吳隆興建。

（10）彌陀港莊彌壽宮（高雄縣彌陀鄉），同治 10 年（1871）林長建。

（11）五甲尾莊龍成宮（鳳山市），光緒 3 年（1877）董

事黃朝清等捐修。

（12）半路竹莊天后宮（高雄縣路竹鄉），道光 2 年（1822）董事程感募建。

（13）內能雅寮莊安瀾宮（高雄市苓雅區），乾隆 22 年（1757）黃欽募建。

（14）東港街朝隆宮（屏東縣東港鎮），同治 13 年（1874）許漳泉號修。

（15）下林仔邊街慈濟宮（屏東縣林邊鄉），同治 5 年（1866）黃長記建。

（16）放索莊媽祖宮（屏東縣林邊鄉），咸豐 2 年（1852）董事蘇習建。

（17）新埔莊（屏東縣佳冬鄉），光緒 3 年（1877）董事陳窯重修。

（18）枋寮街德興宮（屏東縣枋寮鄉），道光 11 年（1831）林光輝建。

（19）內埔莊街天后宮（屏東縣內埔鄉），嘉慶 8 年（1803）鍾麟江倡建，道光 29 年舉人鍾桂齡重修。

（20）鹽埔莊靈慈宮（屏東縣鹽埔鄉），光緒 12 年（1886）呂雷建。

（21）打鐵店莊慈隆宮（屏東縣里港鄉），光緒 9 年（1883）盧壽建。

（22）大道關莊媽祖廟（屏東縣高樹鄉），光緒 10 年（1884）鍾委建。[84]

（23）恒春縣天后宮（屏東縣恒春鎮），光緒年間（1875～1894）恆春營官兵建。[85]

10、花蓮臺東地區：

（1）馬蘭街天后宮（臺東縣臺東市）。光緒 15 年（1889）
　　　提督張兆連建。[86]

　　據上述資料，清朝中葉以後新增媽祖廟計有：臺北基隆
地區 7 座，宜蘭地區 4 座，新竹地區 4 座，苗栗地區 7 座，
臺中彰化地區 17 座，南投雲林地區 10 座，嘉義地區 15 座，
臺南地區 52 座，高雄屏東地區 23 座，花東地區 1 座，總數
達 140 座。其中以臺南縣增加最多，而花蓮地區以漢人入墾
者少，尚未建有媽祖廟。

四、結語

　　媽祖信仰最早傳入臺灣澎湖是在明朝萬曆年間，至明鄭
時期，臺灣民間雖有媽祖信仰，但並非官方祀典。及清軍攻
臺，水師官員大力宣揚媽祖顯靈濟師，提振士氣，卒迫使鄭
克塽降清，而清廷亦於康熙 23 年（1684）誥封媽祖為天后，
開啟此後清廷崇信媽祖的先聲。

　　康熙 23 年清廷將臺灣納入版圖是臺灣第一個媽祖信仰
的高潮，如興化人建開基天妃宮，施琅易明寧靖王邸為大天
妃宮，澎湖、安平鎮、鳳山縣興隆等水師重要渡口皆設立天
妃宮，臺灣西岸主要港口如旗後、笨港、關渡門、鹽水等水
路要衝也在康熙年間逐步建立天妃廟，官方並延攬僧侶為住
持香火。

媽
祖信仰研究

　　康熙 61 年（1722）朱一貫事件平定後促成雍正至乾隆
中葉（1723～1765）南部屏東平原的快速開發，此期間漢人
在下淡水溪以西建立埤頭街，以東則沿下淡水溪由北向南建
立里港、阿猴、萬丹、新園等街市，並各自興建媽祖廟。中
部地區，清廷於朱一貫事件後增置彰化縣，並由施世榜家族
主導開發事宜。施世榜除向當地原住民馬芝遴社社首購得鹿
港附近土地外，並開發八保圳灌溉設施以招徠墾佃，故彰化
平原、鹿港、二林等地並向東延伸至水沙連林圮埔，此時期
有大量墾民移入；彰化北部之藍興保則由總兵藍廷珍族人墾
拓，並各自建立媽祖廟，是為臺灣媽祖信仰的第二個高潮。

　　乾隆 53 年（1788）林爽文事件平定後，清廷於臺灣設
屯番制度，大體上臺灣西岸平原及丘陵地已無番害，閩粵移
民大量移入，各街莊紛紛建立媽祖廟，媽祖信仰基礎不斷擴
大，成為臺灣社會的普遍現象，甚至可以將媽祖廟宇的建立
視為清朝政權掌控區域的象徵。

　　康熙至乾隆年間，臺灣之媽祖信仰是由清朝官方或有清
軍將領家族色彩的豪族主導下建構而成，其後因墾民大量移
入，各地所建媽祖廟因創建背景不同而各具特色，亦有僧侶
奉神像來臺建廟，或移民由祖籍地分香建廟，各有其祭祀群
與不同祭祀儀式，繁華之商業城市，也常見數座媽祖廟並
存、神像造型各異之現象，媽祖大致已有湄洲媽（福建莆田
縣湄洲嶼）、銀同媽（福建省同安縣）、興化媽（福建省興
化縣）、溫陵媽（福建省泉州府）、清溪媽（福建省龍溪縣）、
汀州媽（福建省長汀縣）等。另尚有信徒賦予職能需求而出
現之媽祖，如水、陸師奉祀之武營媽（武裝扮樣），祈求太

平之太平媽，行郊奉祀之三郊媽、糖郊媽等稱呼出現，而湄
洲媽則以來自媽祖降誕之地，故其聲望最隆。

　　嘉慶以後（1796～）臺灣的媽祖信仰的建立，由外在移
入轉為內部發展，而其核心廟宇則為北港朝天宮。嘉慶年間
開始形成以彰化南瑤宮為主要廟宇的笨港進香習俗，鞏固了
彰化地區原有媽祖信仰之外，更深化媽祖信仰的社會基礎，
而臺灣府城大天后宮也因嘉慶 23 年（1818）大火神像被焚
重建而迎北港媽祖至府城巡歷，奠立朝天宮領袖地位。光緒
年間因清廷開放漢人移民入臺，復推動開山撫番、建省及現
代化建設工程，漢人大量移入，媽祖信仰也不斷增長，成為
臺灣漢人社會文化的特有象徵。

　　大正 7 年（1918）臺灣總督府於臺灣地區從事宗教調
查，當時全臺灣媽祖廟共有 320 座，臺北廳轄下有 28 座，
宜蘭廳 10 座，桃園廳 7 座，新竹廳 23 座，臺中廳 68 座，
南投廳 11 座，嘉義廳 57 座，臺南廳 81 座，阿緱廳 27 座，
臺東廳 3 座，澎湖廳 5 五座，花蓮港廳無。[87]其中以臺南廳、
臺中廳及嘉義廳最多，適反映北港媽祖下府城及南瑤宮北港
進香有促進媽祖信仰發展的功能，其中不少廟宇均由北港朝
天宮分香建廟，產生以北港朝天宮為核心的在地化現象而不
再仰賴祖籍地媽祖。

註釋

[1]　分見：臺灣總督府印《臺灣宗教調查報告書》，附錄，第六重要祭神。
　　臺北，大正八年，編者印行。李汝和等：《臺灣省通志》卷 2 人民志
　　宗教篇，第十章，通俗信仰，第三項媽祖之信仰，民國 70 年，臺中，

臺灣省文獻會印行。中華民國內政部民政司編印《全國寺廟名冊》，
民國 91 年，臺北，編者印行。

2　見董應舉《崇相集》，〈與南二太公祖書〉，民國 56 年，臺北，臺
銀經濟研究室。

3　《明清史料戊編》第 1 本，〈澎湖汛地仍歸版圖殘件〉，民國 61 年，
臺北，維新書局。

4　《明清史料乙編》第 7 本，兵部題〈澎湖捷功〉，民國 61 年，臺北，
維新書局。

5　高拱乾，《台灣府志》，卷 1 封域志，沿革。民國 57 年，臺北，國
防研究院。

6　康熙 25 年金宏、鄭開極等修，《福建通志》，卷 11 祀典，祠廟，臺
灣府。

7　按自鄭克塽降清至清廷決定將東寧收入版圖，正式設立臺灣府之八個
月時間內，記載東寧史事，既不能再繫以永曆年，繫以康熙年亦覺不
倫。此仿如《史記》之載秦亡至漢興之間事，以項王為繫年。在清人
而言，為標榜其勇武，並抹殺明鄭三代開闢之功，遂以「開闢」兩字
稱之，此一用法，屢見於清初臺灣府、縣志中。如康熙《臺灣縣志》
卷 2，建置志，學宮條云：「郡之有學宮也，自偽鄭氏始也。在寧南
坊，南向。國朝開闢以來，仍其舊制」。同卷，施琅、吳英祠後記曰：
「二公皆有平定之功，施統帥水師，開闢疆土。」卷 3 秩官志，文職
云：「康熙二十三年開闢以後，各官初由部選」。卷 8 人物志，宦績，
沈朝聘云：「遼東人，以晉江令。調補臺灣。當開闢之始，民心未定，
百廢未興。」皆是。

8　康熙 59 年陳文達，《臺灣縣志》，卷 9 雜記志，寺廟，在西定坊。
民國 57 年，臺北，國防研究院。

9　見施琅，《靖海紀》，師泉井記。國立中央圖書館臺灣分館藏清康熙
37 年李光地序刊本。此書施家後裔多次重刻，易名《靖海紀事》。

10　同註 9，另參閱《昭應錄》，卷首，本朝祀典。

11　見乾隆 17 年（1752）王必昌等重修《臺灣縣志》，卷六祠宇志，真
武廟條。民國 57 年，臺北，國防研究院。

12　見康熙 25 年金鋐《福建通志》，卷 11 祀典，臺灣府天妃宮條。

13　參閱蔡相煇，明鄭臺灣之真武崇祀，民國 69 年 3 月，《明史研究專

刊》第 3 期，臺北，中國文化大學。

[14] 見萬曆 40 年陽思謙，《泉州府志》卷 2，輿地志，山，晉江縣石頭山。國立中央圖書館臺灣分館藏原刊本。

[15] 見乾隆 30 年方鼎修，《晉江縣志》卷 15 古蹟，寺觀，玄武廟條。

[16] 見班固，《後漢書》，列傳卷 12，王梁傳。民國 60 年，臺北，成文出版社。

[17] 見康熙 11 年劉佑等修，《南安縣志》，卷 20，雜志四，宮，鳳山宮條。國立中央圖書館臺灣分館藏原刊本。

[18] 同註 17，卷 17，藝文之二，記，萬曆癸巳 21 年（1593），重建金雞橋記。

[19] 見嘉慶 3 年吳堂等修，《同安縣志》卷 10，壇廟，上帝廟條、延福堂條。國立中央圖書館臺灣分館藏原刊本。

[20] 鄭成功本人心理上可能以北極星自居。臺南延平郡王祠原藏有鄭成功披髮仗劍圖像一幅。披髮仗劍為玄天上帝塑像之基本型態，成功模仿之，可見玄天上帝在成功心目中必甚重。又施琅之叛離成功，亦與北極星有關。施德馨施琅從侄撰襄壯公（施琅）傳，載其事云：「鄭成功托故明藩封棲海上，素悉公琅英明，欲倚以為重，遮入海，禮遇初甚渥，凡軍事必咨商。及有人告以：『琅嘗夢為北斗第七星者』，鄭心忌之。」

[21] 馬齊等纂，《大清聖祖仁康熙皇帝實錄》卷 91，康熙 19 年 6 月癸亥條．民國 53 年，臺北，華文書局印行。

[22] 丘人龍，《天妃顯聖錄》，〈歷朝顯聖襃封共二十四命〉。國立中央圖書館臺灣分館藏雍正年刊本。

[23] 同註 22，〈清朝助順加封〉；歷朝襃封致祭詔誥：〈康熙十九年神助萬將軍克敵廈門〉條。

[24] 夏琳：《閩海紀略》。民國 46 年，臺南，海東山房。又江日昇，《臺灣外記》，民國 51 年，臺灣銀行印行方豪校訂本。

[25] 張其昀纂，《清史》，卷 261，朱天貴傳。民國 60 年，臺北，成文出版社。

[26] 按三藩之亂前，明鄭軍隊降清者，據《康熙實錄》，康熙二十年秋七月五日條記載，共有文武官 3,985 員，食糧兵 40,962 名，歸農弁兵民 64,230 名，眷屬人役 63,000 餘名，總數 172,000 餘名，大小船 900 餘

艘。朱天貴所部二萬餘眾,船三百餘艘似不會超過鄭經征閩兵力三分之一。

27 乾隆 28 年,懷蔭布修,《泉州府志》,卷 61,明,樂善,施濟民。民國 53 年,臺南,朱商羊影印刊本。

28 同註 22,〈燈光引護舟人條〉。

29 同註 25,卷 261,姚啟聖傳。

30 見施琅,《靖海紀》,〈為神靈顯助破逆請乞皇恩崇加敕封事疏〉。

31 寧靖王於鄭克塽送出降表後,與五妃自經而死,死前並將宅邸捨為僧寺。施琅入臺後,復將之改為天妃宮。康熙《福建通志》,卷 11 祀典,臺灣府天妃宮條云:「在府治鎮北坊赤崁城南,康熙二十三年臺灣底定,靖海侯施琅以神有效順功倡建。」

32 乾隆 29 年王瑛曾重修《鳳山縣志》,卷五壇廟,天后廟云:「在縣治北門龜山頂,康熙二十二年奉文建,年久傾圮,乾隆二十七年知縣王瑛曾重建。」按康熙 22 年清廷尚未將天妃列為朝廷祀典,要至康熙 59 年海寶等人使琉球返國,奏上天妃顯佑事蹟後,天妃始被列為朝廷祀典,至雍正 11 年,始令沿海各省一體奉祠致祭。故《鳳山縣志》所云「奉文建」,所奉自非朝廷令文。而施琅自康熙 22 年 8 月至 11 月,一直以軍事最高指揮官身份駐臺,班師後,復任福建水師提督至康熙三十五年去世止。而康熙 35 年以前臺灣所建媽祖廟,除水仔尾廟外,皆建於水師重地,應是施琅透過水師系統行文所建之廟。

33 同註 8。

34 謝金鑾修,《臺灣縣志》,卷 2 政志,壇廟,海安宮條。民國 57 年,臺北,國防研究院。

35 同註 8。

36 曾玉昆:《媽祖與旗後天后宮三百年滄桑》,民國 94 年,高雄市,高雄市旗津區旗後天后宮 。

37 康熙 56 年,周鐘瑄修,《諸羅縣志》,卷 12 雜記志,寺廟,天妃廟條。民國 57 年,臺北,國防研究院。

38 伊能嘉矩著,江慶林等譯:《臺灣文化志》,中卷,第 7 篇第 3 章:天妃及其他海神之信仰。民國 80 年,臺中,臺灣省文獻會印行。

39 李汝和等:《臺灣省通志》卷 2 人民志宗教篇,第 10 章,通俗信仰,第三項媽祖之信仰。民國 70 年臺中,臺灣省文獻會印行。

40 伊能嘉矩著，江慶林等譯：《臺灣文化志》，中卷，第 7 篇第 3 章：
　天妃及其他海神之信仰。民國 80 年，臺中，臺灣省文獻會。

41 同註 8，卷九雜記志，寺廟，在鹿耳門。

42 季麒光〈覆議康熙二十四年餉稅文〉云：「賦從田起，役從丁辦，此
　從來不易之定法也。臺灣既入版圖，酌議賦額，以各項田園歸之於民，
　照則勻徵，則尺地皆王土，一民皆王人，正供之外，無復有分外之爭
　矣。乃將軍以下，復取偽文武遺業，或託招佃之名，或借墾荒之號，
　另設管事，照舊收租。」又〈豫計糖額詳文〉云：「自將軍以下，各
　自管耕督墾，即為官田，其數已去臺灣田園之半。」大體明鄭各軍屯
　田、文武官莊田園皆被侵佔。季麒光〈條陳臺灣事宜文〉復云：「佃
　民獨受偏累之苦，哀冤呼怨，縣官再四申請，終不能補救。且田為有
　主之田，丁即為有主之丁，不具結，不受比，不辦公務，名曰蔭田，
　使貧苦無主之丁，獨供差遣。夫蔭丁，有形之患也，蓋免一丁而以一
　丁供兩丁之役，弱為強肉，則去留有死生之心，勉從而不懷仁，力應
　而不心服，怨不在大，可畏惟人，固宜深慎。」實已將臺灣民間抗清
　之性質點明。

43 清吏壓榨百姓非常普遍，如康熙《福建通志》載福建水師提督衙門要
　求澎湖居民每年獻銀 1,200 兩，否則不准下海採捕。當時澎湖居民僅
　500 餘戶，每戶需負擔二兩餘，負擔頗重。

44 同註 11，卷 15 雜記，祥異，兵燹，康熙 60 年夏 4 月己酉條。

45 同註 22，歷朝褒封致祭詔誥：〈福建水師提督藍以康熙六十年克復
　臺灣，神顯助，至雍正四年請匾聯文〉。

46 見施學吉、施暫渡編，《臨濮施氏族譜》，錢江中份分支世系。民國
　57 年五月，臺中，文光出版社。

47 乾隆 6 年，劉良璧修，《重修福建臺灣府志》，卷 16 選舉，貢生，
　康熙三十六年條。

48 同註 32，卷 12 藝文志，五言律詩，兵馬司副指揮施世榜：〈靖臺隨
　軍入鹿耳門〉。

49 乾隆 28 年，懷蔭布修，《泉州府志》，卷 61，國朝樂善，施世榜。

50 臺灣銀行經濟研究室編，《清代臺灣大租調查書》，第 3 章番大租，
　第二節，番社給墾字四，民國 52 年 4 月，臺北，編者印行。

51 道光 12 年，周璽，《彰化縣志》，卷 8，人物志，隱逸，〈林先生

傳〉。民國 57 年，臺北，國防研究院。

⁵² 同註 51，卷 5，祀典志，祠廟，天后聖母廟。

⁵³ 同註 51。

⁵⁵ 倪贊元，《雲林縣采訪冊》，他里霧保、西螺保。民國 57 年，臺北，國防研究院。

⁵⁶ 《重修臺灣縣志》卷 6 祠宇志，廟，天后廟。民國 57 年，臺北，國防研究院。

⁵⁷ 同註 32。

⁵⁸ 同註 51，卷 10，藝文志，福康安：〈勅建天后宮碑記〉。

⁵⁹ 同註 51，署鹿港海防同知金棨：〈新天后宮祀業記〉；北路理番同知兼鹿港海防汪楠：〈重修鹿港新天后碑記〉。

⁶⁰ 同註 51。

⁶¹ 吳幅員，《臺灣寃錄—林文明案文獻叢輯》五、〈同治十年七月遣抱林秋首次京控呈詞〉。《臺北文獻》第 55、56 期合刊。民國 70 年 6 月，Pp55~121。

⁶² 同註 61，二一、〈光緒四年九月二十三日氏呈遞〉。

⁶³ 同註 61，六、〈臺灣府周懋琦奉委查覆〉。

⁶⁴ 同註 61，八、〈凌定國奉飭稟覆〉。

⁶⁵ 同註 61，二四、〈按察司葉永元會同布政司、糧、鹽兩道詳請督撫憲具奏〉。

⁶⁶ 《臺灣采訪冊》，〈祥異〉七，〈火災〉。民國 57 年，臺北，國防研究院。另臺灣銀行排印本則將該條刪除，僅錄西定坊天后廟火災條。

⁶⁷ 徐宗幹：《斯未信齋文集》，〈斯未信齋雜錄〉，〈壬癸後記〉，民國 49 年，臺北，臺灣銀行經濟研究室。

⁶⁸ 同註 55，大槺榔東堡，區。

⁶⁹ 臺灣總督府臨時臺灣舊慣調查會，《第一部調查，第三回報告書》，《臺灣私法附錄參考書》，第 2 卷，上冊，臺灣寺廟的來歷及其附屬產業有關記錄，〈北港朝天宮由來〉。

⁷⁰ 同註 68。

⁷¹ 陳培桂、林豪：《淡水廳志》卷 6 典禮志，祠祀，天后宮。民國 57 年，臺北，國防研究院。

⁷² 據廟內現存石碑。

[73] 陳淑均：《噶瑪蘭廳志》卷 3 祀典志，蘭中祠宇。民國 57 年，臺北，國防研究院。

[74] 《新竹縣志初稿》，卷 3 典禮志。民國 57 年，臺北，國防研究院。

[75] 林百川、林學源：《樹杞林志》典禮志。民國 57 年，臺北，國防研究院。

[76] 同註 71。另光緒 19 年《苗栗縣志》。民國 57 年，臺北，國防研究院。

[77] 光緒 24 年《新竹縣志初稿》，〈典禮志〉。民國 57 年，臺北，國防研究院。

[78] 同註 51。

[79] 《台灣中部碑文集成》，嘉慶年間北路中營燕霧汛防黃青桂於上述二廟獻祀田。

[80] 同 39。

[81] 同註 55，各保。

[82] 相良吉哉《臺南州祠廟名鑑》，昭和 8 年（1933），臺南，臺灣日日新報社臺南支局印行。惟其所書各廟創建年代，偶有誤將光緒寫成康熙，或不合常理者。

[83] 《嘉義管內采訪冊》，民國 57 年，臺北，國防研究院。

[84] 盧德嘉《鳳山縣采訪冊》，丁部規制，祠廟。民國 57 年，臺北，國防研究院。

[85] 屠繼善《恒春縣采志》。民國 57 年，臺北，國防研究院。

[86] 胡傳、陳英：《臺東州采訪冊》祠廟（附寺觀），天后宮。民國 57 年，臺北，國防研究院。

[87] 臺灣總督府印《臺灣宗教調查報告書》，附錄，第六重要祭神。臺北，大正八年，編者印行。

媽
祖 信仰研究

第十章　北港朝天宮與臺南大天后宮的分合

一、前言

　　北港朝天宮（圖 10-1）、臺南大天后宮（圖 10-2）都是臺灣媽祖信仰的重鎮，大天后宮是最早的官建媽祖廟，朝天宮則是全臺信仰人口最多的廟宇，府城居民迎請北港媽祖至府城遶境、坐鎮大天后宮接受南臺灣府居民香火，曾經是臺灣歷史上動員人力規模最大、官民全神貫注的宗教活動。大正年間，二廟卻終止雙方的合作關係，使臺灣最具規模的宗教活動因此中止。朝天宮、大天后宮二廟的合作大大提振臺灣媽祖信仰的聲勢，讓媽祖信仰成為臺灣民間信仰的主流；二廟分道揚鑣後，大甲媽祖至北港進香慢慢取而代之，朝天宮與大天后宮的分合象徵臺灣媽祖信仰由南向北轉進的一個大轉變。

媽祖信仰研究

圖 10-1 北港朝天宮

二、朝天宮、大天后宮背景分析

（一）商港都市屬性

　　北港古名笨港，是臺灣最早有漢人進入開發的區域之一。明末顏思齊、鄭芝龍率閩南饑民入墾，荷據時期，此地有許多漢人活動，荷蘭人在此駐兵收稅。明鄭時期則有將領陳縣入墾，清領臺灣，繼有陳立勳入墾，至康熙 24 年（1685）起，笨港即為臺灣北路米糧出口港，也是雲林、嘉義、南投縣市物產的吞吐口，商業興隆，素有小臺灣之稱。大量的船舶載運各種貨品在臺灣海峽兩岸穿梭，基於祈求海上

414

航行平安的心理，就為航海守護神媽祖的信仰提供一個很大
的空間。

臺南市的開發與北港約略相當，自明鄭時代起，即為
全臺灣的政治中心及商業中心，其都市規模遠較北港宏
偉，其北岸臺江潟湖，在道光年以前可泊船數百艘，海運
之繁盛，更在北港之上，同樣也為航海守護神媽祖的信仰
提供廣大空間。

（二）廟宇屬性

北港朝天宮自始即是由地方士紳鳩資創建，其土地業主
陳立勳具生員身分，其家族在清朝領臺後即入墾笨港地區，
田連阡陌，家族自有商號經營絲線等行業，至乾隆 40 年
（1775）朝天宮重修時，其後裔陳瑞玉仍居董事職位，其餘
董事，則有貢、監生、笨港街總理、行戶等，甚至嘉義梅山
的行戶蔡世國也在其內，可見朝天宮的董事人員包含信仰圈
內的紳、商及自治團體領袖，較具自主性。因民間屬性高，
廟宇經營較具彈性，民間參拜者多，香火自然日趨鼎盛。

北港朝天宮雖是由地方士紳鳩資創建，但由乾隆 40 年
（1775）笨港縣丞薛肇熿協助重興，道光年間由子爵王得祿
奏請道光皇帝賜祭，等同祀典廟宇；光緒年間又由巡撫劉銘
傳奏請光緒帝賜匾，可見朝天宮與清朝官方關係良好。從地
方居民屬性來看，北港居民以商業為主要謀生方式，社會安
定的需求高，心態上傾向於與執政者合作，因此，歷年臺灣
民變，北港居民都支持清政府。

臺南大天后宮自始即由水師提督施琅就明寧靖王邸改建，並以臨濟宗第34世和尚勝修任住持，兼管臺灣府僧綱，其後大天后宮的修建也多由當地官員領銜捐修，其官廟性質明確，必須受臺灣府知府指揮，其作為官方得以完全主導，甚至影響到迎神遶境活動之有無，如徐宗幹在其《斯未信齋文集》中即提到道光年間張丙抗清事件發生，因恐進香活動影響治安，其前任道臺不願居民迎北港媽祖至府城，故意囑咐大天后宮住持在卜筊時為不來之語，不無影響大天后宮的香火發展。嘉慶23年大天后宮火災後，官方導入臺南三郊參與重建，開始迎北港媽祖南下，活化大天后宮的經營，也提升大天后宮的信仰地位，至大正年間其俗中止，大天后宮的進香潮也漸減少。

（三）奉祀神

朝天宮的祀神，正殿以媽祖為主神，千里眼、順風耳為挾侍神，後殿以觀世音菩薩為主神，善才、龍女為挾侍神，十八羅漢為陪侍神。觀音殿後為聖父母殿，供奉媽祖父母及兄、姐神位，其左側偏殿為開山廳，供奉開山以降歷代僧侶神主牌位。正殿左方凌虛殿，供奉三官大帝。正殿右方五文昌夫子殿，供奉五文昌夫子。五文昌殿前右側室仔供奉境主公、福德正神，凌虛殿前左側供奉註生娘娘、婆姐。目前朝天宮供奉神祇雖包含佛、道二教，但其供奉主神是以正殿主軸的媽祖、觀世音菩薩、聖父母為主。

臺南大天后宮建築格局因原係明朝寧靖王邸，且有部分遭破壞，不若朝天宮完整，其祀神，正殿以媽祖為主神，千

里眼、順風耳為挾侍神。左側殿奉祀水仙尊王，右側殿奉祀
四海龍王，後殿為聖父母殿，供奉媽祖父母及兄、姐神位、
寧靖王神主、功德主及歷代僧侶神主牌位。右側佛祖殿，以
釋迦牟尼佛、三寶佛為主神，右側前殿奉祀觀世音菩薩。另
有臨水夫人、註生娘娘、三界公（三官大帝）、福德爺、月
老公等神。奉祀之神，如釋迦牟尼佛、水仙、臨水夫人等與
朝天宮略有不同，但以媽祖為主要祀神是相同的。

（四）住持僧侶

　　北港朝天宮媽祖是臨濟宗第 34 代樹璧和尚迎請而來，
樹璧和尚來自福建莆田湄洲天妃宮，湄洲天妃宮本身雖也有
官方色彩，但朝天宮僧侶平常即深入社會為民服務，夏秋水
漲，在笨港溪設義渡渡人，平常為信徒講解佛理，辦理佛事。
一般廟宇前來進香，僧侶為其主持誦經、刈火儀式，廟宇或
家庭前來朝天宮迎請媽祖或請大符（即印有媽祖神像之黃色
棉紙）也會捐獻香油錢，朝天宮的收入頗豐，雲嘉彰地區重
要法事，常禮聘朝天宮僧侶主持。朝天宮由樹璧和尚住持
後，僧侶一脈相傳，如能澤、皖衷皆為一代名僧，直至日據
時期共傳承了 17 代，至大正 10 年（1921）始改由臺南市竹
溪寺僧眼淨和尚及其傳人住持至今。僧侶外傳為他廟住持
者，如嘉義市朝天宮、臺南市普濟殿、鹿港鰲亭宮、西螺福
興宮等均有其人。

　　臺南大天后宮前身為明朝寧靖王邸，雖然寧靖王在殉國
前已將王邸捨為佛寺，並由僧人宗福住持，但清朝將臺灣收
入版圖後，施琅將之改建為天妃宮，並改聘福建省泉州府開

元寺僧,臨濟宗第 34 世僧勝修任住持,並以勝修兼任臺灣
府僧綱司事,總管臺灣佛教事務,至嘉慶 23 年天后宮火災
而止。勝修傳人也代代相承在大天后宮住持奉祀香火,至日
據後始結束,其歷代僧侶牌位仍保留在後殿坐享人間香火。
勝修雖也是臨濟宗第 34 世,但其師承來自泉州府開元寺,
與朝天宮僧侶來源不同。

三、北港媽祖巡府城

　　北港朝天宮與臺南大天后宮的關係非常密切,朝天宮媽
祖在道光年以前即常被迎請至府城巡歷,並駐蹕大天后宮
接受信徒膜拜經月始返。文獻最早記載此事者為清代臺灣
最高行政長官臺灣兵備道徐宗幹之《斯未信齋文集》。其
文云:

> 壬子（咸豐元年,1851）,三月二十三日,為天后神
> 誕。前期,臺人循舊俗,迎嘉邑北港廟中神像至郡城
> 廟供奉,並巡歷城廂內外而回。焚香迎送者,日千萬
> 計。[1]

徐宗幹雖謂此是臺人舊俗,但卻未提及始於何時。徐文又
謂:「歷年或來、或否,來則年豐、民安。販賣藉此營生。
前任或密囑住持卜筊,假作神話,以為不來,愚民亦皆信之。
省財、省力,地方不至生事,洵為善政。」即朝天宮媽祖並
非每年均至府城巡歷,而去或不去的關鍵則是大天后宮住持
卜筊的結果,去或不去,完全由大天后宮決定,而非北港。

從這段記載看，北港朝天宮到臺南，並駐紮大天后宮，應只是單純的民間迎媽祖活動，而非廟與廟間的進香活動。

朝天宮媽祖南巡，依例必被迎駐大天后宮供府城居民膜拜，因大天后宮為官方祀典廟宇，具有代表政府的象徵意義，故久了之後，臺南方面也有人謂府城居民赴北港為進香，迎北港媽祖至府城為乞火。成書於日本據臺初期的《安平縣雜記》，〈風俗現況〉謂：

> 三月，北港進香，市街里保民人沿途往來數萬人，日夜絡繹不絕，各持一小旗，掛一小燈，燈旗各寫「天上聖母、北港進香」八字。迨三月十四日，北港媽來郡乞火，鄉莊民人隨行者數萬人入城。市街民人款留三天。其北港媽駐大媽祖宮，為闔郡民進香。至十五、十六日出廟繞境，沿途回港，護送者蜂擁，隨行者亦同返。此係俗例，一年一次也。[2]

原來單純的府城居民至北港迎媽祖至府城供奉的宗教活動，至日據初已被分為二項活動，把府城居民至北港迎媽祖稱為進香，把北港媽祖至府城稱為乞火。

北港朝天宮、臺南大天后宮，二廟間是否有祖廟與分香廟的關係？大天后宮成立於康熙 23 年（1684），朝天宮創建於康熙 39 年（1700），經核對二廟的僧侶系統，大天后宮僧侶來自泉州府開元寺，朝天宮僧侶則來自湄洲，開山和尚同為臨濟宗第 34 世，並無師徒的關係，且朝天宮媽祖直接來自湄洲，兩廟並無分香的關係。至於稱府城居民至北港迎媽祖為進香，北港媽祖至府城為乞火，與臺灣民俗慣例不

同，可能是撰稿者對臺灣民俗尚未充分理解下的用語。究竟
府城居民迎北港媽祖南下供奉的原因為何，推測可能與下列
因素有關。

圖 10-2 臺南大天宮正殿

（一）大天后宮祝融之災

大天后宮雖有僧侶住持，但在清嘉慶 23 年（1818）3
月癸丑卻遭嚴重火災，廟內神像付之一炬。《臺灣采訪冊》
〈祥異〉七〈火災〉，記道光 9 年（1830）陳國瑛采訪的內
容云：

> 嘉慶二十三年戊寅三月十六日寅時，天上聖母廟災，
> 中殿及後殿俱燼，神像、三代牌位蕩然無存。住持僧
> 所蓄銀錢俱鎔化，惟大門一列尚存。凡火焚至廟宇而
> 止。此次專焚神像，殊堪詫異。[3]

陳國瑛的這段描述其實隱藏有貶抑大天后宮僧侶之意，因陳
在此采訪冊中，除了一般店舖民宅火災外，同時記錄了乾隆
35 年（1770）正月真武廟前火災、道光庚寅（1830）年前
街失火等災，但均燒至廟前即止，而獨於大天后宮有：「凡
火焚至廟宇而止。此次專焚神像，殊堪詫異。」的話，應是
話中有話。此次火災，中殿、後殿及僧房俱被燒毀，且住持
僧所蓄銀錢俱鎔化，可想陳國瑛是暗示火苗應是由僧房發
出，其原因若非住持僧抽鴉片，至少其管理亦有問題。

　　大火之後，大天后宮面臨著廟宇重建、神像新雕、經費
籌募等種種複雜問題，直接影響到此後大天后宮的發展、管
理型態。

（二）三郊參與大天后宮事務

　　大天后宮原為官廟，住持僧是施琅禮聘來臺的泉州開
元寺僧，其法脈兼管理臺灣佛教事務，也有官品，一般官
員應對其相當禮遇。大天后宮早期修建均由官方負責推
動，乾隆以前的重修碑文可能在嘉慶大火中燒燬不得其詳，
但大天后宮殘存資料，尚可見及乾隆 5 年（1740）鎮標左營
游擊石良臣於後殿左右建二廳，乾隆 30 年（1765）知府蔣
允焄重修；乾隆 40 年（1775）的知府蔣元樞發起重修；乾

媽
祖信仰研究

隆 49 年（1784）知府孫景燧也加以整修等，可見官方對大
天后宮支持的程度。

祀典大天后宮被焚燬勢必讓天后祀典無法舉行，此對官
方而言是一件大事，因大天后宮規模宏偉，重修經費非上萬
圓不敷應用，此鉅額款項實非臺灣府收入所能負擔。署臺灣
知府鄭佐廷乃發起募捐，並將重任委請三郊協助。

府城三郊成立於清雍正初，是臺灣最早成立的行郊。配
運於上海、寧波、天津、煙臺、牛莊等處之貿易者，尤以糖
業為主要商品，稱北郊，郊中有 20 餘號營商，群推蘇萬利
為北郊大商。配運於金廈兩島、漳泉二州、香港、汕頭、南
澳等處之貨物者，以油、米、什穀為主要商品，稱南郊，郊
中有 30 餘號營商，群推金永順為南郊大商。熟悉於臺灣各
港之採糴者，曰港郊，如東港、旗後、五條港、基隆、鹽水
港、朴仔腳、滬尾配運之地；港郊中有 50 餘號營商，共推
李勝興為港郊大商。

三郊雖各有營業範圍及營業項目，但既處在同一地方，
必有共通之問題及互相支援協調之事，因而由三郊首領：北
郊蘇萬利、南郊金永順、港郊李勝興帶頭發起組成「三郊」，
以統領諸商事務；內置董事 3 人，由蘇萬利、金永順、李勝
興各執其權，為義務職。三郊共置三益堂為辦事處，奉祀水
仙尊王為主神。乾隆 51 年（1786）冬，林爽文事件，南路
莊大田起來響應，聚眾攻打府城。三郊為維持商業活動，不
願見地方動亂，釀金募招義民，給頒白布旗號，助平林爽文
之亂，因此，戶部賞給軍功。嘉慶 12 年（1807），蔡牽亂，
地方官長札諭三郊募集義民。時三郊公號僅存蘇萬利、金永

422

順、李勝興之公戳記，各郊董事者為陳啟良、郭拔萃、洪秀文，以三人為三郊之義民首，助平蔡牽亂，而三郊之名著於全臺，署臺灣知府鄭佐廷才會將重建大天后宮任務委請三郊負責。

重建工程，從嘉慶 23 年開始募款進行，工程持續進行至道光 10 年（1831）年始止，先修觀音殿、更衣亭，俾天后神位有所妥靈，官方祀典得以維持不斷，接著陸續重建正、後殿、山川門及其他部分，並重雕天后媽祖及相關神明金身。正殿竣工後，其左側神龕奉祀有水仙尊王，右側神龕則奉祀四海龍王，此後，三郊漸漸參與大天后宮的經營，也擴大了大天后宮在媽祖信仰的影響。今大天后宮尚保存有道光元年正月，三郊以蘇萬利、金永順、李勝興之名獻上「貺昭慈濟」匾。[4]

（三）三媽巡府城

笨港原包含今天雲林縣北港鎮與嘉義縣新港鄉南港村一帶，早在康熙 24 年即為臺灣北路米糧出口要港，據康熙 61 年（1722）巡台御史黃叔璥所撰《臺海使槎錄》，〈赤崁筆談〉所載，當時近海港口，哨船可入者，只鹿耳門及南路之打狗港、北路之蚊港、笨港、淡水港、小雞籠、八尺門等處。如笨港比鄰之猴樹港、海豐港、二林港、三林港、鹿子港則僅可通舢舨船而已。又謂當時臺米販運內地，北路米由笨港販運，南路米由打狗販運，而笨港並有小港可通鹿耳門內，即名馬沙溝是也。[5]

康熙 50 年代，當時之外九莊，已有土獅仔、猴樹港、洪水港等街；大奎壁莊有鹽水港街，但是商賈之輳集及市面之繁榮，亦皆不及笨港街。笨港得迅速發展，肇因於當地郊行林立，郊行最大者，為經營笨港、泉州間貿易之泉州郊商組合金合順；經營笨港、廈門間貿易之廈門郊商組合金正順；經營笨港、漳州以南地區貿易之龍江郊商組合金晉順，此外尚有糖郊、米郊、簐郊、布郊及甚多之船行、油車，列肆甚盛。康熙 56 年（1717）修的《諸羅縣志》謂：「笨港：商船輳集，載五穀貨物」、「臺屬近海市鎮，此為最大。」雍正至乾隆中葉，為笨港地區發展最速時期，笨港街肆隨人口大量增加而不斷擴展。乾隆 6 年（1741）諸羅縣行政區劃漢人居住區原僅為 4 里、7 保、17 莊，至乾隆 29 年（1764）增闢 39 保、1 莊，共計 4 里、46 保、18 莊。笨港街則以人口眾多，被劃分為南、北二保，北街屬大康榔東保，南街屬打貓西保，對外仍合稱笨港街。余文儀乾隆 29 年《重修臺灣府志》，描述當時笨港情形云：

> 笨港街，距縣三十里，南屬打貓保，北屬大康榔保。
> 港分南北，中隔一溪，曰南街，曰北街，舟車輻輳，
> 百貨駢闐，俗稱小臺灣。[6]

雍正年以後，笨港與府城同樣成立了行郊，其成立確實年代不詳，但在乾隆 4 年（1739）笨港三郊已與府城三郊同樣取得郊商領袖的地位，也合資創建水仙宮以為公所處理闔港郊商有關問題，兼祀水仙尊王。從府城、笨港三郊發展的模式，可以看出二者十分雷同，連奉祀的守護神也相同，更奇特的

是三郊參與天后媽祖的事務也在嘉慶以後，如乾隆 40 年朝
天宮的重建，雖已有行戶劉恒隆、張克昌、鄭奇偉、陳愧賢
及梅山蔡世國等擔任重建董事，但卻未見三郊列名其中。[7]

　　嘉慶年間笨港三郊除了水仙尊王之外，也開始信奉媽
祖。北港朝天宮在嘉慶年間曾經重建，當時也新雕媽祖神
像。民國 85 年（1996）朝天宮重修三媽神像，在神像背部
發現一長寬各約 15 公分的空間，裡面安置當年神像雕刻完
竣時入聖所置寶物，計含：媽祖香火一份（用黃綢布包裹）、
鶺鴒（八哥）一隻、金幣一枚、銀幣一枚、當朝歷代錢幣（即
順治、康熙、雍正、乾隆、嘉慶等朝通寶各一枚）、生鐵一
小片、白絲線一束（象徵三魂七魄）、小銅鈴一個、五穀種
少量（稻豆等當地農作物種籽）、小銅鏡一枚、細長竹片一
片（象徵德行）、黃曆、祝詞一份（含雕塑神像僧侶法號、
生辰八字、開雕、入聖、安座日期時刻，並署上年月，用絲
線綁妥。）

　　祝詞內文如下：

> 嘉慶辛未歲次十六年九月廿八日吉日良時，重興北港
> 朝天宮，奉祀天上聖母恩主及諸佛神聖金身寶像，住
> 持僧浣衷，弟子本命乙酉年九月一日丑時建生，心念
> 虔敬，新雕二媽、三郊媽天上聖母金身寶像，擇于五
> 月初八戊辰日丁巳時起工雕刻聖母入聖，香火、金
> 身、寶像及諸寶物安腹，擇于六月初九己亥日戊辰時
> 入聖大吉聖母開光進殿，擇于八月初三壬辰日乙巳時
> 安座大吉祈求神恩庇佑，佛力提攜，合境和順，老幼

平安，士農有喜，工商便利，四時無災，八節有敬，
伏願廟宇興隆，永繼彌深，代代相傳，年年成順，惟
望風調雨順，國泰民安，境土咸寧，父慈子孝，兄友
弟恭，鄰里和睦，止訟息爭，和相勸勉，實力奉行，
乃天地歡喜，光陰照臨，馨香久遠，日月流行，則善
者自申矣。嘉慶貳拾肆年五月　日叩祝

這篇祝詞是當時北港朝天宮住持浣衷所立，裡面明記北港朝
天宮於嘉慶 16 年（1811）重建，歷經 8 年竣工。由於嘉慶
年間的重建並未有碑文留下，無法見及三郊捐款情形，但由
浣衷發願新雕朝天宮三郊媽之行為，應可證明三郊在朝天宮
重建過程中必定出力甚多，以致浣衷願意雕造三郊媽奉祀並
以自身本命護持之，也反映笨港三郊在嘉慶年間已開始介入
朝天宮的運作。此祝文的出現，可印證臺灣府民迎請的「北
港三媽」，真正的稱呼是三郊媽。

　　嘉慶 23 年（1818）大天后宮大火導致官方一時無媽祖
可奉祀，新雕媽祖也需有其他媽祖襄贊靈力，笨港北港朝天
宮大和尚浣衷又新雕三郊媽祖，而府城、笨港間的商號又
素有往來，遂在二地三郊的合作下，開啟了北港媽祖南巡
的契機。

　　民國 93 年（2004）1 月臺南大天后宮鎮殿媽祖頭部斷落，
重修時發現神像內有三方小玉牌，第 1 塊銘文云：「天上聖
母寶像，道光元年，泉郡晉水陳成居敬造」，第 2 塊銘文云：
「福建興化府莆田縣湄洲嶼天上聖母降誕於大宋建隆元年三
月念三日吉時，開光於道光二年十一月十六日午時吉」，第

3 塊銘文云：「重興總事三郊蘇萬利、金永順、李勝興，監生陳瑛疆」，[8]可證明在嘉慶 23 年（1818）3 月至道光 2 年（1823）11 月新雕天上聖母開光以前，大天后宮是須藉重於其他媽祖襄助坐鎮的。從現存臺南大天后宮咸豐 8 年〈鑄鐘緣起碑記〉，北港廈郊金正順、泉郊金合順、糖郊金興順共捐款 120 大圓，為全臺各地捐款最多者及北港朝天宮現存神轎、神案、祭器許多是臺南商人如張立興號等捐獻，可以佐證兩地郊商互相合作、支持對方媽祖信仰的情形。

圖 10-3 大天后宮觀音

府城迎媽祖，除了單純的宗教因素外，對府城的影響如何，徐宗幹曾加以評論云：

> 歷年或來、或否，來則年豐、民安。販賣藉此營生。前任或密囑住持卜筊，假作神話，以為不來，愚民亦皆信之。省財、省力，地方不至生事，洵為善政。然祈報出於至誠，藉以贍小民之貿易者，亦未可弛而不張，且迎神期內，從未滋事，故聽之。十五日，同鎮軍謁廟，男婦蜂屯蟻聚，欲進門，非天后神轎夫執木板辟易之，不得前。偶微服夜巡，自宵達旦，用朱書「我護善良，進香須做好人，求我不能饒你惡」云云簡明告諭，並大書「販賣洋土、船破人亡」八字於殿前，乘其怵惕之心以道之。神道設教，或可格其一二耳。

徐宗幹謂「來則年豐、民安。販賣藉此營生，藉以贍小民之貿易，乘其怵惕之心以道之」是迎媽祖的利，至於缺點只是「省財、省力，地方不至生事」既有利於商業發展，又可年豐、民安，兩者相衡，當然是繼續舉辦下去了。

四、三媽中止巡府城

（一）輿夫衝突

府城迎北港媽祖畢竟是一個數萬人參與的大規模宗教活動，參與活動之基層人員素質不一，難免會有意外狀況發

生。徐宗幹《斯未信齋文集》已記載了咸豐元年（1851）3
月迎北港媽祖雙方輿夫發生衝突的情形云：

> 壬子三月十六日，神輿出巡，輿夫皆黃衣為百夫長，
> 手執小旂，眾皆聽其指揮。郡城各廟神像，先皆舁之
> 出迎，復送天后出城而後返。舉國若狂，雖極惡之人，
> 神前不敢為匪；即素犯罪者，此時亦無畏忌，以迎神
> 莫之敢攖也。是日午後，忽大雷雨，霹靂不已。郡城
> 舁神輿者，至城門皆覺重至千鈞，兩足不能前，天后
> 之輿則迅疾如駕雲而飛。雨止，聞北港之夫與郡城神
> 輿之夫爭路挾嫌，各糾約出城後互鬥洩忿。城外溝岸
> 內埋伏多人，為雨驅散；南門外同行三十餘人，雷斃
> 其二，餘皆被火傷，不知其何為也！非此雷雨，則
> 鬥必成，而傷害之人多矣。神之靈也，民之福、官之
> 幸也。

這年的爭路挾嫌糾約互鬥因雷雨而終止，但這種事例也常發
生，大正 4 年（1915）5 月 12 日《臺灣日日新報》有一篇
報導，是月 8、9 兩日，臺南居民合迎臺南國姓公與北港媽
祖，在 4 月 27 日卻也發生臺南永華宮頭旗被人折毀，旗手
被毆的爭執事件。[9] 此類事件，終究因敬神及未觸及雙方經
濟利益，故雙方尚能忍受。但大正 4 年（1915），雙方終因
利益糾葛而停止往來多年的迎神活動。

（二）經濟利益衝突

　　大正 4 年（1915）5 月 27 日《臺灣日日新報》有一篇
題為〈聖母塑像原因〉的報導，詳細記載了雙方終止往來的
原因，原文雖稍長，但因具史料價值，錄其全文如下：

> 曩者北港朝天宮，議欲重新起蓋，曾稟督府許准，向
> 全島信徒捐題七萬金，南部數有六萬餘圓，實台南市
> 內宮後街布商錦榮發主人石學文之力也。石素慈心敬
> 佛，奉三媽到處捐題，於市內紳商不憚矢口勸誘，而
> 又奔走於打狗、鳳山、阿緱等地，善為鼓舞，故有此
> 鉅額，占全島八、九之數，因此得董事之名義，而與
> 北港之重要人物，如曾席珍、蔡聯（然）標等時相往
> 來結契甚篤。
>
> 者番因景氣不佳，台南諸紳商議迎請聖母。初次石往
> 北港，與曾等交涉，即為應承。緣官紳合議，聖母來
> 南，將與國姓爺合迎繞境，必加倍熱鬧。例年，常因
> 爭舁聖母轎以起禍。擬當市八派出所每管下壯丁六
> 名，計四十八名，分作兩班，一班二十四名，直往北
> 港舁下，一班到半途迎接。遂惹惱藥王廟街人，以為
> 如此破常例。蓋前清咸豐三年，土匪戴萬生（潮春）
> 擾亂時，台南戒嚴，值聖母將來進香，官府恐土匪扮
> 作香隊混入城內，出阻。聖母在城外，乃暫駐駕於藥
> 王廟。以後，聖母凡南下來往，須由藥王廟街人舁之，
> 他人不得與焉。
>
> 乃有該街人王福田者，寫一信，托北港本島人某刑

事，向該支廳長言，若聖母駐南十餘天，當地生意影響有三萬金。一般商人亦起而大反對。至期，石往迎，曾等以支廳長不肯辭。石飛電話來南，南紳托台南廳長與支廳長交涉始肯。無如北港紳商任石如何交涉，終不肯。後擬將北港糖郊媽充作三媽。石無可如何，乃吞下，不敢言，預約陰曆四月一日送媽祖至鹽水港，以備該街人民歡迎。

自媽祖稅駕大媽祖宮，石每早晚往為參香，至陰曆三月二十九晚，循例而往，至中殿，見內爐香煙滾滾自爐底起。以該爐係在內帳下，不時三炷香而已，何以能發爐?意媽祖必有所指示。乃扶乩請聖母出駕。曰：余感南部爾眾一片信誠，茲北港諸爐下，既不以信誠待爾，雖余正身不來南，余真神實來南，所謂有其誠即有其神是也。自茲以往，余要長住台南，以受爾眾香煙。

越四月一日，連日大雨滂沱。鹽水已知台南所請者為糖郊媽，亦即直到北港請三媽去敬奉。石至是乃對南紳言明：三月十二夜三點鐘，要請三媽坐轎起駕，被北港人請出，如是者三五次。眾大憤，謂：北港諸紳商待我如此惡感情，三媽既要長住台南，可塑神像以為南部人敬奉，翌年免往北港。遂釀金數千金以為基本并備置一切。會議一年一次，合國姓爺大道公出為遶境，市內諸神輿齊出，其三媽神像，擇定此二十四日開斧，二十八日開光。將來入神後，必有一番大熱鬧云。[10]

431

這篇報導內容,第 1 段描述臺南布商錦榮發主人石學文因敬祀媽祖,在北港朝天宮重建時協助勸募鉅款而被聘為朝天宮董事,與朝天宮董事蔡然標、曾席珍等交情甚篤。第 2 段描述因景氣不佳,臺南紳商擬迎請北港媽祖與延平王共同遶境以創造商機,及同治年戴潮春事件以後為防盜匪混入,形成北港媽祖入城後改由藥王廟街民抬神轎慣例。第 3 段描述北港方面同意媽祖南下,但在規劃活動時,入府城後不依例由藥王街人抬神轎,引起該街民不滿,由王福田致函北港友人轉報北港支廳長,以影響北港收入三萬元為理由勸勿讓媽祖南下,其所述並獲北港商人認同。最後在臺南廳、北港支廳長協調下,北港以糖郊媽代替三媽至臺南並約定 4 月 1 日送回供鹽水街民迎請。第 4 段描述農曆 3 月 29 日發爐,經扶乩請神降臨,媽祖指示欲長駐臺南。第 5 段描述 4 月 1 日,鹽水街民已知三媽仍在北港,即直接至北港迎請三媽而未至臺南大天后宮迎糖郊媽,石學文乃將真相說出,台南紳商大憤,決定明年不再往北港,並捐數千圓雕塑北港三媽金身以替代。

這篇報導將雙方中止往來過程已全講出來,從臺南方面來說,是依古例迎請三郊媽,迎媽祖時,各種陣頭繡旗錦簇,香客人手一旗,旗海飄揚,光是布料的使用已極為可觀,石學文經營的錦榮發號即為布業,本身即是獲利者,加上當時臺南尚有三郊組合,傳統商業組織尚未解體,香客赴臺南的大量採購,可促進雙方經濟繁榮,是互利的行為,故在經濟不景氣的時候亟欲推動迎北港媽祖的活動。但北港方面,朝天宮的主事者雖仍有行商如經營布業和春行的王雙等人,但

負決定權者已是日本政府起用新一代的紳士，其經濟利益不在傳統產業，而在煙酒等消費品上，希望將消費者留在北港，因而產生讓糖郊媽替代三媽南下的決定。

按笨港三郊資本同時在泉州、廈門流通，二岸皆有事業體，日本據臺後，三郊曾觀望一段時間以決去留，但日本從關稅方面阻撓臺灣與大陸之貿易，致三郊無利可圖，至大正年間，三郊勢微，雖仍有行商參與朝天宮事務，但影響力則已不如從前。《臺灣日日新報》大正 4 年（1915）5 月 27 日報導的北港重要人物，曾席珍、蔡聯（然）標二人即為朝天宮新的領導階層，蔡然標為當時朝天宮管理者，其地位如同今之主任委員。

蔡然標祖籍福建省晉江縣，於清同治年間移居北港，於光緒年間考進嘉義縣學為生員，後雲林設縣，撥入雲林縣學，曾於雲林縣衙任職，兼任北港文祠聚奎閣塾師。日本據臺後北港設立公學校，北港無人前往就讀，日人聘請蔡子珊、蔡萱培、蔡然標等前清秀才任教後，北港人始願前往就學。蔡然標長久擔任教師，也曾在雲林縣衙服務，熟諳行政事務，在北港地區深具影響力。日人因此刻意加以攏絡，任為北港街街長、北港區區長等職務，給其家人北港地區酒類製造權。大正元年（1912）朝天宮重建，蔡然標即為董事兼管理人，大正 10 年（1921）朝天宮會正式成立管理委員組織，即出任朝天宮管理者直至昭和 4 年（1929）去世始止。除了專賣利益外，蔡然標也在北港中秋路北港舊碼頭旁建有店面數間，俗稱八卦樓，租人販售金紙香燭等祭祀用品，利潤甚高。[11]

　　曾席珍本姓蘇，原籍也是福建省晉江縣，自幼入塾習文
史會計，於光緒年間十餘歲來臺，不意船在雲林縣口湖外海
翻覆，被當地曾姓人家救起，遂改姓曾，為曾家養子。因曾
席珍文史根柢佳，曾在明治 35 年至 41 年（1902-1908）間
受聘為北港公學校教師，其後轉業經營恒茂行，善與日人溝
通合作，日人授予北港郡煙酒專賣權，獲利頗豐，中年以後
又出任臺南支廳參議職。大正 10 年（1921）朝天宮管理委
員會成立時曾即兼任北港朝天宮會計委員，蔡然標去世後，
曾席珍即接任朝天宮管理人職務。蔡然標長孫女蔡亦好許配
曾席珍長子曾人潛為妻，二家有姻親關係，主控北港朝天宮
各項事務。[12]

　　蔡、曾二氏的主要收入皆與煙酒有關，北港區的煙酒消
費額越高，其專賣收益也越多，故從私人收入論，進香客赴
北港越多，煙酒消費量越大，對二家越有利，據當時《臺灣
日日新報》的報導，往朝天宮進香之信徒年達二、三十萬之
多，致當時各製糖會社，如大日本、新高、東洋等公司經營
之輕便鐵路，為爭取乘客，紛紛予進香團體打折優待。足證
藥王廟街王福田所提的說法並非無稽，故能打動蔡、曾二人
的心。

　　迎請媽祖遶境，會給當地帶來平安，參拜人潮能為各行
各業帶來甚多經濟利益，故各地迎奉之風甚盛，臺北、嘉義
等地區歷年舉辦產業共進會時，都迎請北港媽祖駕臨當地廟
宇以供無法到北港朝拜信徒瞻拜，在《臺灣日日新報》大正
四年所見迎北港媽祖的報導即有宜蘭冬山、臺北大稻埕慈聖
宮、龍山寺、文山堡大坪林、新竹市、新埔、苗栗後龍、嘉

義城隍廟、嘉義西門街、彰化南瑤宮等。[13]媽祖信仰能成為
臺灣民間信仰主流，行商的推波助瀾應是主要原因。

五、互動餘波

（一）大天后宮雕鎮南媽

　　臺南紳商為迎請北港三郊媽神像與北港決裂後，先有坐
鎮大天后宮的北港糖郊媽祖香爐發爐，接著臺南紳商扶鸞請
神，結果北港三郊媽降臨，指示要長駐臺南以受南人香火。
扶乩之語，誠如徐宗幹《斯未信齋文集》所云：「前任或密
囑住持卜筊，假作神話，以為不來，愚民亦皆信之。」、「神
道設教，或可格其一二耳。」其實所有神降臨指示的事都是
人為造出來的，它只反映出臺南紳商主事者決心要仿雕北港
三郊媽，不再受制於人而已。

　　雕塑北港三媽神像事，委由臺南市嶺後街佛西國號裝
塑，此尊新雕的北港三媽即為後來臺南大天后宮的鎮南媽。
大正4年（1914）6月3日鎮南媽面目形體已具，並定舊曆
5月16日開光，20、21兩日遶境，22日安座舉行大典，由
臺南廳廳長松木茂俊先行上香、東區區長許廷光主祭、西區
區長謝群我陪祭，三郊組合長許藏春、董事石學文與祭。[14]

（二）朝天宮二度挽回

　　臺南紳商與朝天宮決裂後，不僅未將南下大天后宮的糖
郊送回北港，並雕塑鎮南媽取代北港三郊媽，強烈表達對北

港的不滿。北港方面,一則主事者已非傳統三郊,對於府城是否迎北港媽祖並不介意,加上臺南紳商未將糖郊媽送回,也不無失禮,故未積極彌補挽救。大正4年(1914)鎮南媽開光後的遶境儀式,北港媽祖即未參與。

民國 18 年(1929)9 月,朝天宮管理者蔡然標去世,曾席珍接任管理人。曾席珍任期從民國 18 年(1929)9 月至民國 42(1953)年 11 月去世,達 24 年之久,其間也兼擔任臺南州參議,雖有機會與臺南紳商接觸,但雙方關係未曾改善。民國 42 年(1953)曾席珍去世後,其女婿王吟貴繼任朝天宮管理者。王吟貴為北港和春號(布商)王雙之子,其兄王吟梓曾參與投資現代化的紡織事業臺南紡織廠,但未介入廟宇事務。

民國 44 年(1955),臺南大天后宮重修,朝天宮董事長王吟貴與前清生員蔡培東(與石學文同為朝天宮民國元年重建之募款功勞者)陪同往訪,捐獻兩壁堵,表明重修舊好意願。民國45 年(1956)正月 15 日臺南大天后宮護送糖郊媽回北港,並約定農曆 3 月 17 日再度迎北港媽祖赴臺南會香。當時臺南布商石學文已去世,屆期,雙方復以北港媽祖至臺南究係進香或南巡意見不合而未成行。[15]

民國 76 年(1987),北港朝天宮為慶祝媽祖成道千年舉辦環島遶境祈安活動,朝天宮以北港、臺南兩地媽祖淵源深厚,不可不至大天后宮駐蹕,雙方恢復往來。民國 82 年(1993),中華民藝華會在臺南市舉行,大天后宮董事長駕臨朝天宮邀請媽祖前往會香遶境。民國 83 年(1994)朝天宮慶祝建廟三百週年舉行媽祖及藝閣全臺遶境展示,也駐蹕

臺南大天后宮，民國 89 年（2000）2 月大天后宮舉辦元宵遶境，朝天宮也受邀參與，雙方迄有往來，化解了近百年來的心結。

（三）餘波蕩漾

　　北港朝天宮與臺南大天后宮二百年間的分合演進過程中，也見餘波盪漾。早年北港媽祖到府城時，新港奉天宮的轎班也常隨行，北港、新港雙方維持主、從關係。但至大正年間大天后宮與朝天宮發生爭執時，新港開始有取而代之的企圖。在《臺灣日日新報》的報導中也看到南港聖母（新港媽祖）的報導，大正 4 年（1914）6 月 25 日《臺灣日日新報》所登〈媽祖塑像彙報〉中，有如下記載：

> 北港聖母三媽，感南人奉祀真誠，發爐卜筶示意，要塑金身，永駐臺南護民，已誌前報。茲擇舊曆五月十六日開光，二十、二十一兩日遶境。而與北港對座之南港聖母，前常與北港聖母來大天后宮進香，今亦欲先一日蒞南，越日即同市內各境神輿隨駕燦行，屆時之熱鬧，諒不減前番聖母同聖王合迎之盛況。

文中，記錄了：1、南港聖母常與北港聖母南下；2、臺南紳商不迎北港聖母後，南港聖母卻欲先一日南下，次日參與遶境活動。

　　這個記錄，充分顯現南港聖母的企圖心，希望趁臺南紳商不迎北港媽祖的空檔取代之，而其意圖之強，甚至不待臺南紳商之迎請而自行前往。大正 7 年（1918）1 月 18

日《臺灣日日新報》刊登〈爭迎鎮南媽祖〉一文，又見如下
記載：

> 臺南市大天后宮，自前二年新塑鎮南天上聖母以來，
> 靈應昭彰，不期進香者每日絡繹不絕，即各村落凡有
> 建醮祈安，罔不虔備神輿恭請監臨。……迨月之十六
> 日，南港建醮。奉天宮媽祖，係從大天后宮分靈者，
> 故前三日，即以該港紳董為總代，到臺南市與該紳董
> 交涉，即於初四日早番車，恭請鎮南聖母神駕貴臨。

文中指「該港人民，以該街所祀奉天宮媽祖，係從大天后宮
分靈者」，與新港奉天宮所印的各版簡介及宮志所說「船仔
媽」的說法都不同。

大正 7 年（1918）1 月 19 日《臺灣日日新報》刊登〈奉
天宮落成〉的報導，云：

> 嘉義新港奉天宮，建于嘉慶四年，崇祀大媽，即當時
> 閩省興化府莆田縣迎來第一尊，距今已歷百十數年。
> 迨明治三十九年，震劫，殿宇塌頃，翌春三月，同地
> 善信，重修議起。時嘉義玉峰書院毀折，乃將屋蓋移
> 歸新構。計醵四萬五千三百餘金以成其事，今已告成。

文中所說「嘉義新港奉天宮，建于嘉慶四年，崇祀大媽，即
當時閩省興化府莆田縣迎來第一尊」，與前天同報的大天后
宮說法又大不相同，廟雖「建于嘉慶四年」，但所「崇祀大
媽」，已是「閩省興化府莆田縣迎來第一尊」。這段記載，
似乎反映了新港奉天宮為爭取替代朝天宮不惜自為大天后

宮分靈的說法不被臺南接受，進而自稱為「大媽」。如果奉
天宮所言其媽祖為嘉慶 4 年自莆田迎來是真的，則以湄洲媽
祖歷史之悠久，當時被迎出的媽祖也絕不可能是第一尊。換
言之，今日新港奉天宮自稱「開臺媽祖」早在 80 年前的這
篇報已見端倪了。

六、結語

　　歷史的真相需要史料來證明，民俗史並不是史學的核心
課題，故將每一環節研究清楚並不容易。北港朝天宮與臺南
大天后宮的關係，史料並未見精確記載，根據清代及日據時
代文獻記錄加以考察，二廟之間並無主、從廟宇關係，臺南
大天后宮之所以迎請朝天宮媽祖前往供奉，一則為朝天宮新
雕三郊媽，專門庇佑三郊；二則大天后宮祝融之災後需其他
神來助威，在笨港三郊與府城三郊的合作下，促成了北港媽
祖下府城的壯舉。

　　北港媽祖南下，給臺南帶來了繁榮、年豐民安，讓官民
都歡迎。但是，盛大的活動偶發的衝突也讓人擔心，但這個
活動維持了近百年，終因三郊衰微，朝天宮領導結構轉變，
加上臺南藥王廟街民的挑撥，讓朝天宮做出以糖郊媽代替三
郊媽南下的不禮貌行為。事情發生後，臺南方面也難免意氣
用事的雕造鎮南媽替代三郊媽，導致雙方無法轉圜。大正 5
年以後府城紳商即不再迎請北港媽祖南下，終止了此一延續
約百年的宗教活動。

民國 45 年（1956），北港朝天宮首先試圖與大天后宮和解，但因雙方立場不同而失敗，民國 76 年（1987）以後，北港朝天宮再度伸出友誼之手與大天后宮合作，大天后宮也給予善意回應，雙方開始互相往來。

朝天宮與大天后宮雖再度合作，但臺灣社會、產業、交通、人民信仰心態都與 90 年前有很大不同。從社會結構看，臺灣已由農業社會轉為工商業社會，看天吃飯、冒險渡海的壓力不復存在，工、商服務業者對宗教的需求已非單純祈求平安，同時也要求精神生活的修養；產業結構的改變，臺灣生產已由傳統農工商業居首轉變為以資訊產業為主，大型宗教活動帶給地方的經濟利益已降低。其次民間信仰的功利化，讓神明的雕塑成為商品，到處可購買，神像的莊嚴性已不如古代。

由歷史上府城迎媽祖成功的實況分析，居於迎神結構最上層主導整個活動者為臺南、北港兩地的郊商，尤其是三郊。其中層結構則為維持迎神活動過程於不中綴的神明會、鋪戶與民俗藝團。基層結構則為大批虔誠的信徒，他們在迎神活動中來往兩地隨香，構成盛大人潮。觀察民國 76 年（1987）、88 年（1999）北港媽祖二次參加臺南大天后宮迎神活動，已看不到有早年的架構存在，維護雙方合作的三郊今已不在，兩地繼起的各種商業同業公會尚無此共識。兩地的神明會、鋪戶與民俗藝團都不復有當年盛況，而扮演基層支柱往來兩地的進香客則少之又少。此一活動如想再復當年盛況，則臺南、北港雙方若不能提出雙方互利，且能吸引信徒參與的辦法，否則不易突破。

註釋

1. 徐宗幹：《斯未信齋文集》，〈斯未信齋雜錄〉，〈壬癸後記〉，臺灣銀行經濟研究室，民國 49 年。
2. 林勇校訂：《安平縣雜記》，風俗現況。
3. 《臺灣采訪冊》，〈祥異〉七，〈火災〉，按本文據國防研究院臺灣叢書本，臺灣銀行本則將條刪除，僅錄西定坊天后廟火災條。
4. 有關大天后宮匾額，可參閱林衡道：〈大天后宮〉，《臺灣文獻》，25 卷，3 期；石萬壽：〈臺南府城的行郊特產點心〉等文章，臺灣文獻，31 卷，4 期。
5. 沈雲龍主編：《近代中國史料叢刊》續編第 51 輯，黃叔璥：《臺海使槎錄》。
6. 余文儀修：《重修臺灣府志》，臺灣銀行經濟研究室版，乾隆 29 年。
7. 見北港朝天宮現存〈重修諸羅縣笨港北港朝天宮碑記〉。
8. 三方玉牌現存大天后宮，另玉牌照片亦刊載於曾吉連編《祀典臺南大天后宮》，民國 94 年 7 月，臺南大天后宮印行；臺南大天后宮第七屆管理委員會編《金面重光-祀典臺南大天后宮鎮殿媽祖神像修護實錄》民國 95 年 2 月，編者印行。
9. 參閱臺灣日日新報，大正 4 年 5 月 12 日，6 版。
10. 見〈聖母塑像原因〉，《臺灣日日新報》，大正 4 年 5 月 27 日，6 版。〈媽祖像近況〉6 月 3 日，6 版。〈媽祖塑像彙報〉，6 月 25 日，6 版。
11. 蔡相輝：《北港朝天宮志》第 5 篇，〈人事〉；《北港鎮南陽國民小學創校九十週年校慶特刊》歷任教職員名錄，並蔡然標孫女林蔡素女口述。
12. 蔡相輝：《北港朝天宮志》第 5 篇，〈人事〉；《北港鎮南陽國民小學創校九十週年校慶特刊》歷任教職員名錄，並曾席珍女婿蔡子寬校長、呂雲騰校長口述。
13. 參閱有關各地迎媽祖及北港朝天宮之報導，《臺灣日日新報》，大正 4 年至 14 年間，6 版。
14. 同註 10。
15. 參見《祀典臺南大天后宮簡介》。

媽
祖 信仰研究

第十一章　日據時期的北港朝天宮

一、前言

北港朝天宮是臺灣媽祖信仰的重鎮，尤其日本統治臺灣以後，因為有各種統計數字，更可以顯現其不僅為媽祖信仰的大本山，其信仰人口也遠超其他民間信仰。昭和 16 年（1941）臺灣總督府委託台北帝國大學文政學部講師宮本延人從事全面性寺廟調查，其報告曾列出全臺信仰人口最多廟宇每年之參拜人口，分別為：霞海城隍廟 25 萬人、青山王館 5 萬人、指南宮 20 萬人、北港朝天宮 150 萬人、東港東隆宮 5 萬人。[1] 可見北港朝天宮信仰人口佔當時臺灣全人口數約四分之一，全臺廟宇莫出其右，而臺灣總督府亦特別重視之。日據時期之北港朝天宮發展狀況也相當程度反映出日據時期臺灣總督府宗教政策之轉變。

二、朝天宮的創建與經營

北港地區雖早在明鄭時代即已開發，但史料記載卻語焉不詳，據明治 36 年（1903）臺灣臨時土地調查局《大榤榔東頂堡舊慣調查書》一、大租戶與小租戶項下：（三）、先占者姓名謂：

軍用金獻納者陳立勳；鄭成功之功臣陳縣。[2]

同書（二）、〈先占時機〉，謂：

> 舊誌不存，所載源由，係依據相傳口碑記載。據云：
> 清康熙年間，本島開始併入清國版圖，當時官方將本
> 地區之開墾權頒給捐款協助軍餉者。另水燦林庄及土
> 間厝庄部分土地取得方式如同上述；另一部分係鄭成
> 功擊退荷蘭人後頒給其功臣者。

據此，復證以北港東南區至嘉義市間數百甲土地於清領臺灣
後為施琅以墾荒名義占有，北港地區在明鄭時代已經開發應
無問題。至於上述鄭成功部屬陳縣，其後裔之發展狀況不
明，但陳立勳後裔傳衍 14 代，至今仍活躍於雲林、嘉義地
區，可以相信上述記載應非空穴來風。而陳立勳則與北港朝
天宮的營建有莫大關係。

康熙 33 年（1694），佛教臨濟宗第 34 代禪師僧樹璧奉
湄洲天后宮朝天閣媽祖神像來臺，在諸羅海口笨港登陸。時
臺灣荒地已闢，外九莊人口日增，笨港扼海交通要衝，船隻
輳集，人口之增加尤速；莊民均自福建渡海而來，素感神靈，
無從瞻拜，故見僧人奉神像來，遂議留為主持香火。初賃民
居，矮屋低簷，至為簡陋。

康熙 39 年（1700），九莊居民始議公建，時有陳立勳
者，為福建省同安縣十七都積善里劉營社人，於清軍攻臺時
捐助軍餉，取得笨港附近土地開墾權，其墾地分佈於今嘉義
縣鹿草鄉、六腳鄉；雲林縣水林鄉、北港鎮一帶，擁有田園

數百甲、糖廊、店面甚多,為大業戶,[3] 並於朝天宮前左側經營土壟間,碾米販運內地,時感神靈,乃捐獻廟地,編竹葺茅,成一小祠。[4]

朝天宮雖是由外九莊居民合建,但其能不斷茁壯,卻與僧侶的用心經營有密切關係。當時笨港溪春夏間水漲,南北兩岸行旅維艱,樹壁和尚向當局申請設立義渡。雍正 8 年(1730)諸羅縣令馮盡善准之;雖不收費,但渡者都能酌情樂捐,樹壁自力更生,以義渡所得為朝天宮香燈之資,不但奠立其個人良好形象,也為朝天宮開闢了穩定財源。

樹壁住持朝天宮多年,深知欲使廟宇萬世馨香,則必培養生徒俾繼其志,乃擇能澤(篤齋)為徒,夙夜勤加教導。而能澤亦能仰體師意,勤奮向學。及樹壁圓寂,能澤遂繼其志,主持祀事。能澤主持朝天宮後,先後收錄岐衍、鼎梅、妙琛、妙鼉、妙珍等 5 人為徒,量才分授以學。因能澤學養精湛,譽望日隆,遂為彰化縣令某禮重,聘兼彰化縣僧綱司事,總管虎尾溪以北佛教事務,[5] 其徒弟岐衍、妙琛兩人,並在乾隆、嘉慶年間出任諸羅縣西門溫陵媽祖廟住持。[6]

嘉慶年間,朝天宮第 6 代住持僧浣衷也十分傑出,整合笨港地區行郊合祀媽祖〈三郊媽〉,參與朝天宮重建,招致各地信徒前往進香,又遣徒邇蓮往福建漳州天柱巖習法,返臺後出任臺灣府普濟殿住持,並重興北港朝天宮,奠立朝天宮香火不衰的根基。道光 17 年(1837),子爵太子太保前福建水師提督王得祿以討伐張丙之役,統兵渡臺時,舟次外洋,忽遇颱風,禱神立止,兼獲順風以濟,遂平變亂,事定後王得祿獻「海天靈貺」匾一方及鐘鼓各一於朝天宮,[7] 北

港媽祖威名，更加顯赫，光緒 12 年（1886），嘉義大旱，
縣令羅建祥建壇屢祈不雨，適西門街民迎北港媽祖賽會，乃
齋戒三日，親身虔請媽祖神像祈禱，登壇未幾，大雨傾盆，
四境霑足，乃經臺灣巡撫劉銘傳咨部奏請欽賜匾額懸掛，光
緒帝特賜匾額「慈雲灑潤」於 14 年（1888）5 月，飭令知
縣羅建祥、工部主事徐德欽奉匾到宮懸掛，[8] 北港朝天宮乃
成全臺媽祖信仰的重心。

　　北港朝天宮自樹璧、能澤以後，歷代僧侶一直維持培育
生徒的傳統，至大正 12（1923），因日本統治政策使然，
其傳承始告中斷，200 餘年間，朝天宮僧侶共傳衍了 17 代，
其系統圖如下：[9]

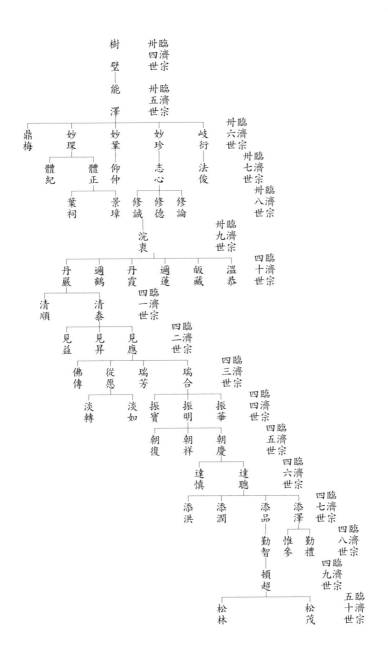

447

三、朝天宮的重建

　　光緒 20 年（1895）10 月，北港街內商店洽興號因燃放
爆竹，引燃大火，在東北季風助勢下，街肆受損嚴重，幸因
朝天宮建築自成格局，未與四週民宅阰連，僅拜殿一部被
焚。[10]是年因中日甲午戰爭，清廷戰敗，割讓臺灣予日本，
人心惶惶，紳商逃回內地避難者甚多，無人領導籌議修築事
項，僅就原狀予以修復。

　　明治 38 年（1905）4 月，嘉義地方發生大地震，北港
街災情慘重，朝天宮大殿破損，四垂亭倒壞。當時日本統治
臺灣已經 10 年，各項治理已有成效，時任北港區長的前清
秀才蔡然標乃謀於地方士紳倡議募捐重建，並於明治 40 年
（1907）2 月、明治 43 年（1910）12 月，先後得到嘉義廳
北港支廳支廳長日人安武昌夫、野田寬大之支持，向全臺各
地展開勸募。[11]

　　此次重建，總工程費共 15 萬元，向外募得 7 萬 9 千餘
元，捐款者遍及全臺，捐款人數達 3 萬餘人，其中部份芳名
刻在朝天宮四圍石欄杆上者，包含板橋林本源家族之林嵩
壽、林祖壽，地區捐款者有：臺北州大稻程；臺北廳石碇堡
茄苳腳庄、海山堡大嵙嵌街、海山郡板橋街；桃園廳參坑仔
區、竹北二堡咸菜硼街；新竹廳新竹街、後龍街；高雄州潮
州郡打鐵庄、老東勢、番仔埔、內埔庄、西勢庄、二崙庄、
頓物庄、美崙庄、長興庄；阿猴廳港西下里內埔庄、港東中
里新埤頭、茄苳腳、上埔頭、下埔頭、東石郡六腳佃及北港
附近各部落、商號。[12]

工程於明治 41 年（1908）8 月 26 日開工，大正元年
（1912）1 月竣工，作主工匠俱為當時聞名匠師：木匠為臺
北外員山庄木匠師陳應彬，石匠為艋舺江瀬街蔣文山、蔣
棟材，土匠為泉州府安溪縣廖伍，湳燙（交趾陶）為泉州
府同安縣柯訓。[13]

北港朝天宮的建築，雖相當宏偉，但其周邊道路卻甚狹
窄曲折，乃趁此重建機會收購部分民宅土地，使朝天宮建築
群成一橢圓形狀，周圍環以石牆，拓寬四周道路為六米寬以
利進香人潮進出，朝天宮至此遂為臺灣建築格局最完整，揉
和建築與庭園藝術於一體，石木工藝俱佳，最具華南廟宇特
色的宏偉建築。工程竣工後，臺灣各地信徒前往獻納匾聯、
文物及香資者頗多，如大正 2 年（1913）3 月，第 5 任臺灣
總督佐久間左馬太陸軍大將特獻「享于克誠」匾額及現金
100 元於朝天宮。[14]

四、朝天宮管理制度的建立

清代政府於各級政府內設有僧綱管理轄區內僧侶；僧綱
通常由行政首長聘請轄內聲望素孚之僧人出任，故一般有僧
人住持的廟宇，士紳多未干預廟內事務；朝天宮歷年重建，
雖多賴地方士紳鼎力支持，但廟務及經費的收支則全由僧侶
自主，不受外界干預。

日人據臺初期，朝天宮的僧侶也如同清朝政府一樣，遭
遇各種困境，住持添澤於明治 33 年（1900）圓寂，由其徒
勤禮繼任。勤禮復於 4 年後圓寂，由其單傳徒弟頓超繼任。

頓超英年有為,於大正年間命其首徒松茂往浙江普陀山學法
受戒。松茂稟賦甚佳,又勤學,為不可多得之人才,返臺後,
即經常應聘至各地主持法會,大正 11 年(1922)7 月,應
聘至朴子主持中元普渡法會,因天熱中暑,延誤送醫時間,
且醫者診治不當,於當月病逝。次年,北港地區發生流行性
傳染病,頓超去逝,其首徒松茂已先 1 年去逝,次徒松林則
年幼無能繼續主持宮務,由朝天宮管理者請其父母領回還
俗,朝天宮傳承 200 餘年之僧統至此中斷。[15]

明治、大正年間朝天宮的重建工程,因規模宏偉,經費
龐大,非住持僧侶所能勝任,故由地方士紳組成董事會給予
協助。迨重建工程完成,朝天宮有關經費,含香油錢收支管
理、人事等主導權,實際上已由董事會掌握,朝天宮僧侶備
辦各種祭典所需經費,住持也須向董事會領取,易言之,朝
天宮的掌管權,已由僧人變為地方士紳。

大正 10 年(1921)3 月,由主導朝天宮重建工程的北
港區長蔡然標向北港郡郡守副島寅三郎提出〈北港朝天宮管
理規則〉認可案,次月被批可,朝天宮正式成立管理委員會,
由蔡然標出任首任管理者,正式接管朝天宮庶務,此為臺灣
廟宇正式有管理章程的嚆矢。其管理規則如下:

北港朝天宮管理規則(大正 10 年 4 月 21 日奉北港郡守
副島寅三郎庶字第 377 號認可在案)

第一條:朝天宮之事務,依本規則處理之。

第二條:朝天宮之經費,以喜捨金、寄附金及其他收入為主。

第三條:朝天宮之事務,分為庶務、營繕、祭祀、會計、監
查五組,各設委員若干名分掌之。

第四條：朝天宮設置左列職員處理事務。

　　一、管理者　一人。

　　二、委員　十六人。（含管理者）

　　三、書記　一人。

　　除前述人員外，管理者得推戴（北港）郡守為顧問，並設名譽委員若干人。

第五條：委員由信徒總會選舉之，管理者由委員互選之。

第六條：管理者對外代表朝天宮，負責處理與朝天宮有關事務；對內指揮、監督全體職員；擔任信徒總會暨委員會議議長。管理者有事無法執行職權時，由庶務委員之年長者代理之。

第七條：管理者得推聘顧問、名譽委員；任、免書記。

第八條：委員任期兩年，連選得連任；補缺委員之任期，僅得補足前任者殘留任期。

第九條：（原條文無第九條）。

第十條：庶務組設委員三名，掌理左列事項。

　　一、印章保管有關事項。

　　二、文書之收發、編纂及保管有關事項。

　　三、職員（含僧侶）及工人聘、免等有關事項。

　　四、與會議有關事項之處理。

　　五、與一般寺廟有關法令之處理事項。

　　六、聖母之勸請（含聖符）有關事項。

　　七、不歸其他各組掌管之事項。

第十一條：營繕組設委員三名，掌理左列事項。

　　一、建築、改築、修繕有關事項。

二、廟宇結構體及附屬建築管理有關事項。

第十二條：祭祀組設委員三名，掌理左列事項。

　　一、聖母、五文昌之春、秋祭祀及其他一般祭祀有關事項。

　　二、聖母出巡有關事項。

　　三、神佛像及其附屬品（含各項祭祀器具）之保管有關事項。

第十三條：會計組設委員三名，掌理左列事項。

　　一、預算、決算有關事項。

　　二、備品（含獻納品）之保管及處分有關事項。

　　三、金錢之出、納及保管有關事項。

　　四、物品之買入、賣出有關事項。

　　五、財產之管理及處分有關事項。

第十四條：監查組設委員三名，掌理左列事項。

　　一、各組事務性有關文書、現金、郵票及其他現品之監查；並於信徒總會報告等事項。

第十五條：總會分為定期與臨時二種，由委員及居住北港有力者十五名以上合組之。定期總會於每年舊曆四月中召開；臨時總會於臨時必要場合召開。

第十六條：管理者於有重大事務或單項支出費用在一百元以上時，須經三分之二委員出席，過半數同意後執行；若正反兩方同票，則由管理者決定之。但若事情緊急必須立刻執行，則須在事後提請追認。

第十七條：朝天宮會計年度，以每年舊曆四月一日開始，次年舊曆三月底結束。各項收入、支出，不論其原

因為何，皆以舊曆三月底結算；結算後開支皆併入新年度。

第十八條：管理者於每年舊曆五月十五日以前，需將年度事務概況書及收支計算書向郡守報告。

附　　則

第十九條：原有財產在大正十年三月三十一日整理完竣後，依本規處理之。

第二十條：本規則之訂正、變更，須經總會決議同意後為之。[16]

　　此章程將朝天宮有關管理委員會委員人選產生辦法、職權、人事組織、經費管理稽核等項，都予以制度化、公開化，是儒家祠祀制度轉型為地方公共信仰的濫觴，在當時確為一項創舉，也深受好評，但其最高權力機構信徒總會的組成分子：委員及居住北港有力者十五名以上，卻無明確產生辦法，使朝天宮管理委員會的組成，容易陷於紛爭。

　　此缺陷在大正 14 年（1925）7 月 21 日的定期總會得到解決。本次會議，將管理委員名額由 16 名減為 9 名，但增置監查委員 2 名，專司監查工作，將行政與監查適度分工；另將居住北港有力者十五名，修改為北港在住保甲役員、商業、轎班、音樂各團體代表者六十名以上，使信徒代表有明確的代表性，且其名額增多，較不易為少數人壟斷。[17]此章程訂定後，歷經增補，由管理人、管理委員會，再演化至現行的財團法人董事會，但其行政與監查分工的大原則並未改變，當年章程的訂定，應可謂週延。

453

五、北港媽祖終止府城巡歷

　　北港朝天宮媽祖南巡，駐蹕府城天后宮供居民膜拜，其詳情已見〈北港朝天宮與臺南大天后宮的分合〉不再贅述。現存文獻明記北港媽祖赴郡城巡歷事，年代最早者為徐宗幹所撰：《斯未信齋文集・壬癸後記》。文云：

> 壬子（咸豐二年，1852）三月二十三日，為天后神誕。前期，臺人循舊俗，迎嘉邑北港廟中神像至郡城廟供奉，並巡歷城廂內外而回。焚香迎送者，日千萬計。歷年或來、或否，來則年豐、民安；販賈藉此營生，而為此語也。前任或密囑住持卜筊，假作神話，以為不來，愚民亦皆信之。省財、省力，地方不至生事，洵為善政。然祈報出於至誠，藉以贍小民之貿易者，亦未可弛而不張，且迎神期內，從未滋事，故聽之。十五日，同鎮軍謁廟，男婦蜂屯蟻聚，欲進門，非天后神轎夫執木板辟易之，不得前。偶微服夜巡，自宵達旦，用朱書「我護善良，進香須做好人，求我不能饒你惡」云云簡明告諭，並大書「販運洋土、船破人亡」八字於殿前，乘其怵惕之心以道之；神道設教，或可格其一二耳。[18]

按：徐宗幹，字樹人，江蘇南通人，嘉慶 25 年（1820）進士，道光 28 年（1848）4 月起任分巡臺灣道，咸豐 4 年（1854）卸任，所述為當年任官臺灣時目睹之事。據徐宗幹的說法，府城居民北港媽祖，除了宗教上可以安百姓的心，可以告戒

百姓不得為惡外，迎神可以贍小民之貿易，促進經濟之繁榮，故官方也樂觀其成，所以此一習俗能一直沿襲不斷，至日本大正年間仍在進行。

　　根據大正 4 年（1916）5 月 12 日《臺灣日日新報》的報導，是月 8、9 兩日，臺南居民合迎臺南國姓公與北港媽祖，給臺南各行業帶來甚多經濟利益，但是在 4 月 27 日卻也發生臺南永華宮頭旗被人折毀，旗手被毆的爭執事件。[19]

　　而臺南與北港雙方關係的惡化，也在此次南巡發生。據大正 4 年 5 月 27 日《臺灣日日新報・聖母塑像原因》的報導，謂：

> 曩者北港朝天宮，議欲重新起蓋，曾稟督府特准，向全島信徒捐題七萬金，南部數有六萬餘圓，實臺南市內宮後街布商錦榮發主人石學文之力也……因此得董事之名義，而與北港之重要人物，如曾席珍、蔡聯標等時相往來，結契甚篤。
>
> 者番因景氣不佳，臺南諸紳商議迎請聖母。初次石往北港，與曾等交涉，即為應承。緣官紳合議，聖母來南，將與國姓爺合迎遶境，必加倍熱鬧。
>
> 例年，常因爭舁聖母轎以起禍，擬當市八派出所，每管下壯丁六名，計四十八名，分為兩班，一班二十四名，直往北港舁下，一班到半途迎接。遂惹惱藥王廟街人，以為如此破常例。……乃有該街人王福田者，寫一信，托北港本島人某刑事，向該支廳長言，若聖母駐南十餘天，當地生意影響有三萬金。一般商人亦

起而大反對。至期,石往迎,曾等以支廳長不肯辭。
石飛電話來南,南紳托臺南廳長與支廳長交涉始肯。
無如,北港紳商任石如何交涉,終不肯;最後,將北
港糖郊媽充作三媽。石無可如何,乃俯下,不敢
言。……自媽祖稅駕大媽祖宮,石每早晚往為參香,
至陰曆三月二十九晚,循例而往,至中殿,見內爐香
煙滾滾自爐底起。以該爐係在內帳下,不時三炷香而
已,何以能發爐?意媽祖必有所指示。乃扶乩請聖母
出駕。曰:余感南部爾眾一片信誠,茲北港諸爐下,
既不以信誠待爾,雖余正身不來南,余真神實來南,
所謂有其誠即有其神是也。自茲以往,余要長住臺
南,以受爾眾香煙。

越四月一日,連日大雨滂沱。鹽水已知臺南所請者為
糖郊媽,亦即直到北港請三媽去敬奉。石至是乃對南
紳言明:三月十二夜三點鐘,要請三媽坐轎起駕,被
北港人請出,如是者三五次。眾大憤,謂:北港諸紳
商待我如此惡感情,三媽既要長住臺南,可塑神像以
為南部人敬奉,明年免往北港。遂釀金數千金以為基
本并備置一切。[20]

從報導內容來看,事件起因於臺南改變迎北港媽祖往例,將
媽祖與延平王合迎,且在入城時未由藥王廟街人舁媽祖神
轎,引起藥王街人王福田不滿,以影響北港收入為理由,致
函北港人,阻撓媽祖南下。最後在官方協調下,雖允媽祖南

下，但卻非臺南人原擬迎請的三媽，而是糖郊媽，最後三媽反被鹽水街民迎去，致引起臺南不平，決定明年不再迎北港媽祖，並雕塑北港三媽金身以替代。

雕塑北港三媽神像裏，委由臺南市嶺後街佛西國號裝塑，至 6 月 3 日面目形體已具，並定 6 月 28 日（舊曆 5 月 16 日）開眼，7 月初二、初三遶境，初四安座，並建醮三天以迓神庥。此尊新雕的「北港三媽」即為後來臺南大天后宮的「鎮南媽」。[21]

因為迎請北港媽祖，會給當地帶來參拜人潮，為各行各業帶來甚多經濟利益，故各地迎奉北港媽祖之風甚盛，據當時《臺灣日日新報》的報導，臺北、嘉義等地各年舉辦產業共進會時，都迎請北港媽祖駕臨當地廟宇，如臺北大稻埕日新街慈聖宮、龍山寺，嘉義城隍廟等處供奉以吸引人潮；而各地迎請朝天宮媽祖前往奉祀者亦多，如嘉義西門街、臺北文山堡大坪林、苗栗後龍、宜蘭冬山、新竹市、新埔等地皆有；而往朝天宮進香之信徒更年達二、三十萬之多，致當時各製糖會社，如大日本、新高、東洋等公司經營之輕便鐵路，為爭取乘客，紛紛予進香團體打折優待。[22]府城居民停止迎北港媽祖南巡，但北台灣各都會、鄉村迎媽祖之風氣則日盛。

六、皇民化運動下的北港朝天宮

日本據臺時期，因日本為神道國家，上自天皇，下至庶民，皆信仰神祇，在臺官員對朝天宮亦甚維護，如大正 2 年、昭和 5 年（1930），第 5 任臺灣總督佐久間左馬太，第 13 任總督石塚英藏等都曾獻匾額給朝天宮。昭和 6 年（1931）

12 月 23 日，第 14 任總督太田政弘也由民政局長等官員陪同，赴朝天宮參拜。[23]

　　大正 4 年，臺灣居民以宗教力量結合起來反抗日本統治的西來庵事件發生後，臺灣總督府開始注意宗教問題，並派總督府編修官丸井圭治郎為負責人，全面調查各地主要廟宇奉祀之神祇、創建由來、信徒、廟產等資料，並發行政命令，規定廟宇的創立，廢止，合併須經政府許可。[24]此工作完成後總督府並成立社寺課，任命丸井圭次郎為首任課長，仍准許廟宇正常活動。

　　臺灣的廟宇雖受日本官方的優容，但卻面臨日本佛教的強烈競爭。日本佛教在明治維新以後，吸收基督教的長處，改良組織，設立學校培訓僧伽人才，並配合政府政策需要，致力宣教工作。光緒 21 年（1895）日軍攻臺時，隨軍來臺之佛教僧人即有 23 宗派，中以曹洞宗活力最旺，在日軍佔領臺北後，立即利用各地原有寺廟進行翻譯佈教，一面設立醫院，以醫療來爭取信徒。

　　西來庵事件發生後，臺灣總督府全力緝捕涉案人，許多齋教徒受連累，臺南齋教徒為自身安全計，乃聯合組織佛教會，以求日本佛教曹洞宗之保護。大正 5 年（1916），曹洞宗臺灣別院主大石堅童，藉臺灣總督府新廈落成之機，邀臺灣佛教界領袖齊聚，囑林普易倡組臺灣佛教青年會，以破除固有迷信為名，全力爭取傳統神佛的信仰者。大正 7 年（1918），臨濟宗聯合臺灣部分宗教界人士成立臺灣佛教道友會，兩派互爭雄長。[25]大正 10 年（1921）2 月，丸井親自出面整合佛教各派，成立南瀛佛教會，丸井並

出任首任會長，擬訂各種教育訓練臺籍僧侶及學生的計劃，按步實行。

大正 11 年（1922）4 月，總督府發布〈教務所說教所寺廟設立廢合處理辦法〉，規定：1.淫祠邪教，2.維持經營不確實者，3.設立地及附近街庄已有奉祀同一傳統神佛之寺廟者，予以廢除，4.申請設立寺廟者，須有具貲產又信譽良好者五十人以上為申請人，5.一市街庄僅由一教派設立教務所、說教所，但市以十町四方為範圍。26 至此，日本官方準備讓佛教取代傳統廟宇的態度漸趨明朗。

受政府政策的鼓舞，日籍僧人積極透過各種管道爭取出任臺灣寺廟及齋堂住持，逼迫漢人僧侶退出寺廟齋堂職位，因太過招搖，頗招各界埋怨，致臺灣總督府於大正 14 年（1925）7 月行文各地方政府謹慎處理其事。27 昭和 5 年（1930）2 月，總督府為杜絕濫設廟宇，進一步發佈命令，鼓勵傳統寺廟向地方政府申請登記。28

昭和 10 年（1935）11 月 5 日，臺北佛教各宗聯合會與南瀛佛教會合作，假臺北公會堂召開全臺灣佛教徒大會，與會者有九百餘人，會中通過日籍僧人東海宜誠所提：1.對臺灣在來佛教系統之寺廟齋堂向當局請求確立統制方策建議案；2.關於本島寺廟齋堂主職者 （指住持廟堂主）之資格認定法規，向當局請其制定實施建議案；及魏得圓所提：3.臺灣之寺廟齋堂及其所屬財產向當局移管理權於住職或堂主建議案。此三建議案的通過，象徵日本佛教企圖透過其連絡寺廟將臺灣寺廟及財產併吞的野心。29

昭和 11 年（1936）4 月，新竹州廳頒佈「傳統寺廟建立廢合手續施行細則」，規定寺廟、齋堂、神明會、祖公會等團體，只須住持、堂主、管理人及信徒代表連署，說明名稱、屬性、所在地、神佛像如何處置、所屬財產如何處理、預定廢止日期、廢止原因，呈報州政府同意即可。[30] 此辦法之頒佈，已為各地方政府醞釀廢除傳統寺廟提供法律根據。

昭和 12 年（1937），盧溝橋事變發生，臺灣總督府因恐臺灣人暗中支持中國，更加速推行皇民化運動，其主要措施有：1.強制改日式姓名，2.獎勵日語家庭，3.著手整理寺廟。[31] 昭和 13 年（1938），總督府召集各地方官會議，授權地方政府開始整頓寺廟，11 月，新竹州中壢郡開始行動，由郡守召開寺廟代表會議，通過寺廟整理原則：

（一）寺廟以全廢為原則，但過渡時期之方策，亦得廢合，一街庄保存一寺廟。

（二）舊慣祭祀之改善及寺廟管理行為須盡量合理化。

（三）祀神須改為純正佛教或儒教之神佛。

（四）寺廟之建築物必須漸次改為布教所或寺院型態。

（五）被廢止之寺廟及神明會等宗教團體，其財產則另組織教化財團。[32]

當時新竹州中壢郡轄下被廢合的寺廟數有 29 所，齋堂 4 所，神明會 78 個，祖公會 8 個，所有財產水田 197 甲，旱田 78 甲；次年並將各種神像，包含關聖帝君、開漳聖王、媽祖等，土塑者予以推毀，木雕者，除部分送政府研究單位研究典藏或地方政府保管外，大部分予以燒燬，寺廟則予拆

掉，祭器煅棄；獲保留寺廟，須將廟宇屋脊兩角截去，使具日本風格。[33]

　　廢廟行動在中壢實施後，立刻引起民心不安，原已接管許多廟宇的日籍僧侶及學者都不主張以強迫手段為之，透過國會議員在昭和 14、15 年第 74 次、75 次帝國會議向政府提出質詢。[34]但總督府則以皇民化運動讓臺灣人精神日本化為歷任臺灣總督努力的目標，陋習之打破為皇民化運動的一環，寺廟與迷信邪教相依附，整理有助陋習之改良，引起臺人怨嘆或為地方執行不當，當予注意回應，並未有停止整理之趨勢。

　　昭和 15 年（1940）10 月，總督府文教局迫於各界壓力，通知各地方政府須特別尊重民意，以免臺人信仰生活陷於不安。[35]但此政策仍在各地推行，各地方政府都先行召集寺廟代表會議通過，完成法定手續後行之。11 月底，臺灣總督小林躋造下臺，次月，長谷川清繼任。為解決此問題，長谷川清拜訪了臺北帝國大學總長幣原坦謀商對策，決定一面通知各州知事暫停執行管轄區內寺廟廢止整理工作，維持現狀，一面派臺北帝大土俗人種學講師宮本延人為臺灣總督府調查官，進行全島性調查。據宮本延人的統計，截至昭和 17 年（1941）10 月止，當時臺灣全島執行寺廟整理成果如下：

　臺北州：

　寺廟：廢毀 1 座；移作他用 1 座。

　神像：被沒收 37 尊。

　齋堂：廢毀 2 座。

新竹州：

寺廟：廢毀 40 座；移作他用 188 座。

神像：被燒毀（47 廟）409 尊；被沒收（177 廟）1859 尊。

齋堂：廢毀 5 座。移作他用 10 座。

神像：被燒毀（1 廟）3 尊；被沒收（17 廟）103 尊。

臺中州：

寺廟：廢毀 41 座；移作他用 26 座。

神像：被燒毀（9 廟）30 尊；被沒收（28 廟）237 尊。

齋堂：廢毀 0 座。移作他用 2 座。

神像：被燒毀（2 廟） 23 尊；被沒收（0 廟）0 尊。

臺南州：

寺廟：廢毀 194 座；移作他用 419 座。

神像：被燒毀（547 廟）9749 尊；被沒收（166 廟）1268 尊。

齋堂：廢毀 2 座。移作他用 7 座。

神像：被燒毀（7 廟）90 尊；被沒收（3 廟）41 尊。

高雄州：

寺廟：廢毀 75 座；移作他用 179 座。

神像：被燒毀（454 廟）3266 尊；沒收（51 廟）617 尊。

齋堂：廢毀 1 座。移作他用 5 座。

神像：被燒毀（4 廟）31 尊；被沒收（1 廟）3 尊。

臺東廳：

寺廟：廢毀 9 座；移作他用 6 座。

神像：被燒毀（8 廟）270 尊；被沒收（4 廟）61 尊。

齋堂：廢毀 1 座。移作他用 1 座。

神像：被燒毀 6 尊；被沒收 （1 廟） 55 尊。

花蓮港廳：

寺廟：廢毀 1 座。

神像：被燒毀（1 廟）2 尊。

澎湖廳：無。

總計：

寺廟：廢毀 361 座；移作他用 819 座。

神像：被燒毀（1066 廟）13726 尊；被沒收（428 廟）
　　　4069 尊。

齋堂：廢毀 9 座，移作他用 29 座。

神像：被燒毀（14 廟）153 尊；被沒收（22 廟）202
　　　尊。[36]

　　在皇民化運動前的大正年間，日本佛教各派已感受到臺
灣總督府的同化政策，受此鼓舞，日籍僧侶積極透過各種管
道，爭取出任臺灣寺廟及齋堂住持，準備吞噬各廟宇，民怨
甚深，致臺灣總督府於大正 14 年（1925）7 月行文各地方
政府謹慎處理其事。[37]

　　朝天宮對此趨勢也有所瞭解，故在大正 13 年即聘請臺
南竹溪寺出身，曾在曹洞宗臺北中學林畢業，並赴日留學之
眼淨（俗名林看，臺南縣下營鄉人）為住持，廟宇主權未由
日僧掌控。至昭和 15 年（1940）皇民化運動雷厲風行時，
臺南州寺廟被摧殘最嚴重，北港街原有寺廟，如各宗姓宗祠
及王爺廟俱被拆除，僅朝天宮及少數廟宇受保全，但在祀
神、財產方面，也不得不遵照州廳政策，予以處分。

　　根據宮本延人的報告，在整頓寺廟前，朝天宮奉祀的主
神為：

媽祖：鎮殿媽、祖媽、二媽、副二媽、三媽、副三媽、四媽、五媽、六媽、糖郊媽、太平媽。從祀為：司香女、司花女、千里眼、順風耳。

配祀為：土地公、文判、武判、招財、進寶、註生娘娘、五文昌、三界公、神農、黃帝、十八羅漢、觀音佛祖、彌勒菩薩、釋迦佛、阿彌陀佛、善財、龍女、韋馱、護法、忠勇公（福康安）。[38]

經過皇民化運動整頓後，祭神只剩媽祖及五文昌。其他有歷史價值者，由廟方暗中收藏保存，其餘如：招財、進寶、神農、黃帝、彌勒菩薩、韋馱、護法、忠勇公（福康安）等則於昭和16年（1941）11月由朝天宮管理人於北港溪畔焚化昇天。

另臺灣人在拜拜時，原有燒金、銀紙的習慣，朝天宮在昭和13年（1938）春予以廢止。有關財產，朝天宮在明治末大正初重建時，現金已支用一空，但因其信徒多，經二十餘年積蓄，至昭和15年（1940）時，在嘉義及北港地區已有田地52甲（每甲約值1,500日圓），店鋪六軒（每軒年收入1,700日圓），加上各地迎請媽祖收入，全年共有39,000日圓收入。[39]

根據寺廟整頓之規定，廟宇須將財產處分，充作教化財團教化經費，朝天宮於昭和15年2月，將財產捐出，然向北港街長提出保留田一甲四分三厘一毫五絲、園一分二厘四毫之許可申請，並經臺南州層報臺灣總督府，經臺灣總督小林躋造於昭和15年6月11日以指令第7974號許可，為當時特例。[40]

在此全臺寺廟將亡於一旦之時，日軍在中國、南洋戰爭
面不斷擴大，徵調臺灣人當兵，征屬對傳統宗教信仰的需要
更加迫切，復以宮本延人調查報告出爐，說明以日本神道及
佛教取代傳統信仰之舉，不僅未見正面績效，反而引起民心
普遍不安。更甚者，英美兩國都以臺灣為例，向東南亞各國
作反日宣傳。在國家整體利益考量下，日本首相東條英機不
得不公開宣布「尊重友邦固有宗教」政策，臺灣總督府在日
本國家政策轉向下，廢毀寺廟事件乃告停止，至民國 34 年
10 月，臺灣光復，被日本政府沒收神像由國民政府發還，
朝天宮恢復常態運作。

七、結語

日本統治臺灣的 50 年間，是北港朝天宮的發展過程中
的一個很重要的階段，在臺灣總督府的首肯及信徒的捐獻支
持，董事用心經營下，配合都市局部更新，使朝天宮建築規
模完整，外面環以石牆，就當時臺灣廟宇而言，已可謂領袖
群倫，使其聲勢如日中天，也成為各地媽祖廟學習的對象，
如豐原慈濟宮在其虎門對聯便有「重修遠計期北港爭光」之
語。[41]

其次，廟宇本為中國古代政府用以教化庶民的社政設
施，其本身是中性的，其屬性既非佛教，也非道教。其所以
有僧侶或道士為住持，純為地方政府或士紳運作的結果。朝
天宮原由佛教臨濟宗僧侶自湄洲天后宮朝天閣奉媽祖神像
而來，由地方人士捐獻土地蓋廟，故其主導權向由僧侶自

主。在日治時期，因朝天宮僧統中斷，地方士紳加以接管，訂定管理規則，使其經費透明化，成為地方公共財產。姑不論其是非，讓更多地方人士參與經營，對朝天宮的聲勢及促進地方產業的繁榮，應有正面效應。

但是，也因為地方士紳的介入經營，在考量地方實際經濟利益的因素下，發生北港不讓三媽到臺南，而以糖郊媽替代的事件，其結果造成臺南人自雕三媽，中止迎請北港媽組到臺南的臺灣最大規模宗教活動盛事。

另外，在日人異族統治下，早期雖也允許臺灣人信奉固有信仰，但在日人國家整體利益考慮下，其最終目標仍必使臺灣人同化。廟宇既為漢人文化重要象徵，故有廢毀廟宇及神像之舉，朝天宮因其地位特殊，雖未被廢，但已被整理得面目全非，岌岌可危。覆巢之下無完卵，朝天宮之例，可為殷鑑。

註釋

1　宮本延人，《日本統治時代臺灣における寺廟整理問題》，〈最モ信仰深キ廟宇ノ數例〉。1988 年，日本，天理教道友社發行。

2　臨時臺灣土地調查局公文類纂，明治 36 年永久保存檔，《大槺榔東頂堡舊慣調查書》。

3　蔡相煇，〈開拓嘉雲地區的陳立勳家族史料〉，《國立中央圖書館臺灣分館館訊》第 15 期，頁 87-106。

4　臨時臺灣舊慣調查會編《臺灣私法附錄參考書》，第 2 卷上，〈斗六廳北港街朝天宮來歷〉頁 228-234。

5　蔡相煇，《北港朝天宮志》第五篇人事，第一節朝天宮歷代住持與僧侶系統，清臨濟正宗三十五世三代大祖重興北港宮彰化縣總持司篤齋能澤公蓮座。民國八十四年增訂版，財團法人北港朝天宮董事會發行。

6 　黃典權，〈嘉義朝天宮增置廟產碑記〉，《臺灣南部碑文集成》，第 2 冊，頁 187-188。

7 　倪贊元，《雲林縣采訪冊》，〈大槺榔東堡・祠宇・天后宮〉。

8 　同註 7。

9 　同註 5〈朝天宮歷代住持與僧侶系統〉，能澤神位。

10 　翁佳音，〈府城教會報所見日本領臺前後歷史像〉：北港火燒 （光緒 20 年 12 月，《府城教會報》，117 卷，頁 130-131），《臺灣風物》41 卷 3 期，頁 87-88。

11 　同註 1，〈信仰最深廟宇數例〉，朝天宮。

12 　同註 5，第六篇雜記，第二節重要史料，十三、北港朝天宮民國元年重建捐題芳名錄。

13 　朝天宮現存〈朝天宮建築事務所〉契約書及領收證。

14 　同註 1，〈信仰最深廟宇數例〉朝天宮。

15 　同註 5，第二篇建廟，第二節建廟沿革。

16 　見北港朝天宮保存，《朝天宮管理規則認可證件》原件。

17 　同註 16。

18 　徐宗幹，《斯未信齋雜錄》，壬癸後記，頁 69-70。

19 　《臺灣日日新報》大正 4 年 5 月 1 日、12 日第 6 版報導。

20 　同註 19，大正 4 年 5 月 27 日第 6 版〈聖母塑像原因〉。

21 　同註 19，大正 4 年 6 月 3 日第 6 版〈媽祖塑像近況〉，6 月 25 日第 6 版〈媽祖塑像彙報〉。

22 　同註 19，大正 4 年至 14 年第 6 版報導。

23 　同註 19，昭和 6 年 12 月 24 日第 4 版〈總督參拜媽祖廟〉。

24 　臺灣總督府編《現行臺灣社寺法令類纂》，頁 523，〈本島舊慣二依ル寺廟ノ設立廢合等二關スル取及方ノ件〉，昭和 11 年 8 月，帝國地方行政學會發行。

25 　李汝和等《臺灣省通志》人民志，宗教篇，頁 61-62。臺灣省文獻委員會編

26 　同註 24，頁 523-524，大正 11 年 4 月，〈教務所說教所寺廟ノ設立廢合等二關スル取及ノ件〉。

27 　同註 24，頁 525-526，大正 14 年 7 月〈內地人僧侶ヲシテ本島舊慣二依ル寺廟ノ住職又ハ堂主タラシムル件〉。

28 同註 24，頁 527，昭和 5 年 2 月〈無願建立ノ寺廟齋堂等ノ取締二關
   スル件〉。

29 《南瀛佛教》第 13 卷第 12 號，頁 42-43，〈臺灣佛教徒大會盛況〉。

30 同註 24，頁 660，昭和 11 年 4 月，〈舊慣二依ル社寺廟宇等ノ設立
   廢合手續施行細則〉。

31 同註 25，宗教篇，〈皇民化運動與臺灣佛教〉。

32 同註 25，宗教篇，〈寺廟神昇天〉。

33 同註 32。

34 同註 1，頁 233，帝國議會關於寺廟整理有關質問應答。

35 同註 32。

36 同註 1，頁 99，第 2 表，整理寺廟廟宇神像處分調（昭和 12 年 1 月
   1 日至昭和 17 年 10 月末）。

37 同註 24，頁 525-526，大正 14 年 7 月〈內地人僧侶ヲシテ本島舊慣
   二依ル寺廟ノ住職又ハ堂主タラシムル件〉。

38 同註 1。

39 同註 1。

40 臺灣總督小林躋造發「指令第七九七四號」，北港朝天宮保存。聯文
   刻於豐原慈濟宮虎門。

第十二章　當代臺灣媽祖信仰的發展與祖廟認同的轉變

一、前言

　　臺中縣大甲鎮瀾宮媽祖（以下簡稱大甲媽祖）至北港朝天宮謁祖進香是臺灣光復後媽祖信仰的重要行事之一，據《大甲鄉土概觀》，大甲鎮瀾宮係由北港朝天宮分香而來，故每年均回北港進香，其習俗於日據時期已經形成慣例，但起源時間卻不詳。按清朝嘉慶年間，彰化地區已形成以南瑤宮為核心至北港朝天宮進香的習俗，南瑤宮信仰圈最北分布至臺中縣豐原市及神岡鄉，東至臺中縣太平市、霧峰鄉，南至南投縣名間鄉、漳化縣溪州鄉，橫跨彰化、南投及臺中縣、市，[1] 大甲地區地理位置適在南瑤宮信仰圈北緣，早年進香活動似依附南瑤宮行動，日據大正時期進香活動已有大轎，其規模應已不小，民國 50 年代以後，逐漸取代南瑤宮成為臺灣北路最大的進香團體。

　　民國 50 年代，新港奉天宮創出笨港毀滅論，指北港非笨港，奉天宮媽祖為開臺媽祖以爭取媽祖宮廟前往進香。民國 63 年，鎮瀾宮重修落成，刊行《大甲鎮瀾宮志》，提出鎮瀾宮媽祖源自湄洲，創於雍正十年的說法。笨港毀滅論、

鎮瀾宮媽祖源自湄洲二種說法慢慢發酵，導致三座宮廟關係開始產生轉變。

民國 67 年 12 月中共與美國建交，象徵西方民主國家已接受中共進入世界社會，68 年 9 月 30 日，葉劍英提出國、共兩黨第三次和作促成中國統一及三通、四流等具體作法，正式宣告對臺政策由武力解放改為和平統一。在葉九條中，宗教交流本不在其內，但開放探親後，卻意外發現媽祖對臺灣基層百姓最有吸引力。為了爭取臺胞對祖國的認同，媽祖被定位為海峽兩岸和平女神，並重建湄洲天后宮為促進兩岸三通四流的觸媒。

民國 70 年，中共將海防部改名對台辦公室，開放沿海漁區及 13 處漁港讓臺灣漁民從整補休息。是時臺灣尚未解除戒嚴令，赴大陸為違法行為，臺灣漁民進入福建沿海漁區僅敢與福建漁民從事漁貨交易，尚需對台辦船隻押解始敢進入漁港。但一回生，二回熟，第三回即主動提出請求協助購買中藥物資走私帶回臺灣，中共開放的訊息也迅速在各漁港傳開。

宜蘭縣南澳鄉震安宮總幹事陳天水，福建福州人，於民國 37 年來臺，從事餐飲業，因思鄉情切，聞訊後透過漁民查明福州親人尚在，遂於民國 72 年私自返大陸福州探親，並在對臺辦安排下赴湄洲參拜，由林聰治出面接待。時因震安宮重建後神龕空間較大，需大型神像坐鎮，因大陸物價低廉，陳天水乃請林聰治代為雕造三尺六寸軟身媽祖神像四尊空運返臺，其中二尊留本廟，一尊轉讓蘇澳南山宮，一尊轉讓花蓮縣美倫福慈宮，為兩岸媽祖交流的濫觴。

　　姑不論迎回之媽祖在雕造時是否依傳統製法入聖開光使具備宗教上「神」的條件，但湄洲媽祖四字，對臺灣媽祖信徒具有強烈吸引力，一尊高一尺三寸神像轉手間即可獲利千元，三尺六寸至六尺神像獲利則在二至五萬元間，頭城、南方澳地區漁民利用漁季後空閒赴大陸沿海以物易物者也開始走私媽祖神像牟利。

　　民國 75 年，中共文化部指示福建泉州、莆田文史工作者進行媽祖信仰基礎調查研究，以民國 76 年適逢媽祖千年誕辰，決定於此年廣邀海內外信徒同慶，而臺灣各主要媽祖廟如北港朝天宮、大甲鎮瀾宮均列為邀請對象，當時國民黨中央認為此為宗教統戰。為防止各媽祖廟因對湄洲媽祖的認同延伸為對中國或中共的認同，中央社會工作會乃邀請內政部民政司及主要媽祖廟負責人開會，決定辦理全省性慶祝活動以凝聚向心，決定由北港朝天宮以慶祝媽祖成道千年為名舉辦媽祖環島弘法遶境祈安活動。大甲鎮瀾宮以每年均舉辦至北港進香活動，積極爭取失敗，促使鎮瀾宮籌劃往湄洲迎回媽祖以與朝天宮分廷抗禮。

　　民國 76 年 7 月 15 日臺灣宣佈解除戒嚴，29 日頭城進豐三號漁船即走私五尊一尺三寸湄洲媽祖神像至南方澳漁港，被港警查獲，依法本應銷毀，但南方澳南天宮透過當地籍國大代表爭取，將五尊神像安置於南天宮，此為兩岸交流前新聞公開報導臺灣廟宇奉祀湄洲媽祖之始。11 月臺灣開放民眾赴大陸探親，但尚未開放一般民間交流，南天宮即游走法律邊緣，於次年赴湄洲進香，並於 1989 年 6 月，與湄洲天后宮訂約為臺灣總連絡廟宇迎回五尊媽祖神像。（附圖

12-1）

附圖 12-1 湄洲媽祖廟聘南天宮為台灣總連絡處

　　南天宮迎請湄洲媽祖、與湄洲媽祖廟訂約前後，鎮瀾宮董監事也於民國 77 年初繞道日本轉往湄洲進香，由湄洲天后宮迎回新的媽祖神像及香爐、符笈，與湄洲天后宮結至親盟。是年，鎮瀾宮要求朝天宮澄清其媽祖非朝天宮分靈未果，遂改迎湄洲媽祖往新港遶境進香，認同對象漸漸轉向湄洲祖廟。

二、大甲的開發與鎮瀾宮概況

（一）大甲的開發

　　大甲位於臺灣西海岸中北部，為原住民道卡斯族居住地，大甲即道卡斯之閩南音譯，其地險峻，原住民性兇悍。《諸羅縣志》謂：

> 相傳明鄭時先鋒楊祖以一鎮之兵為諸社原住民狙截於此，無一生還者。[2]

康熙年間置大甲塘，派目兵五名守之。雍正9年（1731）12月，以大甲為中心的大甲西社番林武力起事，臺灣鎮總兵呂瑞麟討之，不克；村落為原住民焚殺，莊佃死事者18人。次年5月，林武力等復結合沙轆、吞霄等十餘社圍攻彰化縣，百姓奔逃。6月，閩浙總督郝玉麟赴廈門，調呂瑞麟回臺灣府彈壓，檄新授陸路提督王郡討之。8月，大敗原住民，清軍分路追殺，由大安溪上溯大坪山，進入生番界、悠吾、日南內山，生擒原住民男女1000餘名，誅除首惡，餘眾接受招撫，歷四閱月，亂平。事件後清廷招撫各社原住民，並將大甲西社改為德化社，沙轆社改為遷善社，牛罵社改為感恩社，貓盂社改為興隆社；德化社後又分成頂店、社尾、新社三個小社，其聚落大概位於今大甲鎮江南里、奉化里、義和里。

　　原住民勢力被壓抑，兼以叛亡者所遺埔地，部分被撥給鄰近助官平亂之歸化原住民，部分被當作無主荒埔，[3] 原住民不擅細作農業，將耕作權轉予漢人業戶，再招致漢人墾

作，致乾隆年間臺中縣沿海地區漢族居民日多，大甲亦漸次成市。《苗栗縣志》，大甲街云：

> 在縣治之南，距城五十七里，乾隆年間，漸次成市。[4]

（二）鎮瀾宮創建沿革

大甲天后宮的創建，據陳培桂《淡水廳志》〈典禮志〉云：

> 天后宮，一在大甲街，乾隆三十五年林對丹等捐建，五十五年吳偏等重修。[5]

所述鎮瀾宮乾隆 35 年（1770）創建，乾隆 55 年（1790）重修，與大甲街的形成年代相當。道光 6 年（1826）大甲建立城堡，置軍守衛，光緒 18 年（1892）重修，廟宇空間增至 19 間，年收穀 300 石。《苗栗縣志》云：

> 在三堡大甲街，距城五十五里，乾隆三十五年，林對丹等捐建，五十五年吳偏等捐修，光緒十八年林鳳儀等復捐重修。共一十九間，祀田年收穀三百石。[6]

林對丹、吳偏，履歷不詳，光緒 18 年（1892）重修鎮瀾宮的林鳳儀，為福建安溪縣人，道光 24 年（1844）14 歲時，隨父林文闊來臺，後營碾米行利源號致富，熱心公益，並曾捐修文祠。去世後，四子林文登繼承家業，文登孫林炳焜於民國 36 年出任鎮瀾宮執行委員，民國 43 年改任顧問，民國 45 年卸任，家族對鎮瀾宮貢獻頗多。[7]

　　《淡水廳志》、《苗栗縣志》所稱大甲街天后宮，至清末始稱鎮瀾宮，鄭鵬雲《新竹縣志初稿》云：

> 鎮瀾宮，在大甲街，距竹城西南九十五里。乾隆三十五年林對丹等捐建，五十五年吳偏等重修；廟宇一百三十七坪七合，地基七百六十五坪八合，祀田六甲。[8]

《新竹縣志初稿》所述鎮瀾宮創建年代、創建、重修資料，與《淡水廳志》、《苗栗縣志》所述相同，可知大甲鎮瀾宮原稱天后宮，創建至今已 230 餘年。

（三）興建鎮瀾宮的功德主

　　長生祿位均為廟宇奉祀建廟有功人員而立，僅書祿主姓名、職銜，並無內涵記錄當事人生卒年月。鎮瀾宮目前保存有多座長生祿位，（圖 12-2）均為歷代對廟興修有功人員，可以補鎮瀾宮歷史記載的不足，其一題：

> 功德業主巧府諱化龍長生祿位[9]

巧姓為大甲德化社原住民姓氏，按大甲地區原住民原有大甲東、大甲西、雙寮、南日等社，雍正 9 年（1731）原住民林武力抗清，大甲西社亦參與，事定後餘眾受招撫，改名德化社。乾隆初，由漢人任五社總通事，乾隆 23 年（1768）改由原住民自舉通事，由官方派任，此後至清朝割臺，大甲五社總通事皆由德化社人出任。首任通事為德化社土目巧自徵，任期至乾隆 38 年（1773）止；巧自徵任總通事前，為大甲社土官。[10]其後嘉慶、道光、同治、光緒各朝，巧姓皆

曾出任五社總通事，大甲西社土地的番業戶也多是巧姓族
人，鎮瀾宮創建使用土地應為德化社地。

圖 12-2 鎮瀾宮功德廳

第二座祿位題：

> 檀越主連府諱昆山長生祿位 [11]

連崑山履歷不詳，國史館臺灣文獻館保存編號 860400 號古
文書有其於乾隆 19 年（1754）杜賣大甲營盤埔田埔的記錄；
乾隆 42 年（1777）竹塹建關帝廟時亦曾捐款若干元，似為
乾隆年間活躍於淡水廳的漢人墾戶。

第三座祿位題：

> 鄉進士出身福建臺灣北路淡水營都閫府陳官名峰毫
> 長生祿位 [12]

都司為都指揮使司的簡稱，為武職官，淡水營都司管轄範圍為彰化以北西岸平原。康熙 55 年（1716）始設淡水營守備於八里坌，雍正 10 年（1732）改陞都司，乾隆 24 年（1759）移駐艋舺，嘉慶 13 年（1808）改陞游擊。《重修臺灣省通志》記載陳峰毫云：

> 陳峰毫，福建龍溪人，乾隆三十三年戊子武舉人，乾隆五十年十一月由閩安協標左營都司調任，嘉慶元年八月二十五日革職拿問。[13]

陳峰毫於乾隆 50 年（1785）11 月上任，上任時適林爽文事件發生，至嘉慶元年被革職。林爽文事件，大甲曾被據為巢穴 [14]，乾隆 55 年（1790）鎮瀾宮重建期，陳峰毫適為大甲地區最高軍事指揮官。

第四座祿位題：

> 特陞臺灣府經歷大甲分司誠夫宗諱觀庭長生祿位
> 大甲本街舖民、五十三庄總董庄正副仝立 [15]

大甲分司即大甲巡檢，文職，為淡水廳的派遣單位，負責港口出入檢查及地方治安工作。宗觀庭為江蘇常熟人，監生出身，於道光 5 年至 8 年（1825～1828）任職大甲巡檢。[16]

第五座長生祿位題：

> 功德業主：副通事淡湄他灣、土目郡乃蓋厘、業戶蒲氏本步長生祿位 [17]

淡湄他灣職稱副通事，為官方派管德化社征稅、勞役等公共事務，郡乃蓋厘為土目，蒲氏本步為業戶。據《大甲東西社古文書》〈大甲五社總通事一覽表〉、〈大甲東社副通事一覽表〉、〈大甲西社土目一覽表〉、〈大甲東社土目一覽表〉、〈大甲西社番業戶一覽表〉、〈大甲東社番業戶一覽表〉皆未見三人姓名，僅土目郡乃蓋厘的名稱見於清同治年間大甲土地買賣契書中，云：

> 大甲東社舊社番婦阿末淡眉有大甲東社前土地，東到土目郡乃蓋厘田，西到蒲氏烏毛田，南到山下竹頭，北到石埤，賣給大甲街王瑤記。……同治十三年十月。[18]

此 3 人似為同治年間（1861～1875）大甲五社原住民領袖。

第六座題：

> 功德業主傳登財、王福泰、陳協安、王振榮、王令觀、黃光明、陳文房、伍維忠、朱朝陽、林大有、蔡錫燕、林元瑋、黃廷輝、黃聯芳長生祿位 [19]

此 14 人履歷不詳，似為日據時期鎮瀾宮實施管理人制度時代的產物。上述祿位可印證鎮瀾宮乾隆中葉創建及乾隆末、道光、同治及日據時期均有重修的事實。

（四）鎮瀾宮的僧侶

臺灣早期建立的媽祖廟均有僧侶住持，鎮瀾宮亦不例外。鎮瀾宮目前保存二座僧侶蓮座，可以看出鎮瀾宮長期為僧侶住持管理廟務。其一題：

南院　西天中土歷代祖師生蓮之座

開山若清湛禪師

二代佛恩然禪師

二代開瑞然禪師

二代佛曇然禪師

二代允立然禪師

三代啟傳法禪師

三代啟成法禪師

三代啟志法禪師

四代慈雲界禪師

四代慈帆界禪師

四代慈三界禪師

五代智華方禪師

六代淵霖廣禪師

六代生元廣禪師

七代箕萊嚴禪師

比丘宗贊通禪師

比丘碧河照禪師

徒孫等仝奉祀 [20]

按蓮座為僧侶去世後神主所依，內涵均會書明個人生卒年月日時等資料，日據末期臺灣總督府推皇民化運動時，蓮座多被整併為一總牌位，已無法考證各代僧侶生存年代與事蹟。據上述蓮座，開山若清湛禪師為鎮瀾宮首代僧侶，並傳下佛恩等七代。另據鎮瀾宮現存二方僧章，可知其中有二人曾任住持，二章印文為：

　　大甲街鎮瀾宮住持僧慈三圖記

　　大甲街鎮瀾宮住持僧淵霖記 [21]

可知第 4 代僧慈三、第 6 代淵霖曾任住持職。

　　另一蓮座題：

　　南院　　七代圓寂比丘上淇下滿嚴禪師一位蓮座

　　孝徒覺定奉祀 [22]

淇滿卒於民國 3 年（1914），其徒覺定為末代住持，民國
13 年（1924）鎮瀾宮成立管理人制度，始無僧侶住持。

　　鎮瀾宮歷代僧侶事蹟雖不詳，但在民國時代卻出了一位
高僧賢頓。賢頓為大甲人，俗名林傳仁，民國 9 年（1920）
於鎮瀾宮剃度出家，後赴福建鼓山佛學院進修，臺灣光復後
曾任臺灣省佛教分會理事長，臺北龍雲寺、臨濟寺、東和寺
等著名寺院住持，民國 53 年與白聖法師創辦戒光佛學院，
傳度弟子逾萬，為臺籍傑出僧侶。[23]

（五）鎮瀾宮的管理制度

　　大正 10 年（民國 10 年，1921）4 月，北港朝天宮訂定
〈北港朝天宮管理規則〉正式成立管理委員會接管廟務，民
國 13 年（1924）鎮瀾宮也廢除僧侶管理，改為管理人制，
但其組織情形已不詳，首任管理人為杜清。民國 25 年杜清
去世，其子杜香國繼任管理人，民國 35 年杜香國去世，由
大甲鎮長郭金焜任管理人。郭金焜任內修改章程，將鎮瀾宮
管理人改由大甲鎮長兼任，鎮瀾宮信仰圈內的大安、外埔、

內埔三鄉鄉長為副管理人，以大甲、大安、外埔、內埔四鄉鎮村里長暨鄉鎮民代表為信徒代表選舉產生管理委員。

　　民國57年，鎮瀾宮管理組織再修改為管理委員會制，擴大信徒基礎，以大甲、大安、外埔、內埔四鄉鎮信仰媽祖之公民為信徒，大甲、大安、外埔、內埔四鄉、鎮長，村、里長暨鄉鎮民代表為信徒代表組成信徒代表大會，為鎮瀾宮最高權力機構，推選委員17人，監察委員3人，分別推選主任委員執行日常事務。民國63年，廢除傳統爐主頭家主持之進香制度，改由管理委員會接辦。民國67年管理委員會改組為財團法人制，原管理委員改稱董事，主任委員改為董事長，其董事產生辦法大致沿襲舊制。

三、大甲媽祖北港進香

（一）北港及朝天宮概況

　　北港，古稱笨港，明鄭時代即有部將陳縣入墾，為臺灣最開發地區之一，清代屬臺灣府諸羅縣管轄，康熙《諸羅縣志》云：

> 笨港街，商賈輳集，臺屬近海市鎮，此為最大。[24]

雍正9年（1731）諸羅縣於此設縣丞以稽查船隻出入[25]，北路營千總1員，兵150名分防笨港汛，另設砲臺、煙墩各1座，水師左營守備1員、把總1員、兵230名，戰船3隻分防，有店599間，年徵銀200兩零5錢，[26]佔全臺灣府餉稅十分之一強，繁榮情形可見。

乾隆年間，笨港之行政區被分割為二，《續修臺灣府志》
〈笨港〉謂：

> 距縣三十里，南屬打貓保，北屬大槺榔保。港分南北，
> 中隔一溪，曰南街，曰北街，舟車輻輳，百貨駢闐，
> 俗稱小臺灣。[27]

乾隆 53 年（1788）諸羅縣改稱嘉義縣，光緒年間臺灣建省，
大槺榔保劃歸雲林縣，改稱大槺榔東堡。清末仍為臺灣主要
商港，《雲林縣采訪冊》大槺榔東堡，〈北港街〉云：

> 即笨港，因在港之北，故名北港。東、西、南、北共
> 分八街，煙戶七千餘家，郊行林立，廛市毘連。金、
> 廈、南澳、澎湖商船常由內地載運布疋、洋油、雜貨、
> 花金等項來港銷售，轉販米石、芝麻、青糖、白豆出
> 口；又有竹筏為洋商載運樟腦前赴安平轉載輪船運往
> 香港等處。百物駢集，六時成市，貿易之盛，為雲邑
> 冠。俗人呼為小台灣。[28]

同書，祠宇，〈天后宮〉云：

> 天后宮，在街中，雍正庚戌年建。乾隆辛未年，笨港
> 縣丞薛肇廣與貢生陳瑞玉等捐資重修，兼擴堂宇，咸
> 豐十一年訓導蔡如璋倡捐再修，擴廟庭為四進：前為
> 拜亭，兼建東西兩室；二進祀天后；三進祀觀音大士；
> 後進祀聖父母。廟貌香火之盛，冠於全台。神亦屢著
> 靈異，前後蒙頒御書匾額二方，現今鉤摹，敬謹懸掛。

每歲春，南北居民赴廟進香絡繹不絕。他如捍災、禦
患、水旱、疾疫，求禱立應。官紳匾聯，多不勝書。
宮內住持僧人供奉香火，亦皆恪守清規。

日本明治 43 年（1909）臺灣總督府臨時台灣舊慣調查會編
印《台灣私法附錄參考書》卷二，上，〈斗六廳北港街朝天
宮來歷〉，記載朝天宮創建緣由及命名云：

> 北港朝天宮，前繫笨港天后宮，自康熙三十三年三
> 月，僧樹璧奉湄洲朝天閣天后聖母到地。因九庄前繫
> 泉、彰（漳）之人雜處，素感神靈，無從瞻拜，故見
> 僧人奉神像來，議留主持香火，立祠祀焉。僅茅屋數
> 椽，而祈禱報賽，殆無虛日。雍正中，神光屢現，荷
> 庇佑者，庀材鳩資，改竹為木，改茅為瓦，草草成一
> 小廟。乾隆間，笨港分縣因航海來台，感戴神庥，始
> 捐俸倡修。命貢生陳瑞玉、監生蔡大成等鳩資補助，
> 廣大其地，廟廡益增巍峨。以神由湄洲朝天閣來，故
> 顏其額曰朝天宮。[29]

《雲林縣采訪冊》〈大槺榔東堡，匾〉云：

> 神昭海表：在天后宮，嘉慶間御賜。
> 慈雲灑潤：光緒十二年嘉邑大旱，知嘉義縣事羅建祥
> 屢禱不雨，適縣民自北港迎天后入城，羅素知神異，
> 迎禱之，翌日甘霖大沛，四境霑足，轉歉為豐，詳經
> 撫部院劉公具題，蒙御書「慈雲灑潤」四字，今敬謹
> 鉤摹，與嘉慶年間所賜共懸廟廷。

媽
祖 信仰研究

> 海天靈貺：道光十七年，本任福建水師提督王得祿統
> 兵渡台，舟次外洋，忽得颱風，禱神立止，兼獲順風
> 以濟，遂平台亂，上匾誌感。[30]

北港朝天宮因建廟歷史早，媽祖由湄洲朝天閣請來，捍災、
禦患、水旱、疾疫，求禱立應，兼有僧侶主持祀事，每歲春，
南北居民赴廟進香絡繹不絕，官紳匾聯，多不勝書，故早為
南北兩路居民信仰重心。

（二）彰化南瑤宮北港進香

鎮瀾宮建於乾隆 35 年，但清代方志未見有鎮瀾宮往北
港進香之記載，而嘉慶年間，彰化地區已形成以南瑤宮為核
心至笨港進香的習俗，《彰化縣志》云：

> 天后聖母廟，在南門外尾窯，乾隆中士民公建，歲往
> 笨港進香，男女塞道，屢著靈應。[31]

《彰化縣志》成書於道光 15 年（1835），所述歲往笨港進
香事，應已為相沿多年習俗。南瑤宮為何往笨港進香？據民
國 25 年（昭和 11 年，1936）彰化南瑤宮改築委員會所立〈南
瑤宮沿革碑〉云：

> 前清雍正時代，彰化置縣始建城池，亘至乾隆十二年
> 終告功成。建城時，掘土燒磚以疊城垣之用，有招募
> 外來窯工以從事者，中間有工人楊姓者，自笨港應募
> 而來……攜有久在笨港最著靈感之神，即受封與天同
> 功天上聖母娘娘之香火，欲藉為庇身之用，祀之坏蔡

484

（即造磚場）址在本廟地也。……每入夜頻見五彩毫
光，居人奇之，入藪尋覓一無所有，惟香火存焉！咸
謂必神之靈顯使然，遂共祀於鄰福德廟內，禱告輒靈。
自茲以後，香煙日盛，越二年，庄民議建廟，然初建
基不滿十坪，湫隘難堪。迨嘉慶七年，彰化紳董聯絡
縣下信者再倡重建。……聖母正駕每年亦恒往發源地
之笨港進香，隨駕香丁常擁十餘萬，往復步行。[32]

南瑤宮往笨港進香是因其香火來自笨港天后宮，而大規模往
笨港進香形成的年代約在嘉慶 7 年（1802）南瑤宮擴建以
後。南瑤宮老大媽會成立於嘉慶 19 年（1814），其成立宗
旨為備辦前往笨港進香祭品相關事宜，[33] 恰可與上述碑文互
證。

　　清末，因臺灣變亂迭起，官方為維持治安，曾對南瑤宮
大規模的進香活動加以禁止。咸豐 4 年（1854）5 月，小刀
會擾臺北，同治元年（1862）臺灣爆發戴潮春事件，彰化縣
城被攻陷，左宗棠奏調林文察帶兵返臺配合總兵曾玉明等將
領平亂，至同治 3 年（1864）3 月始平。[34] 同治九年（1870）
3 月，林文察堂弟副將林文明為南瑤宮往笨港進香會首，欲
往北港進香，但以治安問題，臺灣鎮總兵楊在元、臺灣道黎
兆棠頒布禁令，不准前往。

　　臺屬每年三月十六日，各屬男婦赴北港進香，前署鎮
　　楊並前道憲黎，慮其聚眾滋事，照例示禁，城鄉均各
　　具結遵依。[35]

臺灣知府凌定國更詳細其事云：

> 臺屬每年三月十六日，有各處男婦赴嘉義之北港進
> 香，人眾混雜，易茲事端；且其時又有匪類入內山勾
> 結拜會之謠。當奉鎮、道憲出示禁止，並由縣派撥義
> 勇分路巡查。王令（文榮）又因彰化縣城外南壇廟供
> 天后神像，向來北路人民抬赴北港進香，遂先期將神
> 像移入城內觀音亭中，示諭不准抬往，各紳民均各遵
> 從。[36]

彰化縣典史許其棻更說明當時全臺信徒蜂擁往北港進香恐
影響治安，云：

> 嘉義北港地面，向有建立天后聖母廟宇，全臺人民無
> 不敬信供奉，每屆三月聖誕之際，南至鳳山，北至噶
> 瑪蘭，不分裏山沿海、男婦老幼，屆期陸續咸赴北港
> 進香。各執一小旗，燈籠一盞，上書北港進香字樣，
> 或步行或乘輿，往還何止數萬人。是以因燒香人眾，
> 謠言不一，前道憲黎（兆棠）行文禁止。乃年久習俗，
> 禁之不住，阻之不得，故彰化縣王令文榮將彰化南門
> 南壇天后神像，向來北路香客隨神像同往北港之神
> 像，請入城內，藏供觀音亭廟中。[37]

是年南瑤宮進香，因會首林文明不從禁令被殺而中止，但承平
時期進香活動仍然持續不斷，至日本統治時期，仍有數萬人徒
步往返。民國 24 年（1935）南瑤宮重建竣工，大規模往北港進
香，《臺灣日日新報》刊登〈彰化赴北港參拜媽祖〉云：

中臺灣名剎彰化南瑤宮媽祖廟正殿新建工程已告竣工，決定於十八日往北港媽祖廟參拜，該廟信徒以百萬計。當日十餘萬信徒奉神輿行列市內遊行後出發，彰化火車站為服務參拜者特開臨時列車募集香客五百名。[38]

5月4日（農曆4月2日）《新高新報》第14頁刊出〈彰化南瑤宮往笨港進香夜宿西螺〉新聞云：

虎尾郡西螺街，上月十九日，適彰化南瑤宮媽祖往北港進香日，是夜媽祖分駐於各廟以應一般參拜。善男信女不下數萬之眾，呈未曾有之雜沓。[39]

當時南瑤宮已形成三組媽祖（大媽、四媽，二媽、五媽，三媽、六媽）輪流往北港進香的習慣，民間並有諺語云：大媽愛潦溪（當年雨水足），二媽愛吃雞（當年六畜興旺），三媽愛冤家（常有事件發生）。民國二十六年中日戰爭發生，臺灣總督府開始整頓廟宇，民國三十年以後實施戰時體制，進香活動被禁止。臺灣光復後，南瑤宮再恢復進香活動，民國51年4月27日《聯合報》第7版刊出彰化訊，標題〈慶祝媽祖誕辰今日達到最潮，彰化進香團昨返縣全市民眾夾道相迎〉記載云：

彰化南瑤宮媽祖信徒笨港（北港）進香團，經過六天的長途跋涉後，於昨（二十六）日上午六時許返抵彰化。當這個擁有十萬善男信女，被稱為本省光復以來最大規模的媽祖進香團進入市區時，全市家家戶戶競

燃爆竹相迎,一時鞭炮、鑼鼓聲響徹九霄之外,街頭
巷尾人山人海,盛況空前[40]。

南瑤宮至北港進香,經一百多年的發展,形成十餘個媽祖
會,信仰圈包含整個大臺中地區四縣、市,活動規模太過龐
大,臺灣省政府於民國六十四年下令縣市政府勸阻進香活
動,云:

> 每年農曆二、三月間係媽祖進香之鼎盛時期,請切實
> 勸導轄內各寺廟,勿再組團進香,可推請寺廟管理人
> (負責人)或少數信徒代表進香,以實行節約,改善
> 民俗。[41]

南瑤宮為彰化市公所管理廟宇,自需遵守法令,其進香法動
因而式微。

(三)大甲媽祖北港進香

鎮瀾宮往北港進香習俗,《彰化縣志》、《淡水廳志》、
《苗栗縣志》、《新竹縣志初稿》等書均未曾記載,昭和七
年(1932)大甲公學校編印的《鄉土概觀》[42]始詳細記載之。
大甲《鄉土概觀》記載媽祖信仰共有二處,一謂:

> 媽祖廟在街中央,奉祀媽祖,乾隆三十五年創建。媽
> 祖始廟在福建省莆田縣,各地媽祖皆為其分神,通稱
> 湄洲媽祖。媽祖祭典均在每年農曆三月二十三日從北
> 港完成刈火儀式後盛大舉行。

其次謂：

> 本宮位於大甲南門附近，主神媽祖婆。（中略）大甲
> 居民感其靈異，於乾隆五十二年募金建廟，並置祀
> 田，年收入百石以供香燈及守僧生活之需。……大甲
> 媽祖為大甲、大安、外埔等庄民主要信仰及守護神。
> 大甲媽祖是從北港分香而來，通常每年均回北港進香
> 一次。進香日期於每年一月十五日於媽祖神前卜筶後
> 決定，行期大約農曆三月五日出發，三月十五日還
> 宮。[43]

一謂鎮瀾宮媽祖祭典於農曆 3 月 23 日，從北港完成刈火儀
式後盛大舉行，一謂大甲媽祖是從北港分香而來，故通常每
年均回北港進香一次，進香日期則於農曆正月 15 日媽祖神
前卜筶決定。這二則記載均與民國 76 年以前大甲進香習俗
吻合。

鎮瀾宮北港進香的開始年代，已無可考，但民國初年已
具規模。朝天宮現存有大正 3 年（1914）4 月 8 日編號 1970
號大甲街大轎請大火的收據，載：

> 捐款人姓名住所：臺中廳大甲街
> 金額：五圓
> 備註：大轎請大火
> 大正三年四月八日領收
> 北港朝天宮事務所[44]

大轎即進香團媽祖乘座之輦轎，顯示進香團已具相當規模；請大火即由祖廟直接引取香火，為進香目的。其儀式，先由僧侶誦經啟請後，從祖廟長明燈引燃金紙，於萬年香火爐中焚化，再由僧侶將燃燒中的金紙用杓挹三杓置於香擔香爐，關上香擔門，貼上封符。儀式結束，主持儀式僧侶宣告媽祖返鄉，進香團爐主及香客即高喊「進哦！」，媽祖鑾駕立即起程。

鎮瀾宮往北港進香方式，早年均採爐主、頭家制。正爐主、副爐主及協辦進香事宜的頭家，需為大甲鎮的朝陽、孔門、大甲、順天四里里民，捐緣金給鎮瀾宮取得信徒資格後，擇期於媽祖神前卜筊決定，其他鄉鎮及村里里民無權擔任。正、副爐主及頭家的責任，需於事前籌募進香經費，負責往、返進香行程及食宿、交通、秩序維護等工作。民國 63 年，廢止爐主制，次年進香事宜改由管理委員會接辦，所需經費由鎮瀾宮經常費支付，沿襲至今。

進香過程，以民國 76 年為例，包含：農曆正月 15 日擲杯卜定日期、搶香、陣頭登記、南下訪問、於往返路程經過宮廟貼香條、起馬宴、第一天大甲出發、第二天通過西螺大橋、第三天抵達北港、第四天謁祖祭典和割火、第五天踏上歸途、第六天回宿北斗、第七天永靖插頭香、第八天返抵大甲。

大甲鎮瀾宮北港謁祖進香之重要儀式包含：出發時之啟駕，至北港入朝天宮後之進殿、座殿，謁祖；返程時之割火，上香、添火、回鑾遶境等八項典禮，大量保存古代民間信仰上下廟間的禮儀，彌足珍貴。

四、新港奉天宮與「笨港毀滅論」

（一）新港開發概況

　　嘉義縣新港鄉南港村與雲林縣北港鎮隔北港溪對望，清代為笨港南街所在，為臺灣沿海開發最早的繁榮地區之一，然至嘉慶年間，笨港南街卻遭洪水之厄。新港鄉南港村水仙宮，現存一方道光 30 年（1850）〈重修笨南港水仙宮碑記〉，記載嘉慶年間笨南港因溪水氾濫，浸壞民居，移建關聖帝君廟的情形，云：

> 吾笨南港有水仙尊王、關聖帝君二廟由來舊矣，不意嘉慶年間溪水漲滿，橫溢街衢，浸壞民居者不知凡幾，而二廟蕩然無存。里中耆宿悼廟宇之傾圮，思崇報而無從，遂於嘉慶甲戌年（十九年，1814）間，鳩金卜築于港之南隅，以崇祀水仙尊王。而關聖帝君亦傳其廟規模宏敞，誠笨中形勝地也，但歷年既久，不無風雨剝蝕，蟲蟻損傷，兼以溪沙渾漲，日積月累，基地益危，觀者惻焉。吾笨中三郊，爰請諸善信捐金，擇吉、仍舊，重新增建一後殿，以奉祀關聖帝君。雖帝廟未創而神靈亦得式憑，則二廟可合為一廟矣。右翼以禪房，左翼以店屋二座，並建置民地一坵，設立石界，為住持香火之資。是廟坐辛向乙兼酉卯，興工於道光戊申年（二十八年，1848）端月，至庚戌年（三十年，1850）梅月始蕆其事，計糜白金伍仟玖佰有奇，落成之日，遠近商民靡不致敬，蓋實我三郊之力為多焉。

道光歲次庚戌孟秋穀旦董事泉州郊金合順、廈門郊金
正順、龍江郊金晉順同泐石 [45]

所述為笨南港街事，記載嘉慶十九年重修水仙宮，道光二十
八年合併關聖帝君於一廟的過程。碑記錄有當時官方及各
郊、行戶捐款情形，云：

鹿港海防分府胡國榮捐銀一百元
鹿港海防分府史蜜捐銀八十元
鹿港副總府王國忠捐銀三十二元
嘉義縣正堂王廷幹捐銀二十大元
笨南北港糖郊捐銀一百四十元
臺郡三郊蘇萬利、金永順、李勝興捐銀一百元
臺嘉總館捐銀六十元
鹽水港五郊：糖郊十二元、水郊八元、籤郊四元計二
十四元
澎湖郊金順利捐銀四十元
後庄郭光竹觀捐銀三十大元
臺郡立興號捐銀十二大元
太保庄王朝蕭捐銀一十大元
虎會寮同合油車捐銀八元
鹽水港蘇源裕捐銀六大元
牛稠溪茂興油車捐銀四大元
南港梁燕觀捐銀四大元
大崙庄林讚觀捐銀二大元
以上一十七條共銀六百四十元

　　嘉義城（捐款者略，共銀一百三十五元）

　　樸樹街（捐款者略，共銀二百二十八元）

　　新南港街（捐款者略，共銀二百零五元）

　　舊南港街（捐款者略，共銀六十六元）

　　笨北港街（捐款者略，共銀四百八十七元）

　　諸船計一百二十號共捐銀七百四十七元

　　泉州郊金合順計來銀一千六百六十元

　　廈門郊金正順計來銀八百三十大元

　　龍江郊金晉順計來銀八百三十大元

　　通盤計共收銀五千九百二十九元九角三占一格正

　　道光庚戌孟秋董事立石，泉郡觀東石室鐫石

由碑文資料，重建董事為南、北港三郊，笨港商貿的重心在南、北港。當時兼管笨港出入的鹿港海防同知、嘉義縣令及臺灣府城、嘉義、鹽水港、樸樹街、澎湖及笨港地區紳商皆踴躍捐輸，反映道光年間笨港的重要性及當時全臺各地行郊支持重建的情形。單就笨港捐款數目分析，笨北港泉州郊金合順、廈門郊金正順共捐銀二千四百九十元，笨南港之龍江郊金晉順捐銀八百三十元，笨北港恰為笨南港之三倍。捐款人數目，新南港一八人、舊南港一一人，笨北港街七二人，笨北港多於舊南港約七倍，亦多於新南港約三倍。捐款金額，新南港二○五元，舊南港六六元，笨北港街五三六元，笨北港街捐款為舊南港八倍多，為新南港二倍多。至於三街的人口數，《雲林縣采訪冊》記載北港街云：

北港街，七千一百五十戶，四萬零九百三十七丁口。[46]

《嘉義管內采訪冊》〈打貓西堡〉記載新、舊南港街云：

> 新南港街，一千一百零六番戶，四千九百七十五丁口。
> 舊南港街，一百五十一番戶，六百九十三丁口。[47]

北港街的戶數為新、舊南港街總數的五點六倍，丁口數為七點二倍，就全笨港街繁榮程度而言，笨北港街比笨南港繁榮，就小區域而言，笨北港街最繁榮，新南港街次之，舊南港街再次之。

水災及分類械鬥，不少笨南港街民遷移至東方五里許的麻園寮另建新街，取名新南港以與舊南港街區隔。《嘉義管內采訪冊》云：

> 新南港街，在嘉義城西北二十五里，距打貓十二里，居民先世多由舊南港街移來者，故名新南港街。按道光（乾隆）四十七年漳泉分類，舊南港甚為蹂躪，嗣因笨溪沖陷房屋街市甚多，故移至是地。人煙輻輳，百貨充集，笨港海船運糖米者半購於此焉。地當衝要，街分六條，近附鄉村賣買皆會於是，雖不比濱海之都會，亦嘉屬之一市鎮也。[48]

同書記載當地九所祠宇云：

> 登雲閣，在新南港街之東門外，崇祀文昌帝君……，道光十五年（1835）八月紳民公建。
> 奉天宮，在新南港街，奉祀天上聖母，嘉慶戊寅（二

十三年，1818）三月紳民公建。

大興宮，在新南港街之後街，崇奉保生大帝，嘉慶九
年（1804）十一月紳民公建。

肇慶堂，在新南港街之大街，崇奉福德正神，嘉慶辛
未（十六年，1811）紳民公建。

西安堂，在新南港街之松仔腳，崇奉福德正神，道光
十五年（1835）紳民公建。

慶興宮，在新南港街之南勢街，崇奉池府王爺，同治
六年（1867）紳民公建。

水仙宮，在舊南港，後枕笨港溪，崇奉水仙尊王於前
殿，崇奉關聖帝君於後殿，乾隆庚子年（四十五年，
1780）正月紳民公建。

福德堂，在舊南港，崇奉福德正神，道光十九年（1839）
四月紳民公建。

南壇水月庵，在新南港之西端，崇奉觀音佛祖，乾隆
辛亥年（五十六年，1791）十月紳民公建。

祠宇中年代最早，建於乾隆 45 年及 56 年的水仙宮及水月
庵，皆位於舊南港街，位於新南港街內的三座主要廟宇大興
宮、肇慶堂、奉天宮依序建於嘉慶 9 年、16 年、23 年，一
祀保生大帝，一祀福德正神，一祀媽祖，似新街營建由祖籍
同安縣廈門的商人帶領，而福德正神建於大街，可知農業生
產為新南港街民主要經濟活動，媽祖廟較晚建，反映海上貿
易非新南港街民營運項目。

（二）奉天宮創建沿革

　　據《嘉義管內采訪冊》的記載，新港奉天宮建於嘉慶
23 年，但從大正年間開始，奉天宮即不斷改變其建廟年代
及媽祖來源的說法，最初所提媽祖分靈自臺南大天后宮。大
正 7 年（1918）《臺灣日日新報》云：

> 臺南市大天后宮，自前二年新塑鎮南天上聖母以
> 來，靈應昭彰，不期進香者每日絡繹不絕，即各村
> 落凡有建醮祈安，罔不虔備神輿恭請監臨。……迨月
> 之十六日，南港建醮，奉天宮媽祖，係從大天后宮
> 分靈者，故前三日，即以該港紳董為總代，到臺南市
> 與該紳董交涉，即於初四日早番車，恭請鎮南聖母
> 神駕賁臨。[49]

新港紳董以奉天宮媽祖係大天后宮分靈，故恭請大天后宮新
雕鎮南媽（大正 5 年仿朝天宮三郊媽新雕神像）往監醮。次
日《臺灣日日新報》又刊登〈奉天宮落成〉的訊息，稱奉天
宮建於嘉慶四年（1799），媽祖由莆田迎來，云：

> 嘉義新港奉天宮，建于嘉慶四年，崇祀大媽，即當時
> 閩省興化府莆田縣迎來第一尊，距今已曆百十數年。
> 迨明治三十九年，震劫，殿宇塌傾，翌春三月，同地
> 善信，重修議起。時嘉義玉峰書院毀拆，乃將屋蓋移
> 歸新構。計醵四萬五千三百餘金以成其事，今已告成。

按清代媽祖以湄洲最貴盛，所述媽祖來自莆田，當為莆田眾
多廟宇之一，非湄洲媽祖。大正八年（1919）臺灣日日新報
社印行《臺南州祠廟名鑑》〈奉天宮〉則改謂奉天宮始建於
嘉慶十五年（1810），媽祖來自舊南港三尊媽祖之一，云：

> 街民於嘉慶十五年由舊南港（原笨港）移居當地之時，
> 將舊南港三尊媽祖中之一移至當地建廟奉祀。明治三
> 十七年至三十九年兩度大地震，廟宇破壞，信徒募集
> 二百圓於明治四十三年改建，發起人為林添有、林關
> 基、何銘錐、林維朝、洪炳、陳壁如、林溪如等。[50]

民國 40 年代，奉天宮開始印行簡介《天上聖母正傳》，書
中〈奉天宮之由來〉正式提出媽祖來自舊南港乾隆年所建天
后宮，神像為漳州籍商船奉祀的船仔媽，云：

> 滿清乾隆時代，福建省漳州府，沿海一帶之居民，全
> 事經營帆船載運貨物來臺貿易，其中有一家船戶，極
> 其信仰聖母每要出帆之時，船中拱奉一尊聖母之神
> 像，在海洋上可保平安，故由笨港上陸（現改為舊南
> 港）。……剛要出帆，未知何故，突受逆風阻止前進
> 屢次受風之阻撓得船戶，無法可施，然後在神前，以
> 木板求訊號始悉聖意要永住笨港受萬人朝拜，不回大
> 陸。……笨港人士發起籌募緣金，建造廟宇，……命
> 名為天后宮，此尊聖母神像後稱船仔媽（現奉祀在新
> 港奉天宮稱為五媽）。[51]

編者吳文峰、林騰輝兩人,查林德政編《新港奉天宮志》卷
三,組織與人事篇,未見兩人姓名。民國47年奉天宮重印
《天上聖母正傳》,但刪除「笨港上陸(現改為舊南港)」、
「祖媽,現在新港奉天宮稱為四街祖媽」等文字,以示其並
非僅四街奉祀之媽祖。

　　民國51年奉天宮新印《新港奉天宮媽祖簡介》,大幅
更動《天上聖母正傳》內容,將創建年代改為明朝天啟2年
(1622),媽祖則來自湄洲天后宮,自稱「開臺媽祖」,云:

> 新港媽祖是湄洲天后宮最早蒞臨臺灣的聖像,大家尊
> 稱祂為「開臺媽祖」。……明天啟二年(1622)船戶
> 劉定國為航海安全,親自到湄洲天后宮,恭請聖像奉
> 祀新船,途經笨港,神示永駐此地,保護臺疆,因此
> 十寨(笨港與外九庄)的生民,如獲至寶似的,輪流
> 奉祀,稱湄洲五媽或船仔媽。[52]

據上所述,奉天宮創建年代由清末的清嘉慶23年,日據時
期的嘉慶4年、嘉慶15年,轉為民國40年代的乾隆年間,
50年代的明天啟2年,前後相差達196年。媽祖來源則有
由日據時期的臺南大天后宮分靈、莆田媽祖第一尊轉為笨南
港三尊媽祖之一尊,民國40年代提出漳州船仔媽、四街媽,
50年代的湄洲五媽,最後自稱為「開臺媽祖」,民國82年
林德政、李安邦等新編《新港奉天宮志》,也未提出其創建
年代與媽祖來源的依據。

（三）奉天宮與「笨港毀滅論」

建於康熙 58 年（1719）的鹿耳門天后宮，在清同治 10 年（1871）因曾文溪改道被洪水沖毀，因鹿耳門港淤塞，渡口功能喪失，官方未再重建廟宇，媽祖神像由居民救出，部分暫祀民家，部份寄祀臺南海安宮。大正 2 年（1913）城北里居民建立保安宮奉祀王爺，大正 10 年（1921）復自海安宮迎回媽祖神像附祀於保安宮。民國 35 年顯宮里居民亦集資建立天后宮，迎回民宅奉祀之媽祖。[53] 民國 44 年顯宮與土城里民為誰是「鹿耳門天后宮」正統媽祖產生不同意見，民國 49 年土城保安宮易名聖母廟，雙方均認自身繼承鹿耳門天后宮，開啟了媽祖信仰的正統之爭。

民國 51 年新港奉天宮放棄「舊南港三尊媽祖中之一移至當地建廟奉祀。」的說法，提出嘉慶年間住持僧景端雕刻三尊媽祖，分由新港、北港、溪北分祀一、二、三媽的說法，將自身與笨港天妃宮拉在一起，謂：

> （舊南港）天后宮起初廟宇是簡單的建築，聘請漳洲景端師為第一代廟祝……嘉慶二年有一日滿空烏雲密佈……大雨傾盆，河川告漲……三槺榔溪邊，發現一叢鉅大的樟樹……時景端師趕到，向眾人言及此樹發出豪光日前曾受聖母夢中指點，此樹要彫刻聖母之神像。地方諸紳商集議，決議聘請彫刻專家來廟彫刻，將頭節彫為祖媽（現奉祀新港奉天宮稱為四街祖媽）第二節彫為二媽（現奉祀北港朝天宮）第三節彫為三媽，（現奉祀新港鄉溪北村六興宮）剩者彫一付千里眼、順風耳（現奉祀新港奉天宮）。[54]

又謂嘉慶 15 年（1810）笨港天后宮移至新港，數年後建奉
天宮，而北港朝天宮、溪北六興宮分祀其二、三媽，云：

> 嘉慶拾伍年之夏天，又如嘉慶二年時大雨傾盆……對
> 廟宇是萬分危險，廟之後殿被洪水衝壞，故景端師即
> 刻設法將一切神像遷移至麻園寮（新港）因無處安置
> 神像故暫時寄祀土地廟。……天后宮自遷移後，地方
> 商紳發起，籌募緣金，新築廟宇，選擇現時廟址，歷
> 時數年始告完成改名為新港奉天宮，（奉天宮起源由
> 此）……北港因地理環境良好，故發展甚速，惟尚未
> 有朝天宮之建造，故每年須來新港參拜聖母，跋跊渡
> 溪甚感不便，特遣人與新港商量，恭請貳媽過去北港
> 奉祀，建造朝天宮（朝天宮起源由此）。時有溪北（距
> 新港西南約五公里）王大人，雖是小小庄社，出有大
> 名鼎鼎馳名全省的王得祿將軍……將奉天宮奉祀最
> 靈感之三媽請回，溪北建造六興宮奉祀（溪北六興宮
> 起源由此）。

所述僧侶景端，生於清道光 15 年（1835）卒於光緒 9 年
（1883），為僧綱瑞璋（1804～1862）之徒[55]，不可能於嘉
慶年間遷建笨港天后宮。

又謂當時北港朝天宮尚未建亦與事實不符，北港朝天宮
現存乾隆 40 年（1775）〈重修諸羅縣笨港北港天后宮碑記〉
亦見於《雲林縣采訪冊》記錄。另「北港媽祖宮」或「北港
宮」也多見於嘉慶以前古契，如明治 43 年（1910）臨時臺
灣舊慣調查會印行的《臺灣私法附錄參考書》第一卷上，乾

隆 42 年（1777）〈陳寧老典契〉，第三卷上，乾隆 55 年（1790）
〈陳勉夫陳基容陳基決分家合約書〉均是，可見朝天宮早在
乾隆以前即存在笨北港街，非嘉慶以後新建。

　　另被扯入笨港毀滅論的六興宮，為道光 6 年（1826）王
得祿所建，《臺南州祠廟名鑑》〈六興宮〉云：

> 道光六年王得祿為所居六部落居民謀，迎請新巷二尊
> 媽祖中之一尊建廟奉祀。[56]

所稱新巷為日據時期新港名稱，所述六興宮創建，確與奉天
宮有關，但卻非嘉慶年間，也與朝天宮無關。

　　奉天宮既以「笨港天妃宮」正統自居，當然也把彰化南
瑤宮至笨港進香說成是到新港進香。《新港奉天宮媽祖簡介》
〈彰化南磘宮之由來〉，云：

> 距今約八十餘年前的事實，南港有一個勞動界的人，
> 姓楊名琴因在家鄉，無生活計，朝不補暮不得已，背
> 井離鄉，到彰化找工作，他是一個造瓦的技術者，充
> 任在磘內工作，一個楊琴平素極其信仰聖母，所以出
> 外均帶聖母之香火，在身邊保護出外平安，香火帶在
> 身上對工作上很是不便，故將香火懸掛在瓦磘內之竹
> 柱上，朝夕虔誠焚香朝拜……焚香向香火禱告，求取
> 爐丹，無不應驗，從此遠近聞名……凡有經營瓦磘業
> 者，皆彫刻有發鬚之聖母……未幾大廟完成，擇日舉
> 行慶祝落成典禮命名為南磘宮（南磘宮起源由此）因
> 記念該香火，由南港人，帶在磘內，故將南磘兩字，

> 取號甚有意義……彰化南瑤宮至今香火不斷參拜者
> 絡繹不絕每年特別組織團體,前來新港奉天宮進香。

民國 43 年(1954)上推 80 餘年為清同治 13 年(1884),
與《彰化縣志》、〈南瑤宮沿革碑〉所述南瑤宮建於乾隆
12 年(1747)相去 200 年,其編者對史料的掌握概略如此。

　　民國 43 年,日本早稻田大學畢業,以《媽祖的研究》
為論文的李獻璋返臺調查臺灣媽祖史料,赴新港,認識李安
邦,在其協助提供資料下從事〈笨港聚落的成立及其媽祖祠
祀的發展與信仰實態〉研究,李安邦得李獻璋指導,於民國
55 年 4 月《法海週刊》141 期發表〈漢族開臺基地笨港舊蹟
及其歷史文物流落考〉,開始宣揚「笨港毀滅論」,奉天宮
即笨港天后宮。民國 56 年 10、11 月李獻璋於《大陸雜誌》
第 35 卷第 7 至 9 期發表〈笨港聚落的成立及其媽祖祠祀的
發展與信仰實態〉。兩篇文章雖相呼應,但李獻璋對李安邦
引為「笨港毀滅論」依據的「景端碑記」,卻認為偽作,云:

> 景端碑記,末刻「嘉慶壬申(十七年)桐月□日　十
> 八庄董事仝敬立」,而碑文記「太子少保軍門
> 王……」,因王得祿晉封太子少保,是在道光十三年,
> 不免自相矛盾。但細看之下,該文謂「茲聖宮新建竣
> 事,感觸殊多;興之所至,誌於此,意在示人,明聖
> 母神德之盛,而知敬神所當誠之由云爾。」乃一隨感
> 錄,本非為要刻碑而作者。故我以為這是在笨港廟建
> 立,得王得祿獻匾後,為對抗上才把它刻碑,一面裝
> 作落成時物,一面卻加新銜,致生齟齬的。[57]

李獻璋雖推論景端碑記是後來為景端為對抗朝天宮而於事後追記，但景端生於清道光 15 年（1835），景端是否真曾任奉天宮住持，仍值討論。李獻璋對李安邦提出的某些看法也有所保留：

> 一九六四年（民 53）底十一月……在奉天宮看到李安邦醫師所搜集的有關笨港的若干史料，頗有值得參考者。返日後開始執筆，於祭典的實際慣習，仍承他繼續回答我的質詢。這一文稿之成，在祭儀的資料上，是有負於他的誠懇幫忙的。[58]

但一般人卻無法分辨其是非，朝天宮雖曾在報紙提出反駁，也在民國 56 年請任職臺灣省文獻委員會的廖漢臣編撰《朝天宮誌》，但因對朝天宮僧侶代序的誤置，並未收到預期效果。此後，彰化南瑤宮開始對朝天宮產生疏離，大甲鎮瀾宮對朝天宮是否為其祖廟產生動搖。

五、鎮瀾宮轉向湄洲認同

（一）鎮瀾宮湄洲尋根

民國 63 年，鎮瀾宮重修落成，刊行《大甲鎮瀾宮志》，開始提出新的創廟年代及媽祖來自湄洲朝天閣的說法，謂：

> 清雍正八年歲次戊申年間，有福建省興化府莆田縣湄洲嶼人氏林永興者攜眷來臺，途經大甲，定居謀生，且隨身有湄洲朝天閣天上聖母神像一尊，安奉廳堂朝

拜。大甲堡居民亦係閩省遷臺之先民，聞知林氏廳堂
供奉由湄洲所請來的天上聖母，無不紛紛前往參拜，
且有求必應，靈妙異常，神威顯赫大甲堡附近每個角
落，參拜者日盛，致使林氏門庭若市，香客不絕於途。
地方縉紳見此盛況，即與林氏洽商建廟奉祀，徵得林
氏同意後，經聘請地理師擇地於現址，在雍正十年歲
次壬子良辰吉旦興建，當時僅係一寬約十五尺，深約
二十三尺的小廟，建成後即將林氏從湄洲朝天閣請來
的神像安奉在小廟內以供眾信徒朝拜。[59]

清雍正 8 年（1730）歲次為庚戌，非戊申（1728）。《大甲
鎮瀾宮志》所述媽祖來自湄洲朝天閣，則與北港朝天宮媽祖
來源相同，雍正 8 年則為朝天宮重建之年，雖將自家歷史往
前提，但仍依例每年往北港謁祖進香。《大甲鎮瀾宮志》媽
祖來自湄洲朝天閣的說法，對自幼即參與進香的老一輩信徒
並無影響，但新一代接班者難免產生疑惑。如果媽祖來自湄
洲，為何要至北港謁祖進香？而中共開放兩岸交流，促使鎮
瀾宮往湄洲尋求認同。

　民國 67 年 12 月中共與美國建交，68 年 9 月 30 日，葉
劍英提出國、共兩黨第三次和作及開放三通、四流促進中國
和平統一。開放後，湄洲島人開始建廟私祀媽祖，民國 72
年完成一棟 30 餘平方公尺大小之單殿式建築，初步滿足了
媽祖信仰者的需求，而居臺閩籍媽祖信徒也紛紛前往朝拜。
（圖 12-3）中共因而將媽祖定位為「海峽兩岸和平女神」，
重建湄洲天后宮，並取名「湄洲祖廟」，期以湄洲祖廟為核

心，增進兩岸民間文化及經濟交流。

圖 12-3 文革後新建之湄洲媽祖廟

　　民國 76 年初，湄洲祖廟籌辦「媽祖成道一千年」祭典活動，廣邀臺灣媽祖廟參與。因當時臺灣尚未開放民間交流，但鎮瀾宮董、監事決定前往參加，並於 10 月搭機經日本大阪，轉飛上海，經福州轉抵湄洲，參加 10 月 31 日湄洲祖廟舉辦的媽祖成道一千年祭典活動，事後邀回媽祖神像一尊、壽山石雕印一顆、香爐一個、神杯一付及天上聖母香火。鎮瀾宮從此以湄洲為祖廟。（圖 12-4）[60]

圖 12-4 湄洲祖廟鎮殿媽祖

　　鎮瀾宮此後連續三年至湄洲進香，並訂四年辦理一次進香活動，民國 78 年 4 月更與湄洲祖廟結盟，約定雙方在宗教文化及經濟合作，成為湄洲天后宮在臺灣主要連絡廟宇。

（二）鎮瀾宮改迎湄洲媽祖遶境

　　民國 76 年鎮瀾宮迎回湄洲媽祖後，即提出何到北港進香的新說法，謂：

> 大甲媽祖到北港進香已有百年以上歷史，因當時時局動亂，無法前往湄洲祖廟進香，而且北港朝天宮建有媽祖聖父母殿，所以才到北港朝天宮進香合火。……

其次，基於臺灣廟與廟之間的拜會習慣，亦即對先成立或特別有權威之廟，每年前往拜會一次，大甲鎮瀾宮立廟歷史比北港朝天宮晚，故就當時而言，資淺廟到資深廟訪問是理所當然。再者，有一無法證實的傳說，大甲二尊進香媽祖中，有一尊是請錯或偷換北港朝天宮的媽祖……但鎮瀾宮堅決否認此傳說。[61]

所述因時局動亂乃改往北港進香，從地緣關係論，鹿港近於北港，大甲距鹿港約僅 50 公里，北港則百餘公里，乾隆後漢人入大甲者多由鹿港登陸，大甲商人亦常往鹿港經商，《淡水廳志》謂：

> 林春娘，大甲中莊光輝女，七歲為余榮長養室。乾隆己酉（五十四年，1789）夫年十七，赴鹿港經商……。[62]

鹿港天后宮建於乾隆初，亦早於鎮瀾宮，為何不往鹿港進香？又謂民國十年左右始往北港進香，按鹿港天后宮曾於民國 5 年、11 年兩度前往湄洲進香[63]，並無不能赴湄洲之事。又民國 21 年《大甲鄉土概觀》編撰時，鎮瀾宮管理人杜清已 56 歲，杜清民國 13 年即任管理人，若非真與北港朝天宮有香火關係，也不必度撰事實。

民國 77 年 3 月 4 日鎮瀾宮正式致函朝天宮，請朝天宮聲明該宮媽祖非由北港分靈，否則取消北港之行，云：

> 請貴宮向各報界鄭重聲明，本宮天上聖母非由貴宮分靈而來，以正視聽，否則本宮決定取消北港之行程。[64]

並說明理由如下：

一、本宮戊辰年進香名稱刪除「北港」二字，其因則
避免眾善信誤為大甲天上聖母是由北港朝天宮
分靈而來。

二、連日向報界發佈不實報導，諸如：「大甲媽祖是
由北港朝天宮分靈」、「數典忘祖」、「大甲媽
祖回娘家」等歪曲事實，有損本宮之形象，引起
全省眾善信公憤不滿。

三、請文到三日內復函及向各報界澄清不實之報導，
否則決定取消北港之行程，一切後果由貴宮董監
事會負責。

朝天宮對鎮瀾宮函的請求，以其事應由學者考據定論回應，
於 3 月 6 日函復云：

貴宮媽祖是否由本宮分靈應就歷史依據由學者考據
定論，本宮迄未公開提起此事，不宜再由本宮有所聲
明或澄清。……長久以來貴我兩宮香火相連綿延不
斷，珍貴之傳統友誼至堪珍惜，傳統之進香活動已成
燦爛宗教活動之寶貴史實，實不宜因少數偏異之論說
即予否定，本宮仍期待珍貴之傳統活動文物繼續保
持，不必因少數輿論反映造成彼此間之疑惑困擾。[65]

是否援例進香，乃再於 3 月 18 日因鎮瀾宮無正式回應，朝
天宮再致函訊問進香行程，云：

貴宮戊辰年北港進香行程爰例於農曆元月十五日神
前筊定，並經電知訂於農曆三月六日子時起駕，三月
八日抵達本宮。……茲因近日來有關行程細節，兩地
信徒議論紛紛，引起社會各界之關切，本宮為配合
籌劃接待事宜，亟需瞭解貴宮行程俾配合辦理，函
請查照。

鎮瀾宮於 3 月 4 日致函朝天宮請聲明該宮媽祖非由北港分靈
前，新港奉天宮董監事即於 3 月 3 日到大甲鎮瀾宮拜訪，表
達歡迎到新港遶境進香，並由嘉義縣長何嘉榮、議長邱天照
領銜，與嘉義縣各級民意代表、機關、團體、學校成立「新
港鄉歡迎台中縣大甲鎮瀾宮天上聖母遶境進香接待委員會」
籌辦接待事宜，4 月初籌備工作大致就緒。鎮瀾宮遂於 4 月
3 日致函北港朝天宮，說明改往新港奉天宮遶境進香，云：

本宮「媽祖」歷經日據時代及大陸淪陷，未克往湄洲
進香，而權宜改往　貴宮進香，時歷數十年建立珍貴
之傳統友誼。本宮依權責更正進香名稱，竟引起貴宮
之誤會與不滿，且報端諸多錯誤，如「數典忘祖」、
「背祖」、「回娘家」等歪曲事實報導，為恐後人及
眾多「大甲媽祖」信徒誤為「大甲媽祖」係由貴宮分
靈。為維護本宮廟史之尊嚴，於民國七十七年三月四
日以（77）鎮瀾金字第○五五號函請　貴宮澄清「大
甲媽祖」非貴宮分靈乙事，貴宮竟然避重就輕，不做
正面答覆。……本宮董監事會正式議決，取消貴宮行
程之決定，殊感遺憾。[66]

509

民國 77 年 4 月,鎮瀾宮中止往北港朝天宮「謁祖進香」,改往新港「遶境進香」,因進香名義已改變,其儀式也隨之更改:

（一）以湄洲媽祖取代北港進香媽祖出巡遶境,象徵湄洲媽祖取代北港媽祖。

（二）變更香條名稱,將「大甲鎮瀾宮天上聖母往北港進香」改為「大甲鎮瀾宮天上聖母遶境進香」,轉變上、下廟關係。

（三）變更香團旗幟及服裝文字,改「北港謁祖進香」為「遶境進香」。

（四）取消刈火儀式及盛香火的香擔。

（五）改謁祖典禮為恭送天上聖母回駕典禮。

（六）以道士取代僧侶主持宗教儀式。[67]

　　當臺灣媽祖廟群雄並立,紛爭不已時,中共以湄洲媽祖為核心,拉攏臺灣媽祖廟與之建立上、下廟關係,數年內即見成果。民國 70 年代後期至 80 年代初,臺灣各大媽祖廟及信徒捐款大量湧入湄洲,協助祖廟重建工程。如臺中市民北屯路陳守愚捐建鐘鼓樓（1988 年落成）,大甲鎮瀾宮捐人民幣 38 萬元建儀門,臺北市民林聖光、陳秀卿捐美金 7 萬 7 千元建聖旨牌樓,（圖 12-5）新港奉天宮捐人民幣 39 萬建梳粧樓,鹿港天后宮捐價人民幣 76 萬元建朝天閣,北港朝天宮捐人民幣 121 萬元建和平女神媽祖石雕,上述建築均於 1990 年落成。台中縣大里市曾正仁捐人民幣 43 萬元建昇天樓,味丹企業集團楊清欽捐建廟前大牌坊,苗栗縣苑裡鎮慈和宮徐俊

平捐建觀音殿，臺北市松山慈祐宮捐建香客大樓慈祐山莊，上述建築均於 1991 年落成。1992 年嘉義縣東石鄉港口宮捐建山門。此外，捐款人民幣 1000 元或美金 100 元以上勒碑紀念者有千餘人，前立委張平沼、林坤鐘等人則捐植園林，湄洲祖廟快速成為世界上建築最宏偉的媽祖廟宇。[68]

圖 12-5 林聖光陳秀卿捐款碑

六、結語

　　數十年來臺灣媽祖信仰實態的轉變肇因於媽祖廟間的紛爭，而大甲媽祖進香適反映臺灣媽祖廟認同的轉變，新港奉天宮的「笨港毀滅論」動搖了朝天宮領袖臺灣媽祖信仰的地位，而中國大陸將湄洲媽祖定位為兩岸和平女神，在黨政

部門支持下以湄洲祖廟爭取臺灣媽祖廟的認同,大甲鎮瀾宮因祖廟認同的迷惑,前往湄洲迎回媽祖,更改北港進香為湄洲進香。

民國 83 年開始,中國媽祖開始登陸臺灣進行文化宣傳。是年 3 月,福建媽祖文物來臺,於臺南市鹿耳門天后宮展出百日,民國 86 年 1 月至 5 月湄洲媽祖來臺進行百日環島遶境。民國 90 年 7 月大甲鎮瀾宮等 17 座媽祖廟成立臺灣媽祖聯誼會,合捐 780 萬臺幣修復莆田賢良港媽祖故居,並與賢良港天后宮祖祠締結至親盟。民國 93 年 10 月,中共於莆田市成立「中華媽祖文化交流協會」臺灣地區十餘座媽祖廟參加為會員,民國 95 年 9 月,大甲鎮瀾宮等臺灣媽祖聯誼會成員信徒 4000 餘人進一步前往湄洲、賢良港等廟謁祖進香,臺灣媽祖信仰認同傾向大陸的情形於此可見。

註釋

1. 國立彰化師範大學地理學系編,《南瑤宮志》第七章媽祖會與活動,媽祖會會員分布圖。民國 86 年彰化市公所印行。
2. 《諸羅縣志》卷七兵防志,水陸防汛,大甲塘。民國 57 年,臺北,國防研究院印行。
3. 劉澤民《大甲東西社古文書》第一章第四節,大甲西社事件。民國 92 年,國史館臺灣文獻館印行。
4. 沈茂蔭《苗栗縣志》卷三建置志,街市,大甲街。光緒 19 年刊,民國 57 年,臺北,國防研究院印行。
5. 陳培桂修《淡水廳志》卷六典禮志,祠祀。清同治 10 年修,民國 57 年,台北,國防研究院印行。
6. 同註 4,卷三典禮志,祠廟,天后宮。
7. 郭金潤主編《大甲鎮瀾宮志》歷史風華,第二篇,六、光緒 18 年林

鳳儀等重修。民國 94 年，台中縣，大甲鎮瀾宮董事會印行。

8 鄭鵬雲編修《新竹縣志初稿》，典禮志，大甲堡廟宇。民國 57 年，台北，國防研究院印行。

9 同註 7，第二篇，三、乾隆五十二年的擴建。

10 同註 3，第一章第四節，大甲西社事件、第二章第三節，大甲西社部落組織，大甲五社總通事表、大甲西社土目表。

11 同註 7，第二篇，二、建廟。

12 同註 7，第二篇，三、乾隆五十二年的重建。

13 見《重修臺灣省通志》卷八職官志，武職表篇，第三章，清代，第五節，都司，第一項，臺灣北路營都司。

14 同註 5，卷九，列傳三，義民，鍾瑞生。

15 同註 7，第二篇，四、信仰大甲媽祖的五十三庄。

16 同註 4，卷十二職官表，文職，大甲巡檢。

17 同註 7，第二篇，五、同治年的擴建。

18 同註 3，下冊，東 0262 號。

19 同註 7，第二篇，七、清代的歷史文物。

20 同註 7，第三篇，一、和尚住持時代。

21 同註 7，第二篇，二、建廟。

22 同註 20。

23 見朱其昌編《台灣佛教寺院庵堂總錄》，臺北市龍雲寺。民國 66 年，佛光出版社印行。林傳仁法號賢頓，為大甲街人，光緒 29 年（1903）生，十歲即持長齋，民國 9 年於鎮瀾宮披剃出家，民國 14 年往福建鼓山湧泉寺受具足戒，復入閩南佛學院卒業，民國 17 年返臺。民國 22 年賢頓再往大陸參訪各地名山，25 年返臺，畢生致力弘法利生事業。

24 同註 2，卷二，規制志，〈街市〉。

25 見劉良璧《福建臺灣府志》卷 13 職官，民國 53 年，台北，臺灣銀行經濟研究室印行。

26 同註 25，卷 10 兵制、卷 8 戶役，陸餉。

27 見余文儀《續修臺灣府志》卷 2 規制，街市。民國 51 年，台北，臺灣銀行經濟研究室印行。。

28 倪贊元《雲林縣采訪冊》大榔梆東堡，街市，北港街；祠宇，天后宮。

民國 57 年，台北，國防研究院印行。

29 臺灣總督府臨時台灣舊慣調查會編印《台灣私法附錄參考書》卷二，上，〈斗六廳北港街朝天宮來歷〉。明治 43 年（1909）。

30 同註 28，大榤榔東堡，區。三塊區額，目前仍懸掛在北港朝天宮。

31 《彰化縣志》卷五，祀典志，天后聖母廟。民國 57 年，台北，國防研究院印行。

32 何培夫主編《臺灣地區現存碑碣圖誌》彰化縣篇，民國 86 年，國立中央圖書館臺灣分館發行。

33 同註 1，第七章，媽祖會與活動。

34 《重修臺灣省通志》卷九，人物志，人物傳篇，第三章，武功，第一節清以前，林文察。民國 87 年，臺中，臺灣省文獻委員會印行。

35 吳幅員輯〈臺灣冤錄—林文明案文獻叢輯〉六〈臺灣府周懋琦奉委查覆〉。《臺北文獻》直字 55、56 期合刊，民國 76 年 6 月，臺北市文獻委員會印行。

36 同註 35，八〈凌定國奉飭稟覆〉。

37 黃富三〈林文明「正法」案真相試析：兼論清代臺灣的司法運作〉。《臺灣風物》第 39 卷第 4 期。民國 78 年 12 月，臺北，臺灣風物社印行。

38 《臺灣日日新報》，昭和 10 年 4 月 11 日第 3 版，〈彰化赴北港參拜媽祖〉。

39 《新高新報》，昭和 10 年 5 月 4 日第 14 頁，〈彰化南瑤宮往笨港進香夜宿西螺〉。

40 《聯合報》，民國 51 年 4 月 27 日第 7 版，〈慶祝媽祖誕辰今日達到最潮，彰化進香團昨返縣全市民眾夾道相迎〉。

41 臺灣省政府民政廳編印《宗教禮俗法令彙編》，民國 72 年 6 月。

42 大甲《鄉土概觀》含：歷史與自然、動植物、土地、戶口與勞力、產業、金融、交通、通信、自治、社團、教育、生活、衛生、宗教、勝蹟傳說等 15 章，319 頁，10 萬餘字，昭和 7 年（1933）12 月，臺中臺灣新聞社印行。台北成文出版社更名為《大甲鄉土的概觀》影印發行。

43 大甲《鄉土概觀》，第 13 章，第 4 節、信仰，（2）、寺廟，1、媽祖廟；第 14 章，第 3 節、舊慣寺廟，2、鎮瀾宮。

44 蔡相煇《北港朝天宮志》第三篇，祀典，附照片、大甲進香團。民國
　84 年，北港朝天宮董事會印行。

45 原碑現存新港鄉南港村水仙宮三川門右壁，亦收錄於《北港朝天宮
　志》。

46 同註 28，大槺榔東堡。

47 《嘉義管內采訪冊》，打貓西堡，街市。民國 57 年，國防研究院印
　行。

48 同註 47。

49 同註 38，大正 7 年（1918）1 月 18 日，〈爭迎鎮南媽祖〉。

50 相良吉哉《臺南州祠廟名鑑》，祠廟，嘉義郡之部，〈奉天宮〉。昭
　和 8 年，臺南，臺灣日日新報社印行。

51 《天上聖母正傳》，〈新港奉天宮之由來〉。原書未署編印年代，新
　港奉天宮印行。李獻璋〈笨港聚落的成立及其媽祖祠祀的發展與信仰
　實態〉謂「吳文峯依據何萬傳董事長（按應為主任委員）時所集傳說
　編刊之《天上聖母正傳》中的〈奉天宮之由來〉」。何萬傳為奉天宮
　第一、二屆主任委員，任期自民國 41 年 10 月至 47 年 10 月，惟〈新
　港奉天宮之由來〉有「卸任嘉義縣長林金生」一語，據《重修臺灣省
　通志》卷 8 職官志，文職表篇，林金生於民國 40 年 4 月當選嘉義縣
　長，43 年 6 月 2 日卸任，本書應印於 43 年至 46 年間。

52 《新港奉天宮媽祖簡介》，新港奉天宮媽祖，〈由來與沿革〉。原書
　印於洪炳欽任主任委員時期，查《新港奉天宮志》卷 3，組織與人事
　篇，洪炳欽任期自民國 51 年 1 月至 53 年 12 月。另書中〈敬頌天上
　聖母〉，署「李安邦據昭應錄撰」等字，作者似為李安邦。李氏新港
　鄉人，二戰時期曾任新港限地醫，通曉日語，民國 63 年 1 月至 74 年
　1 月間任奉天宮常務董事、董事。

53 徐明福、徐福全《台南市媽祖廟之變遷》，附錄〈鹿耳門天后宮〉、
　〈鹿耳門聖母廟〉。民國 86 年，台南市政府印行。

54 同註 51，〈新港奉天宮之由來〉。

55 景端曾任臺灣府僧綱，神主牌位現存臺南市祀典武廟，題「南院順寂
　府治僧綱上景下端廣和尚蓮座」，內涵書「葬在竹溪寺五尼頭山頂」，
　「生於道光乙未年（1835）二月九日寅時受生」，「皈於光緒癸未年
　（1883）七月念四日，未時歸西」。

56 《臺南州祠廟名鑑》，祠廟，嘉義郡之部，六興宮。

57 李獻璋《媽祖信仰研究》附錄一，〈笨港聚落的成立及其媽祖祠祀的發展與信仰實態〉，註5。1979年，日本東京，泰山文物社印行。

58 同註57，〈附記〉。

59 《大甲鎮瀾宮志》，民國63年，台中縣，大甲鎮瀾宮印行。

60 郭金潤《大甲媽祖進香》，肆，湄洲進香。民國77年，台中縣，台中縣立文化中心印行。

61 同註60，參，北港進香。

62 同註5，卷10，列傳4，列女，貞孝，林春娘。

63 陳仕賢《鹿港天后宮志》鹿港天后宮歷史沿革，參、日據時期。民國93年12月，彰化，鹿港天后宮管委會印行。

64 同註60，伍、取消北港進香，影印原函。

65 郭慶文，《大甲媽祖停止往北港進香史料彙編》，歷史篇。民國82年，雲林縣，笨港媽祖文教基金會印行。

66 同註60。

67 同註60，陸、北港、新港進香儀式迥異。

68 相關捐款資料為筆者至湄洲採訪所得，並參見楊桂良《湄洲祖廟朝聖旅》，民國85年，廣澤文化事業出版。

第十三章　台灣地區流傳的媽祖經書

一、前言

　　天上聖母或媽祖，都是台灣民間對林默娘的稱呼，天上
聖母指的是神界最完美崇高的母神，是民間對神最尊敬的稱
呼；媽祖是指像祖母般慈祥的尊親長，是民間對神最親暱的
稱呼；由這二個稱呼，恰可顯現民間對她的敬與愛。媽祖信
仰在南宋是依附在中國政府的祠祀制度發展出來的信仰，
《禮記》祭法云：

> 聖人之制祭祀也，法施於民則祀之；以勞定國則祀
> 之；以死勤事則祀之；能禦大災則祀之；能捍大患則
> 祀之。[1]

在此原則下，祠祀神可享官民春秋祀典，政府依禮祭祀，廟
宇並無僧侶或道士住持，其道德教化的成分超越宗教的成
分，故無以闡揚神明個人的經典存在。

　　林默娘的真實家世與生卒年月，因年代久遠，已不易考
證，大體她是北宋前期，福建莆田地區人，懂得民間醫療法
及宗教科儀，生前救人造福地方甚多，死後被民間建祠崇
祀，但初期仍屬叢祠，非官方祀典。宋代，因累年動盪，朝
野亟望天下太平，對宗教寄望甚深，《宋史》謂：

自開皇寶祐以來，凡天下名在地志，功及生民，宮、觀、
陵、名山、大川，能興雲雨者，並加崇祀，州縣嶽、瀆、
城隍、仙、佛、山神、龍神、水、泉、江、河之神，及
諸小祠，由禱祈感應，封賜之多，不能盡錄。[2]

因此使得祠祀漸趨多元而活潑，媽祖林默娘之由人而成神，
即在宗教氣氛瀰漫的北宋時代形成的。

媽祖在北宋徽宗宣和 5 年（1123）以保護給事中路允迪
出使高麗，由政府賜予「順濟」廟額，讓媽祖成為合法祠祀，
至南宋高宗紹興 26 年（1156），以政府郊祭典禮，媽祖受
封為「靈惠夫人」，此後開始不斷顯現赫赫威靈，護國庇民，
歷代政府給予褒封 45 次之多，為各種神祇所罕見。[3]

明朝永樂 7 年（1409），成祖以媽祖庇護鄭和出使西洋，
加封為護國庇民妙靈昭應弘仁普濟天妃，永樂 14 年（1416）
道教人士為編撰《太上老君說天妃救苦靈驗經》，意在將媽
祖信仰納入道教神祇體系。經文含：志心歸命禮、啟請咒、
奉禮咒、天妃救苦靈符等 4 部分，全文約有 2500 字，略謂：

太上老君在無極境界觀見海洋水澤，各種精怪翻覆船
隻，損人性命，乃命妙行玉女降生人間，救渡生民；
功果圓滿後，老君乃敕封為天妃；天妃受封畢，即宣
說十五誓，誓言護國救民，以達太平之境。天妃宣誓
畢，老君復賜予冠服、劍、印、車、輦、部衛、隨從，
及無邊法力，百姓只須信受奉行，即可遂意稱心。[4]

這篇經文，是道教將「天妃媽祖」納入道教信仰體系，並賦予靈力的重要文獻，對道教及媽祖信仰的發展，皆有其象徵性與重要意義，但這分經典在明代並未廣泛流傳。《太上老君說天妃救苦靈驗經》，為媽祖被納入宗教信仰體系之首，至清康熙 60 年（1721）吳興方行慎、尹珩據《太上老君說天妃救苦靈驗經》加以申衍擴充纂成《天后經懺》，道光 11 年（1831）吳縣潘良材以其書「卷帙繁雜，恐無當於聖心」先後請人校訂，未成稿，再請李存默修訂後以《弘仁普濟天后聖母經懺》為名於道光 18 年（1838）由九如堂梓行。全書內容含：天后聖化序、天后聖化本誓真經、天后壇下誓法懺卷上、天后壇下戒持懺卷中、天后壇下感應懺卷下、天后壇下三懺法卷終、天后經懺跋、小序等 8 個單元。[5]至清光緒 14 年（1888）楊浚編纂《湄洲嶼志略》，亦錄有《天上聖母真經》，[6]亦據《太上老君說天妃救苦靈驗經》編成，唯上述清代編修版本，內容都無法呈現教化功能，故流傳不廣，臺灣各圖書館及廟宇俱未見收藏。

　　清朝後期，因社會動盪及列強侵華，西方宗教在中國傳教的刺激，促使民間對固有信仰作進一步的思考，逐漸恢復扶乩請神降鸞訓示，並將乩詞編印成書，以經為名，向外傳授的風氣。台灣民間受此風氣影響，自道光以後，也有此類經典被創造出來。但有關媽祖經書則於光緒年間開始傳入，日據時期始有臺灣自編之《湄洲慈濟經》（圖 13-1）產生，為目前各媽祖廟誦經時之依據，亦可反映台灣媽祖信仰之進展。

圖 13-1《湄洲慈濟經》、《天上聖母經》

二、賴玄海《湄洲慈濟經》

（一）主要內容

　　《湄洲慈濟經》是台灣地區流傳的第 1 本有關媽祖的經書，依書背版權頁所載，本書基本資料如下：

　　拜述者：東瀛賴玄海

　　敬梓者：福省楊福元、賴添壽、張祿綿

　　刊印年代：清光緒 18 年（1892）元旦

　　全書結構分成 3 部分，其內容分別如下：

1、祝香咒：

心清兮神靜，神靜兮心靈，心靈來祝香，香煙上天庭．

2、天上聖母寶誥：志心歸命禮

護國庇民，弘仁普濟，天上聖母，代天宣化，誠感咸服，陰陽不測，惟神克盡燮理之道，海疆永定，在國尤資普濟之功。其生也從觀音化身，立坤道之極則，靈慧隱顯，鬼神咸服。書符治病，機上救親，舫海尋兄，神來護迎。擲草駕舟，憫莆大旱，神蹟顯存。菜嶼長青，閩浙雨患，禱告而遙去虯龍。吉蓼風災，演法乃逃二字，千里眼、順風耳、海神晏公，皈依大道。高里鄉收髮鬼，皈為台下服役，荒丘中、波浪中，攝魄迷魂，名曰嘉應嘉佑，去邪歸正，並收之，列水闕仙班，共有十八位。隨處護法，生前之靈異，天后志歷歷可稽，迄今禦災捍患，英靈顯赫，亙古無有。誠哉

坤儀大聖，大慈大悲，救苦救難。

天上聖母

3、湄洲天上聖母慈濟真經經文

聖母之降誕豈偶然哉！始祖唐林披公，生九子俱賢，當憲宗時，九人各授州刺史。曾祖保吉公，五代時，周顯德中，為統軍兵馬使，棄官歸隱於興化府莆之賢良港。祖孚公，承襲世勳，為福建總管。孚子惟愨公，為都巡官，即聖母父也。娶王氏，生男一，名洪毅公，女六，聖母其第六乳也。父母二人，廣行陰騭，樂善不倦，敬祀觀音大士。父年四旬餘，每念一子單弱，朝夕焚香祝天，願得哲嗣為宗支慶。歲已未夏六月望日，齊戒慶讚大士，當空禱拜。夜夢大士告之，曰：

521

汝家世敦善行，上帝式佑。乃出丸藥示之，曰：服此當得慈濟之貺。遂娠。宋太祖建隆元年，庚申三月二十三日，方夕，見一道紅光從西北射室中，晶輝奪目，異香氤氳不散。俄而聖母降生焉，至彌月不聞啼聲，因名曰默。

甫八歲，從師讀書，悉解文義。十歲餘，喜淨几焚香，誦經禮佛。十三歲時，有老道士玄通者，來其家。聖母樂捨之，道士曰：若具佛性，應得入正果，乃授聖母玄微秘法。十六歲窺井，見神人捧銅符一雙，擁井而上，有仙官一班迎護狀。聖母受符，遂通靈變化，驅邪救世。

秋九月，父與兄渡海北上，時西風正急，聖母方織，忽於機上閉睫，顏色頓變，手持梭，足踏機軸。母怪，急呼之醒，而梭墜。泣曰：阿父無恙，兄沒矣。頃而報至，果然。彼時父於怒濤中倉皇失措，幾溺者屢，隱似有住其舵，與其兄舟相近。無何，其兄之舵摧舟覆。蓋聖母當閉睫時，足踏者父之舟，手持者兄舵也。

聖母因兄溺水，同母嫂渡海尋屍，見神護迎，突然水色澄清，兄屍已浮水面。此後凡遇聖母誕辰，半夜即有大魚成群，環列於湄嶼之前，若拜舞狀，黎明始散，他日無之。是日，漁者不敢下網。

嶼之西，有鄉曰門夾，當港口出入之衝，商舟遭風，衝礁侵水，舟人哀號求救。聖母乃擲草數根，化成大杉，排駕至前，舟因大木相附得不沉。

洲有小嶼，在旁流中，聖母遊至其地，適得菜子，聊散於地上，遂抽芽解甲，青黃布滿山塍，四時不絕，名曰菜子嶼，鄉人採之，為仙葩神卉。

聖母年二十一，莆大旱，縣尹詣聖母求禱，聖母因祈焉。未幾，平地水深三尺，西成反獲有秋。眾賽社日，咸懼呼頂禮，稱神姑功德。

聖母年二十三，西北方有二神，一號順風耳，一號千里眼，出沒為祟。聖母手中絲帕一拂，二神持斧擲下不起，遂依法皈為左右二將。時有負海晏公，或變為神，或變為龍，伏法為部下總管，統領水闕仙班，護民危厄。

歲疫氣流行，莆縣尹闔署病篤，吏告以海濱神姑法力廣大，能起死回生，救災恤難。尹齋戒親詣請救，聖母曰：此係天數，何敢妄干。尹哀懇曰：人民生死懸於神姑，幸憫而救之。聖母念其素稱仁慈，代為懺悔，取菖蒲九節，並書符咒，令貼病者門首，煎飲之，病者立瘥。尹喜再生之賜，舉家造門拜謝，自此神姑名徹寰宇矣。

高里鄉突有陰怪，含沙侵染百病，村人共詣神姑求治。聖母取符咒，令貼病者床頭。聞屋瓦響處，一物如鳥，拚飛而去。追擒之，變一撮枯髮。舉火焚之，突現本相，兀兀一小鬼，叩拜曰：願皈臺下服役。收之。

聖母年二十六時，正月霆雨至夏不止，閩浙盡罹其災。有司奏聞。眾乃詣神姑解救。聖母曰：皇天降災，皆由人間積惡所致，今天子殷殷為民請命，吾當祈請赦佑。乃焚香焚符，當空禱告。少頃，忽轉一陣大風，濃雲解散，眾見雲間有虯龍逍遙而去，遂大霽，是歲大熟。有司覆奏神姑之功，奉旨致幣褒獎。

吉蓼城西，有石橋跨海，當周道往來之津。一日忽怪風掃地，橋柱盡折，咸驚風伯為災。聖母往觀焉，遙望一道黑

氣，知二孛為祟，因演出靈變，俾其遠遁。戒鄉人晦明風雨
毋犯之。

　　時有二神，名曰嘉應、嘉佑，或於荒丘中攝魄迷魂，或
於巨浪中沉舟破艇。聖母化一貨舟，拍浮而遊，嘉佑乘潮而
前，聖母以咒壓之，遂懼而伏。聖母又從山路獨行，嘉應將
犯之。聖母持塵一拂，彼遂幻變退避。歲餘，復出為祟。聖
母令人各焚香齋戒，奉符咒，自乘小艇遨遊於煙波之中。嘉
應見之，即衝潮登舟，坐於桅前，不覺舟駛到岸。聖母佇立
船頭，遂悔罪請宥。並收之，列水闕仙班，共有十八位。凡
舟人值危厄時，披髮虔請求救，悉得其默佑。

　　宋太祖雍熙四年丁亥，聖母年二十九，秋九月八日，聖
母語家人曰：心好清淨，塵寰所不樂居，明晨乃重陽日，適
有登高之願，預告別期。眾咸以為登臨遠眺，不知其將仙也。
次晨焚香演經，謂諸姊曰：今欲登山遠遊，以暢素懷，道阻
且長，諸姊不得同行，傷如之何。諸人笑謂之曰：遊則遊耳，
此何足多慮。聖母遂渡海徑上湄峰最高處，但見濃雲橫岫，
白氣亙天，恍聞空中絲管聲，白日飛昇。嗣後屢呈靈異，里
人敬之，立祠祀焉，號曰通賢靈女，至今威靈顯赫護國救民。

　　在宋始封福利夫人，進封顯濟妃，父封靈威嘉佑侯，母
封顯慶夫人，兄封靈應仙官，姊封慈惠夫人佐神。

　　元封護國輔聖，庇民顯佑，廣濟靈感，助順福惠，徽烈
明著天妃。

　　明封昭孝純正，孚濟感應聖妃，加封護國庇民，妙靈昭
應，弘仁普濟天妃。

清封護國庇民，妙靈昭應，弘仁普濟，福佑群生，誠感咸孚天后，進封天上聖母。

自宋迄今，奉天巡察人間善惡，凡有所祈，如響斯應，或航海扶危，或救旱降雨，或化身以度劫，或飛鸞以救世，有時而治病，有時而驅瘟，有時而消痲痘，有時而救產難，有時而護閨房，有時而示夢以濟困，有時而收妖以滅怪，有時而護國以禦強寇，於水制伏蛟龍，於地化救鼠疫，最悲者烈女節婦，最憐者衰老幼子，知過必改，刀兵不相侵，水火能解脫，帶疾之人心勉誦，急難之人向天求，此經治萬危，挽回惡煞之道也。

凡人著驚，散魂失魄，誦念此經（圖 5-2），令將神護回焉可，千里眼、順風耳，查察善惡，晏公統領水闕仙班，檢點功過，福之禍之，善惡之因也。貞女可嘉，後必歸神，義士守志，脫凡成真。孝是富貴根，德是子壽源，木無根縱榮豈能久，水無源雖滿立見涸，日月有時而盈，亦有時而昃，天之道如是也。氣數有時而剝，亦有時而復，地之道如是也。人本天地以生，時也命也運也，亦豈不如是乎，善德之人，立功以俟命，是謂達乎天、達乎地，以成一世之達人也。

天運轉，地應之，人亦成之，理數之乘除，難免劫運之轉移，世界奢奢，滅惡度善之理寓焉。惡者不容其在世，善者不忍其遭苦，生也死也，可驚亦可喜也，數盡而歸，天道輪迴，所以別善惡也。人悲之，天更憐之，成神者有之，轉世者有之，陰司了一案，陽間多一亂，陽間行一逆，陰司多一犯，陽不見陰，陰不見陽，無怪世人茫茫然昧昧然也。古今治亂，豈曰無因，一世興衰，前業現憑，福中禍，禍中福，

陰騭之轉移也。前業帶來，功未滿，有翼亦難飛，有足亦難走，世人知之否，恩也怨也，世世投生，報復難了也。善心格天，神祇上奏，尚其勉旃。

此經傳下界，闡出陰陽理，人能虔心誦，皇天必佑汝，一人誦此經，其身可平安，人人誦此經，人人得安全，誦經一遍准一功，持誦千遍保壽元，赦除前業身脫苦，赦除世厄免後冤，富貴功名憑祖德，子孫福祿憑陰騭，若為父母念，孝行感動天，若行亡化念，超生赦罪愆，陰功如浩大，快樂得成仙，印施十本功一百，印施百本功滿千，善功完滿憑德求，賜下財星衣食優，衣食優時行善果，文昌註祿家能保，將相本無種，男兒當自強，心奸是下品，行義世世昌，或是聖賢功完滿，或是節孝前業消，或是男女冤結盡，或是恩怨報已饒，天堂催請去，一夢上金橋，不以壽為樂，不以天為憂，人緣功已了，仙緣會玉樓，更有謫仙來降凡，萬苦千磨立志修，此是星辰逢運轉。

借身度世善功留，留下人倫作世法，留下道學後世傳，不以功業累罪名，不以富貴誤善緣，三教神佛皆如此，玉皇苦修今在天，今在天。看爾世人入選仙，聖母前身亦如此，今亦登堂聽經篇，聽得經篇善在前，山川毓秀出聖賢，世人能學此，何必演劇聽歌舞，謝神賽愿來謝此，聲聲金玉超萬古，天官賜福神人樂，四時花開別有天，金馬玉堂天上客，仙家佛國心地連，聖母仙塵塵災掃，度向人間立志堅。

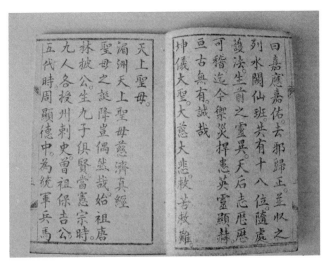

圖 13-2《湄洲慈濟經》經文

（二）參考資料：

《勅封天后志》

（三）內容評估：

　　本文作者賴玄海，為台灣人，其生前事蹟不詳，本文雖以經為名，然所述媽祖史事，皆不出《天妃顯聖錄》或《勅封天后志》之範疇，但所述媽祖誕生地方賢良港，所據應為林清標所輯《勅封天后志》。揣模作者本意，似不在學術之研究，而是想將民間信仰與社會教化融為一體，所以書中在如何做人處事之道上著墨特別多，這本書可視為清季台灣士人企圖以神道教化百姓的一個例子，也是台灣善書刊行的先河。

媽
祖 信仰研究

（四）流傳情形：

本書雖由台人編著，但卻在福建印行，且印行不久，即
發生中日甲午戰爭，次年台灣割讓日本，社會動盪，致本書
流傳期間不長，後世知者亦不多。

三、李開章《天上聖母經》

（一）主要內容

《天上聖母經》（圖 5-3）是台灣地區流傳較廣的一本
有關媽祖的經書，依書背版權頁所載，本書基本資料如下：

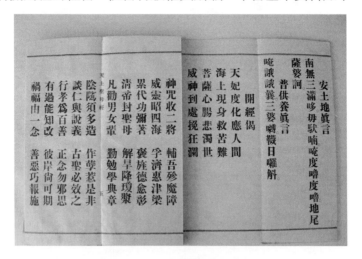

圖 5-3《天上聖母經》內文

著作者：台灣新竹州苗栗郡銅鑼庄，李開章。

印刷者：台灣新竹州苗栗郡銅鑼庄，斐成堂活版部。

刊印日期：日本大正 10 年（1921）1 月 15 日。

全書結構分成十三單元，內容依序如下：

1、序：

唐代臨濟宗系，傳南嶽法者，道一禪師，姓馬名祖，當代既得法成道矣。邢州淨土寺，萬松行秀禪師曰：宋代聖母，唐代之馬祖降生；唐代之馬祖，即宋代聖母之前身也，所以世人稱聖母，名曰馬祖，如此由也。近今俗寫馬字，左傍添一女字，此媽字，康熙字典，莫補切，音姥，俗讀若馬平聲，稱母曰媽；又俗曰：媽祖是祖母二字，祖母即婆字，敬稱馬祖婆是也。

此經，吾先祖向邢州淨土寺傳來，天保辛卯貳年（1831），吾先祖攜帶此經渡台，至今秘藏九十年間，從來世人尊敬聖母，僅知其靈驗，不知其道德功能，今吾不敢再秘，叩蒙內務省，著作權登錄，嚴禁轉載，印刷發行之後，使世人皆知聖母道德功能，亦可為後世希賢希聖者之模範。

吾願仁人君子，朝夕虔誠焚香代念誦，靈驗最速，所求如意，不可思議功德，豈啻消災降福巳哉。

大正庚申（1920）歲次，時於仲秋。斐成堂編輯部內，李開章序。

2、凡例：（四則）

3、誦經法：（略）

4、焚香咒：（略）

5、寶誥（志心歸命禮）

6、天上聖母經

憶宋代，建隆時，興國兆，可先知，禎祥現，見蓍龜，

聖人出，亦可知，現麟瑞，生孔子，產聖母，寶光輝，追古
代，想今茲，文聖人，有孔子，武聖人，有關羽，女聖人，
默娘兒，林家女，湄洲居，父母善，祖先慈，積善家，慶有
餘，生聖母，出凡姿，生彌月，不聞啼，名默娘，眾稱異，
幼讀書，萬事知，能作文，能作詩，孝父母，守倫規，傳聖
道，遇真師，受真訣，指靈機，三教書，共一理，上論篇，
一貫之，華嚴經，守三昧，道德經，藏妙義，參同契，黃庭
經，為憑據，如來藏，極樂地，回斗柄，轉生機，玄關竅，
當寶貝，無縫塔，取神氣，偃月爐，真火炊，硃砂鼎，烹靈
芝，存心法，窮性理，盡性後，立命基，三寶足，一氣歸，
四大假，還大虛，六四卦，結靈體，得此法，上天梯，出陽
神，亦頗奇，救世法，出鄉里，海陸難，我扶持，能驅蛟，
能喚雨，常救急，常扶危，降魔法，振神威，收二將，在北
西，二將名，是何誰，千里眼，順風耳，輔聖母，多救濟，
民同胞，物同與，湄港魚，禁網圍，恩澤大，物皆知，祝壽
誕，物知禮，魚聚會，參拜儀，功滿足，行成期，通賢女，
人稱奇，廿九歲，丹熟時，純陽體，法身飛，早成道，似顏
子，上帝詔，不敢違，登湄峰，到瑤池，金童迎，玉女隨，
見王母，蟠桃會，登金闕，拜玉帝，玉帝封，天后位，人爵
榮，天爵貴，至宣和，賜厚惠，立廟宇，號順濟，人欽仰，
恭奉祀，至清帝，有康熙，烺南征，艦近湄，遇暴風，艦隊
危，烺祈禱，我扶持，助戰勝，凱旋歸，烺奏上，帝歡喜，
御筆寫，作敕語，稱忠孝，稱仁慈，封聖母，在此時，想光
陰，似走駒，勸婦女，並男兒，欲學我，勿延遲，肯回頭，
到岸堤，聖母經，勤讀之，口而誦，心而維，始終一，志莫

移，聖仙佛，任君為，遵吾教，聽吾辭，一等人，忠烈士，
曰成仁，曰取義，天日星，河嶽地，人浩然，三才氣，忠烈
人，流芳史，背涅痕，宋岳飛，文天祥，衣帶詞，吞逆賊，
巡嚼齒，留稽血，勿洗衣，頭可斷，將軍志，罵斷舌，顏烈
氣，吞胡羯，擊揖誓，笏擊賊，頭破碎，出師表，蘇牧羝，
莊公簡，董狐史，正氣歌，敏裙詩，又血詩，絕命詞，躬盡
瘁，不畏死，擎天柱，立地維，鬼神敬，綱常持，凜烈氣，
萬古垂，求忠臣，宜孝子，克孝人，可枚舉，追歷山，冰求
鯉，蚊飽血，嘗糞奇，搤虎救，痛嚙指，賣身葬，滌溺器，
乳姑勤，泉躍鯉，哭生筍，金賜巨，葡萄奉，瓜果隨，七年
粟，掘西籬，取生魚，截竹遺，遠望雲，近綵戲，先嘗藥，
遠負米，泣杖悲，受箠喜，扇枕勤，容烹雞，棄官尋，刻木
事，遺綠橘，順單衣，鹿乳奉，拾椹事，行傭供，聞雷淚，
分羹賢，問膳帝，古聖賢，皆孝子，尊天經，立地義，成毅
德，全秉彝，講孝道，說廉士，握雪心，懷冰志，鶴俸清，
魚飧似，懷清潔，隆勉子，漢楊震，畏四知，范宣堅，百絹
辭，慎懷廉，傳三世，飲投錢，項潔己，宋太守，越石窺，
不義財，稷母棄，廉財色，武美譽，大清廉，獨伯夷，世俗
人，爭求利，不貪婪，古今稀，廉美德，當效之，廉說盡，
講節義，勸婦女，宜先知，三從訓，四德備，夫君在，宜順
義，夫沒後，守節志，古烈女，說汝知，曹令女，節毀耳，
廖伯妻，潔斷指，梁寡婦，烈割鼻，范慎女，亦如是，趙高
妻，塗面穢，韓玖英，同此輩，相登妻，截髮誓，玄齡妻，
剔目示，秋胡妻，卻金戲，貞義者，刎頸斃，卻寶帶，全忠
義，縈上書，救父計，盧孝婦，冒刃衛，陳孝婦，竭力事，

媽祖信仰研究

不嫌疾，由夙締，剪皮金，香字示，封夫人，投井逝，徐飲血，李斷臂，粉書扇，歎息意，鳥鵲篇，傷心句，黃鵠歌，陶嬰義，號禮宗，不再配，號貞姜，約不違，束髮封，賈直妻，墜崖卒，陳仲妻，願守墓，楚貞姬，蓆草業，營生資，懷清台，巴婦居，清風嶺，貞婦祠，望夫石，古蹟遺，成竹斑，崩城悲，詠柏舟，節誓辭，託井水，志無移，磨笄山，孤燕詩，烈女篇，事不虛，今婦女，能效之，稱菩薩，稱賢儒，我同伴，到華胥，上帝封，號仙妃，忠孝廉，並節義，諸先哲，為人師，聖仙佛，從此為，善惡篇，亦須知，天眼昭，日月輝，三台星，北斗魁，頭上列，不遠離，有灶神，有三尸，別善惡，錄是非，奏天曹，褒貶施，善者昌，惡者危，報應法，如影隨，來祈禱，多敬禮，我命將，暗察窺，千里眼，順風耳，速查報，詳悉歸，為善事，我歡喜，為惡事，難保汝，或現報，或延遲，十八獄，放誰過，勸諸君，勤學之，陰騭文，指南機，感應篇，正法規，講善事，說仁禮，兩寶典，必讀之，萬惡孽，首淫癡，百善行，孝先為，速修善，改前非，福可得，禍可移，降禎祥，生好兒，家昌盛，神助爾，聖母經，最靈威，救眾生，發慈悲，逢颶母，舟船危，念此經，風自微，多疾病，身體虛，念此經，易療醫，瘟疫盛，傳染時，念此經，疫自離，末劫年，多危機，念此經，保安居，久旱魃，禾枯死，念此經，降大雨，婦人孕，難產時，念此經，易生兒，妖魔祟，人被迷，念此經，祟走移，洪水害，暴風雨，念此經，風雨止，拜北斗，延命期，念此經，壽期頤，人無子，來求嗣，念此經，產賢兒，命運凶，多是非，念此經，誦獄離，諸地獄，血污池，念此

532

經，天堂居，超九祖，度魔魍，念此經，出輪迴，消災害，保鄉里，念此經，福自歸，功德大，難思議，靈驗多，難盡辭，佈甘露，施法雨，真言篇，同誦之，至乾隆，淨土寺，大禪師，諸賢士，乩筆術，諸法備，顯聖蹟，揚名譽，遺一經，傳萬世。

　　7、天上聖母成道真言：（天恩章、地德章、成聖章、
　　　　體道章，皆略）

　　8、真言論（略）

　　9、禮儀（略）

　　10、天上聖母略史（略）

　　11、字韻（略）

　　12、施本芳名表（略）

　　13、版權頁（略）

（二）參考資料：

　　《天妃顯聖錄》、《三字經》、《正氣歌》、《二十四孝》、《列女傳》

（三）內容評估：

　　本書作者署名李開章，為台灣苗栗人，其生前事蹟不詳。但書中〈序〉提出：此經是其祖先於清道光年間由邢州淨土寺傳來，祕藏家中 90 年。而媽祖為唐代臨濟宗系，傳南嶽法，姓馬名祖的道一禪師降生之說法。然其文體卻為《三字經》體，以每句三個字展現，頗易誦讀，帶有濃厚儒家色彩，推測應為日據時期李開章等人以扶乩方式撰寫。

此篇序文,人、事、時、地,樣樣俱全,乍看似為可信,但經加查證,卻也有疑點。據《景德傳燈錄》的記載,道一禪師為唐代漢州人,俗姓馬,故稱馬祖,住南康龔公山;與序文所說:「馬祖道一姓馬名祖」顯為不符。

又據《新續高僧傳》,萬松行秀為宋代高僧,通孔老百家之學,著有《祖燈錄》、《鳴道集》、《辨宗說》等書。媽祖林默娘雖然是宋代人,但在宋代尚未成為國家祀典,聖母稱呼,也是清代中葉才產生;序文引述行秀所說:「宋代聖母,唐代之馬祖降生」一語,真偽也有問題。

「邢州」為隋代行政區名稱,宋代改為河北省邢臺縣,至清代改稱順德府,是一個古代的地名,當時已不通用。「天保」為日本仁孝天皇年號,天保 2 年為清道光 11 年(1831),距本書出版恰 90 年。

序文雖有許多不通之處,但從其行文,卻也可發現李開章對佛教史有相當涉獵,並曾受過漢文及日本教育;而其印書動機,則在藉神道推廣道德教育,兼為台灣的媽祖信仰創造信仰的理論基礎。

(四)流傳情形:

本書距賴玄海編著《湄洲慈濟經》已 28 年,雖是台灣人編著的第 2 本媽祖經,但卻是在台灣印行的第 1 本媽祖經,且印行之時代,台灣善書逐漸廣泛流傳,復以本書內容兼該儒釋道三教,故事民間耳熟能詳,文字以三字一組的《三字經》型態撰寫,諷誦容易,本書因而流傳較廣,在民國 41 年嘉義縣朴子鎮配天宮將李開章姓名刪去,更易部分〈天

上聖母正傳〉內容，增加〈朴子配天宮重修誌〉，仍以《天上聖母經》為名，鉛印加以流傳。

　　民國 6、70 年代，嘉義縣大林鎮天后宮，也取李開章《天上聖母經》經文正文部分，於文前加上鸞堂開壇的各種咒文，文後加上《天上聖母經》解說，且為便於諷誦時翻閱，以活頁鉛印，仍以《天上聖母經》為書名向外流傳。

　　同一時期，新竹市天佛宮也取李開章《天上聖母經》經文加以改編，文前加上鸞堂開壇的各種咒文外，新增許多誦經能帶給誦經者的各種保佑；較特殊者為經文為三字一句，但在中段卻加上消災詞句 47 句，經文之末，則無解說，印刷型式也以摺頁印刷，書名則稱為《天上聖母真經》。

　　民國 84 年，台北市士林慈誠宮管理委員會主任委員林正雄（臻昌）也編印了 1 冊《天上聖母寶經詮釋》，其經文仍取自李開章的《天上聖母經》，並將經文逐句加以註解，書前並加上〈天上聖母歷代的褒封一覽〉，鉛印發行。

　　根據上述各書流傳情形，可以說李開章的《天上聖母經》，已成台灣地區媽祖信仰經典的主流。

四、傳妙《天上聖母經》

　　前述《太上老君說天妃救苦靈驗經》是道教方面為其教人士信仰媽祖者所撰經典，賴玄海的《湄洲慈濟經》，李開章的《天上聖母經》，則是台灣民間自行為媽祖信仰所撰之經典。至民國 61 年（1972），僧人傳妙撰《天上聖母經》，又是另另一轉折。按臺灣媽祖廟雖多僧侶住持，但因媽祖並

非佛教中的佛菩薩，故僧侶日常做早、晚課時，均於觀音殿
誦念《金剛經》、《觀世音菩薩普門品》，而非在媽祖神前。
尤其北港朝天宮是媽祖大本山，各地信徒至朝天宮進香儀式
完成，迎媽祖回駕時例需誦經起駕，此時誦念其他經文，總
似不很妥當，故朝天宮特別委請傳妙為撰寫《天上聖母經》，
並教授誦經團誦念，逐漸成為各地媽祖廟常見的經本。

（一）主要內容

《天上聖母經》基本資料如下：

述者：沙門・傳妙

發行者：北港朝天宮管理委員會

印刷所：台中市瑞成印刷公司

刊印年代：民國 61 年（1972）2 月

全書結構分成七個單元：

1、香讚（略）

2、淨口業真言（略）

3、淨身業真言（略）

4、安土地真言（略）

5、普供養真言（略）

6、開經偈（略）

7、天上聖母經

因傳妙為僧人，所撰經文體與李開璋不同，且將佛教某
些觀念引入。其文云：

末法轉時，眾生造業深重，世道崎嶇，人心奸訐莫測，
蓋謂受身之後，去聖時遙，佛法無因見聞，因果歷然不信，

孰知善惡兩途，業感之勝劣，明闇相形，招報之差別，善者，則謂人天之勝途，惡者，則謂三塗之異徹，修仁義則歸於勝，興殘害則墜於劣，其居勝者，良由業勝，非諍兢之所要，受自然之妙樂，趣無上之逍遙，其墜劣者，良由業劣，處三塗之劇苦，受地獄之嚴刑，悲長夜之難旦，而優劣皎然，世人莫能信之，以吾我故，好起疑惑，以疑惑故，多不向善，不受人勸，自任其力，造諸惡事，常習愚痴，從迷至迷，隨物欲以漂沈，由苦入苦，逐色聲而貪染，只圖眼前受用，不顧身後招殃，以致茫茫於苦海之中，無由解脫，然非聖賢出世，何能拯拔。

　　時值宋興，建隆庚申之歲，三月二十三日金烏將西，時有紅光一道，晶瑩奪目，直射湄洲，異香滿室，氤氳不散，俄頃之間，聖女托蹟於林家，奇哉。彌月，不聞啼哭之聲，故命名曰默娘，幼而聰穎，凡姿不類與群女，從師就學，一讀成誦，而文義皆通，事親至孝，閩省女流稱第一，資性迥異，喜愛淨几焚香，信奉觀音，誦經禮佛虔誠，長遇明師，傳授玄門秘法，日夜殷勤參修，未久便能悟諸要典。時年十六，窺井得符，遂得通靈變化，驅邪救世，演大神通，常駕彩雲飛渡大海，救護舟船，眾皆啣恩載德，尊稱通賢聖女。芳華二九，功圓果滿，重陽之日，湄峰頂上，白日飛昇，爾時彩雲密布，天樂齊鳴，竟脫凡胎而入聖胎，自今以後，屢顯神靈，降福與人間，來去縹緲，隱現乎江淮河海之中。孚濟護國，保衛轉輪，安波定浪，拯生民於陷溺，化凶險為禎祥，其救世利人之心，無異乎大士之化身，慈帆寶筏，度一切苦厄，婆心至切，視蒼生如赤子，累昭靈異，有禱而必應，

虔祈默相，無感而不通，密演神咒，收伏二將在西北，一明千里眼，一聰順風耳，遂服神威而皈正教，隨侍效命察奸報事，輔吾救世，護國佑民，若有賈客漁夫，或農工伎藝，種作經營，或行兵布陣，或臨產難，或官非撓聒，諸多惱害，或色身羸弱，疾病纏身不息者，汝等若能一心恭敬稱我名號，我即應時孚感，悉令所願從心，解諸苦惱，故累代錫命，寵頒褒旌，迨至清帝敕封天上聖母之號，四海分靈，春秋俎豆連綿不輟，吾常遊化人間，到處現身，學菩薩之精神，悲愍濁世眾生，福善禍淫，禦災捍患，變化而不可測，凡有淨信男女，竭誠致敬而禱者，如影隨形，似響隨聲，皆從其願而錫之福，若有違心悖逆之輩，則有時豈無一二示警，以堅善信之心，其或未然，故于降祥降災之中，安知彰善癉惡之驗。

我今重宣偈曰：

天降通賢女，林家誕默娘，祖先多積德，父善母慈衷，資性超凡俗，稀有眾稱揚，經書勤讀誦，聰明出異常，純孝為第一，少時好用功，窺井得符籙，遂得運神通，駕雲飛大海，救險護舟舡，功果圓滿日，飛昇上湄峰，爾後常顯跡，隱現乎江中，出神能入化，庇民護國邦，婆心如大士，隨處駕慈帆，神咒收二將，輔吾殄魔障，威靈昭四海，孚濟惠津梁，累代功彌著，褒旌德愈彰，清帝封聖母，解旱降瓊漿，凡勸男女輩，勤勉學典章，陰騭須多造，作孽惹是非，談仁與說義，古聖必效之，行孝為百善，正念勿邪思，有過能知改，彼岸尚可期，禍福由一念，善惡巧報施，因從果招感，苦樂自相隨，天堂及地府，只在汝心為，光陰元迅速，

道德急修持，人身非易得，蹉過實難追，勸君休曖昧，我語信無疑。

　　是故，世人朝夕焚香虔誠奉誦此經者，我即隨其音聲，於怖畏急難之中，示大威神之力，袪除險難，殄滅魔軍，裨獲安泰，清淨身心，或有見聞是經，能轉念受持讀誦者，當知是人其功德力，莫可稱量，若有正信男女，曉悟宿因，知福德感，應當一心修習正法，捨離慳貪，喜結眾善，勤行布施，修齋作福，諸如精進不懈者，豈惟只是此世善根深厚，來生智慧自然增長，令彼內魔不起，外患無侵，安閒自在修學一切法門，斷除煩惱雜念，同登覺路，捨業報身，得解脫樂，生生世世，行菩薩道，利益一切有情，庶幾善果周隆，妙利無窮，世人信受聽我語，神光照耀護汝身。

　　8、完經讚（略）

　　9、回向偈（略）

（二）參考資料：

　　《天妃顯聖錄》、《昭應錄》

（三）內容評估：

　　中國古代政府祀典本身是中性的，一方面是非佛非道，另一方面則亦佛亦道。因此，媽祖廟的住持，有的為俗人，有的是道士，也有的是僧侶。在台灣，媽祖廟大部分由僧人住持，僧侶常把媽祖當做觀世音菩薩化身，一般大型媽祖廟後殿即為觀音殿，僧侶在念誦經文時，即以《觀世音菩薩普門品》、《阿彌陀經》為主經，不再有創作經典的需要。但

當社會對媽祖經典有需求時，佛教界人士亦不得不思考此問題。

傳妙是受過佛學教育的僧人，他所撰的《天上聖母經》自與前述扶乩造出的《天上聖母經》，在內容上有明顯不同；本書雖也不脫傳統善書教人誨改的氣息，但佛經的氣息更濃厚。

（四）流傳情形：

本書距賴玄海編著《湄洲慈濟經》已 79 年，距李開章編撰的《天上聖母經》也已 51 年，是台灣人編著的第 3 本有關天上聖母媽祖的經典。從理論上說，純正佛教系統之寺院，自有其重要經典，《天上聖母經》在佛教並無發展餘地；至於統合三教思想的，則李開章的《天上聖母經》已在民間廣泛流傳，傳妙的《天上聖母經》實際上已無太大發展空間，其功能側重在為各廟宇誦經時提供一種範本。然以本書為北港朝天宮所發行，朝天宮在台灣媽祖信仰居於領導地位，故也有許多信徒主動加以翻印流傳。如北港鎮民黃友恭，即將《天上聖母經》全文加以翻印，並在文後加列李開章《天上聖母經》書中的復初道人及淨土寺乩筆時聖母題七言律詩各一首，以《天上聖母經》為名，鉛印加以流傳。

五、結語

台灣與中國大陸一衣帶水，關係密切，居民又大部分是明清二代自閩粵二省移民的後裔，因此台灣的祠祀制度，都

源自中國，媽祖信仰即是其一，並在台灣發展成民間最主要信仰之一。

　　清朝末年，因社會動盪及西方宗教在中國傳教的刺激，民間逐漸興起扶乩請神降鸞，編印成書以教化社會的風氣；台灣民間自光緒年以後，也有賴玄海的《湄洲慈濟經》、李開章的《天上聖母經》及僧傳妙的《天上聖母經》被創造出來。這三種經典創作的年代，涵蓋清末、日據及民國三個時代。賴玄海的《湄洲慈濟經》編造於光緒 18 年，其經文內容不出傳統的《勅封天后志》，復以 3 年後台灣即淪於日本統治，致此書流傳不廣。

　　李開章的《天上聖母經》則造於日人統治時期，其經文內容係以中國傳統倫理道德為主軸，文字編排則採三字經格式，與一般善書的著作格式完全不同。日人統治台灣的最終目標是要同化台灣，消滅中國文化，所以這本書在日本統治時期並未大量流傳。但因本書內容符合台灣人的道德需求，台灣光復後，有心藉宗教從事社會教化者，紛紛予以翻印流傳，至今不休。從台灣地區有關天上聖母媽祖經典的編印，可以反映出，台灣民間在政府教育體系之外已然形成一套輔助教化系統；這種社會教育方式，因無法掌握這些書的發行量及流程，所以很難估算其影響的廣度及深度，但它們在社會教育中扮演建設性的功能是值得肯定的。

　　上述二種經典編印的目的是藉神道設教，希望讓一般百姓拿來閱讀，或拿來讓兒童諷誦，但三字一句的結構，卻不符合在媽祖廟住持的僧侶在早晚課時，拿來當誦經的範本，因此乃有北港朝天宮請傳妙編造《天上聖母經》，與《金剛

經》、《觀世音普門品》成為媽祖廟誦經團早、晚課所誦經
典，並在各媽祖廟間流傳，亦為媽祖信仰在臺灣已本土化的
旁證。

註釋

1 鄭玄注《禮記注疏》卷 46，〈祭法〉23。

2 《宋史》卷 105，〈禮〉8，〈諸祠廟〉。

3 蔡相煇，〈以媽祖信仰為例論政府與民間信仰的關係〉，民國 83 年
4 月，漢學研究中心編《民間信仰與中國文化國際研討會論文集》，
頁 437-454。

4 張國祥校梓《正統道藏》，《太上老君說天妃救苦靈驗經》明正統
10 年刊，萬曆 35 年續藏。民國 51 年，台北，藝文印書館影印發行。

5 《弘仁普濟天后聖母經懺》，道光 18 年（1838）九如堂刊行。

6 楊浚《湄洲嶼志略》《天上聖母真經》，光緒戊子（1888）冠悔堂募
刊本。

第十四章　總結語

　　本書為筆者多餘年來從事媽祖研究的一點成果,茲將主
要心得分述如下:

一、媽祖信仰的理論依據

　　任何宗教信仰,其主神都要有一些能讓信徒產生信心的
事蹟及靈蹟,《天妃顯聖錄》記載了媽祖的家世、修習法術、
事蹟及死後護國庇民及歷朝誥封,為後世闡揚媽祖信仰的根
源,仿如媽祖信仰的聖經。《天妃顯聖錄》之前,明初雖已
有《聖妃靈著錄》編成,但其書未傳於世,且見於白塘《李
氏宗譜》引述文章,體例亦與《天妃顯聖錄》不一,兩書似
無承襲淵源。

　　《天妃顯聖錄》由林堯俞、林蘭有、丘人龍前後歷時約
50 年始成書,而湄洲天妃宮住持僧照乘則貫串其間,於三
藩抗清期間（1674～1680）刊行。原書刊於明清政權鼎革之
際,全以明人立場立論,清朝平定臺灣後即修訂重刊,朱一
貴事件（1722）後再增補梓行。

　　《天妃顯聖錄》中媽祖有九牧林氏的最好家世,儒、釋、
道三教淵源及廣大神通造福鄉民,28 歲室女昇天,完美的
生平,為地方除害攘災救人,讓信徒對其產生信賴感,死後

更發揮護國庇民的功能,讓廣大信眾深信不疑。然細析各則
故事來源,有仿自政治人物,有來自佛教典故,甚至有不可
考者,然皆無損於媽祖作為宗教人物的形象。

《天妃顯聖錄》所載歷朝誥封大多有所依據,南宋以前
以丁伯桂〈順濟聖妃廟記〉為主要史源,宋末至元朝,則以
程端學〈靈慈廟事蹟記〉為依據,至於元朝以後,則取材各
朝正史及當事人相關奏摺,正確性較高。

二、媽祖信仰的宗教淵源

媽祖信仰是什麼?為何這麼多人崇祀祂?這是許多關
心媽祖信仰者的共同問題,但這二個看似簡單的問題,卻不
容易說清楚。媽祖信仰的複雜性,首在其宗教淵源。究竟媽
祖為佛教?道教?摩尼教?或其他宗教?或儒家祠祀之有
功德於國於民的人?因為媽祖信仰與上述宗教或政府祀典
都有關,但卻非全然為其中某一支。筆者認為媽祖信仰的宗
教淵源與摩尼教關係較深,摩尼教以三種模式傳入莆田,導
致了媽祖信仰成立,最後並成為政府、國家的祀典。

第一種模式為摩尼教依附佛教名義傳播的白衣大士
(白衣觀音)信仰。觀音信仰在北魏時即已傳入中國,但
當時官民普遍以佛教視之,未特別區分之,至唐高宗朝中
亞何國僧人僧伽入華,於武則天朝與中宗朝取得政府許
可,至長江以南傳教,為白衣大士開創出一片天地。因為
僧伽自始即未以摩尼教的名義自稱,且為唐中宗國師,獲
賜御書寺匾,故唐武宗會昌汰僧及其後歷代嚴禁摩尼教時

並未受迫害。此白衣大士信仰系統與唐代佛教的華嚴宗及明、清的臨濟宗有關。

　　第二種模式為回紇護持下正式傳入的摩尼教。安史之亂，唐朝為了平亂，請求回紇兵助戰，在回紇請求下，唐政府在江南各州普遍建立的大雲寺。此派在華合法傳教百年，後來回紇與唐朝關係生變，會昌汰僧後為政府嚴禁，僧、尼被殺或被迫還俗，其中有摩尼師遁入福建傳教，為防政府查禁，其徒或以白衣禮佛會，或以齋堂等民間宗教組織名義呈現。摩尼徒素食不殺生，崇尚光明，禮拜時於深夜聚集祈禱，清晨光明降臨時始解散，自稱明教，但五代、南北宋，政府以其徒眾多，團結，易形成割據勢力或反抗政府，故醜化稱為喫菜事魔，嚴加查禁，但仍在閩、浙等省份漫延，至元朝，政府對東西方各種宗教全面開放，福建摩尼教再度昌盛，至明洪武年間再度被禁。

　　第三種模式為以泗洲文佛名義流傳的僧伽信仰。僧伽是泗洲普照王寺及白衣大士信仰的開創者，其人生時即以神異見著，為人治病，卜休咎無不奇中，唐中宗奉為國師，神僧萬迴以為觀音化身。僧伽死後祈雨祈風，捍災禦患，靈蹟不斷，百餘年間，其信仰沿著長江、大運河傳播，北至河北，西達江西，南達浙江，尤其五代末託夢泗洲官民勿輕啟戰端，促成和平統一，宋高宗特加宣揚崇祀，江、浙、閩三省信仰非常普及。

　　上述三種模式的摩尼教均傳至福建。第一種白衣大士模式的信仰，唐朝時已傳入莆田，莆田規模最大，建於唐代的囊山寺、廣化寺皆奉祀之，另北宋白塘李氏捐地百餘畝建梅

峰寺,也奉祀白衣大士。目前白衣大士不僅以觀音的形象奉祀於莆田各佛寺,也還有媽祖廟奉祀穿著白衣的觀音大士,如湄洲的上林宮,正殿媽祖神龕上即有之。

第二種摩尼教寺院原形模式的信仰,也在唐代正式傳入福建,如宋代《三山志》即載明懷安(福州)開元寺原為摩尼教大雲寺。莆田地方志雖未曾見有摩尼寺的記載,但涵江、北高鎮的摩尼教殘碑,也可證明摩尼教曾在莆田流行。摩尼教被禁以後,開元寺被改為一般佛寺,寺中摩尼師被迫還俗,轉入民間為法師。《閩書》載摩尼教呼祿法師於三山(福州)莆田至泉州一帶傳授徒侶,摩尼教因而隱密化,在民間以另類形態流傳,宋代福建之所以成為喫菜事魔的根據地,並非無因。

第三種以泗洲文佛模式流傳的信仰,更深入福州、莆田,至泉州一帶流傳,可謂無處無之,並與莆田民俗生活結合。湄洲天后宮出土的泗洲文佛像,顯示其與媽祖信仰關係有一定關連。

《天妃顯聖錄》降誕本傳,謂媽祖父母虔誠敬祀大士,並因大士賜丸藥而生媽祖,可見媽祖的宗教淵源是以白衣大士為主要核心,今日在莆田、臺灣的媽祖廟宇尚可看到奉祀白衣大士或觀音的情形,即可反映這種宗教淵源。而《天妃顯聖錄》於天妃宮旁媽祖故里上林所繪觀音堂,顯示摩尼教被查禁後世俗化佛堂一直存在湄洲嶼。莆田市涵江區發現摩尼教殘碑處,同時奉祀白湖陳氏的陳文龍,白湖陳氏與白塘李氏為南宋朝將媽祖信仰推到高峰的二個家族,可知莆田不僅為摩尼教盛行區域,摩尼教與媽祖信仰也重疊。

　　黃四如〈重建聖墩順濟祖廟碑記〉謂媽祖「生人、福人，不以死與禍恐人，故人人愛之，敬事如母。」一語，是媽祖受人敬信的關鍵，但學者多無法解開其意蘊，而《僧伽和尚欲入涅槃說六度經》謂：

> 吾當度六種之人，第一度者，孝順父母敬重三寶，第二度者，不殺眾生，第三度者，不飲酒食肉，第四度者，平等好心不為偷盜，第五度者，頭陀苦行，好修橋梁并諸功德，第六度者，憐貧念病，佈施衣食，極濟窮無。如此善道六度之人，吾先使百童子領上寶船，載過弱水，免使沈溺，得入化城。
>
> 若不是吾六度之人，見吾此經，心不信受，毀謗正法，當知此人宿世罪根，身受惡報，或逢盜賊兵瘴而死，或被水火焚漂，或被時行惡病，遭官落獄，不善眾生皆受無量苦惱，死入地獄，無有出期，萬劫不復人道。

說明信其教者得以受度，入化城得永生，反之，則遭逢災兵劫難，死入地獄，萬劫不復。《摩尼光佛教法儀略》謂：

> 如是五位稟受相依，咸遵教命，堅持禁戒。……犯戒，視之如死，表白眾知，逐令出法。海雖至廣，不宿死屍，若有覆藏，還同破戒。

摩尼教規甚嚴，犯戒者可處以逐出教門之律，教眾視如死屍，不可收容。而媽祖擁有生（渡化）人、福人，不以死（破門）與禍（惡報）恐嚇人，應是宗教神職人員，並非一般巫嫗可比。白塘李氏之亟亟於為媽祖爭取賜廟額、誥封，讓信

547

仰合法化，與宋政府打壓佛教、嚴禁摩尼教的社會背景應
有關。

　　媽祖信仰在宋末取得政府賜廟額後，即往政府祠祀典方
向發展，至南宋政府屢予誥封，正式成為政府祀典，其原有
宗教氣氛日淡，但僧侶卻仍依附於廟宇，為住持香火，後世
許多媽祖廟由僧侶開山，顯示兩者淵源之深，且無法分割。

三、媽祖家世及生卒年

　　媽祖為湄洲林氏女的說法為後世公認，但《閩書》也提
出賈胡之女的另類說法，然何僑遠並未提出佐證，故後世並
無人加以探索。至元代史料始提及其家世，至明代更形成莆
田望族九牧林氏之後裔。其出生地，宋代史料即謂為湄洲，
至乾隆年間林清標編《勅封天后志》始謂為莆田賢良港。賢
良港與湄洲嶼一水之隔，林氏祖祠在焉。《閩書》謂明洪武
年間，為防倭寇，遷界移民，湄洲林氏移回賢良港，展界後
林氏有回歸故居者，故兩地林氏仍為同源，不影響媽祖為林
氏女的事實。

　　媽祖的生卒年，雖以宋太祖開國的建隆元年（960）之
說最流行，但衡以媽祖祖上四世事蹟，媽祖生年應在建隆以
後。《天妃顯聖錄》降誕本傳，謂媽祖曾祖父林保吉為後周
顯德年間（954～958）統軍兵馬使，其時距建隆元年僅三年。
三年間，林氏一家經歷林保吉退隱湄洲，保吉子林孚承世勳
為福建總管，林孚子林惟慤任都巡官，再歸隱湄嶼育一子五
女，從時間上觀察並不合情理。若媽祖確為九牧林氏裔孫，

則其生年應在其後。莆田南渚九牧林氏族裔家譜《南渚林氏宗譜》，則謂媽祖生於太平興國 4 年，卒於大中祥符元年（979-1008），雖較建隆元年晚 19 年，但可化解媽祖上四代事蹟過度集中於顯德至建隆元年三年間的不合理現象，又與《閩書》媽祖年 30 而卒的說法符合，應較正確。

四、媽祖信仰的奠立與開展

　　媽祖信仰之奠立，白塘李氏為關鍵家族。白塘李氏為唐朝宗室後裔，避武則天難遷居泉州，於北宋初移居白塘，圍海埔為魚桁，富甲一方，南宋建炎年間族人李富曾募兵三千參與抗金軍事，家族信仰白衣大士、泗州文佛，創立聖墩祖廟，開媽祖信仰之先河，其後又為媽祖請得順濟廟額，為媽祖正序位，使媽祖成為合法祠祀。李氏歷代用心經聖墩祖廟，且有族人出家為僧，至明初，聖墩祖廟被毀，李氏家族另建玄天上帝廟於祖居東墩。《白塘李氏宗譜》雖未載聖墩祖廟被燬原因，但卻有家族寶物被北來段姓宦官掠奪一空的記載，其燬似與朝廷宗教政策有關。而明初被迫害最嚴重者，即摩尼教（明教）。

　　媽祖信仰之名揚天下，白湖陳氏則居首功。白湖陳氏之陳俊卿於南宋紹興末年間任兵部侍郎兼領水師，首捐地建白湖廟，在陳俊卿號召下，莆人參與抗金、剿寇軍事活動，媽祖屢次顯佑，朝廷累予誥封，媽祖信仰遂流傳至浙閩二省沿海各地。白湖陳氏極支持南宋政府，陳瓚、陳文龍叔姪於南宋政權抗元保衛戰中起兵勤王，募萬卒抗元，兵敗被殺，家

族散亡，白湖廟亦於元代遷至城廂，遺蹟無存。

媽祖信仰取得宋政府賜額是因保護路允迪出使高麗的航海活動，即媽祖信仰是以海神形象成立。至南宋屢受誥封，則與保護軍事活動為主，如白塘李富於金兵南侵時募三千兵參與抗金，陳俊卿任兵部侍郎奉命整治水師，乃有李寶膠西之捷，媽祖在宋代已經建立其護國庇民及海神的形象。

元朝之滅宋戰爭，南宋末帝昺逃至福建，後因泉州市舶提舉蒲壽庚降元，導致宋亡。蒲壽庚子蒲師文兼任泉州市舶提舉，為招徠蕃舶，請朝廷誥封媽祖，泉州天妃宮盛極一時。其後江南漕糧改由海運，媽祖護航神蹟屢傳，朝廷屢予加封賜祭，媽祖海神地位屹立不搖。

明成祖永樂年間鄭和下西洋，媽祖也因護航而讓朝廷誥封賜祭，但因成祖篤信道士，特別尊崇玄天上帝與關帝，道教也將媽祖信仰納入道教神仙譜系，造出《太上老君說天妃救苦靈驗經》擬予融合，但因媽祖香火自南宋以來即被佛教僧侶掌控，道教無法施力而未成。明朝永樂以後即不再誥封媽祖，應與此有關，但媽祖信仰的基礎早已深入社會，並未受此影響，繼續隨著海員、漁民、僧侶向海內外各地傳播。

五、臺灣的媽祖信仰

媽祖信仰在明末已傳入澎湖，但鄭氏時代臺灣是否崇祀媽祖卻二種有不同看法。不論明鄭時代是否崇信媽祖，清廷藉媽祖信仰攻克臺灣，並提升媽祖信仰為臺灣主流信仰則意見皆同。清康熙 19 年（1680）清將萬正色以媽祖顯靈助風

驅退鄭經，22 年（1683）施琅以湧泉給餉逼降臺灣，60 年
（1721）施世驃以媽祖護航平定朱一貴事件，乾隆 52 年
（1787）福康安也以媽祖護航平定林爽文事件皆是其例，而
媽祖廟也隨著上述事件平定後新移民的入墾而相繼建立，媽
祖廟也成為漢人社會的信仰象徵。

　　笨港為臺灣中部進出福建水路要津，開發較早，康熙年
間即已建立天妃廟，因建廟歷史早，僧侶守清規，漸為媽祖
信仰重鎮。嘉慶年間，彰化南瑤宮開始北港進香，開啟臺灣
媽祖進香的習俗。道光年間，府城大天后宮因祝融之災，神
像被焚，迎請北港三郊媽前往供府城居民膜拜，並巡歷城廂
而返。彰化進香、府城巡歷二大活動，新建廟宇多由朝天宮
分香塑神，讓北港朝天宮成為臺灣媽祖信仰的認同核心。此
二大活動舉辦時，固得民安年豐，小民籍以營生，但因信徒
動輒成千上萬，在社會治安不佳的情況下，臺灣府官員也曾
予以禁止。

　　媽祖信仰原無經典，明永樂年間道教始造《太上老君說
天妃救苦靈驗經》，康熙 60 年（1721）方行慎、尹珩據《太
上老君說天妃救苦靈驗經》纂成《天后經懺》，道光 11 年
（1831）李存默再經修訂為《弘仁普濟天后聖母經懺》，光
緒 14 年（1888）楊浚亦據《太上老君說天妃救苦靈驗經》
編為《天上聖母真經》。這四部道教色彩濃厚的媽祖經並未
在臺灣流傳。臺灣媽祖廟僧侶早、晚課，例於觀音殿誦《金
剛經》、《法華經觀世音普門品》、《般若波羅密多經》。
光緒以後臺灣開始造媽祖經，光緒 18 年（1892），臺灣賴
玄海造《湄洲慈濟經》、大正 10 年（1921）李開章造《天

上聖母經》、民國 61 年（1972）釋傳妙造《天上聖母經》，
這三種媽祖經大量被用於媽祖慶典及早晚課誦唸之用，臺灣
媽祖信仰的本土化愈加明顯。

　　日據以後，臺灣總督府也認同媽祖信仰的文化及社會意
義，予以支持，但逐步將廟宇推向法制化、公開化的方向，
再引進日籍僧侶為住持，迨中日戰爭發生，為推進臺灣人的
日本化、皇民化，更進一步整頓廟宇，讓媽祖廟轉為日本佛
教的分支單位，財產充公，廟宇、神像被廢、毀者不計其數。
覆巢之下無完卵，宗教信仰亦然。臺灣光復後，宗教信仰再
度恢復自由，部分位居城市廟宇因市地重劃被遷併者多另覓
地重建，僅少數偏僻村落，信仰人口較少者未重建廟宇外，
大多數媽祖廟皆恢復正常運作。

六、當代臺灣媽祖信仰的發展與祖廟認同的轉變

　　清朝嘉慶、道光以後，臺灣的媽祖信仰開始產生自我認
同的現象，日據時期臺灣總督府推動日本化運動，擬將媽祖
信仰納入日本佛教系統管理，然功敗垂成。民國 44 年臺南
市顯宮、土城二座媽祖廟爆發誰是正統鹿耳門天妃宮之爭，
接著新港奉天宮創出「笨港毀滅論」，以笨港天妃宮正統自
居，也動搖北港朝天宮的地位。

　　民國 6、70 年代，大甲媽祖赴北港謁祖進香是臺灣媽祖
信仰自我認同的象徵，「笨港毀滅論」也動搖大甲鎮瀾宮對
朝天宮的認同。而中共適時提出和平統一政策，將媽祖定位
為「海峽兩岸和平女神」，重建湄洲天后宮取名「湄洲祖廟」，

爭取臺灣信徒前往謁祖進香或結盟。鎮瀾宮因而往湄洲祖廟迎回媽祖神像，直接與湄洲祖廟建立上、下廟的關係，旋終止與北港朝天宮的關係，並於民國 91 年 10 月帶領「臺灣媽祖聯誼會」17 成員與莆田賢良港天后祠締結至親廟，民國 95 年 9 月更率相關廟宇信徒 4000 餘人往湄洲謁祖進香，其認同對象已轉向大陸。據筆者粗略估計，20 年來臺灣媽祖廟已有百座以上曾往湄洲進香，某些廟宇更以「湄洲媽祖在此」為標榜，媽祖信仰成為中共花費最少，成效最著的統戰工具。

　　總之，媽祖信仰流傳已近千年，成為臺灣及部份華人社會的文化現象，是一種尚在傳播的活信仰。有關媽祖信仰涉及的歷史學、社會學、宗教學、政治學等各種領域，均已有學者投入研究，研究成果也琳瑯滿目，本書從歷史學的角度加以研究，對其他領域之研究成果無法一一引述探討，且因媽祖信仰尚在發展，各種區域性的史料也不斷被提出，後續的研究仍待學界共同努力，本書掛一漏萬之處，尚祈方家鑒諒。

媽
祖 信仰研究

媽祖重要史事年表

宋朝

太宗太平興國 4 年（979）

　　林默降生。是年為宋太宗於莆田置興化縣之年。

真宗大中祥符元年（1008）

　　林默去世，年 30。

英宗治平二年（1065）

　　12 月 8 日朱默生。

哲宗元祐元年（1086）

　　枯楂顯聖，莆田聖墩祖廟建立。4 月 13 日朱默卒。

　元符元年（1098）

　　銅爐溯江，仙遊楓亭建祠。

徽宗宣和 5 年（1123）

　　賜順濟廟額，江口建祠。

高宗紹興 26 年（1156）

　　郊典，封靈惠夫人。

　紹興 28 年（1158）

　　白湖建祠

　紹興 30 年（1160）

　　靈泉救疫，封靈惠昭應夫人。

孝宗乾道 3 年（1167）

媽
祖 信仰研究

封靈惠昭應崇福夫人。

淳熙 12 年（1185）

封靈惠昭應崇福善利夫人。

光宗紹熙 3 年（1192）

以救旱大功，晉封靈惠妃。

寧宗慶元 4 年（1198）

封靈惠助順妃。

嘉定元年（1208）

以淮甸退敵奇功，加封顯衛，全銜靈惠助順顯衛妃。

嘉定 10 年（1217）

封靈惠助順顯衛英烈妃。

理宗嘉熙 3 年（1239）

封靈惠助順嘉應英烈妃。

寶祐 2 年（1254）

封助順嘉應英烈協正妃。

寶祐 3 年（1255）

封靈惠助順嘉應慈濟妃。

寶祐 4 年（1256）

封靈惠協正嘉應慈濟妃。

封靈惠嘉應協正善慶妃並封媽祖父母及女兄、諸佐神。

景定 3 年（1262）

封靈惠顯濟嘉應善慶妃。

元朝

世祖至元 18 年（1281）

封護國明著天妃。

至元 26 年（1289）

封護國明著顯佑天妃。

成宗大德 3 年（1299）

封護國明著顯佑輔聖庇民天妃。

仁宗延祐元年（1314）

封護國明著顯佑輔聖庇民廣濟天妃。

文宗天曆 2 年（1329）

封護國庇民廣濟福惠明著天妃，賜廟額曰靈慈。

順帝至正 9 年（1349）

加封天妃父種德積慶侯，母育聖顯慶夫人。

至元 15 年（1278）封護國明著靈惠協正善慶顯濟天妃。

至元 25 年（1288）加封為廣祐天妃。

明朝

太祖洪武 5 年（1372）

封昭孝德正靈應孚濟聖妃。

成祖永樂 7 年（1409）

封護國庇民妙靈昭應弘仁普濟天妃。

永樂 14 年（1416）

道藏編《太上老君說天妃救苦靈驗經》，將天妃納入道教神仙譜系。

永樂 15 年（1417）

欽差內官王貴通、千戶彭祐並道士於湄洲設開洋清醮。

媽
祖 信仰研究

清朝

聖祖康熙 19 年（1680）

　　　　以征剿廈門得神陰助，敕封護國庇民妙靈昭應弘仁普濟天妃。

　　康熙 23 年（1684）

　　　　以平定臺灣勅封天后。惟勅命似未發佈，地方仍沿用天妃稱
　　　　號。

世祖雍正 11 年（1733）

　　　　令各省城舊有天后祠宇，皆一體致祭。未有祠宇者，以所
　　　　屬府州縣原建天后祠宇，擇規模宏敞者春秋致祭。

高宗乾隆 2 年（1737）

　　　　封護國庇民妙靈昭應宏仁普濟福佑群生天后。

　　乾隆 22 年（1757）

　　　　封護國庇民妙靈昭應宏仁普濟福佑群生誠感咸孚天后。

　　乾隆 53 年（1788）

　　　　加增顯神贊順四字。

仁宗嘉慶 5 年（1800）

　　　　加封天后為護國庇民妙靈昭應宏仁普濟福佑群生誠感咸孚
　　　　顯神贊順垂慈篤祜天后。

　　嘉慶 6 年（1801）

　　　　敕封天后之父為積慶公，母為積慶公夫人。

　　嘉慶 17 年（1812）

　　　　命兩江總督百齡，於御園建蓋祠宇，摹繪封號、神像，隨時
　　　　瞻禮，為民祈福。

宣宗道光 6 年（1826）

　　　　封為護國庇民妙靈昭應宏仁普濟福佑群生誠感咸孚顯神贊

順垂慈篤祜安瀾利運天后。

道光 19 年（1839）

封為護國庇民妙靈昭應宏仁普濟福佑群生誠感咸孚顯神贊
順垂慈篤祜安瀾利運澤覃海宇天后。

道光 21 年（1841）

加封天后父為衍澤積慶公，母為衍澤積慶公夫人。

道光 28 年（1848）

封為護國庇民妙靈昭應宏仁普濟福佑群生誠感咸孚顯神贊
順垂慈篤祜安瀾利運澤覃海宇恬波宣惠天后。

文宗咸豐 2 年（1852）

封為護國庇民妙靈昭應宏仁普濟福佑群生誠感咸孚顯神贊
順垂慈篤祜安瀾利運澤覃海宇恬波宣惠導流衍慶天后。

咸豐 3 年（1853）

封為護國庇民妙靈昭應宏仁普濟福佑群生誠感咸孚顯神贊
順垂慈篤祜安瀾利運澤覃海宇恬波宣惠導流衍慶靖洋錫祉
天后。

咸豐 5 年（1855）

封為護國庇民妙靈昭應宏仁普濟福佑群生誠感咸孚顯神贊
順垂慈篤祜安瀾利運澤覃海宇恬波宣惠導流衍慶靖洋錫祉
恩周德溥天后。

咸豐 5 年（1855）

封為護國庇民妙靈昭應宏仁普濟福佑群生誠感咸孚顯神贊
順垂慈篤祜安瀾利運澤覃海宇恬波宣惠導流衍慶靖洋錫祉
恩周德溥衛漕保泰天后。

咸豐 7 年（1857）

　　　　封為護國庇民妙靈昭應宏仁普濟福佑群生誠感咸孚顯神贊
　　　　順垂慈篤祜安瀾利運澤覃海宇恬波宣惠導流衍慶靖洋錫祉
　　　　恩周德溥衛漕保泰振武綏疆天后。

穆宗同治 8 年（1869）

　　　　封天后右二神將為金將軍、柳將軍。

　　同治 11 年（1872）

　　　　以天后封號字數過多，定為四十字，以昭慎重。

德宗光緒 7 年（1881）

　　　　以地方遭颶風，頒扁額予臺灣各屬天后廟。

　　光緒 13 年（1887）

　　　　以笨港天后宮降甘霖，歲獲有秋，頒扁額「與天同功」予北
　　　　港朝天宮。

參考書目

一、中文書籍

文彬、孫雲《重修山陽縣志》。清同治 12 年刊，民國 72 年，台北，成文出版社。

方鼎、朱升元《晉江縣志》。清乾隆 30 年刊，民國 56 年，台北，成文出版社。

王昶《金石萃編》。1985 年，北京中華書店。

王禮、陳文達《台灣縣志》，康熙 59 年刊，民國 57 年，台北，國防研究院。

王元恭《四明續志》。至正 2 年刊，民國 69 年，台北大化書局。

王澤椿、張闓仙《惠安縣志》。雍正 8 年刊，民國 62 年，台北，台北市惠安同鄉會。

王象之《輿地紀勝》。國立中央圖書館藏。

王必昌《台灣縣志》。乾隆 17 年刊，國立中央圖書館台灣分館藏。

王瑛曾《重修鳳山縣志》，乾隆 29 年刊，民國 57 年，台北，國防研究院。

中央研究院歷史語言研究所《清代官書記明台灣鄭氏亡事》（原名平定海寇方略）。民國 19 年，編者印行。

中央研究院歷史語言研究所《明清史料》。民國 47 年，台北，編者印行。

中國國民黨中央黨史史料編纂委員會《國父全集》。民國 54 年，
　　中華民國各界紀念國父百年誕辰籌備委員會。

內政部民政司《全國寺廟名冊》。民國 91 年 11 月，臺北，編者
　　印行。

丘人龍《天妃顯聖錄》。僧照乘刊、徒普日、徒孫通峻重刊，中
　　央圖書館台灣分館藏。

司馬遷《史記》。民國 60 年，台北成文出版社。

江日昇《台灣外記》。民國 51 年，台北，台灣銀行。

朱氏《朱氏族譜》。莆田井舖朱氏家藏手抄本。

朱其昌《台灣佛教寺院庵堂總錄》。民國 66 年，佛光出版社印行。

沈茂蔭《苗栗縣志》。光緒 19 年修，民國 57 年，國防研究院印
　　行。

沈定均《漳州府志》。光緒 4 年刊，民國 53 年，台南，朱商羊印
　　行。

沈節甫《紀錄彙編》。民國 55 年，台北，藝文印書館。

宋敏求《長安志》。民國 69 年，台北大化書局印行。

志磐《佛祖統紀》。大正新脩《大藏經》，民國 83 年，台北，新
　　文豐出版公司。

李白《李太白文集》。文淵閣四庫全書，集部，別集。

李邕《李北海集》《欽定四庫全書》集部。

李元嗣《泗洲大聖明覺國師傳不分卷》萬曆 19 年本，天津圖書館
　　孤本秘籍叢書。

李丕煜《鳳山縣志》。康熙 58 年刊，民國 57 年，台北，國防研
　　究院。

李安邦《新港奉天宮媽祖簡介》。民國 51 年，嘉義，奉天宮管理

委員會。

李汝和《台灣省通志》。民國 60 年，台北，台灣省文獻委員會。

李永銘《白塘李氏宗譜》手抄本。

李存默《弘仁普濟天后聖母經懺》，道光 18 年，九如堂刊行。

李鴻章《欽定大清會典事例》，民國 52 年，臺北，啟文出版社。

邢仕誠《臨淮縣志》。康熙 12 年刊，民國 74 年，台北，成文出版社。

阮元《兩浙金石志》。《續修四庫全書》，史部，金石類。

阮元、陳昌齊《廣東通志》，道光 2 年刊，同治 3 年重刊。民國 57 年，台北，華文書局。

呂子振《家禮大成》。清雍正 13 年刊，民國 62 年，高雄，莊家出版社。

吳堂《同安縣志》。嘉慶 3 年修，光緒 12 年重刊，國立中央圖書館台灣分館藏。

吳晗《朱元璋傳》，1972 年，台北，國史研究室。

吳文峰《天上聖母正傳》。民國 44 年，嘉義，新港奉天宮。

吳登培《昭應錄》。乾隆 32 年刊，雲林縣北港鎮朝天宮藏。

吳金棗《江海女神媽祖》。1989 年，江西人民出版社。

吳宜燮、黃惠《龍溪縣志》。清乾隆 27 年修，光緒 5 年補刊。民國 58 年，台北，成文出版社。

吳承恩《西遊記》。龍騰世紀，古典文學，吳承恩作品集。

何培夫《臺灣地區現存碑碣圖誌》。民國 86 年，國立中央圖書館臺灣分館。

何喬遠《閩書》。1994 年，福建人民出版社。

法藏《華嚴經傳記》。大正新脩《大藏經》，民國 83 年，台北，

新文豐出版公司。

周凱《廈門志》。道光 19 年刊，民國 56 年，台北，成文出版社。

周璽《彰化縣志》。道光 12 年刊，國立中央圖書館台灣分館藏。

周元文《台灣府志》。康熙 51 年刊，國立中央圖書館台灣分館藏。

周鐘瑄《諸羅縣志》。清康熙 56 年修，國立中央圖書館台灣分館
　　藏。

金鋐、鄭開極《福建通志》。康熙 25 年刊，日本東京，國會圖書
　　館藏。

林豪《澎湖廳志》。清光緒 20 年刊，國立中央圖書館台灣分館藏。

林悟殊《摩尼教及其東漸》，民國 86 年，台北，淑馨出版社

林清標《勅封天后志》。民國 76 年，台北市莆仙同鄉會。

林祖良《媽祖》。1989 年，福建教育出版社。

林焜熿《金門志》。同治 13 年修，國立中央圖書館藏。

林學增《同安縣志》。民國 18 年修，民國 56 年，台北，成文出
　　版社。

洪邁《夷堅志》。民國 55 年，台北，藝文印書館。

施琅《靖海紀》。康熙 37 年刊，國立中央圖書館台灣分館藏。

施宿《嘉泰會稽志》。民國 69 年，台北大化書局。

施學吉、施暫渡《臨璞施氏族譜》。民國 57 年，台中，台光文化
　　出版社。

范咸《台灣府志》。清乾隆 12 年刊，國立中央圖書館台灣分館藏。

胡建偉《澎湖紀略》。乾隆 26 年刊，國立中央圖書館台灣分館藏。

胡幽貞《大方廣佛華嚴經感應記》，大正新脩《大藏經》。民國
　　83 年，台北，新文豐出版公司。

郁永河《裨海紀遊》。民國 39 年，台北，台灣省文獻委員會。

念常《佛祖歷代通載》。大正新脩《大藏經》，民國 83 年，台北，
　　新文豐出版公司。

俞希魯《至順鎮江志》。民國 69 年，台北，中國地志研究會出版。

拂多誕《摩尼光佛教法儀略一卷》。大正新脩《大藏經》，民國
　　85 年，台北，新文豐出版公司。

宮兆麟《莆田縣志》。清乾隆 23 年修，民國 15 年補刊。民國 52
　　年，台北，台北市莆仙同鄉會。

高拱乾《台灣府志》。康熙 35 年刊。民國 57 年，台北，國防研
　　究院。

夏琳《閩海紀略》。民國 46 年，台南，海東山房。

夏琳《海紀輯要》。民國 46 年，台南，海東山房。

倪贊元《雲林縣采訪冊》。光緒年刊，國立中央圖書館台灣分館藏。

馬齊《大清聖祖仁皇帝（康熙）實錄》。民國 53 年，台北，華文
　　書局。

徐松《宋會要輯稿》。民國 25 年輯印，民國 66 年，台北，世界
　　書局。

徐兢《宣和奉使高麗圖經》。民國 55 年，台北，藝文印書館。

徐景熹《福州府志》。乾隆 19 年刊，民國 56 年，台北，成文出
　　版社。

徐宗幹《斯未信齋文編》。同治年刊，國立中央圖書館台灣分館藏。

梁克家《三山志》。民國 69 年，台北，中國地志研究會。

郭金焜《大甲鎮瀾宮志》。民國 63 年，大甲鎮瀾宮管理委員會。

郭金潤《大甲媽祖進香》。民國 79 年 9 月，臺中縣文化中心。

郭金潤《大甲鎮瀾宮志》。民國 94 年，台中縣，大甲鎮瀾宮董事會。

陳壽《三國志》。民國 60 年，台北，成文出版社。

陳文騄、蔣師轍《臺灣通志》。清光緒年修，國立中央圖書館台灣分館藏。

陳春木《湄洲媽祖遊臺灣紀念專刊》。民國 86 年，陳適庸發行。

陳國強《媽祖信仰與祖廟》。1990 年，福建教育出版社。

陳國強《漳浦烏石天后宮》。1996 年，漳浦縣舊鎮烏石旅遊區管理委員會。

陳培桂《淡水廳志》。同治 10 年刊，民國 57 年，臺北，國防研究院。

陳壽祺《福建通志》。道光 9 年刊，同治 10 年重刊，國立中央圖書館台灣分館藏。

陳興祚《僊遊縣志》。乾隆 14 年刊，同治 12 年重刊。民國 52 年，台北，台北市莆仙同鄉會。

陳淑均《噶瑪蘭廳志》。咸豐 2 年刊，民國 57 年，臺北，國防研究院。

國立彰化師範大學地理學系《南瑤宮志》。民國 86 年，彰化市公所。

乾隆撰《欽定平定台灣紀略》。民國 50 年，台北，台灣銀行。

張鉉《金陵新志》。至正 4 年刊，民國 69 年，台北，大化書局。

張燮《東西洋考》。四庫全書，史部，地理類，外紀。

張廷玉《明史》。民國 60 年，台北成文出版社。

張其昀《清史》。民國 50 年，台北，國防研究院。

張國祥《正統道藏》。萬曆 35 年續藏。民國 51 年，台北，藝文印書館。

張國祥《搜神記》。萬曆 35 年刊。民國 69 年，台北，聯經出版公司。

張端義《貴耳集》。民國 55 年，台北，藝文印書館。

莊成《安溪縣志》。清乾隆 22 年刊，民國 56 年，台北，安溪同
　　鄉會。

莊季裕《雞肋編》。民國 56 年，台北，藝文印書館。

曹仁虎《清朝文獻通考》。乾隆 32 年刊。民國 52 年，台北，新
　　興書局。

陶宗儀《輟耕錄》。民國 55 年，台北，藝文印書館。

莫之翰《泗州志》。清康熙 27 年刊，民國 74 年，台北成文出版社。

莫尚簡《惠安縣志》。嘉靖 9 年刊。民國 62 年，台北，惠安同鄉會。

脫脫《宋史》。民國 60 年，台北，成文出版社。

黃淵《黃四如集》。《欽定四庫全書》集部，國立故宮博物院藏。

黃淵《莆陽黃仲元四如先生文稿》。上海，商務印書館印行。

黃公度《知稼翁集》。《欽定四庫全書》，集部，國立故宮博物
　　院藏。

黃炳元《泉州天后宮》。1990 年，泉州市閩台關係史博物館。

黃典權《台灣南部碑文集成》。民國 53 年，台北，台灣銀行印行。

黃叔璥《台海使槎錄》。民國 55 年，台北藝文印書館。

程大昌《雍錄》。民國 69 年，台北大化書局。

第一歷史檔案館《清代媽祖檔案史料匯編》。2003 年，北京，中
　　國檔案出版社。

湯用彤，《漢魏兩晉南北朝佛教史》，民國 51 年，台北，商務印
　　書館。

陽思謙《泉州府志》。萬曆 40 年刊，國立中央圖書館台灣分館藏。

楊浚《湄洲嶼志略》。光緒 14 年冠悔堂刊本。

楊桂良《湄洲祖廟朝聖之旅》。民國 85 年，廣澤文化事業。

董史《林子本行實錄》。臺北，養興堂。

董季群《天津天后宮》。2001 年，天津民俗博物館。

葉德輝《繪圖三教源流搜神大全》。宣統 3 年刊，民國 69 年，台
　　北，聯經出版公司。

趙翼《陔餘叢考》。民國 64 年，台北，華世出版社。

趙以雄、耿玉琨、孟凡人《高昌壁畫輯佚》。1995 年，新疆，新
　　疆人民出版社。

崔致遠《唐大薦福寺故寺主翻經大德法藏和尚傳》。大正新脩《大
　　藏經》，民國 82 年，台北，新文豐出版公司。

潛曰友《咸淳臨安志》。民國 69 年，台北，中國地志研究會。

實叉難陀《大方廣佛華嚴經》，大正新脩《大藏經》。民國 82 年，
　　台北，新文豐出版公司。

僧伽《僧伽和尚欲入涅槃說六度經》，大正新脩《大藏經》。民
　　國 83 年，台北，新文豐出版公司。

蔡相煇《北港朝天宮志》。民國 84 年，雲林縣，北港朝天宮董事會。

蔣維鋑《媽祖文獻資料》。1990 年，福州，福建人民出版社。

蔣維鋑《湄洲媽祖》。1987 年，福建省莆田縣政協。

蔣維鋑《媽祖研究文集》。2006 年，福建福州海風出版社。

鄭玄《禮記》。民國 66 年，台北，大化書局。

鄭亦鄒《鄭成功傳》。民國 44 年，台南，海東山房。

鄭鵬雲《新竹縣志初稿》。光緒年修，民國 57 年，台北，國防研
　　究院。

閻朝隱《大唐大薦福寺故寺大德康藏法師之碑》。大正新脩《大
　　藏經》，民國 82 年，台北，新文豐出版公司。

劉佑《南安縣志》。康熙 11 年刊，民國 62 年，台北，南安同鄉會。

劉昫《舊唐書》。民國 60 年，台北，成文出版社。

劉良璧《重修福建台灣府志》。乾隆 7 年刊，國立中央圖書館台灣分館藏。

劉克莊《後村先生大全集》。上海，商務印書館。

劉澤民《大甲東西社古文書》。民國 92 年，國史館臺灣文獻館。

盧德嘉《鳳山縣采訪冊》。清光緒，國立中央圖書館台灣分館藏。

盧嘉興《台灣研究彙集》。民國 59 年，台南，作者印行。

謝肇淛《五雜俎》。萬曆 36 年刊，民國 60 年，台北，新興書局。

謝金鑾《台灣縣志》。嘉慶 14 年刊，道光元年、30 年補刊。民國 57 年，台北國防研究院。

贊寧《大宋高僧傳》。大正新脩《大藏經》，民國 82 年，台北，新文豐出版公司。

藍鼎元《東征集》。雍正 10 年刊，國立中央圖書館台灣分館藏。

懷蔭布《泉州府志》。乾隆 28 年修，同治 9 年重刊。民國 53 年，台南，朱商羊。

羅青霄《漳州府志》。萬曆元年刊，台北，學生書局。

羅永後、蕭一平《海神天后東渡台灣》。1987 年，福建人民出版社。

蘇養《台灣北港彰化天上聖母源流因果》。大正 6 年，台北，保安堂。

鷺島道人《海上見聞錄》，民國 46 年，台南，海東山房。

魏收《魏書》。民國 60 年，台北成文出版社。

魏徵《隋書》。民國 60 年，台北成文出版社。

蕭子顯《南齊書》。民國 60 年，台北成文出版社。

薛居正《舊五代史》。民國 60 年，台北成文出版社。

李延壽《北史》。民國 60 年，台北成文出版社。

不著譯人《摩尼教下部贊》。大正新脩《大藏經》。民國 85 年，

媽
祖 信仰研究

台北，新文豐出版公司。

不著撰人《嘉義管內采訪冊》民國 57 年，國防研究院。

不著撰人：《安平縣雜記》，清光緒刊，國立中央圖書館台灣分
館藏。

二、中文論文

林美容、蔡相煇、張珣《媽祖信仰的發展與變遷》論文集。民國
92 年，臺北，臺灣宗教學會。

朱天順《媽祖研究論文集》。1989 年，廈門，鷺江出版社出版。

朱天順《海內外學人論媽祖》。1992 年，中國社會科學出版社。

許在全《媽祖研究》。1999 年，廈門，廈門大學出版社。

林衡道〈大天后宮〉。民國 63 年 9 月，《台灣文獻》第 25 卷第 3
期，頁 81-90。

陳長城、鄭邦俊〈祀佛公聽佛卦 莆田習俗考源資料之一〉，1992
年 8 月《涵江文史資料》，中國政協莆田市涵江區委員會。

陳國強《兩岸學者論媽祖》。1998 年，台中市，台灣省各姓淵源
研究學會。

黃啟江〈泗洲文佛大聖僧伽傳奇新論──宋代佛教居士與僧伽崇
拜〉2004 年 7 月，國立臺灣大學文學院《佛學研究中心學報》
第 9 期。

黃富三〈林文明「正法」案真相試析：兼論清代臺灣的司法運作〉。
《臺灣風物》第 39 卷第 4 期。民國 78 年 12 月。

臺灣省文獻委員會《媽祖信仰國際學術研討會》論文集。民國 86
年，臺中，臺灣省文獻委員會。

盧嘉興〈台灣最早興建的寺廟〉。民國 57 年 8 月，《南瀛文獻》

第 13 期,頁 49-52。

賴健祥《媽祖信仰之研究》第三輯,《全國首屆媽祖學術討論會》。
　　民國 79 年,蕭一平、林雲森、楊德金《媽祖研究資料匯編》。
　　1987 年,福建,福建人民出版社。

三、日文書籍

大甲公學校《鄉土の概觀》,昭和 7 年(民國 22 年)編印,台北
　　成文出版社更名《大甲鄉土的概觀》重印。

丸井圭治郎《台灣宗教調查報告書》第 1 卷,大正 8 年,台北,
　　臺灣總督府。

伊能嘉矩《台灣文化志》,昭和 3 年,日本東京,刀江書院。

李獻璋《媽祖信仰の研究》,昭和 54 年,日本東京,泰山文物社。

相良吉哉《臺南州祠廟名鑑》。昭和 8 年,臺南市,臺灣日日新
　　報社。

增田福太郎《台灣本島人宗教》,昭和 10 年,日本東京,明治聖
　　德紀念會。

增田福太郎《台灣宗教》,昭和 14 年,日本東京,養賢堂印行。

臨時台灣舊慣調查會《臺灣私法附錄參考書》,明治 44 年,日本
　　東京,東洋印刷株式會社。

臺灣總督府編《史蹟調查報告》第 2 輯,昭和 2 年,台北,臺灣
　　總督府。

臺灣總督府編《台北廳社寺廟宇に關する調查書》,大正 4 年,
　　國立中央圖書館台灣分館藏。

臺灣總督府編《桃園廳社寺廟宇に關する調查書》,大正 4 年,

媽
祖 信仰研究

國立中央圖書館台灣分館藏。

臺灣總督府編《新竹廳寺廟調查書》，大正 4 年，國立中央圖書館分館藏。

臺灣總督府編《南投廳寺廟調查書》，大正 5 年，國立中央圖書館台灣分館藏。

臺灣總督府編《嘉義廳寺廟調查書》，大正 5 年，國立中央圖書館台灣分館藏。

臺灣總督府編《台南廳寺廟調查書》，大正 5 年，國立中央圖書館台灣分館藏。

臺灣總督府臨時台灣舊慣調查會《臺灣私法附錄參考書》。明治 43 年，編者印行。

四、英文書籍

Chun-fang Y u（于君方）《Kuan-yin：the Chinese transformation of Avalokvara》。2001，New York,Columbia University Press。

國家圖書館出版品預行編目

媽祖信仰研究 / 蔡相煇著. -- 一版. --
　臺北市：秀威資訊科技, 2006 [民 95]
　　面；　 公分. - - （哲學宗教類；AA0005）
　參考書目：面
　ISBN 978-986-6909-08-5(平裝)

1.民間信仰

272.71　　　　　　　　　　　　95020288

哲學宗教類　AA0005

媽祖信仰研究

作　　者 / 蔡相煇
發 行 人 / 宋政坤
執行編輯 / 賴敬暉
圖文排版 / 郭雅雯
封面設計 / 莊芯媚
數位轉譯 / 徐真玉　沈裕閔
圖書銷售 / 林怡君
網路服務 / 徐國晉
出版印製 / 秀威資訊科技股份有限公司
　　　　　台北市內湖區瑞光路 583 巷 25 號 1 樓
　　　　　電話：02-2657-9211　　傳真：02-2657-9106
　　　　　E-mail：service@showwe.com.tw
經 銷 商 / 紅螞蟻圖書有限公司
　　　　　台北市內湖區舊宗路二段 121 巷 28、32 號 4 樓
　　　　　電話：02-2795-3656　　傳真：02-2795-4100
　　　　　http://www.e-redant.com

2006 年 10 月 BOD 一版
定價：580 元

讀　者　回　函　卡

感謝您購買本書，為提升服務品質，煩請填寫以下問卷，收到您的寶貴意見後，我們會仔細收藏記錄並回贈紀念品，謝謝！

1.您購買的書名：＿＿＿＿＿＿＿＿＿＿＿＿＿＿＿＿＿

2.您從何得知本書的消息？

　　□網路書店　　□部落格　　□資料庫搜尋　　□書訊　　□電子報　　□書店

　　□平面媒體　　□ 朋友推薦　　□網站推薦　□其他＿＿＿＿＿＿

3.您對本書的評價：(請填代號　1.非常滿意 2.滿意 3.尚可 4.再改進)

　　封面設計＿＿　　版面編排＿＿　　內容＿＿　　文/譯筆＿＿　　價格＿＿

4.讀完書後您覺得：

　　□很有收獲　　□有收獲　　□收獲不多　　□沒收獲

5.您會推薦本書給朋友嗎？

　　□會　□不會，為什麼？＿＿＿＿＿＿＿＿＿＿＿＿＿＿＿＿＿

6.其他寶貴的意見：＿＿＿＿＿＿＿＿＿＿＿＿＿＿＿＿＿＿＿

＿＿＿＿＿＿＿＿＿＿＿＿＿＿＿＿＿＿＿＿＿＿＿＿＿＿＿＿

＿＿＿＿＿＿＿＿＿＿＿＿＿＿＿＿＿＿＿＿＿＿＿＿＿＿＿＿

＿＿＿＿＿＿＿＿＿＿＿＿＿＿＿＿＿＿＿＿＿＿＿＿＿＿＿＿

讀者基本資料

姓名：＿＿＿＿＿＿＿＿＿　年齡：＿＿＿　性別：□女 □男

聯絡電話：＿＿＿＿＿＿＿　E-mail：＿＿＿＿＿＿＿＿＿＿

地址：＿＿＿＿＿＿＿＿＿＿＿＿＿＿＿＿＿＿＿＿＿＿＿＿

學歷：□高中(含)以下　　□高中　　□專科學校　　□大學

　　　□研究所(含)以上 □其他＿＿＿＿＿＿＿

職業：□製造業 □金融業 □資訊業 □軍警 □傳播業 □自由業

　　　□服務業 □公務員 □教職　　□學生 □其他＿＿＿＿＿＿

To：114

台北市內湖區瑞光路 583 巷 25 號 1 樓

秀威資訊科技股份有限公司　　　收

寄件人姓名：

寄件人地址：□□□

（請沿線對摺寄回,謝謝!）

秀威與 BOD

BOD（Books On Demand）是數位出版的大趨勢，秀威資訊率先運用 POD 數位印刷設備來生產書籍，並提供作者全程數位出版服務，致使書籍產銷零庫存，知識傳承不絕版，目前已開闢以下書系：

一、BOD 學術著作—專業論述的閱讀延伸
二、BOD 個人著作—分享生命的心路歷程
三、BOD 旅遊著作—個人深度旅遊文學創作
四、BOD 大陸學者—大陸專業學者學術出版
五、POD 獨家經銷—數位產製的代發行書籍

BOD 秀威網路書店：www.showwe.com.tw
政府出版品網路書店：www.govbooks.com.tw

永不絕版的故事・自己寫・永不休止的音符・自己唱